# Jüdisches Leben
in München

# Jüdisches Leben in München

Lesebuch zur Geschichte
des Münchner Alltags

Geschichtswettbewerb 1993/94

Herausgegeben von der
Landeshauptstadt München

1995

Buchendorfer Verlag

Abbildungsnachweis

Privatbesitz: 28, 29, 31, 33, 44, 45, 48, 51, 55, 56, 69, 70, 71, 72, 77, 81, 85, 86, 87, 90, 92, 93, 95, 97, 99, 100, 101, 102, 114, 115, 134, 137, 142, 144, 145, 163, 169, 170, 172, 173, 174, 175, 176, 178, 186, 187, 188, 190, 191, 192, 193, 194, 195, 196, 198, 201, 202, 208, 209, 214, 215 (unten), 217, 221, 239, 248, 249, 252, 261, 262, 263, 265, 267 (unten), 268, 270
Stadtarchiv München: 11, 12, 13, 15, 17, 18, 19, 20, 23, 24, 25, 26, 27, 43, 50, 62, 82, 119, 121, 130, 131, 132, 147, 148, 151, 154, 156, 158, 167, 212, 215, 218, 219, 246, 247, 272
Staatsarchiv München: 224, 225
Ida-Seele-Archiv, Dillingen/Donau: 59, 60, 61
Archiv der KZ-Gedenkstätte Dachau: 231
Monacensia und Literaturarchiv, München: 125
Kulturzentrum der IKG München: 104 bis 107 (Foto: Herbert Heinemann), 165, 243 (Foto: Ursula Baumgart), 250 (Foto: Alex Hochhäuser), 251 (Foto: Ellen Presser), 253 (Foto: Alex Hochhäuser), 258, 267 (Foto: Wolf S. Bruer)
109, 116, 117, 118, 120: Jubiläumsschrift; Zur Erinnerung an das 100jährige Geschäftsjubiläum, 2. April 1921, gewidmet den Freunden und Gönnern der Firma Heinrich Cohen
220: Quadriga. Lion Feuchtwanger. Eine Biographie von Volker Skierka, hg. von Stefan Jaeger, 1984
211: Festgabe. 50 Jahre Hauptsynagoge München 1887–1937, München 1937
101 (oben): Elvers, R.; Festschrift A. Rosenthal, Tutzing 1984
77: Masur, G.; Friedrich Julius Stahl, Berlin 1930
89: Prijs, L.; Welt des Judentums, München 1984

Redaktion und Bearbeitung:
Dr. Angelika Baumann, Kulturreferat der LH München

Die Deutsche Bibliothek – CIP-Einheitsaufnahme
München:
Jüdisches Leben in München
Geschichtswettbewerb 1993/94 / hrsg. von der Landeshauptstadt München. [Red.: Angelika Baumann]. – München:
Buchendorfer Verl., 1995
(Lesebuch zur Geschichte des Münchner Alltags)
ISBN 3-927984-38-8
NE: Baumann, Angelika [Red.]; HST



Produktion: Tillmann Roeder, München
Satz: Uhl + Massopust, Aalen
Reproduktion: Litho + Composing, München
Druck und Bindung: Huber, Dießen
Printed in Germany

ISBN 3-927984-38-8

# Inhalt

## Erinnerungsbilder



## Nach dem Holocaust

# Vorwort

Das vorliegende siebte Lesebuch ist aus dem Geschichtswettbewerb 1993/94 der Landeshauptstadt München mit dem Thema »Jüdisches Leben in München in zwei Jahrhunderten« entstanden und stellt eine Auswahl aus insgesamt 72 eingereichten Beiträgen dar.

Das Buch möchte einen Einblick vermitteln in die »Geschichte des Münchner Alltags«. Insbesondere möchte es aufzeigen, wie Münchnerinnen und Münchner jüdischen Glaubens in dieser Stadt gelebt haben und leben, wie sie städtische Kultur, Wirtschaft u. a. mitgestaltet haben und weiterhin mitgestalten. Obwohl im vergangenen Jahrhundert nur ein kleiner Anteil der Münchner Bevölkerung jüdischen Glaubens war, wurde das soziale und kulturelle Gesicht dieser Stadt doch entscheidend von jüdischen Frauen und Männern geprägt. Viele bekannte Persönlichkeiten waren darunter. Auch im städtischen Wirtschaftsleben spielten jüdische Bürgerinnen und Bürger stets eine wesentliche Rolle, wovon etwa das Warenhaus Uhlfelder im Rosental sowie das Bankhaus Aufhäuser in der Löwengrube ein beredtes Zeugnis ablegten.

Freilich soll in diesem Lesebuch zur Alltagsgeschichte nicht so sehr von Prominenten die Rede sein, sondern in erster Linie von den Schicksalen der weniger bekannten jüdischen Frauen und Männer, die im Münchner Stadtleben wirkten.

Von wenigen Ausnahmen abgesehen, konzentrieren sich fast alle Beiträge der Autorinnen und Autoren auf die zwanziger Jahre und auf die nationalsozialistische Zeit. Sie thematisieren die Ausgrenzung, die Verfolgung und Vernichtung jüdischen Lebens während des Nationalsozialismus. Die Verfasserinnen und Verfasser versuchen aufzuzeigen, wie sich das Zusammenleben jüdischer und nichtjüdischer Bürgerinnen und Bürger seit der Machtübernahme der Nationalsozialisten veränderte, wie die zunehmende Diskriminierung die Menschen verletzte und deren Seelen zerstörte. Die individuell erlebte Situation in der Zeit des deutschen Faschismus, der Blick zurück auf diese Zeit der Ausgrenzung und Verfolgung, des Nichthinsehens und der Teilnahmslosigkeit eines großen Teils der nicht-jüdischen Menschen – all dies bildet den Schwerpunkt des vorliegenden Buches. Damit ist eine Veröffentlichung entstanden, die nicht das jüdische Leben in zwei Jahrhunderten – so der ursprüngliche Titel des Wettbewerbs – in den Mittelpunkt stellt, sondern die Geschichte erzählt vom Verschwinden und von der Vernichtung jüdischen Lebens. Die Beiträge berichten oft in ganz persönlicher Art vom Verlust jüdischer Kultur und Tradition in München. Ohne Ausnahmen zeigen sie, wie gegenwärtig dieser Teil unserer Geschichte, wie tief verankert die nationalsozialistischen Jahre im Bewußtsein der Menschen sind. Die intensive Auseinandersetzung von Laien mit diesem Thema, ihr Wunsch zu recherchieren, den Dingen auf den Grund zu gehen, ihr Verlangen nach mehr Wissen strafen alle diejenigen Lügen, die einen »Schlußstrich« unter diese Zeit vehement einfordern.

Wie die hier veröffentlichten Beiträge zeigen, kann die »Geschichte des jüdischen Lebens in München«, fünfzig Jahre nach Kriegsende, ohne auf den Holocaust einzugehen, nicht geschrieben werden. Die Verfolgung und Ermordung von Münchnerinnen und Münchnern jüdischen Glaubens haben sich in den Gedanken der Angehörigen, Freunde, Nachbarn u. a. tief, leidvoll und als Erinnerung oft unerträglich eingegraben. Auch im Bewußtsein der nicht-jüdischen MünchnerInnen sind diese Jahre stärker gegenwärtig als gemeinhin angenommen wird.

Die einzelnen Beiträge – dies war und ist die Absicht des Wettbewerbs – sind durchwegs von Geschichts-Laien verfaßt. In den meisten Fällen liefern diese authentische Niederschriften ganz persönlich erlebter Geschichte, von ersten Annäherungen an bislang gänzlich Verdrängtes über den Versuch, das Geschehene begreifbarer zu machen, hin zu bewußter Reflexion, wie sehr das Politische mit dem ganz Privaten verwoben ist. Schicksale von jüdischen Verwandten, KlassenkameradInnen, FreundInnen oder NachbarInnen werden geschildert. Bei den Nachforschungen nahm man vielfach private Nachlässe, alte Tagebücher und Briefe zu Hilfe, aber auch in den Archiven und Bibliotheken der Stadt ging man verschütteten Spuren nach. Recherchen über jüdische Geschäfte oder Vereine wurden angestellt. Einigen Autorinnen und Autoren gelang es, ZeitzeugInnen selbst zu befragen; die bearbeiteten Interviews förderten sehr viel Wissenswertes und bisher Unbekanntes zutage.

Die inhaltliche Bandbreite der Beiträge spiegelt sich in den Kapitelüberschriften wider. Eine eindeutige Zuordnung der Texte gestaltete sich manchmal schwierig, da die verschiedenen thematischen Bereiche nicht streng voneinander getrennt werden konnten.

Eingangs kommen u. a. Münchnerinnen und Münchner jüdischen Glaubens zu Wort, die sich während der NS-Diktatur durch Emigration in Sicherheit bringen konnten. Ihre Erinnerungen an Kindheit und Jugend in München lassen die LeserInnenschaft teilhaben an ganz unterschiedlichen Lebenszusammenhängen, denen jedoch Entscheidendes gemein ist. Die Verfolgung durch das NS-Regime, der Verlust und der Abschied von Familienangehörigen, die Flucht aus der Heimat in die Fremde, die Existenz- und Überlebenskämpfe in der neuen Heimat. Und trotz allem: die Liebe zur Heimatstadt München.

Im Kapitel über die Schul- und Lehrzeit geben zwei Dokumentationen Auskunft über den Aufbau und das Wirken jüdischer Bildungs- und Sozialeinrichtungen vor und während der NS-Zeit. Zwei weitere Arbeiten gewähren Einblick in die schulpolitische Situation des Wilhelmsgymnasiums sowie in den Werdegang ehemaliger jüdischer Schüler dieser Anstalt. Eine dieser Arbeiten beschreibt die Spurensuche der Autorin, die sie bis nach England, Israel und Amerika führte und sie mit Zeitzeugen in Kontakt treten ließ.

Aus ganz unterschiedlichen Blickwinkeln forschten die Verfasserinnen und Verfasser auf dem Gebiet des jüdischen Geschäftslebens. Eine Autorin hat die Geschichte ihrer eigenen Familie niedergeschrieben. Eine andere wiederum erzählt aus der Sicht des früheren Nachbarkindes das Schicksal eines der bedeutendsten jüdischen Kaufleute Münchens. Eine Schülerin beschäftigt sich in ihrer Facharbeit mit der »Arisierung« jüdischer Firmen in München.

Recherchen und Erzählungen über jüdische Persönlichkeiten, deren Leben und Wirken in engem Zusammenhang mit der Stadt München stehen, finden sich in den Kapiteln »Lebenswege«, »Erinnerungsbilder« und »Nach dem Holocaust«:

So berichtet eine junge Künstlerin über das Schicksal ihrer sehr viel älteren jüdischen Freundin. Sie läßt uns teilhaben an deren Weg in die Emigration und an der Rückkehr nach München.

Ein anderer Künstler entwirft eine Hommage an den Maler Ernst Maria Fischer, dessen Lebensweg er rekonstruiert hat, weil ihn die Gemälde und Zeichnungen in den Bann gezogen haben.

Gegen das Vergessen und die Angst schreiben vor allem die Nachkommen der Holocaust-Überlebenden an: Auf der Suche nach ihren jüdischen Wurzeln setzen sie sich mit der Biographie ihrer Eltern auseinander und interpretieren deren Geschichte der Verfolgung und Ausgrenzung als Teil ihrer eigenen Identität.

Aus all diesen Beiträgen wird deutlich, welche Narben die NS-Diktatur auch bei der nachfolgenden Generation hinterlassen hat.

Die Autorinnen und Autoren dieses Buches haben versucht, dem Ignorieren und dem Verdrängen der NS-Zeit ihre eigenen Recherchen und Erinnerungen entgegenzuhalten. Sie sind auf Spurensuche gegangen, haben die eigene Geschichte niedergeschrieben oder anderen Menschen mitgeteilt. Dieses Lesebuch, das dank der Mühe des Erinnerns entstanden ist, ist daher auf seine Weise zu einem weiteren Mosaikstein bei der Erforschung der jüdischen Geschichte in München geworden.

Es möchte eine interessierte LeserInnenschaft zu einer eigenen Auseinandersetzung mit diesem wenig bekannten Teil der Münchner Stadtgeschichte auffordern.

Lassen wir nun die Autorinnen und Autoren sprechen!

Im Oktober 1995

Cristian Ude
Oberbürgermeister

Siegfried Hummel
Kulturreferent

# Kinderjahre, Jugendzeit

Ruth Meros

## »Protestiert habe ich erst später, in meinen Träumen ...«

Aus dem Leben einer jüdischen Münchnerin (Bearbeitetes Interview)

Ich bin 1922 in der Universitätsfrauenklinik in München geboren, ebenso wie mein Bruder zwei Jahre zuvor. Wir haben in der Steinsdorfstraße im Lehel gewohnt. Mein Vater hatte ein Großhandelsgeschäft in der Landwehrstraße. Er war geschäftlich viel unterwegs – hauptsächlich in Bayern, aber auch in der Schweiz. Dort hat er auch meine Mutter kennengelernt. Ihre Eltern hatten ein Hutgeschäft in Zürich, und er belieferte sie mit Bändern und anderem Zubehör. Meine Mutter hatte teils daheim, teils in einem Internat in der französischen Schweiz alles gelernt, was eine Tochter aus gutem Haus können mußte. Dazu gehörten Fremdsprachen, aber auch Nähen, was später sehr wichtig war. 1919 haben meine Eltern geheiratet. Ihr religiöser Hintergrund war unterschiedlich. Meine Mutter stammte aus einem traditionell-frommen, wenn auch nicht orthodoxen Haus. Mein Vater kam aus einer liberalen Familie. Er hat sich nie als religiöser Jude gefühlt. Aber er hat meiner Mutter zuliebe alles mitgemacht, er hielt die Feiertage ein und ging an den hohen Feiertagen auch in die Synagoge. Der Haushalt war *koscher* geführt.

Mein Vater stammt aus Nürnberg, kam aber schon vor 1910 nach München, wo er dann 1910 sein Geschäft gegründet hat. Er hat im Ersten Weltkrieg in Frankreich und Rußland an vorderster Front gekämpft, ist schwer verletzt worden und hat das »Eiserne Kreuz« bekommen. Er war stolz darauf, daß er sich einsetzen konnte für sein Land. Er war halt in seiner Art sehr deutsch und sehr verwurzelt. Wahrscheinlich sind wir deshalb so spät ausgewandert. Mein Vater hatte so viele christliche Freunde, die immer gesagt haben: »Es wird gar nichts weiter sein, und dir wird schon nichts passieren!« Das war kurzsichtig. Die polnischen Juden zum Beispiel sind früher weggegangen. Sie waren weitsichtiger, aber höchstwahrscheinlich waren sie nicht so stark verwurzelt. Er dagegen hatte hier sein Geschäft aufgebaut.

---

Ruth Meros (geb. Goldschmidt)
Geboren 1922 in München. 1939 zwangsweise Emigration mit den Eltern nach Palästina (Tel Aviv). Tätigkeit in verschiedenen Berufen, unter anderem als Sekretärin bei einer englischen Zeitschrift und als Sergeantin bei der Polizei. Im Mai 1954 Heirat und Geburt einer Tochter. 1963 Rückkehr mit der Familie nach München. Lebt seit 1980 teils in Tel Aviv, teils in München.
Preisträgerin des Geschichtswettbewerbs 1993/94.

*Kindergartengruppe aus der Steinsdorfstraße, ca. 1926. Die Autorin ist in der unteren Reihe zu sehen (4. v. links)*

Außerdem war mein Vater damals nicht mehr der Jüngste. Und er war einfach gutgläubig und hat nie etwas Schlechtes bei Menschen gesehen.

Als Kleinkind ging ich in einen privaten Kindergarten in der Steinsdorfstraße. Dort waren etwa 15 jüdische und nicht-jüdische Kinder. Die Kindergärtnerin, die Tante Lilly (Lilly Mayer), war außer meinen Eltern, meinem Bruder und dem Kindermädchen eine der ersten wirklich wichtigen Bezugspersonen für mich. Ich mochte sie sehr gern und sie mich auch. Wir haben wunderschöne Sachen gebastelt oder geturnt. Sie hat uns aber auch beigebracht, Ordnung zu halten, was ja für kleine Kinder nicht unwichtig ist. Ich habe mich bei ihr sehr wohl gefühlt, es war eine schöne Zeit. Bei ihrer Schwester, Tante Martha, habe ich Ballett gelernt. Welche Religion ein Kind hatte, war kein Thema. Darüber hat man nicht gesprochen.

Danach bin ich in die jüdische Volksschule gekommen. Die war in der Herzog-Rudolf-Straße neben der Synagoge. Nach der vierten Klasse habe ich gewechselt. Mir ist es 1933, kurz nachdem Hitler an die Macht kam, noch gelungen, in das Küspert-Lyzeum in der Bürkleinstraße, nicht weit vom St.-Anna-Platz, zu kommen. Das ging meistens nur noch bei Kindern, deren Väter Kriegsteilnehmer und Frontkämpfer gewesen waren. Ich muß allerdings heute sagen, es wäre besser gewesen, ich hätte diese Schule nicht besucht.

Außer mir gab es nur noch ein anders jüdisches Mädchen, Ruth Weinschel. Wir waren aber nicht besonders miteinander befreundet, sie hat auch nicht in meiner Nähe gewohnt. Ihre Eltern waren aus dem Osten, sie selbst war auch nicht hier geboren. Sie ist nur das erste Jahr mit mir in die Schule gegangen, weil sie und ihre Eltern dann

*Die Autorin (untere Reihe, 6. v. rechts) in der jüdischen Volksschule in der Herzog-Rudolf-Straße, ca. 1931*

ausgewandert sind. Sie konnte sehr gut Klavier spielen. Durch Zufall habe ich erfahren, daß sie später in New York eine Damenkapelle gegründet hat; ich habe sogar ein Bild von ihr und ihrer Kapelle in New York geschickt bekommen. An ein Erlebnis kann ich mich besonders gut erinnern, das ich mit ihr hatte: Wir waren beide gut in Deutsch. Aber plötzlich bekamen wir beide ganz schlechte Noten in unseren Aufsätzen. Daraufhin ist Ruths Mutter in die Schule gegangen und hat die Lehrerin nach dem Grund gefragt. Da hat die Lehrerin geantwortet: »Das ist doch ganz klar, daß die Juden in Deutsch keine gute Note kriegen können!« Das war die Antwort!

An manche Lehrerinnen kann ich mich noch genau erinnern. Da gab es eine ganz fanatische Nationalsozialistin, die hieß Mändl. Sie hat sehr für Hitler geschwärmt. Wir hatten sie in Biologie und in Chemie und zuerst auch in Deutsch. Persönlich hat sie mir zwar nichts angetan, aber über die Juden im allgemeinen hat sie sehr schlecht geredet. Und sie hat mit uns Hitlers Buch »Mein Kampf« durchgenommen. Als das Judenkapitel dran kam, bin ich aufgestanden, weil ich es einfach nicht ertragen habe, und bin in den Korridor gegangen. Dort habe ich gewartet, bis die Stunde zu Ende war. Nachher hat niemand etwas zu mir gesagt, keines der Mädchen und die Lehrerin auch nicht.

Genau diese Frau habe ich 1953, als ich das erste Mal nach unserer Auswanderung wieder in München war, auf der Straße getroffen. Sie hat mich angesprochen. Daraufhin erzählte ich ihr, ich wäre Polizei-Sergeantin bei der israelischen Polizei. Das Bild, das ich ihr gezeigt habe, auf dem ich in Uniform zu sehen bin, wollte sie haben. »Ich denke gar nicht dran! Wie komme ich dazu?«, war alles, was ich dazu gesagt habe.

Dann hatte ich eine Turnlehrerin, die vor dem Turnen immer antisemitische und nationalsozialistische Hetzreden gehalten hat. Mich hat sie schikaniert und angebrüllt. Ich war ja auch keine so wunderbare Turnerin, nur tanzen konnte ich gut. Weil ich das einfach nicht mehr ausgehalten habe, bin ich zur Direktorin gegangen. Ich habe sie gebeten, mich vom Turnunterricht zu dispensieren. Das hat sie freundlicherweise gemacht. Ich hatte ganz großen Respekt vor ihr, daß sie den Mut dazu hatte.

Die Englisch- und Französischlehrerin dagegen hat sich mir gegenüber fantastisch verhalten. Ihr war klar, was ich mitmachen mußte und wie schlecht es mir ging. Einmal, 1936 war das, hat sie deshalb auf dem Heimweg auf mich gewartet und mich zu ihr nach Hause eingeladen. Und aus dem einen Mal sind viele Male geworden. Bevor wir Deutschland verlassen haben, 1939, hat sie mir noch eine riesige Bonbonniere geschenkt. Die Freundschaft mit ihr war wirklich ein Lichtblick in dieser traurigen Zeit, in der ja keine Mitschülerin mit mir gesprochen hat. In der Pause stand ich immer allein da mit meinem Butterbrot, während sich alle anderen unterhalten haben und lustig waren. Im Grunde hatte ich überhaupt keinen Kontakt zu meinen Mitschülerinnen. Mit ein paar jüdischen Mädchen war ich von der Volksschule her oder über unsere Eltern befreundet. Aber das waren verhältnismäßig wenig, und etliche von ihnen sind dann bald ausgewandert.

Es gab eine Mitschülerin, die mir sympathisch war und mit der ich gern befreundet gewesen wäre. Sie hat aber in der Schule nicht mit mir gesprochen, höchstens mal am Telefon wegen der Hausaufgaben. Einmal hat sie mir gesagt, warum. Auch sie fand mich nett, aber ihr Vater war ein höherer Beamter und er hätte Schwierigkeiten bekommen können, wenn seine Tochter eine jüdische Freundin gehabt hätte. Ich war so verletzt – niemals mehr hätte ich jetzt von mir aus jemanden angesprochen. Nur eine verkrüppelte Mitschülerin hat mit mir geredet. Sie war eine gute Schülerin; wenn ich einmal gefehlt habe, konnte ich sie anrufen. Hin und wieder, aber ganz selten, haben wir uns auch besucht. Aber es war eben eine Verkrüppelte, wir waren beide »Verkrüppelte«.

Es gab so viele kleine Gemeinheiten von den Mitschülerinnen.

Eine zum Beispiel – sie saß eine Reihe vor mir – hat einmal ein großes Schwein auf ein Stück Papier gemalt und ganz groß »Judensau« oben drauf geschrieben. Das hat sie so hingeschoben, daß ich es lesen mußte. Ich kann gar nicht sagen, wie demütigend das war.

So vieles, was für die anderen selbstverständlich war, kam für mich nicht in Frage: der Schachunterricht, Schulausflüge beispielsweise oder auf der Abschlußfeier nach dem Einjährigen-Examen mit einem Lehrer zu tanzen, das wäre ja »Rassenschande« gewesen!

Immerhin der katholische Religionslehrer, der zugleich Pfarrer des St.-Anna-Kircherls war, wußte wohl recht genau, daß es mir nicht gut ging, und er hat versucht, mir Mut zu machen. Er hat mich zu einem Gottesdienst in seiner Kirche eingeladen, und ich bin hingegangen. Während seiner Predigt ist unsere Klassensprecherin, evangelisch, BDM-Führerin, fanatische Antisemitin und Nationalsozialistin, mit ein paar anderen Mädchen aus der Klasse, alle in BDM-Kluft, in die Kirche marschiert. Sie haben Nazi-Lieder gesungen und die Predigt gestört. Die ganze Zeit hat mich der Pfarrer fest angeschaut. Schließlich mußte der Gottesdienst abgebrochen werden.

Ab 1936 wurden viele Dinge schwieriger. Ich war zum Beispiel ein großer Opernfreund. Schon mit 12 Jahren bin ich ins Nationaltheater gegangen. Aber dann kam das Gesetz, das Juden den Zutritt zur Oper und anderen kulturellen Einrichtungen verbot. Eines Tages, kurz vor der Auswanderung, sprach mich ein junger SA-Mann in Uniform auf der Maximilianstraße an: »Mein Fräulein, ich muß sie kennen, und zwar von der Oper«. Da habe ich gesagt: »Das kann nicht sein, denn ich bin eine Jüdin und darf gar nicht in die Oper gehen.« Da wurde er knallrot, stammelte ein paar Worte und ist abgehauen.

Wir durften auch nicht mehr verreisen, weil an den meisten Hotels »Juden Zutritt verboten« stand. Unsere letzte Fahrt ging in den Schwarz-

*Familienausflug, ca. 1929*

wald, und tatsächlich fanden wir ein Hotel, vor dem noch kein solches Schild hing. Dabei sind wir früher viel gereist und in die Berge gegangen. Meine Eltern haben Bergwanderungen geliebt, und auch ich habe die bayerische Natur sehr gern gehabt.

Einmal wollte ich Hitler von ganz nah sehen, da war ich so 13 oder 14 Jahre alt. Also ging ich zum Prinzregentenplatz, wo er gewohnt hat. Sein Chauffeur hat auf ihn gewartet, ich habe mich vor sein Auto gestellt. Es standen noch andere Leute da, und als er kam, haben alle »Heil« geschrien und die Hand hochgehalten. Ich hielt dann auch die Hand hoch, aber ich habe nicht »Heil« geschrien. Und da hat es mich durchzuckt: »Was wäre, wenn du den jetzt ermorden, erschießen würdest?« Ohne jemanden anzuschauen – er hatte einen ganz starren Blick – stieg Hitler ins Auto und fuhr davon. Ich fühlte mich sehr bedrückt und einsam.

Die Schulzeit war extrem schwer für mich. Es waren eigentlich die wichtigsten Entwicklungsjahre im Leben eines Menschen. Trotzdem bin ich geblieben, ich wollte ja einen Abschluß machen, um dann in Berlin auf das Kindergärtnerinnen-Seminar gehen zu können. Ich habe das Einjährige Examen 1938 bestanden, obwohl in der mündlichen Prüfung auch SS- oder SA-Leute in Uniform dabei waren. Ich war so irritiert, daß ich kaum ein Wort herausgebracht habe.

Mit meinen Eltern konnte ich nicht reden, beide waren wenig zu Hause. Sie wußten nicht, wie schlecht es mir ging, sonst hätten sie mich vielleicht von der Schule genommen. Ich habe mich eigentlich mehr anderen Leuten anvertraut, besonders Dr. Cahnmann.

Dr. Werner Cahnmann war Soziologe und Vorsitzender des jüdischen Zentralvereins. Mit seinen Eltern und vier Geschwistern wohnte er in einer Villa in Nymphenburg. Es war ein sehr kultiviertes Haus. Dr. Cahnmann war überzeugter Zionist, er wußte viel über das Judentum und er sprach Hebräisch. Kennengelernt habe ich ihn auf einem Fest im jüdischen Turnverein, wo er mich angesprochen hatte. Wir hatten einen guten Draht zueinander und haben uns über alles mögliche unterhalten. Nachdem ich von Zionismus oder von Palästina keine Ahnung und mich bis dahin auch nicht dafür interessiert hatte, lud er mich für Samstag nachmittag zu sich nach Hause ein. Daraus wurden regelmäßige Treffen, ein-, zweimal die Woche. Ich habe angefangen, Herzl, Dubnow, Pinsker und andere Schriftsteller zu lesen. So bekam ich allmählich einen gewissen Zugang zu jüdischem Denken und jüdischer Kultur. Er führte mich aber auch in europäische und vor allem deutsche Literatur ein. Wir gingen zusammen in Konzerte des jüdischen Kulturbundes oder in Museen.

Mir haben diese Treffen sehr viel bedeutet. Sie waren zumindest ein kleiner Ausgleich für all das Schlechte, das ich hauptsächlich in der Schule mitgemacht habe. Obwohl mir Dr. Cahnmann über einiges hinweggeholfen hat, habe ich mich mehr und mehr in mein Schneckenhaus verkrochen. Gott sei Dank habe ich wenigsten die Zeit nicht mehr erlebt, in der die Juden den Stern tragen mußten und in der es all die Verbotsschilder für Juden auf Parkbänken oder in Geschäften gab. Aber das andere war schon schrecklich genug. Wie ich das überstanden habe, weiß ich eigentlich nicht. Ich habe verdrängt, so gut es ging. Erst später, in Palästina, ist dann alles rausgekommen. Jetzt habe ich mich aufgelehnt, in meinen Träumen habe ich protestiert. Diese Alpträume waren fürchterlich.

Mein Bruder – er ist schon 1936 emigriert – hat mir dann geholfen, eine gute Analytikerin zu finden. Irgendwie haben wir das Geld dafür aufgetrieben. Durch sie, mit den entsprechenden Büchern und mit dem Optimismus, den ich von meinem Vater geerbt habe, habe ich angefangen, diese schrecklichen Erinnerungen zu verarbeiten. Ich habe lange gebraucht und noch längst nicht ist alles heraußen; vieles liegt noch ganz tief in mir vergraben. Aber zurück nach Deutschland...

Nach der Schule konnte ich nicht, wie geplant, an das Kindergärtnerinnenseminar. Ich habe deshalb einige Kurse in Stenographie und Schreibmaschine gemacht. Dann bin ich zu einer befreundeten Familie gegangen, um ein bißchen Haushalt, Kochen, Backen zu lernen. Es waren Freunde meiner Eltern, die in der Nähe gewohnt haben. Die suchten jemanden für den Haushalt, weil die Frau krank war. Ganz kurze Zeit war ich dann Praktikantin im jüdischen Kindergarten, in der »Kristallnacht« 1938 wurde ja alles – Synagoge, Kindergarten – angezündet und zerstört. Ich erinnere mich noch genau an diesen Tag. Ich wollte gerade zur Arbeit, zu den Kindern, da war die Synagoge schon oder noch in Brand. Der Platz direkt vor dem Haus war abgesperrt, überall standen Feuerwehrmänner oder SS- und SA-Leute. Weiter hinten war eine Menge Leute, die hämische Bemerkungen gemacht haben. Manche waren auch ganz stumm und haben einfach nur geschaut. Ich war ganz aufgelöst, als ich dies gesehen habe.

Nach dieser Nacht stand an vielen Lebensmittelgeschäften: »Juden Zutritt Verboten«. Die Mutter von einem Mädchen, das vis à vis wohnte, das ich aber nur so vom Sehen kannte, hat mir dann ein Zeichen gegeben, daß ich ins Treppenhaus runterkommen soll. Da kam sie mit einem großen Einkaufsbeutel voller Lebensmittel und hat gesagt: »Ich bitte Dich, sage das niemand, bringe das Deiner Mutter; das ist von mir, ich will kein Geld dafür, ich möchte nur gelegentlich die Tasche zurückhaben.« Darüber habe ich mich sehr gefreut, nicht nur über die Lebensmittel, mehr noch über den Mut dieser Frau. Wenigstens ein Lichtblick in dieser Zeit...

1938 kam mein Vater nach Dachau. Auch da weiß ich noch genau, wie alles gewesen ist. Es war gegen halb sechs Uhr früh, wir haben alle noch geschlafen. Es hat geklingelt, und unsere Köchin hat die Tür aufgemacht. Ich bin im Morgenrock hingegangen, weil ich ja wissen wollte, wer da so Sturm läutet. Zwei Männer in Zivil standen vor der Tür und haben gesagt, sie wollten meinen Vater abholen. Die Köchin hat noch protestiert, aber sie standen schon im Schlafzimmer, wo meine Eltern noch im Bett lagen. Meine Mutter, sie war resolut, hat gesagt: »Vielleicht lassen Sie meinen Mann sich ankleiden und noch eine Kleinigkeit frühstücken!« Das haben sie ihm tatsächlich erlaubt und dann sind sie mit ihm weggegangen. Den Grund für seine Verhaftung haben sie nicht genannt. Daß er nach Dachau gebracht wurde, haben wir erst später erfahren.

Mein Vater kam nach fünf Wochen wieder, weil er dort auf sein ganzes Vermögen verzichtet hat. Außerdem hatte mein Großvater in Zürich dafür gebürgt, uns aufzunehmen, wenn wir emigrieren. Deshalb haben sie meinen Vater und auch meinen Onkel freigelassen. Aber einige, zum Beispiel ein Vetter meines Vaters, sind dort ermordet worden. Ich hatte einen besonders guten Kontakt zu ihm, er war ein sehr feiner und sehr gescheiter Mann. Manche wurden auch schrecklich mißhandelt und sind nur noch als Krüppel rausgekommen. Aber mein Vater hat irgendwie Glück gehabt. Er hat dort ein paar christliche Leute kennengelernt, Kommunisten wahrscheinlich, die auch eingesperrt waren. Die haben ihm Zeitungspapier gegeben, damit er sich das unter die Jacke stopft, gegen die Kälte; es war doch sehr kalt, denn es war ja schon November. Und irgendwie hat er sich so durchgeschlagen, er ist nicht so schikaniert worden wie viele andere. Er durfte sogar eine Karte an meine Mutter schicken. Er mußte schreiben, es ginge ihm gut und sie sollte ihm 15 Mark pro Woche überweisen. Wie es wirklich war, haben wir erst hinterher erfahren. Als er freigelassen wurde, haben wir ihn kaum wiedererkannt! Sie haben ihm die Haare abrasiert, und dann war er sehr abgemagert und hatte Bartstoppeln.

Ebenfalls 1938, noch vor der »Kristallnacht«, wurde die Hauptsynagoge in der Herzog-Max-Straße abgerissen. Da wußten wir nun endgültig, wie schlimm die Lage geworden war. Ich war dabei, als diese Synagoge zerstört wurde, aber ich konnte es nicht lange mit ansehen. Ich habe geweint und war außer mir, voller Haß auf Hitler.

Ich fand die Hauptsynagoge wunderschön. Meine Eltern hatten dort Plätze, und schon als ganz kleines Kind bin ich mit meiner Mutter oft dorthin gegangen.

Für mich war die Synagoge ein heiliger Ort, es war ruhig dort, eine heilige Ruhe. Irgendwie habe ich mich dort Gott nahe gefühlt. Die Synagoge, die Gemeinde, das war ein richtiges Zuhause.

Ich erinnere mich auch noch gut an den Rabbiner Baerwald. Meine Eltern waren gut mit ihm befreundet, und ich kannte ihn seit meiner frühesten Kindheit. Er und seine Frau haben jeden Freitagabend junge Leute zum Essen eingeladen – Freitagabend ist ja etwas Besonderes –, und auch ich war ein paar Mal zu Gast. Wir hatten nach unserer Emigration losen Kontakt miteinander, er in Amerika und ich in Palästina. Auch in München bin ich ihm noch einmal begegnet, bei einem Empfang und Mittagessen im Rathaus ihm zu Ehren, bei dem ich auch eingeladen war.

Neben der Synagoge war die Israelitische Kultusgemeinde mit der Bibliothek. Kurz vor dem Abriß hatte ich zusammen mit Dr. Cahnmann die Bücher in Kisten gepackt. Wohin sie gekommen sind, weiß ich nicht. Aber vorerst waren sie gerettet. Gerettet werden konnte auch die Orgel der Synagoge.

Vor diesem Hintergrund hat meine Mutter dann alle Hebel für unsere Emigration in Bewegung gesetzt. Der erste Gedanke war Amerika, weil eine Reihe von Verwandten schon dorthin ausgewandert waren. Wir haben uns deshalb um ein Visum in die USA beworben. Bekommen haben wir aber nur eine Wartenummer, die viel zu hoch war. Mit dieser Nummer, ein Visum zu erhalten, war schier unmöglich. Auch Frankreich war im Gespräch. Daraus wurde aber zum Glück nichts, denn da wären wir wahrscheinlich auch umgekommen, wie mehrere Freunde und Verwandte von uns. An Palästina dachten meine Eltern dann erst 1938.

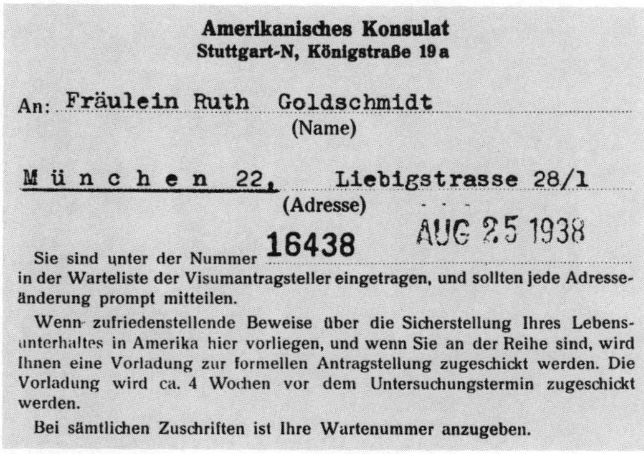
**Amerikanisches Konsulat**
**Stuttgart-N, Königstraße 19a**

An: Fräulein Ruth Goldschmidt
(Name)

München 22, Liebigstrasse 28/1
(Adresse)

AUG 25 1938

Sie sind unter der Nummer 16438 in der Warteliste der Visumantragsteller eingetragen, und sollten jede Adresseänderung prompt mitteilen.

Wenn zufriedenstellende Beweise über die Sicherstellung Ihres Lebensunterhaltes in Amerika hier vorliegen, und wenn Sie an der Reihe sind, wird Ihnen eine Vorladung zur formellen Antragstellung zugeschickt werden. Die Vorladung wird ca. 4 Wochen vor dem Untersuchungstermin zugeschickt werden.

Bei sämtlichen Zuschriften ist Ihre Wartenummer anzugeben.

Zuerst konnte ich mir gar nicht vorstellen, nach Palästina zu gehen. Es wäre leichter gewesen, wenn ich, wie viele andere, eine richtige Zionistin gewesen wäre. Selbstverständlich war ich froh, als ich erfahren habe, daß wir gehen können, denn ich habe gesehen, was geschieht bzw. schon geschehen ist. Was in den KZs passierte, wußte ich von meinem Vater und von Dr. Cahnmann. Aber auf der anderen Seite war es uns weh ums Herz, denn ich war ja sehr verwurzelt in München, weil wir hier so viele Freunde und Verwandte hatten. Etliche von ihnen lebten 1939 noch in der Stadt. Wir mußten sie zurücklassen, die allermeisten wurden getötet. Nur ganz wenige konnten sich, wie meine beste Freundin, retten. Sie wurde als Hausmädchen nach England geschickt; das war gerade noch möglich; aber ihre Eltern und ihr Bruder sind umgekommen.

Nach einem achtmonatigen Aufenthalt in Zürich, wo ich nochmals in einem Kindergarten als Praktikantin gearbeitet habe, kamen wir im Dezember 1939 in Palästina an. Wir waren bettel-

*Die Autorin auf der Passage nach Palästina, Dezember 1939*

arm, denn wir durften ja nur 10 Mark aus Deutschland mitnehmen. Unsere Möbel waren zum überwiegenden Teil in München geblieben, sie wären ohnehin zu groß gewesen für unsere kleine 2-Zimmer-Wohnung. An Wertgegenständen oder Schmuck hatten wir praktisch nichts mehr – die Juden hatten ja alles abgeben müssen, ob sie nun emigrierten oder nicht. Als wir unseren Container packten, war jemand dabei, um zu überwachen, daß nicht doch etwas Verbotenes mitgeschmuggelt wurde. Aber der Kontrolleur hat sich anständig benommen. Er hat manchmal mit Absicht weggeschaut, und meine Mutter hätte an und für sich mehr mitnehmen können, als ihr erlaubt war. Aber da sie das meiste von den wertvollen Dingen schon abgegeben hatte, blieb nicht viel übrig. Etwas Schmuck – das, was sie an den Händen hatte – hat sie retten können, aber alles andere war verloren.

Im wesentlichen hat meine Mutter den Lebensunterhalt verdient mit Näharbeiten, sie hatte ja Nähen gelernt im Schweizer Internat. Manchmal kamen Care-Pakete aus Amerika vom Bruder meines Vaters, aber oft genug wußte Mutter nicht, was sie uns zum Essen hinstellen sollte. Dann gab es nur Butterbrot und Kaffee.

ליס'ל גולדשמידט
LYS'L GOLDSCHMIDT

SPEZIAL-WERKSTÄTTE FÜR
BETT- UND TISCHWÄSCHE
LAKEN, KISSEN, BEZÜGE
UND ÜBERSCHLAGLAKEN
MIT UND OHNE STICKEREI
Auch aus mitgebracht. Stoffen

בית מלאכה ללבני מטה
ולבני שלחן, סדינים,
צפיות לשמיכות וכרים.
עם ובלי ריקמה.
הזמנות גם מבדי הקונה.

תל־אביב, רחוב הנביאים 29, פנת שדרות ח"ן
TEL-AVIV, HANEVIIM STR. 29, ECKE KHEN BOULEVARD
BUS 5, 8, 12 אוטובוס

Mein Vater war damals schon über 60, ohne Arbeit und Sprachkenntnisse. Er hat Mutter beim Einkaufen geholfen, hat die fertige Ware ausgeliefert und kassiert. Er war oft sehr niedergeschlagen. Einmal ist er mit dem Autobus in Tel Aviv gefahren und hat dem Busfahrer auf deutsch gesagt, wo er hinfahren will. Der hat ihn auf Iwrit (hebräisch) angefahren: »Sprich Iwrit!«. Und mein Vater hat geantwortet: »Wenn du nach China kommst, ganz plötzlich, kannst du chinesisch?« Da haben die Leute gelacht, die das verstanden haben. Es gab aber viele Leute, die nicht mehr deutsch sprechen wollten, obwohl sie es konnten.

Unser Leben in Palästina konnte man mit dem in München überhaupt nicht vergleichen. Bis Anfang der dreißiger Jahre waren wir gut situiert gewesen. Wir führten ein schönes Leben. Gerade Mutter hat sich jedoch enorm umgestellt, aus der verwöhnten Dame ist eine hart arbeitende, bescheidene Frau geworden, von der nie ein Wort der Klage kam. Ob sie Heimweh hatte, kann ich nicht sagen. Wir haben niemals über die Vergangenheit gesprochen. Außerdem war ich mit meinen 17 Jahren zu sehr mit mir selbst beschäftigt und insgesamt in einer schrecklichen psychischen Verfassung. Mir hat München oder die bayerische Natur am Anfang sehr gefehlt – Palästina ist landschaftlich ja vollkommen anders. Und natürlich die vielen Menschen, die zurückgeblieben waren. Ob man sie wiedersehen würde, war mehr als ungewiß. Doch andererseits waren wir glücklich und froh, all dem Schlimmen entronnen zu sein.

Kontakte nach München waren kaum mehr möglich. Nur zu den Geschwistern meines Vaters hatten wir noch ganz kurz Verbindung. Vor ihrer Deportation wohnten sie in einer Sammelunterkunft für Juden. Dort mußte meine Tante für die Nationalsozialisten Fahnen nähen. Sie mußte bis zu einem bestimmten Termin eine gewisse Zahl genäht haben, sonst wäre sie bestraft worden. Zufällig hat meine Tante unsere ehemalige Köchin Babette getroffen, die ihr unter Lebensgefahr beim Nähen geholfen hat. Sie haben sich nachts um 12 Uhr getroffen, damit die Arbeit rechtzeitig fertig wurde. Unsere Köchin war eine wunderbare Frau, sie hat mich auch immer getröstet, wenn ich deprimiert von der Schule heimkam. Sie weinte bei unserem Abschied von München. Wir haben uns während meines ersten Besuchs in München 1953 wieder getroffen und sind dann bis zu ihrem Tod miteinander in Kontakt geblieben.

Im Zusammenhang mit einem Wiedergutmachungsverfahren haben wir nach dem Krieg erfahren, daß die Geschwister meines Vaters am 20. November 1941 nach Riga abtransportiert und zehn Tage später umgebracht worden sind.

Ich hatte in Palästina anfangs ebenfalls zu kämpfen. Zuerst besuchte ich eine WIZO-Haushaltsschule. WIZO (Women's International Zionist Organization) ist eine internationale Organisation zur haus- und landwirtschaftlichen Ausbildung von Frauen und Mädchen in Palästina. Eine Freundin meiner Mutter war damals Präsidentin. In diesen eineinhalb Jahren bekam ich erste Kontakte und ich lernte die Sprache. Danach war ich Kinderfräulein, Arzthelferin, Näherin etc. Später habe ich fünf Jahre bei einer englischen Zeitung gearbeitet. Schließlich bin ich zur Polizei gegangen. Dort habe ich acht Jahre, zuletzt als Sergeantin, gearbeitet.

*Als Sergeantin in Tel Aviv, Mitte der 50er Jahre*

Nach 15 Jahren, 1953, sind meine Eltern nach München gefahren. Sie hatten nicht vor länger zu bleiben. Mein Vater wurde hier jedoch schwer krank, zudem hatte meine Mutter Angina Pectoris, und so sind sie irgendwie hängengeblieben. Später haben sie zumindest Wiedergutmachungszahlungen bekommen, Gott sei Dank, denn es ging ihnen materiell nach wie vor schlecht. In dem jüdischen Altersheim, in dem sie wohnten, war alles noch sehr einfach. Aber immerhin konnte Mutter ihrem kranken Mann hin und wieder auf einem Kocher Diätmahlzeiten kochen. Heimisch fühlten sie sich nicht, dazu hatten sich die Stadt und die Menschen zu sehr verändert. 1957 ist mein Vater gestorben, erst dann ist meine Mutter in eine eigene Mietwohnung gezogen. Sie hätte wahrscheinlich viel lieber in Israel gelebt, schon weil wir zwei Kinder dort waren, aber irgendwie hat es nicht geklappt. Später kam dann auch Mutters Schwester wieder nach München. Sie wurde WIZO-Präsidentin in München, und die beiden haben innerhalb dieser Organisation viel zusammen gearbeitet.

Ich bin 1953 ebenfalls das erste Mal wieder nach München gekommen, um meine Eltern zu treffen. Es war furchtbar – alles war mir fremd geworden, zudem habe ich praktisch niemanden mehr gekannt. Die einzigen, die ich noch kannte, waren meine Klavierlehrerin und unsere ehemalige Köchin Babette, außerdem eine Kinderfreundin, eine Halbjüdin. Sie ist die einzige von früher, mit der ich noch in Verbindung bin. Alle anderen sind entweder über die ganze Welt verteilt oder umgekommen. Oder es sind Frauen, die mit mir in der Schule waren und nichts mit mir zu tun haben wollten.

Ich war auch in unserem alten Haus in der Steinsdorfstraße, weil meine Klavierlehrerin noch immer dort wohnt. Ich habe sie etliche Male besucht. Alles, das Haus und ihre Wohnungseinrichtung, waren noch so wie in meiner Kindheit.

Endgültig zurückgegangen nach München bin ich dann 1963. Wir wollten nur für drei Wochen kommen. Mein Mann, der damals in Tel Aviv seinen Geschäftsanteil aufgegeben hatte, wollte nach drei Wochen Reise nach Tel Aviv zurückkehren und sich eine neue Arbeit suchen. In der Zeit wurde aber meine Mutter schwer krank, außerdem ist meine Schwiegermutter, die uns auf der Reise begleitete, auch schwer erkrankt. Deshalb sind wir geblieben. So ist meine Tochter hier aufgewachsen, war hier im Kindergarten, in der Schule, hat hier ihren Beruf gelernt. Sie lebt noch heute in München.

So kommt es, daß meine Eltern beide in München begraben sind, auf dem jüdischen Friedhof bei der Garchinger Straße, mein Mann ebenfalls – und viele Verwandte und Freunde...

Seit 15 Jahren lebe ich ein halbes Jahr in Tel Aviv und ein halbes Jahr in München, den Sommer hier und den Winter dort. Das entspricht auch meiner geteilten Identität. Ich bin hier und dort zu Hause, aber in Israel geht es mir im Hinblick auf die Menschen besser. Viele gute Freunde leben dort im Land der Juden, das mir sehr ans Herz gewachsen ist.

*Alice und Emil Goldschmidt in Bad Tölz, Juli 1955*

Ich liebe München auch, ich habe keine Angst hier. Aber den schlechten Teil der Münchner Vergangenheit kann ich nicht vergessen. Und die Ausländerfeindlichkeit, die jetzt wieder aufkommt, gibt mir schon sehr zu denken. Ich freue mich, wenn ich nach dem halben Jahr wieder nach Israel abreise. Dort kann mir nichts passieren, und das ist ein gutes Gefühl. Andererseits muß ich auch sagen, daß ich mich auf München freue nach sechs Monaten Abwesenheit.

Der Kontakt mit nicht-jüdischen MünchnerInnen ist für mich kein Problem, ich sondere mich nicht ab. Meine beste Freundin hier ist Christin, die zehn Jahre mit einem jüdischen Mann liiert war und die viel über jüdische Kultur weiß. Bei ihr weiß ich hundertprozentig, daß sie damals nicht nationalsozialistisch und antisemitisch eingestellt war. Ich habe auch andere christliche Freunde, mit denen ich gerne zusammentreffe und bei denen ich keinerlei Hemmungen oder Bedenken habe. Aber bei neuen Bekannten in meinem Alter weiß man nie, was die während des »Dritten Reiches« getan haben.

Es ist mir mehrmals passiert, daß ich mit Fremden ins Gespräch gekommen bin, die mir sinngemäß gesagt haben, nicht alles, was Hitler gemacht hätte, wäre so schlecht gewesen. Sie wußten natürlich nicht, daß ich Jüdin bin. Normalerweise erzähle ich ihnen dann von Israel, vom Leben und den Menschen dort. Einer von diesen Zufallsbekannten wollte daraufhin das Land kennenlernen. Wie er mir aus Israel geschrieben hat, hat es ihm dort sehr gut gefallen.

Etwas Ähnliches ist nach einem Informationsabend in einer evangelischen Pfarrgemeinde passiert. Auch da kam später eine Frau auf mich zu, die mir gestand, daß sie in der Nazi-Zeit sehr für Hitler und gegen die Juden war. Nach diesem Abend wüßte sie jetzt endlich mehr über das Judentum. Sie hat mich sogar zu sich eingeladen.

Noch krasser war es mit einer Frau in einem Restaurant in Bad Gastein 1977. Meine Tischnachbarin, mein Alter, verwitwet, hatte mich eingeladen, eine Portion Salzburger Nockerl mit ihr zu teilen. So kamen wir ins Gespräch, und da hat sie sich beschwert, daß hier im Lokal so viele Juden seien; und in ihrem Hotel hätte eine israelische Jüdin Kontakt mit ihr gesucht. Ihr wäre das alles gar nicht recht, sie würde Juden schrecklich finden.

Ich habe sie ausreden lassen und dann habe ich zu ihr gesagt: »Ich hoffe, daß es Ihnen jetzt nicht leid tut, daß Sie mich zu Salzburger Nockerl eingeladen haben, denn ich muß Ihnen sagen, ich bin auch eine Jüdin, eine Jüdin aus München.« Sie konnte es nicht fassen und meinte, ich hätte nichts Jüdisches an mir, weder in meiner Art noch in meinem Aussehen. Sie hatte ganz offensichtlich keine Ahnung, wie Juden sind oder aussehen. Ich habe ihr dann gesagt, daß alle Menschen, die Juden nicht ausgenommen, von dem Land geprägt sind, aus dem sie kommen. Natürlich habe ich auch von Israel erzählt. Am Schluß hat sie dann zugegeben, daß sie einfach nicht genug gewußt hätte, jetzt aber doch mit anderen Augen auf Juden schauen würde. – Das sind so die Erlebnisse ...

Deshalb finde ich das so wichtig, daß man erzählt von der damaligen Zeit, von Juden und von Israel. Das war genau das Problem während des »Dritten Reiches«, die Leute wußten viel zu wenig über uns und unsere Kultur. Und diese Kinder, die da die »Judensau« gemalt haben, sie konnten ja nichts für ihre Erziehung. Sie haben den Antisemitismus sozusagen mit der Muttermilch aufgesogen. Deshalb wäre es heute so wichtig, den Ausländerhaß zu bekämpfen und bei der Jugend Toleranz und Menschlichkeit zu fördern, damit nicht wieder solch entsetzliche und unmenschliche Dinge geschehen können.

Abschließend möchte ich noch sagen, daß es mir nicht leicht gefallen ist, diese Gedanken zu Papier zu bringen. Es hat wie gesagt lange gedauert und viel Kraft gekostet, diese schlechte Zeit zu verarbeiten, und einiges habe ich nach wie vor in meine hintersten Gehirnzellen verdrängt. Trotzdem wollte ich Erlebnisse und Vorfälle aus dieser Zeit schildern, um vielleicht dem einen oder anderen ein paar Eindrücke von der damaligen Zeit zu vermitteln – sollten sich Jugendliche angesprochen fühlen, würde mich das besonders freuen.

Heinz Gideon Goldschmidt

# »Ich hatte Angst wegzugehen, aber noch größere Angst dazubleiben ...« (Bearbeitetes Interview)

Ich bin 1920 im Kreissaal der Frauenklinik nahe beim Sendlinger Torplatz geboren. Meine Schwester kam zwei Jahre später zur Welt. Meine Eltern haben damals in der Karlstraße/Ecke Dachauer Straße gewohnt. Später sind wir in die Steinsdorfstraße 12 gezogen. Ich habe Liebe und Fürsorge in Hülle und Fülle bekommen von meiner Mutter und auch von meinem Vater. Es war ein sehr geborgenes Haus. Mein Vater hatte eine Großhandlung für Schneiderartikel in der Landwehrstraße 63. Er ist sehr viel gereist – in Deutschland, in Österreich und in der Schweiz. Das Geschäft hat die ganzen Jahre erstklassig floriert. Es galt als eines der führenden Großhandlungen für Schneiderartikel im Großraum München. Ende der zwanziger Jahre zog man dann um in die Landwehrstraße 48.

Mein Vater hat am Ersten Weltkrieg teilgenommen. Er war Frontsoldat. Er wurde mit dem »Eisernen Kreuz« ausgezeichnet. Das ist wahr und erwähnenswert bei der Aufzählung von Beiträgen deutscher Bürger jüdischen Glaubens. Das ist das eine; das andere ist, daß die Firma große Exportaufträge hatte und so einen Beitrag zur deutschen Außenhandelsbilanz leistete.

Nach der Liquidation des Geschäftes meines Vaters durch die Nationalsozialisten wurde es von seiner ehemaligen Geschäftsbuchhalterin und dem Hauptreisenden übernommen. Meine Tante hatte schon immer behauptet, daß sie enge Kontakte zur NSDAP hätten. Die beiden Chefs mußten einfach weg. So ist es mit allen jüdischen Geschäften gegangen. Probleme haben die feigen Leute gemacht, die sich von der Partei einsetzen ließen. Im Geschäft war das eben diese Buchhalterin; sie hat meinem Vater sehr zu schaffen gemacht. Bis zur Nazizeit war sie eine treue und zuverlässige Frau gewesen, auch der Geschäftsreisende, den ich schon erwähnt habe. Auf einmal sind sie Feinde geworden. Mein Vater dachte, daß er zur Polizei gehen und das melden sollte. Plötzlich haben wir eingesehen, das geht ja gar nicht, die Polizei, die hilft uns ja gar nicht mehr. Mein Vater hat gemeint, daß es vorübergehen wird und daß alles wieder wie früher werden wird.

Ich ging im Lehel in den Kindergarten – und zwar in der Steinsdorfstraße/Ecke Ländstraße. Ich erinnere mich auch an die Namen der Kindergärtnerinnen: Tante Lilli und Tante Martha. In unserem Kindergarten waren nicht nur jüdische Kinder. Gegenüber von unserem Häuserblock befand sich die Hauptgarage von Häusler. Die Ausstellungsräume von Opel-Häusler befanden sich an der Ecke Ländstraße/Thierschstraße. Vis á vis war der »Völkische Beobachter«. Da haben wir oft den Hitler gesehen. Er hat oben in der Prinzregentenstraße gewohnt und ist meistens zu Fuß mit einem großen Wolfshund zum Verlag gegangen. Das war vor seiner »Machtergreifung«. Ich war vielleicht fünf oder sechs Jahre alt. Dort war auch der »Stürmer« ausgehängt, so daß ich schon früh die bösen Karikaturen der Juden sah und später sogar die antisemitischen Schlagzeilen gelesen habe. Meine Eltern haben mir erzählt, wer Hitler ist. Man sagte uns Kindern, daß dieser Mann den Juden gegenüber feindselig sei. Außerdem sei er maßgebend in der nationalsozialistischen Partei, er schreibe im »Völkischen Beob-

---

Heinz Gideon Goldschmidt
Geboren 1920 in München als Sohn von Emil und Alice Goldschmidt. Besuch der jüdischen Volksschule und des Neuen Realgymnasiums. 1936 zwangsweise Emigration in die Schweiz; Beginn eines Ingenieurstudiums. 1943 Einwanderung in Palästina. 1950 Heirat mit Jael Michels; zwei Söhne, Michael und Ronen. Bis zur Rückkehr nach München im Jahre 1991 Tätigkeit als selbständiger beratender Ingenieur in Tel Aviv.

*Heinz Gideon Goldschmidt mit Mutter und Schwester Ruth, ca. 1927*

achter«, der Zeitung der Nationalsozialisten. Die würden die Juden hassen und gegen sie schreiben und agieren. Das habe ich gewußt. Aber, um ehrlich zu sein, damals als Kind hat er mir imponiert, weil er so einen großen Wolfshund neben sich hatte. Wie konnten wir ahnen, daß dieser der »Führer« sein und solch maßloses Unheil säen würde?

Ab meinem sechsten Lebensjahr bin ich in die jüdische Volksschule in die Herzog-Rudolf-Straße gegangen. Mein Klassenlehrer hieß Ferdinand Kissinger. Sein Bruder, Julius Kissinger, war auch Lehrer an der Volksschule. Er unterrichtete die Klasse meiner Schwester. Ferdinand Kissinger war ein »pfundiger« Pauker. Er war mit dem ehemaligen amerikanischen Außenminister Kissinger verwandt. Die beiden Lehrer Kissinger stammten aus Franken, zufälligerweise übrigens aus demselben Ort, aus welchem mein Onkel, der Kompagnon meines Vaters, kam: Urspringen bei Karlstadt am Main, nördlich von Würzburg. Der Vater meines Onkels, übrigens ein frommer Jude, war dort ein angesehener Landwirt gewesen, außerdem war er im Gemeinderat und Kommandant der Ortsfeuerwehr. Das zeigt meines Erachtens auch, wie integriert die Juden in die christliche Mehrheit waren.

Ich hatte in der Schule zwei enge Freunde, der eine war Walter Harburger; an diesen Namen erinnere ich mich. Er hat in der Liebherrstraße 4 gewohnt und hatte eine Schwester und einen Bruder. Walter ist nach Amerika ausgewandert und hat dort jahrzehntelang gelebt. Mit ihm hatte ich keinen Kontakt, so lange er in Amerika war, aber mit seinem Bruder Fritz, der in Israel wohnte und bedeutend älter war. Er war damals der oberste Jugendführer in einer jüdischen Pfadfinderbewegung, den »Werkleuten«. Zufällig erfuhr

*Wohnung im 1. Stock in der Liebigstr. 28/Ecke Widenmayerstraße, ca. 1936*

ich vor einigen Jahren, daß Walter in Jerusalem lebt. Ich rief ihn an und wir redeten lange miteinander. Früher wollte ich auch bei den »Werkleuten« mitmachen, aber meine Eltern haben das nicht gern gesehen. Am Sonntag haben diese Jugendlichen Ausflüge in der Gruppe gemacht. Unsere Eltern aber wollten uns Kinder bei den Familienausflügen dabei haben. Wir sind ins Isartal, an den Starnberger See oder an den Tegernsee oder den Kochelsee und ins Gebirge gefahren.

In meiner Klasse erinnere ich mich noch an Henny Sturm, meine Mitschülerin. Ich traf sie später in Israel wieder, sie betreute dort behinderte Kinder und leitete zuletzt eine große Wohltätigkeitsorganisation.

Dann Hannah Eliasberg. Auch sie traf ich in Israel wieder, als Mitglied eines *Kibbuz* im Norden des Landes und Gattin eines hochrangigen Diplomaten der israelischen Regierung. Außerdem erinnere ich mich an Peter Schweissheimer. Der wohnte in Harlaching, sein Vater war ein stadtbekannter Psychologe und Sexualtherapeut, was damals ja sehr ungewöhnlich war. Auch Heini Berger fällt mir ein. Ich glaube, er war immer der Klassenbeste. Ihn traf ich oft in Tel Aviv, er arbeitete bei einer großen Tageszeitung. Langsam erinnere ich mich auch noch an weitere Namen: Ilse Sundheimer, Max Bader, Ary Levi, Max Altmann, natürlich Walter Harburger und Hans Löb, das waren ja meine engen persönlichen Freunde. Auch eine Lysl Troller, einen Benno Mandel und einen Berthold Nathan gab es. Sein Vater war ein bekannter Teppichhändler in München.

In der Schule hatte wir jeden Tag mindestens eine Stunde hebräischen Sprachunterricht, außerdem viele Religionsstunden zum Verständnis der Bibel nach dem Alten Testament und der jüdischen Gebete. Unsere Lehrer waren ja alle aus frommem Haus und beherrschten die religiösen Fächer erstklassig. Sie brachten uns selbstverständlich auch gutes Deutsch bei. Ansonsten hat sich die Schule in nichts unterschieden. Vielleicht sind das Turnen und auch die Gymnastik etwas kürzer gekommen als in anderen, nicht-jüdischen Schulen.

Turnunterricht hatten wir, glaube ich, einmal in der Woche im Schulhof, wenn das Wetter entsprechend war. Bei schlechtem Wetter turnten wir in der sogenannten Aula. Es gab dort einige Geräte. Die Ausstattung war etwas weniger gut als in den nicht-jüdischen Schulen Münchens, aber wir hatten dort Leitern, einen Springbock, Sprungmatten und andere Geräte, sowie Sprossenleitern und Ringe.

In diesem Raum war auch Musikunterricht. Wir haben Singen gelernt, ich glaube auch Blockflöte.

*»Völkischer Beobachter« in der Thierschstraße 11, 1927*

Ich bin ein paar Jahre in den jüdischen Turn- und Sportverein in der Nähe des Harras gegangen. Es war natürlich immer ein gesellschaftliches Ereignis. Ich habe Leichtathletik gemacht und Ping Pong gespielt. Im Hotel Bayerischer Hof gab es Ping-Pong-Tische. An diesen konnten wir spielen, weil wir im jüdischen Sportverein waren. Übrigens war ich auch in einem nicht-jüdischen Turnverein. Er hieß »Turnverein Jahn« und befand sich in der Widenmayerstraße. Ich ging dort gerne hin, vielleicht deshalb, weil mir der damalige Turnlehrer wegen seiner streng-strammen Haltung imponierte. Umso schlimmer war meine Enttäuschung, als er mir eines Tages sagte, ich sei doch Jude und könne nun mit sofortiger Wirkung nicht mehr am Turnunterricht teilnehmen.

Meine Eltern gingen in die Herzog-Max-Straße in die große Synagoge, sie betrachteten sich als »liberale« Juden. Wenn es irgendwie möglich war, besuchten wir zu den jüdischen Feiertagen dieses Gotteshaus. An den Freitagabenden, zu *Schabbat*, durften wir schon von Kindheit an mit unserer Mutter dorthin zum Beten gehen. Oft kam auch Tante Irmel mit. Später ging ich auch allein fast regelmäßig zum Gebet am Vorabend des *Schabbats* in die »Herzog-Max-Synagoge«. Für mich war der Aufenthalt dort immer erhebend. Ich empfand das Haus als guten, heiligen Ort und fühlte mich stets zugehörig zu den Menschen der dort versammelten Gemeinde. Es wurde mir sehr schwer ums Herz, als ich Ende der 30er Jahre im Ausland hörte, daß unsere große, schöne Synagoge von den Nazis mutwillig zerstört worden war.

Auch in der kleinen Synagoge – für die orthodoxen Juden – war ich von Mal zu Mal. Waren wir Kinder doch eher religiös erzogen worden durch unsere Mutter, die ja selbst durch ihren traditionell lebenden Vater geprägt worden war.

Die Synagoge war im Gegensatz zur großen Synagoge in der Herzog–Max-Straße viel kleiner und mehr im orientalischen Stil gebaut. Sie hatte eine Kuppel, die etwas höher war als das anschließende Schuldach.

Die meisten Menschen, die dort gebetet haben, waren Münchner oder Deutsche aus anderen

*Heinz Goldschmidt mit seiner Schwester Ruth, ca. 1935*

Landesteilen, etliche waren auch osteuropäischer Herkunft, z.B. aus Polen, Rußland, Galizien, Litauen u.a. Innen war die »kleine« Synagoge architektonisch und künstlerisch sehr schön ausgestattet – im Gegensatz zu unserer Hauptsynagoge in der Herzog-Max-Straße. Die war innen relativ einfach, ohne Schnörkel.

Es war üblich, daß die Gemeindemitglieder einen festen Platz in der Synagoge hatten. Der Platz meines Vater lag unten und der meiner Mutter oben. Bei den frommen Juden ist die Trennung ganz streng. Da gibt es normalerweise sogar Tücher oder eine Art von Schleier, die entlang der gesamten Frauenempore gespannt sind. In der Herzog-Max-Straße war dies nicht der Fall, im Gegenteil. Ich erinnere mich, daß ich gern hochgeschaut habe, denn meine Mutter saß oben ziemlich weit vorne. Später, als ich im Gymnasium war, haben wir gerne zu den Mädchen raufgesehen. Wenn ich mich recht erinnere, war in der »kleinen« Synagoge ein Schleier gespannt.

Unser Haushalt wurde *koscher* geführt, das heißt getrenntes Geschirr für »milchig« und »fleischig«. Die Essensvorschriften galten bei uns nur im Haushalt. Unterwegs, z.B. in den Ferien, haben wir ganz normal gegessen.

Meine Mutter war richtig religiös, mein Vater fast überhaupt nicht, genauso wie seine Mutter. In München aber hat mein Vater die Rituale mitgemacht. Er hat alles von meiner Mutter und uns Kindern gelernt. Meine Mutter war auf dem Gebiet die Dominante, mein Vater war zu Hause gutmütig. Er war Großkaufmann. Er hatte vorwiegend das Geschäft im Kopf. Meine Mutter hat uns die Religion vorgelebt, er hat mitgemacht und alles für gut befunden.

An den hohen Feiertagen wie *Rosch Haschana*, unser Neujahrsfest, an *Jom Kippur*, *Chanukka* u. a. ist mein Vater mitgekommen. Das war auch stets irgendwie ein gesellschaftliches Ereignis. Die Männer sind zum größten Teil mit Zylinder erschienen. Sie waren in dunkles Festgewand gekleidet oder trugen einen Frack.

An *Jom Kippur* war das Geschäft geschlossen, wir sind natürlich nicht in die Schule gegangen. Wir fuhren dann nicht in die Synagoge, sondern gingen nach religiösem Brauch zu Fuß. Die Herzog-Max-Straße war ja nicht so weit von der Steinsdorfstraße oder der Liebigstraße entfernt.

Ab 1930 ging ich auf das Neue Realgymnasium in der Müllerstraße. Die ersten Jahre dort waren eigentlich relativ problemlos. Erst als die Nationalsozialisten ans Ruder kamen, wurde mein Gymnasiasten-Dasein getrübt. Am 30. August 1933 erhielten meine Eltern ein Schreiben, das besagte, daß ich – obwohl »nicht-arischer« Herkunft – wegen der Verdienste meines Vaters weiter an der Schule bleiben dürfte. Uns machte dieses Schreiben deutlich, wie sich die Unheilwolken über uns zusammenzogen. In der sechsten Klasse kam ein ganz ähnlicher Brief, unterzeichnet vom selben Oberstudiendirektor Tyroller, aber diesmal mit der verheerenden Mitteilung, daß der Anteil von Kindern »nicht-arischer«

*Sportverein Jahn. Mannschaftsaufnahme am Jahnbrunnen, Oettingenstraße, 1934*

Eltern zur Zulassung an höheren Lehranstalten erschöpft sei. Ich mußte die Schule nach Beendigung des sechsten Schuljahres verlassen.

Meine Mutter ging daraufhin von »Pontius zu Pilatus«. Aber es stellte sich heraus, daß nun alle Schultüren für uns Juden verschlossen blieben. Das galt für jede Art von Mittel-, Berufs- und Hochschule. Damit war mein Traum vom Abitur und vom Ingenieurstudium vorbei.

Von Zeit zu Zeit haben mich damals auch einige meiner Mitschüler mit »Saujude« und »Judenschwein« beschimpft. Die anderen haben gelacht. Das waren immer sehr unangenehme und beschämende Gefühle. Was mich sehr gestört hat, das war der Hitlergruß. Von Anfang an, also nach der »Machtergreifung«, ist die Klasse bei jedem Lehrerwechsel aufgestanden und hat »Heil Hitler« gesagt. Das hat mich gestört. Aber ich habe mich daran gewöhnt. Ich mußte diesen Gruß auch aussprechen. Es blieb mir keine andere Wahl. Ich war der einzige Jude in der Klasse.

Einmal in der Woche hatte ich etwa zwei bis drei Stunden Religionsunterricht. In den ersten Klassen hat das in der Maxburg stattgefunden; dort war auch ein Gymnasium. Der zweite Rabbiner von München, Dr. Robert Geis, hat uns unterrichtet. Ich war mit ihm befreundet und habe ihn später noch zweimal in Düsseldorf besucht. Er ist dort gestorben. Später fand der Religionsunterricht im Wilhelmsgymnasium am Max-Monument statt. Unser Lehrer dort war Dr. Klugmann und zeitweilig auch Rabbiner Finkelscherer. Hier kamen die jüdischen Schüler verschiedener Münchner Schulen zusammen.

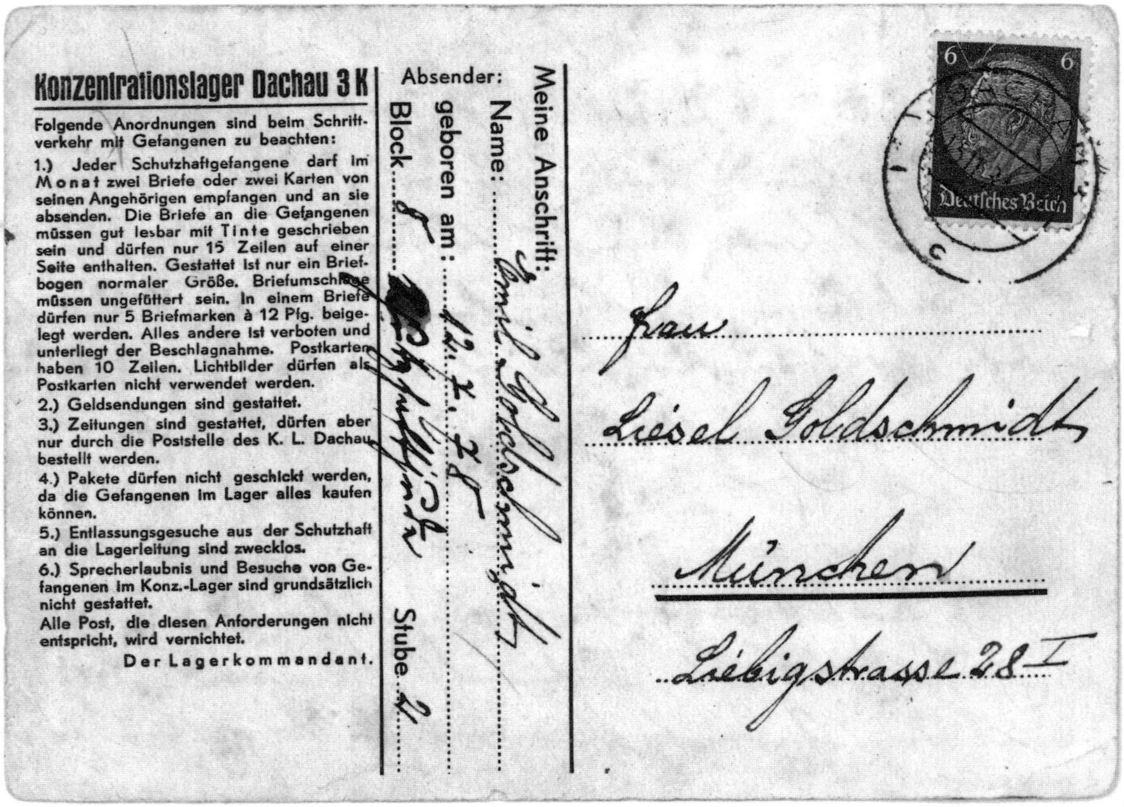
Konzentrationslager Dachau 3 K

Folgende Anordnungen sind beim Schriftverkehr mit Gefangenen zu beachten:

1.) Jeder Schutzhaftgefangene darf im Monat zwei Briefe oder zwei Karten von seinen Angehörigen empfangen und an sie absenden. Die Briefe an die Gefangenen müssen gut lesbar mit Tinte geschrieben sein und dürfen nur 15 Zeilen auf einer Seite enthalten. Gestattet ist nur ein Briefbogen normaler Größe. Briefumschläge müssen ungefüttert sein. In einem Briefe dürfen nur 5 Briefmarken à 12 Pfg. beigelegt werden. Alles andere ist verboten und unterliegt der Beschlagnahme. Postkarten haben 10 Zeilen. Lichtbilder dürfen als Postkarten nicht verwendet werden.

2.) Geldsendungen sind gestattet.

3.) Zeitungen sind gestattet, dürfen aber nur durch die Poststelle des K. L. Dachau bestellt werden.

4.) Pakete dürfen nicht geschickt werden, da die Gefangenen im Lager alles kaufen können.

5.) Entlassungsgesuche aus der Schutzhaft an die Lagerleitung sind zwecklos.

6.) Sprecherlaubnis und Besuche von Gefangenen im Konz.-Lager sind grundsätzlich nicht gestattet.

Alle Post, die diesen Anforderungen nicht entspricht, wird vernichtet.

Der Lagerkommandant.

Absender:

Meine Anschrift:

Name: Emil Goldschmidt

geboren am: [illegible]

Block 8 Stube 2

Deutsches Reich 6

Frau

Liesel Goldschmidt

München

Liebigstrasse 28 I

*Karte des Vaters an die Mutter aus dem KZ Dachau, 11. 11. 1938*

So sah ich auch Freunde aus der Volksschule wieder und lernte einen meiner späteren Freunde, Leo Ascher, kennen. Ihn habe ich nach Jahren einige Male im Ausland wiedergetroffen. Er war zwar ursprünglich nach Amerika ausgewandert, besuchte uns aber wiederholt in Tel Aviv und lernte dort auch seine Frau kennen. Ich habe auch meinen besten Freund wiedergetroffen, Hans Löb. Sein Vater war damals Prokurist bei einer bekannten jüdischen Stoff-Firma namens Eichengrün am Promenadeplatz.

Gut erinnern kann ich mich an meine *Bar Mizwa* am 11. März 1933. Durch die Ereignisse an diesem Tag wurde die Feier sehr gestört. Mein Geburtstag ist am 28. Februar, die *Bar Mizwa*-Feierlichkeit wird immer etwas vor- oder nachverlegt, auf einen Samstag. Wir waren zu zweit, ein anderer Junge, namens Stern, und ich. Von ihm habe ich nie wieder etwas gehört.

Der jüdische Rechtsanwalt Siegel wurde gezwungen, ohne Oberkleider durch die Stadt zu marschieren, bekleidet nur mit Unterhosen, weil er es gewagt hatte, sich bei der Polizei zu beschweren. Am 9. und 10. März waren die Kanzleien von jüdischen Rechtsanwälten demoliert, deren Inhaber mißhandelt worden, genauso wie Kommerzienrat Uhlfelder.

Jemand hat uns während der Feier von den Ereignissen in der Innenstadt erzählt. Entgegen unserer Gewohnheit haben wir ein Taxi genommen, um möglichst schnell aus dem Wirrwarr rauszukommen. Die *Bar Mizwa*–Feier war dann im Schatten dieser Ereignisse. Es war eines meiner negativsten Erlebnisse, die mir aus dieser Zeit in Erinnerung sind.

Als die Nazis an die Macht gekommen waren, hat sich das ganze Familienleben sukzessive verdunkelt. Am Anfang hat vor allem mein Vater

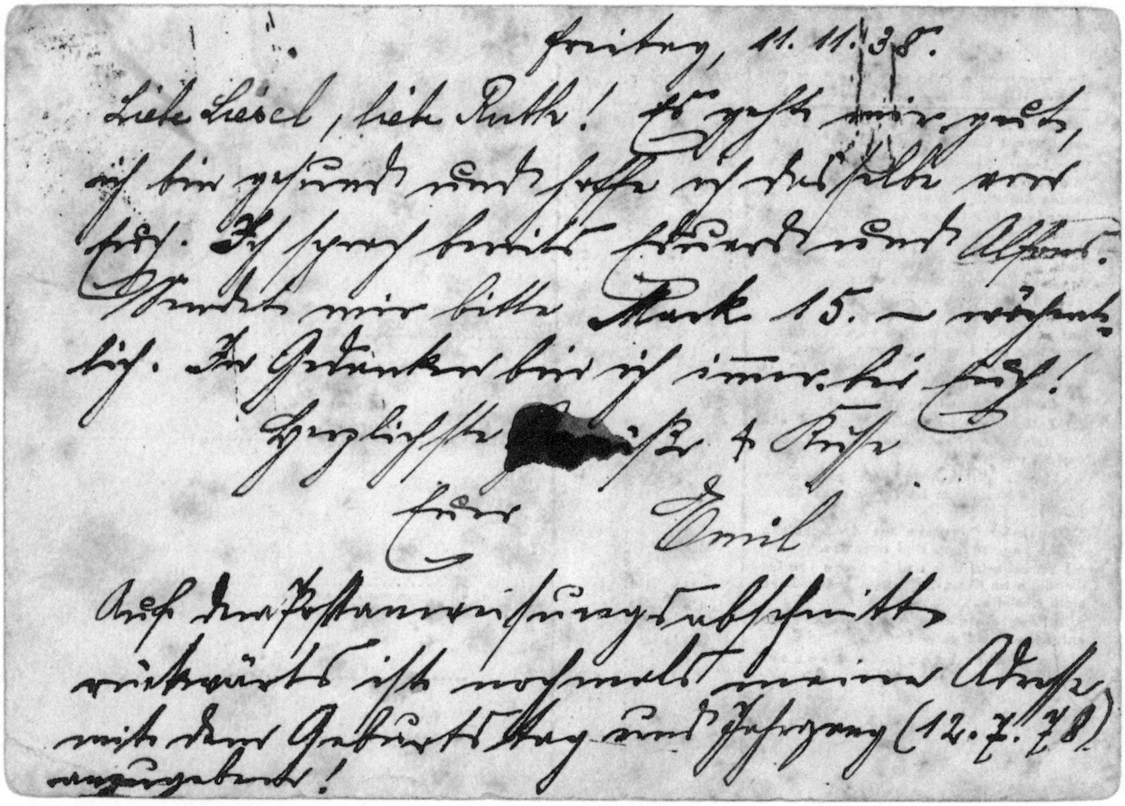

Freitag, 11. 11. 38.

Liebe Liesel, liebe Ruth! Es geht mir gut, ich bin gesund und hoffe ich dasselbe von Euch. Ich sprach bereits Eduard und Alfons. Sendet mir bitte Mark 15.– wöchentlich. In Gedanken bin ich immer bei Euch!

Herzlichste Grüße + Küsse

Euer Emil

Auf dem Postanweisungsabschnitt rückwärts ist nochmals meine Adresse mit dem Geburtstag und Jahrgang (12.7.78) anzugeben!

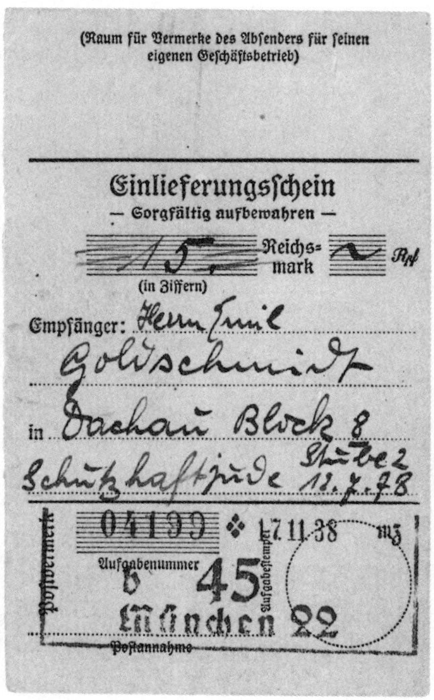

(Raum für Vermerke des Absenders für seinen eigenen Geschäftsbetrieb)

**Einlieferungsschein**

– Sorgfältig aufbewahren –

15.– Reichsmark – Rpf (in Ziffern)

Empfänger: Herrn Emil Goldschmidt

in Dachau Block 8 Stube 2

Schutzhaftjude 12.7.78

Postvermerk: 04199 ❖ 17.11.38 mz

Aufgabenummer – Aufgabestempel

b 45

München 22

Postannahme

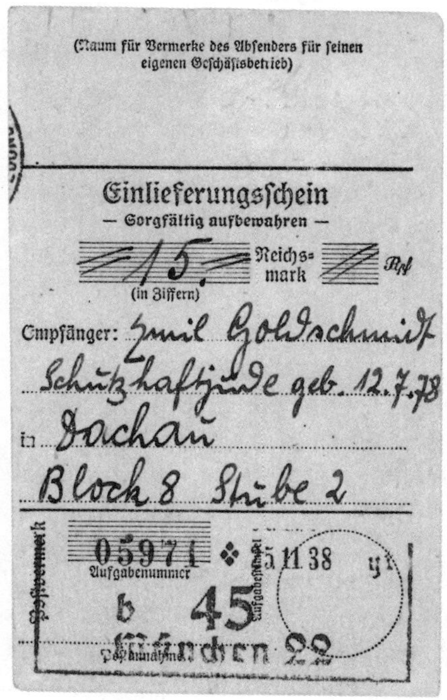

(Raum für Vermerke des Absenders für seinen eigenen Geschäftsbetrieb)

**Einlieferungsschein**

– Sorgfältig aufbewahren –

15.– Reichsmark – Rpf (in Ziffern)

Empfänger: Emil Goldschmidt

Schutzhaftjude geb. 12.7.78

in Dachau

Block 8 Stube 2

Postvermerk: 05971 ❖ 25.11.38 yt

Aufgabenummer – Aufgabestempel

b 45

München 22

Postannahme

nicht geglaubt, daß es solche Ausmaße annehmen würde, daß Menschen überhaupt fähig sind zu solchen Untaten. Mein Vater wollte auch nie weg von München; es war meine Mutter, die alles in die Wege geleitet hat, um wegzukommen. Sie mußte im Grunde gegen meinen Vater kämpfen, denn er war ja deutscher Soldat im Ersten Weltkrieg gewesen und hatte damals das »Eiserne Kreuz« bekommen. Er dachte wirklich, ihm kann nichts geschehen.

Bei meinem Onkel war es ähnlich, doch seine Widerstände gegen die Auswanderung waren etwas geringer. Seine Schwester und zwei Neffen lebten in Palästina. Sie sind schon sehr früh ausgewandert. Wir haben damals keine Verwandten in Palästina gehabt, mein Vater war auch nicht zionistisch orientiert, im Gegenteil, er war ein Deutscher, er war mentalitätsmäßig ein fest verwurzelter Münchner, der bis zur Judenverfolgung zufrieden mit seiner Familie in München gelebt hatte.

Erst als die Enteignung 1938 kam, und auch meine Eltern aus der Wohnung raus mußten, wurde die Auswanderung konkret beschlossen. Da war ich schon nicht mehr in München. Ich bin 1936, als ich die Schule verlassen mußte, ausgewandert.

Meine Eltern sind bis 1939 in München geblieben. Ausschlaggebend für die Emigration meiner Eltern war erst die Verhaftung meines Vaters im Jahr 1938. Er wurde, so hat man mir erzählt, eines frühen Morgens aus dem Bett geholt, verhaftet und ins KZ Dachau gebracht. Nach seiner Rückkehr wurden die Auswanderungspläne konkreter. Sie überlegten, nach Mauritius oder Indochina zu gehen.

In unserer Familie wurde viel von der Schweiz gesprochen, denn meine Mutter war gebürtige Schweizerin; ihre Eltern lebten in der Schweiz und hatten dort ein renommiertes Geschäft für Damenhüte. Trotzdem war es auch dort problematisch, weil die Schweizer keine Dauer-Aufenthaltserlaubnis erteilten. Zudem hatte meine Mutter ihre schweizerische Staatsbürgerschaft durch die Heirat verloren.

Ich war, wie gesagt, der erste, der ausgewandert ist – mit 16 Jahren. Ich habe dauernd gesagt, ich will weg. Hier geht ja nichts weiter. Für meine Mutter war es schwer, wir waren ja noch Kinder. Außerdem hingen wir sehr an ihr.

Der Anlaß war, daß ich die Schule verlassen mußte. Eines Tages wurde ich zum Direktor Dr. Tyroller gerufen. Der hat mir mitgeteilt: »Sie müssen ab der sechsten Klasse gehen, die sechste können Sie noch zu Ende machen.« Ich glaube, es war ihm sehr peinlich. Ich habe das im ersten Moment gar nicht erfaßt. Natürlich habe ich auch vorher schon Ausgrenzung erfahren, aber wahrscheinlich habe ich alles – wie mein Vater – nicht akzeptieren wollen.

Wir haben zum Beispiel sehr viel am Hirschanger gespielt. Das ist eine große Wiese nahe der Prinzregentenstraße im Englischen Garten. Dort durften wir nicht bleiben. Ich weiß nicht genau warum und wer uns gehindert hat. Als Kind habe ich den Hintergrund nicht ganz begreifen können.

Ich war ja im Grunde genommen ein deutscher Junge, und es war halt verboten. Da habe ich mich gefügt. Ich weiß zum Beispiel, daß im Hofgarten Bänke waren, auf denen stand: »Nicht für Juden!« Die Angst saß uns Kindern wegen aller möglichen Verbote, Warnungen und Hinweise gegen uns Juden sehr rasch in den Knochen. Ich hatte Angst, mich als Jude zu erkennen zu geben.

Oder auch z. B. die Sache mit dem Biergarten: An sommerlichen Abenden waren wir hauptsächlich am Chinesischen Turm. Die Männer sind vom Geschäft direkt dort hingekommen, und die Frauen haben Essen mitgebracht. Man hat Bier und Radi gekauft. Ziemlich bald nach Hitlers Machtantritt sind wir nicht mehr hingegangen. Ich glaube, es gab auch Schilder mit Aufschriften, daß an den Tischen keine Juden sitzen dürfen. Wir hatten Angst, daß irgend jemand in SA- oder SS-Uniform kommt oder ohne Uniform mit einer Waffe. Immer öfter fielen judenfeindliche, gehässige Bemerkungen. Es gab einige Cafés, die meine Eltern früher gern aufgesucht haben, zum Beispiel das »Victoria« am Max-Monument. Die haben meinem Vater einmal gesagt, es wäre ihnen sehr recht, wenn wir nicht mehr kommen würden. Ganz ähnlich war es im Café Luitpold.

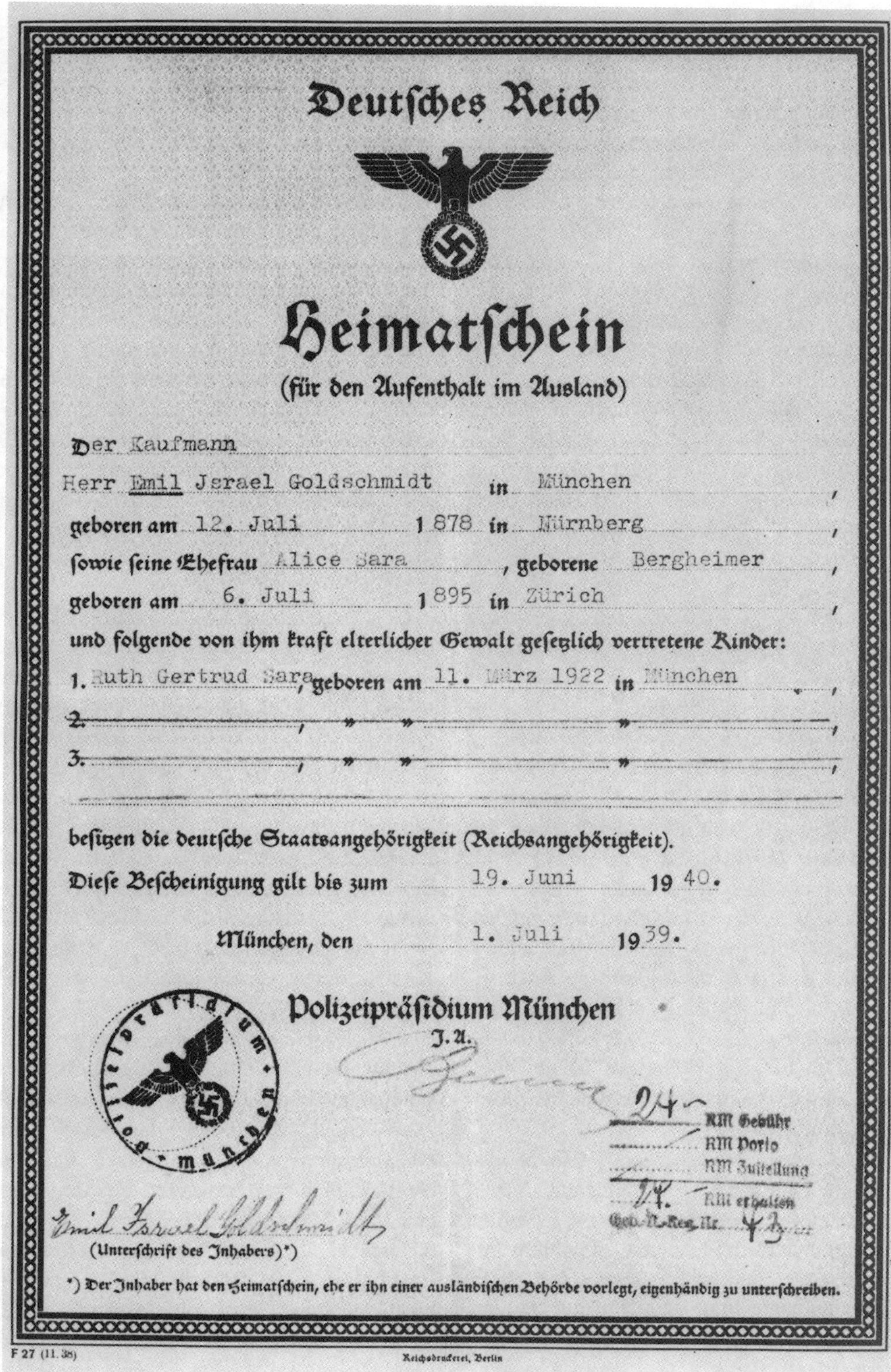

# Deutsches Reich

# Heimatschein

(für den Aufenthalt im Ausland)

Der Kaufmann

Herr Emil Jsrael Goldschmidt in München,

geboren am 12. Juli 1878 in Nürnberg,

sowie seine Ehefrau Alice Sara, geborene Bergheimer,

geboren am 6. Juli 1895 in Zürich,

und folgende von ihm kraft elterlicher Gewalt gesetzlich vertretene Kinder:

1. Ruth Gertrud Sara, geboren am 11. März 1922 in München,
2. ", " " ",
3. ", " " ",

besitzen die deutsche Staatsangehörigkeit (Reichsangehörigkeit).

Diese Bescheinigung gilt bis zum 19. Juni 1940.

München, den 1. Juli 1939.

Polizeipräsidium München

J. A.

Polizeipräsidium München

2,- RM Gebühr

RM Porto

RM Zustellung

2,- RM erhalten

Geb. N. Reg. Nr. 43

Emil Israel Goldschmidt

(Unterschrift des Inhabers)*)

*) Der Inhaber hat den Heimatschein, ehe er ihn einer ausländischen Behörde vorlegt, eigenhändig zu unterschreiben.

F 27 (11. 38)

Reichsdruckerei, Berlin

Dorthin sind wir oft am Abend, wenn schlechtes Wetter war oder im Winter, zum Essen gegangen.

Es hat sich ein Ballen von Angst aufgebaut. Die Angst hat alles überschattet bei jedem. Jeder reagierte darauf anders. Ich zum Beispiel lief weg, wann immer ich konnte. Ich bin in dieser Zeit viel mit dem Fahrrad gefahren – z. B. zum Oberwiesenfeld. Dort war ein Flugplatz. Ich bin auch in die Isarauen gefahren in Richtung Ismaning, meistens allein. Und wenn da so Hitlerjugendgruppen waren oder vielleicht sogar die SA zu Übungen, da habe ich mich ferngehalten, weil ich weiterleben wollte. Ich habe mich in meine Welt zurückgezogen, ich habe gelernt und gebastelt.

Ich wollte ja unbedingt Ingenieur werden, hier ging das nicht mehr. Wir besprachen zu Hause dauernd die schwierige Situation. Es blieb dann nur eine Möglichkeit für mich, die Schweiz. Dort fand sich ein kantonales Technikum, an dem ich studieren konnte. Meine Mutter unternahm alle Schritte für meine Ausreise. Ich denke, das war ein großer Konflikt für sie. Auf der einen Seite hat sie bestimmt gewußt, daß wir so schnell wie möglich raus müssen, andererseits war die Trennung doch schmerzlich. Durch meine Großeltern und Verwandten in der Schweiz habe ich immer eine Aufenthaltsgenehmigung dort bekommen.

Das Technikum hat meiner Mutter sehr gut gefallen, weil dort ein Internat angegliedert war. Außerdem war es eine katholische Schule, die genauso wie das Internat von Geistlichen geleitet wurde. Das beruhigte meine Mutter sehr. Einerseits wußte sie, daß sich viele gläubige Katholiken in Deutschland gegen die NS-Ideologie stellten. Andererseits schien ihr der moralische Lebenswandel ihres jungen Sohnes im katholischen Milieu gewährleistet. Ich war ja bis dahin sehr behütet aufgewachsen.

Man muß dazu bedenken, daß 1935/36 das Geschäft noch bestand. Viele Kunden haben gesagt: »Ja, was die da machen, das ist ja Wahnsinn! Machen Sie sich nichts draus. Sie sollen uns noch lange erhalten bleiben mit Ihrem Geschäft, weil Sie liefern uns immer gute Ware.« Das hat uns unser Vater erzählt. Nicht wenige Kunden haben auch nach den Boykottaktionen »schwarz« bei uns gekauft, d.h. die haben dann mit Naturalien bezahlt. Bauern aus Dörfern oder Kunden aus Kleinstädten haben uns Enten und Gänse geschickt. Deshalb gab es 1935 fast jeden Tag Gans. Diese Leute haben wirklich Loyalität und Menschlichkeit gezeigt.

Mich hat z. B. Professor Huber beruhigt, der in unserer Schule Naturkunde und Chemie unterrichtete. Er war mir immer gut gesinnt. Bei dem hatte ich auch gute Noten. Er hat mich manchmal sogar verteidigt. Ab und zu kamen junge Referendare in SA- und SS-Uniform. Er sagte mir dann einmal danach: »Ja, ich bin gegen diese Jungen, schließlich haben die gar nichts zu sagen; die müssen auch lernen. Du brauchst keine Angst zu haben, daß da irgendetwas passiert.« Doch es gab auch andere Lehrer, z. B. unseren Latein-Professor. Der hat manchmal Bemerkungen gemacht: »Ja, ihr werdet's ja sowieso nicht mehr lang hier sein!«

1937 in den Sommerferien kam ich noch einmal nach München zurück und habe als eine Art »Junglehrer« oder Vorarbeiter in einer amerikanischen Lehrwerkstätte der Organisation »Ort« gearbeitet. Das war eine jüdische, internationale Organisation. Die bildete junge Leute aus, in technischen Berufen. Ich war in der Maschinenschlosserabteilung als Gehilfe des Meisters tätig. Es gab zu dieser Zeit kaum mehr jüdische Lehrkräfte in Deutschland. In der Werkstätte wurden junge Leute ausgebildet als Hachschara, so nennt man die Ausbildungsvorbereitungszeit für die Auswanderung nach Israel. Es waren also Auswandererkurse.

1938 haben mich meine Eltern gebeten, noch einmal nach München zu kommen, um bei einer wichtigen Familienfeier dabeizusein. Ich hatte zwar Angst, aber ich bin dann doch gefahren. Es war abgemacht, daß mich die Familie an der Grenze, in Singen, erwartet. Ich kam mit dem Zug aus der Schweiz, die ganze Familie, Eltern, Schwester, die Tante und der Onkel, standen da und haben mich erwartet. Ich stieg aus und ging zum deutschen Zoll. Grenzpolizei und Gestapo verhörten mich. Sie fragten mich, warum ich nach Deutschland fahre? Ich erklärte den Grund. Dann

Industrie- und Handelskammer
zu München

München 43, den 8. Aug. 1939.
Maximiliansplatz 7–8
Postscheck-Konto München 2000
Fernsprecher Nr. 58614/52621

Angabe unseres Zeichens
Dr.St./Rie./I
bei Rückäußerungen erbeten.

Betrifft:

Bescheinigung.

Zum Zwecke der Vorbereitung der Auswanderung wird hiermit bescheinigt, daß die Firma Emil Goldschmidt & Fränkel, Großhandlung in Knöpfen und Futterstoffen, seit 14. März 1910 im Handelsregister für München eingetragen war. Das Geschäftslokal befand sich in München, Landwehrstr. 48. Die Firma ist am 18. Juli 1939 aufgelöst worden. Herr Emil Goldschmidt, z.Zt. wohnhaft in München, Liebigstr. 28, war vom 14. März 191 bis 18. Juli 1939 als Teilhaber der Firma eingetragen. Während der angegebenen Zeit ist uns weder über das Geschäftsgebaren der Firma, noch dessen Teilhaber, Herrn Emil Goldschmidt, irgendwie Nachteiliges bekannt geworden.

Die Industrie- und Handelskammer zu München.

I.A.

Syndikus.

sagte mir einer von ihnen: »Ich lasse Ihnen die Möglichkeit; Sie können nach Deutschland, aber Sie wissen doch, daß Sie dann in Schutzhaft genommen werden. Sie können auch zurückfahren in die Schweiz. Das überlasse ich Ihnen.« Meine Mutter, die sich mittlerweile eingeschaltet hatte, sagte: »Heinz, geh' sofort weg, geh' raus von hier, weg!« Das war für mich eine ganz außergewöhnliche, schreckliche Situation. Sie gab mir rasch einen Kuß, und ich habe geschaut, daß ich so schnell wie möglich wegkomme, rannte auf die Schweizer Seite und nahm den nächsten Zug. Das war eigentlich das schlimmste Erlebnis, das ich in diesem Zusammenhang hatte. Im Zug sah ich sie alle am Zaun stehen, weinend und traurig.

In der Schweiz habe ich mich immer sehr wohl gefühlt, besonders in Zürich. Ich kannte die Stadt ja schon von meinen Ferienaufenthalten in der Kinderzeit.

In der ersten Zeit hatte ich viel Heimweh. Später nicht mehr, weil ich Freunde hatte, die sehr lieb zu mir waren. Es gab eine jüdische Familie; die hatten dort ein Kaufhaus. Sie luden mich fast jeden Freitagabend in den Kreis ihrer Familie ein, nahmen mich auf sonntägliche Autotouren mit und boten mir familiären Anschluß. Auch mit dem Rabbiner in der Stadt war ich befreundet; in die dortige Synagoge ging ich beten. Deswegen habe ich mich sehr wohl gefühlt.

1939 ist meine ganze Familie für kurze Zeit nach Zürich gekommen, bis sie endgültig emigriert sind mit dem letzten Schiff nach Palästina.

Ich bin 1942 nach Palästina ausgewandert. Ein halbes Jahr nach meinem Abschluß bei einem Dozenten an der Technischen Hochschule habe ich noch in Zürich gearbeitet. Dafür habe ich eine Sonder-Aufenthaltsgenehmigung bekommen. Ich bin mit einer großen Gruppe von etwa 45 Personen emigriert, es war eine Kollektivreise, arrangiert von der Jewish Agency. Die Reiseroute ging durch das besetzte Frankreich – da hatte ich natürlich sehr große Angst – über Spanien, Portugal, dann um ganz Afrika herum mit einem Aufenthalt von ein paar Monaten in Lorenzo-Marques, den ich mit interessanter technischer Arbeit nutzte.

Wir waren insgesamt mehr als ein halbes Jahr unterwegs. Außer dem erwähnten Aufenthalt in Lorenzo-Marques hielten wir uns noch in Südafrika auf, d.h. wir fuhren mit der Bahn von Lorenzo-Marques wieder zurück, bis wir eine passende Schiffspassage von Durban nach Ägypten fanden. Diesmal war es kein portugiesischer Passagierdampfer, sondern ein britisches Frachtschiff. Nach 14 Tagen über Aden durch den Suez-Kanal landeten wir im Hafen von Suez. Von dort gab es einmal täglich eine Eisenbahnverbindung nach Palästina. Ja, und eines schönen Morgens, 1943, kam ich in Rechowot an und fuhr mit dem Bus nach Tel Aviv. Jetzt passierte wieder ein Wunder: Ich wollte mich gerade informieren, wo meine Eltern wohnten, da traf ich zufällig am dichtbevölkerten Zentralbahnhof Onkel und Tante aus München. Sie wohnten im gleichen Haus wie meine Eltern und Schwester und fuhren mit mir sofort zu meinen Eltern.

Ich fand durch die Hilfe meiner Mutter gleich Arbeit bei einer amerikanischen Baufirma, die Militärflugplätze und Straßen errichtete. Danach wechselte ich bald in einen elektro-optischen Betrieb in Tel Aviv. Dort blieb ich etwa fünf Jahre. Ich habe mich relativ rasch umgestellt, gemäß den dort üblichen Lebens- und Arbeitsbedingungen.

Auch meine Familie hat sich eigentlich sehr gut zurechtgefunden. Es war ja eine ganze andere Welt, stark orientalisch. Sie konnten kaum die Sprache. Mein Vater hatte vom Münchner Geschäft Ware gerettet, hauptsächlich Knöpfe, die er dann – fast ohne Sprachkenntnisse – in Jaffa an Schneider verkauft hat. Regelrecht Fuß gefaßt hat er dort eigentlich nie. Er sprach ja nur deutsch und war der Mentalität nach ein Münchner. Viele Juden und sogar Araber haben deutsch gesprochen: Mit denen konnte er reden und sich auch geschäftlich über Wasser halten. Auch meine Mutter hat gleich angefangen zu arbeiten, denn sie hatten ja kein Geld. Sie hat Bett- und Tischwäsche genäht, feine Wäsche. Das hatte sie noch in ihrer Schweizer-Zeit gelernt. Mein Vater hat eingekauft und meiner Mutter im Haushalt geholfen. Sie lebten zusammen mit meiner Schwester in einer Zweizimmer-Wohnung. Darin hat sich alles abgespielt. Ein Zimmer haben sie nur als Schlafzimmer benutzt, voll mit Möbeln, die sie aus München mitgenommen hatten. Kurz nach meiner Ankunft habe ich auch dort gewohnt. Es war sehr eng, und lange habe ich es nicht ausgehalten.

1955 bin ich zum ersten Mal wieder nach München gekommen, um meine Eltern zu besuchen, die mittlerweile wieder hier lebten. Ich reiste mit meiner Frau, die noch nie in Europa gewesen war. Meine Frau bekam einen nicht gelinden Schreck. Sie war hier ganz unglücklich, weil München noch ziemlich bedrückende Kriegsschäden aufwies.

Wir sind von Italien über die Schweiz mit dem Zug in München angekommen. Nach 18 Jahren München wiederzusehen, das war ein sehr gemischtes und sonderbares Gefühl. Überall gab es noch Ruinen, leere Bauplätze, Zeichen des Kriegs und dann die bedrückenden persönlichen Erinnerungen an die NS-Herrschaft. Hätten wir nicht die Eltern besucht, wäre meine Gattin gleich wieder weggefahren.

Meine Eltern lebten relativ primitiv. Als ich 1936 weggegangen bin, wohnten wir ja noch in der Liebigstraße in einer schönen, großen Wohnung. Sie lebten nun also in einem ziemlich kleinen Zimmer des jüdischen Altersheims in der Gärtnerplatzgegend, dort wo heute die Büros der Kultusgemeinde sind.

Ich war – neben dem Besuch meiner Eltern – gekommen, um meiner Frau das schöne München zu zeigen. Ich hatte ihr schon vorher in Israel vom Englischen Garten erzählt, von der schönen Umgebung und von der Isar. Wir haben das Grün der Landschaft genossen, für mich jedenfalls war das damals sehr reizvoll im Vergleich zur israelischen Landschaft, die ganz anders ist, eher versengt von der Sonnenglut im Sommer.

Besonders für meine Frau gab es ein schwieriges und sehr bedrückendes Problem in München. Sie stand eher unter dem Einfluß ihrer israelischen Familie. Ihr Vater war schon 1920 nach Palästina gekommen. Er war ein großer Zionist. Auch die Mutter war Zionistin. Es gab auch einen Onkel, der viele Jahre Abgeordneter im israelischen Parlament war. Er hat uns, speziell aber ihr, vom Deutschlandbesuch abgeraten: »Fahr' nicht nach Deutschland!« Sie hatten damals noch eine große innere Abneigung, nach Deutschland zu reisen und mit den Deutschen zusammenzukommen. Bei meiner Frau war also so eine Art Vorurteil vorhanden. Das ist noch von anderen in Israel geschürt und zusätzlich genährt worden von diesen Ruinen, die man hier an jeder Ecke gesehen hat.

Ich persönlich hatte weniger Vorbehalte, da ich im Grunde genommen mentalitätsmäßig immer Europäer geblieben bin; München war ja immerhin meine Geburtsstadt. Außerdem hatte ich längere Zeit in Europa gelebt, allerdings nicht in Deutschland, von dort mußte ich ja fort. Im Grunde bin ich immer eher versöhnlich gestimmt, bin Menschen gegenüber optimistischer und komme ihnen mit Liebe entgegen. Das habe ich wahrscheinlich von meiner Mutter her. So war es auch 1955: Für mich war es ein erstes Wiedersehen mit einer Stadt, die ich in meiner Kindheit sehr liebte und von daher in bester Erinnerung hatte. Das andere, von Angst und Verfolgung geprägte Geschehen während der NS-Zeit verblaßte dadurch während des Aufenthalts. Allerdings kamen die düsteren Gedanken doch wieder »hoch« – beim Anblick des leeren Platzes, auf dem einst die große Synagoge stand. 1955 war das noch »abrasiert«, heute ist da nur eine schlichte Gedenktafel. Außerdem störte mich empfindlich, daß so vieles von jüdischer Kultur oder jüdischem Leben in München mit abrasiert worden war. Was dagegen noch stand, waren teilweise von den Nationalsozialisten in München gebaute oder umgebaute Häuser. Heute zum Beispiel habe ich noch Hemmungen, das Haus der Kunst zu betreten. Uns war ja damals der Zutritt verboten.

Meine Frau wollte unbedingt nach Dachau in die KZ-Gedenkstätte. Ich konnte das nicht, ich konnte nicht rein. Wir sind rausgefahren nach Dachau, ich bin dort spazierengegangen. Als sie rauskam, war sie sehr, sehr aufgeregt. Später einmal war ich mit meinem älteren Sohn in München. Er wollte auch unbedingt die KZ-Gedenkstätte in Dachau besuchen. Er wurde von meiner

Nichte und meiner Schwester hinbegleitet; ich wollte und konnte nicht an diesen schauerlichen Ort gehen. Dann war ich mit meinem jüngeren Sohn und seiner Frau in München. Auch sie wollten unbedingt das ehemalige KZ sehen. Ich bin mit ihnen rausgefahren. Ich blieb im Auto, während die jungen Menschen die Gedenkstätte besuchten. Auch sie kamen völlig aufgewühlt dort raus. Vor fünf Jahren, nachdem meine Frau schon gestorben war, bin ich mit einer Dame aus meinem israelischen Bekanntenkreis nach München gekommen. Sie wollte ebenfalls die Gedenkstätte unbedingt sehen. Sie hat mich schlußendlich überzeugt: Ich sollte mir das doch mal anschauen, es gehöre zur Realität des Lebens. Ich bin rein, und es hat mich weniger berührt als alle anderen. Ich glaube, daß ich eine psychische Barriere, eine Art Schutzwall aufgebaut hatte, zur psychologischen Abkapselung vor den furchterregenden Schreckensgedanken von Elend und grausamem Tod, die beim Anblick der Häftlingsbaracken, der Verbrennungsöfen und der Gesamtanlage aufsteigen. Dabei mußte ich unwillkürlich an die vielen Vernichtungslager denken.

Manchmal – ganz selten – kommt das Gefühl wieder hoch, z. B. wenn in einem Restaurant ein Kellner oder eine Kellnerin unhöflich ist, dann habe ich das Gefühl, – es kommt ganz blitzartig –, als ob das gegen mich als Jude gerichtet wäre. Da muß ich mich dann immer stark zusammennehmen.

Ich bin noch oft nach München gekommen, im Urlaub, da geht's einem ja immer gut. Leider ist unser Vater im Jahr 1957 gestorben. Die Mutter kam daraufhin sehr oft zu uns nach Tel Aviv. Sie blieb jeweils einige Monate. Meine Schwester und Familie kehrten später nach München zurück. Sie wohnten ebenso wie Mutter nach Vaters Tod in Schwabing. Die Eltern, Tante und Onkel, und viele andere Verwandte sind im Neuen Jüdischen Friedhof an der Garchinger Straße begraben.

Wenn ich überlege, was München für mich ist, so muß ich sagen: München ist zwar eine andere Stadt, und doch ist soviel gleichgeblieben. Die schönen Gegenden sind erhalten, vor allen Dingen der Englische Garten und die Isaranlagen oder die Auer Dult. Als Kinder haben wir keine Auer Dult ausgelassen.

1991 hängte ich mein stressiges Berufsleben an den Nagel und entschloß mich zu einem geruhsamen Leben in München. In Israel sind zwei verheiratete Söhne, die ich natürlich von Zeit zu Zeit gern dort besuche.

München ist meine Geburtsstadt. Aber als uneingeschränkte Heimat kann ich diese Stadt noch nicht bezeichnen. Ich bin mir völlig bewußt, daß sie bis zum Beginn der NS-Herrschaft 1933 als meine Heimat galt. Ich war Münchner und Deutscher, wie meine Eltern, Onkel, Tante und alle. Etwas anderes gab es nicht, und eigentlich war ich als Knabe stolz darauf. Dann wurde ich in meiner Heimat ein Verfolgter und letztendlich wurde mir diese Heimat weggenommen. Ich war plötzlich staatenlos und mußte mit einem »Nansen«-Paß als Staatenloser rund um die halbe Erdkugel reisen, bis ich eine neue Heimat fand. So kam ich nach dem heutigen Israel und fand sie dort.

Formell betrachtet gibt's auch hier in München kein Fragezeichen mehr hinter dem Wort »Heimat«. Denn in den sechziger Jahren wandte ich mich an die zuständige Behörde der Bundesrepublik mit der Bitte, mich dokumentarisch wieder einzubürgern. Ganz bürokratisch wurde dem stattgegeben, ich bekam einen neuen Heimatschein. Damit war die Brücke geschlagen zu einem Heimatbewußtsein ähnlich wie dem damals, in meiner Kindheit. Jetzt entdecke ich Stück für Stück das München der 90er Jahre. Ich bin auf dem besten Weg und hoffe, daß ich von München vielleicht wieder als »Heimat« sprechen kann.

Ary Levi

# Ein Leben (Bearbeitetes Interview)

Mein Vater wurde in Hengsfeld (Württemberg) im April 1874 geboren und ist als Kind nach München gekommen. Meine Mutter stammte aus Freiburg im Breisgau. Ich kam am 12. Mai 1918 in München zur Welt. Einen Monat nach meiner Geburt ist meine Mutter an Lungenentzündung gestorben. Ich hatte noch eine Schwester, die neun Jahre älter war als ich.

Im Glockenbachviertel, wo ich geboren bin, lebten in den 20er Jahren viele polnische Juden. Diese Ostjuden waren meistens arm, aber sehr religiös. Dadurch habe ich als Kind einiges von dieser ostjüdischen Tradition erfahren.

In meiner Kindheit lebte ich eingebettet in die biblische Tradition des Alten Testaments: So wurden bei uns die jüdischen Feiertage eingehalten; Fleisch kauften wir in der jüdischen Metzgerei gegenüber in der Fraunhoferstraße.

Meine Mutter war wahrscheinlich nicht so religiös wie mein Vater. Er war – im Gegensatz zu den assimilierten Juden, die reformiert waren – sehr streng religiös und gehörte der orthodoxen jüdischen Gemeinde mit der Synagoge in der Herzog-Rudolf-Straße an.

Mein Vater war Patriot und er war königstreu. Seine politische Einstellung war sehr konservativ.

Von den politischen Auseinandersetzungen in den 20er Jahren habe ich nichts mitbekommen. Mein Vater und alle unsere jüdischen Bekannten waren konservativ. Sie dachten nicht, daß sie das betreffen würde. Sie meinten, es ginge nur gegen Revolutionäre wie Eisner. Mein Vater, mein Onkel, aber auch die jüdischen und nicht-jüdischen Kriegskameraden – sie alle zeigten keine Sympathie für diese »Revoluzzer« und »Atheisten«. Daran erinnere ich mich noch gut.

Mein Vater war Facharzt für innere Krankheiten und Nervenleiden. Seit 1908 hatte er seine Praxis als Kassenarzt in der Fraunhoferstraße 2. Er hat alle Leute ohne Unterschied behandelt. Er war, wie man mir später sagte, ein wahrer »Nationalsozialist«, denn er war sozial und hat von armen Leuten nie etwas verlangt.

Am Anfang dachte man, Hitler sei nur ein Verrückter, den man nicht ernstzunehmen brauchte. Viele hofften auf die Wiederkehr der Monarchie. Sie glaubten, dieser verrückte Kerl, der nichts war als eine verkrachte Existenz, ein Stadtstreicher aus dem Wiener Obdachlosenasyl, hätte keine Chance in Deutschland. Leider haben wir ihn nicht ernst genommen – leider, leider!

Damals waren einige Parteigenossen Patienten meines Vaters; so etwa der Schuster von gegenüber, ein SA-Mann. Oder der Zahnarzt bei uns im Haus. Einige Kinder waren schon von Anfang an in der »Hitlerjugend«. Wie ich erst später erfahren habe, war auch der Herr vom Milchgeschäft in der Partei, sein Schwiegersohn war bei der SS. Sie alle waren Patienten meines Vaters und mit uns befreundet. Als es ab 1933 wirklich schlimmer wurde, sagten sie alle, dem Dr. Levi passiert doch nichts, der ist doch ordentlich.

Mein Vater hatte mindestens so viele Kommunisten als Patienten wie Parteigenossen und arme polnische Juden. An einen Kommunisten erinnere ich mich. Er war in Dachau gewesen und hat ab und zu erzählt, wie es dort zuging. Es war fürchterlich, so etwas zu hören. Darüber durfte man damals nicht reden, denn es hieß, wenn einer darüber redet, dann kommt er wieder hin.

---

Ary Levi
Geboren 1918 in München, Besuch der jüdischen Volksschule des Wilhelmsgymnasiums und des Theresiengymnasiums. Von Anfang 1938 bis Ende 1949 zwangsweiser Aufenthalt in der Schweiz. Dort Abitur und Chemie-Studium. Auswanderung nach Amerika. In New York Tätigkeit in einer chemischen Fabrik. 1960 Rückkehr in die Schweiz. Von 1962 bis Mitte der 70er Jahre Leitung eines chemischen Betriebs in München. Lebt teils in München, teils in der Schweiz.

Was ich als Kind mitbekommen habe, waren die Karikaturen über Juden aus dem »Stürmer«, die überall in den Schaukästen aushingen. Der Satz »Die Juden sind unser Unglück« soll von Treitschke sein, nach dem eine Straße in München benannt ist. Man kann sich gar nicht vorstellen, wie perfide und gemein das war. Da stand zum Beispiel: »Deutsche Frauen geht zu keinem jüdischen Arzt!«, oder: »Es paßt der Jude nicht in unsere Tagespracht«, »Abschaum der Menschheit«, »Kreatur der Nacht«. Diese fürchterlichen Zeilen waren an allen Ecken in den »Stürmer«-Kästen zu lesen. In der Schule ist darüber nie gesprochen worden.

Bereits 1933 gab es erste Boykottaktionen gegen Juden. Man hat überall bei Juden in unserem Viertel Zettel angeklebt, nur bei meinem Vater wurde nichts hingeklebt. Obwohl unten am Hauseingang stand: Dr. Rafael Levi, Arzt für innere Krankheiten. Es ist uns nichts passiert – damals. Die Praxis hatte mein Vater noch bis Ende 1938. Auch seine Patienten sind weiterhin gekommen, obwohl unter ihnen höchstens 20 bis 25 Prozent Juden waren. Sie kamen noch bis zur »Reichskristallnacht«. In dieser Nacht wurde mein Vater im Haus versteckt. Herr Daffinger, Geschäftsführer im Schauspielhaus, hielt ihn an den folgenden drei Tagen in seiner Wohnung versteckt, auch meine Schwester und unsere jüdische Haushälterin, Gitta Oppenheimer.

Ich bin mit sieben Jahren, 1925, in die jüdische Volksschule in der Herzog-Rudolf-Straße gekommen. Das war eine staatlich anerkannte Schule, die ab und zu von einer staatlichen Kommission kontrolliert wurde.

Danach kam ich zunächst für zwei Jahre in das Wilhelmsgymnasium. Weil das aber überfüllt war und ich näher am Theresiengymnasium wohnte, habe ich die Schule gewechselt. Im April 1931 kam ich in die 3. Klasse des Theresiengymnasiums, das einen guten Namen hatte. Während das Wilhelmsgymnasium als national und katholisch galt, war das Klima hier liberal. Von Judenfeindlichkeit war im Gymnasium nichts zu merken, gar nichts. Unser Klassenleiter, Dr. Schalk, war zwar Parteigenosse, aber hochanständig. Ebenso Dr. Thurmaier, Probst, Magerl, Löweneck und Löwel.

Meine Mitschüler im Theresiengymnasium kamen in der Regel aus gutbürgerlichen Familien. In meiner Klasse war ich nicht der einzige Jude, auch Gerson, Adler, Oleschinski waren Juden. Die anderen Kameraden waren alle christlich. In der Parallelklasse gab es noch einen jüdischen Mitschüler. Wichtiger als die paar jüdischen Bekannten war mein Kreis im Gymnasium.

### *Es fing wie ein großes Volksfest an und endete als Schlachtfest.*

In den Jahren nach der »Machtergreifung« – ich sage das nicht gerne – wollte ich nur dabei sein, mit den Kameraden singen und marschieren. Einfach mitmachen – mit den Kameraden, mit denen ich befreundet war. Mein Hauptwunsch war damals, mitreden zu können, akzeptiert und toleriert zu sein, angenommen zu werden. Ich habe versucht, überall unauffällig dabei zu sein. Zum Beispiel beim »Deutschen Schulfest« oder einer Sonnwendfeier. Wir hatten auch Wehrsport, an dem ich teilnahm. Der Wehrsport fand unweit des Theresiengymnasiums statt. Einmal wurden wir von Major Brand am Gewehr gedrillt. Ich war ein schwächliches Kind. Er gab mir ein riesiges Gewehr zum Heben in die Hand, das für mich viel zu schwer war, und ich schwankte. Der Major fragte mich: »Wie heißen Sie?« Ich antwortete ängstlich: »Ary Levi«. Da sagte er: »Wenn Ihnen Ihre Mutter einen Laib Brot gibt, können Sie den auch nicht halten?« Dabei hat er mit den Augen gezwinkert – mehr hat er nicht gesagt. So etwas vergißt man nicht.

Ich erinnere mich dunkel an einen der Nachmittage am Theresiengymnasium, an dem wir schulfrei hatten, als ein Treffen des BDM (Bund Deutscher Mädel) stattfand. Auch da bin ich hingegangen! Jeder Schüler hatte seinen festen Platz, wie im Kino. Auf einmal lag auf meinem Platz ein Zettel von einem Mädel aus der BDM-Gruppe – Rosemarie von Ibe. Sie wollte mich kennenlernen. Natürlich habe ich ihr nicht zurückgeschrieben. An dieser Episode merkt man, daß ich damals integriert war. Weder in der Schule noch außerhalb habe ich persönliche Anfeindungen erlebt. Ich hatte nie Probleme mit Deutschen, mit den sogenannten Ariern. Auch in der Schule gab es keinen rassistischen Unterricht. Alles war dort auf »national« ausgerichtet.

Das Verhältnis zu unseren Lehrern war von einem gewissen Respekt geprägt. Sie waren nicht nur Lehrer, sie waren auch Erzieher. Wir sollten, einfach ausgedrückt, zu guten Staatsbürgern erzogen werden. Die Grundsätze, mit denen ich aufgewachsen bin, waren: Recht, Ordnung, Gemeinnutz geht vor Eigennutz usw.

In meiner Schulzeit gab es keine Elternabende, nur Sprechstunden. Jeder Klassenleiter und jeder Lehrer hatte bestimmte Sprechzeiten. Mein Vater ist bis zum Schluß hingegangen. Ich hatte vor meinem Vater mehr Angst als vor meinen Lehrern. Einmal wollte mir unser Geographie-Lehrer, Bauernfeind, – ihn nannten die Schüler »Globus« – einen Verweis geben, weil ich vielleicht zu laut gelacht hatte. Ich ging zu ihm in seine Wohnung in der Paul-Heyse-Straße und bat ihn, mir keinen Verweis zu geben, weil ich Angst vor meinem Vater hätte. In seiner Gutmütigkeit verzichtete er drauf.

Mein Vater war durch das Militär geprägt und forderte von mir strikte Selbstbeherrschung, ich durfte nicht wehleidig sein. In der Schule und mit meinen Kameraden habe ich mich wohler gefühlt als zu Hause bei dem strengen Vater.

Ich glaube, meine Lehrer haben sich liberal verhalten, weil sie katholisch waren. Unter den Katholiken gab es nie so bösartige Ausschreitungen. Die katholischen Mitschüler – und meistens auch die reformierten – waren immer menschlich. Vielleicht war die katholische Moraltheologie mitverantwortlich, daß die Menschen nicht alle so böse wurden wie Streicher mit seinen »Stürmer«-Kästen. Viele waren erstaunt und wunderten sich, daß die Kirche nicht eingegriffen hat.

Wenn der Lehrer zu Beginn der Unterrichtsstunde in das Klassenzimmer kam, sind wir alle aufgestanden. Bis 1936 wurde nie »Heil Hitler« gesagt. Auch nicht bei Herrn Löwel, unserem Französischlehrer, der Vertrauensmann der »Hitlerjugend« (HJ) war. Wenn der Lehrer in die Klasse kam, standen wir auf und setzten uns wieder. Dann begann der Unterricht.

In der Schule war ich integriert. Von den Lehrern, die zum Teil hohe Parteifunktionäre waren, ist nie ein antijüdisches Wort gefallen. Im Gegenteil: Zunächst war es ein Mitschüler, der derartiges zu mir sagte, es war Kurt, späterer Steuerinspektor. Ich besuchte ihn 1965 in seinem Büro. Er sagte mir, daß es ihm sehr leid täte, aber die Jungen seien von üblen Typen schlecht beeinflußt worden.

Solche Dinge kamen ab 1933/34 vor. In dieser Zeit mußten wir schon Marschübungen machen – »Wehrertüchtigung« hieß das. Da gab es zwei Lausbuben, die beim Marschieren ein freches Lied singen wollten: »Aussi soll' die ganze Judenbande.« Sofort hat Turnlehrer Riegel, selbst ein Frontkämpfer und Prototyp eines guten Parteigenossen, abgewunken. Er ließ keine antijüdische Strömung aufkommen. An meine Lehrer erinnere ich mich heute noch mit Freuden. Sogar Herr Schalk war im Grunde ein netter Kerl, obwohl er von der Partei eingesetzt worden war, um die Leute auf nationale Richtung zu bringen.

Vormittags hatten wir Schule – von Montag bis Samstag. Am meisten Spaß hatte ich an Geschichte und Heimatkunde. Der Unterrichtsstoff in Geschichte ging bis zur »Machtergreifung« 1933, die man damals »nationale Erhebung« nannte. Vor Hitler lag der Schwerpunkt auf der humanistischen Klassik und der griechisch-römischen Philosophie. Hitlers »Mein Kampf« mußten wir nicht lesen. Als die Saar wieder zu Deutschland kam, gab es eine Feier, und wir sangen in der Turnhalle »Deutsch ist die Saar, Deutsch immerdar«. Am Anfang war das mehr national als nazistisch.

In der Schule wurden nur die Klassiker gelesen: Goethe, Schiller, Jean Paul, Kleist selbstverständlich – richtiger Literaturunterricht im bürgerlichen Sinn. Das lief sehr einseitig ab, der Lehrer hat vorgetragen, Dialog gab es keinen. Niemand durfte ungefragt etwas sagen, man konnte sich melden und wurde aufgerufen. Eines der Aufsatzthemen in Deutsch hieß: »Ist die Not vorüber, sind die Nöte süß«. Ein mehr nazistisches Thema lautete einmal: »Die Straßen Adolf Hitlers wachsen ins Land«. Es ging um den Reichsautobahnbau. Nach der »Machtergreifung« wurde mehr Wert auf nationale Erziehung gelegt: Wehrsport, »Wehrertüchtigung«, Marschieren, Landkarten lesen, sich nach dem Kompaß orientieren.

Die Schulbücher blieben die alten, nur für das neu eingeführte Fach »Nationale Erziehung« gab es ein neues Lehrbuch. Als Grundlage diente ein Buch, das »Deutsche Jugend, dein Führer« hieß. Darin wurde Hitler verherrlicht, doch das Antijüdische war sehr am Rand.

Auf einer Photographie von 1936 bin ich mit etwa 20 Mitschülern zu sehen – einige davon in Uniform. Im selben Jahr stand in meinem Zeugnis, daß ich die Schule nicht weiter besuchen konnte. Ich mußte das Gymnasium zwei Jahre vor dem Abitur verlassen. Mit Wehmut denke ich daran. Ich habe mich damals verabschiedet und meinen Mitschülern erzählt, daß ich nicht mehr weitermachen dürfte. Alfons Gasser aus Freising, ein großer Blonder, war Scharführer bei der »Hitlerjugend«. Ich werde den Moment nie vergessen, als ich ihm sagte, daß ich nicht mehr bleiben durfte. Er gab mir die Hand und sagte: »Das ist doch eine Gemeinheit«. Zu dieser Zeit trug er schon Schaftstiefel und Schnüre an der Uniform.

Die allgemeine Tendenz der Behörden war zu diesem Zeitpunkt »Juden raus«. Das hat man deutlich gespürt. Ich dachte damals an Auswanderung. Andererseits hatte ich immer noch das Gefühl dazuzugehören. Ich habe mich nie nur jüdisch gefühlt, ich fühlte mich auch als Deutscher jüdischen Glaubens. Mein Vater war kein Zionist. Als gläubigem Juden waren ihm Zionisten suspekt, weil ihre Führer areligiös waren. Mit ihnen konnte mein Vater nichts anfangen. Auch ich habe mich nie im Gegensatz zu den Deutschen gesehen. Deshalb war das, was dann geschah, ein furchtbarer Schock für mich, von dem ich mich nie mehr erholt habe. Ich hatte bis dahin in einem bürgerlichen Rahmen gelebt. Auf einmal bekam ich im Zeugnis gesagt, nein, es geht nicht mehr weiter. Zu meinem Vater hat man gesagt: »Herr Dr. Levi, Sie können bleiben, aber für Ihren Sohn gibt es keine Zukunft mehr. Je schneller er weggeht, desto besser. Es bahnt sich etwas Schlimmes an.« Das habe ich damals nicht gewußt. Mein Vater schickte mich in die Schweiz.

Eines Tages, im Jahr 1937, als ich gerade für ein paar Wochen in München war, kam ein Beamter von der Polizei in der Pestalozzistraße in unser Haus mit dem Auftrag, unsere Pässe abzuholen. Unsere jüdische Hausgehilfin sagte zu ihm: »Der Ary ist jetzt nicht da, aber er kommt dann später zu Ihnen und gibt seinen Paß ab.« Der Beamte meinte, es sei besser, wenn ich nicht käme, sondern wegginge. So anständig war der. Ohne Paß wäre ich nicht mehr rausgekommen. Am nächsten Tag bin ich in die Schweiz gefahren. Meine Schwester blieb in München. Sie wollte meinen Vater nicht allein lassen, da ja meine Mutter gestorben war. Nur noch bis Ende 1938/Anfang 1939 waren alle Grenzen offen. Nach der »Reichskristallnacht« begann praktisch der reine Wahnsinn. Meine Schwester mußte in ein Arbeitslager nach Ramersdorf – ich habe noch ein Foto, auf dem sie und unsere jüdische Angestellte, Gitta Oppenheimer, zu sehen sind, wie sie dort arbeiteten – ihre Haare waren mit Kopftüchern hochgebunden. Das Bild schickten sie mir nach Zürich.

In der Schweiz besuchte ich zunächst eine jüdische Schule in Montreux. Das hatten Bekannte meines Vaters organisiert. In dieser Schule blieb ich ein Jahr. Dann bin ich für ein halbes Jahr zurück nach München, bevor ich wieder nach Zürich in eine Privatschule (Minerva) gegangen bin. Jeden Monat durfte mir mein Vater über die Devisenstelle 400 bis 450 Mark überweisen. Das ging ungefähr noch ein Jahr – bis zur »Reichskristallnacht«. 1940 wurde ich dann über Nacht in ein Arbeitslager eingewiesen. Wir wurden im Straßenbau eingesetzt. Die Schweizer Behörden behandelten auf diese Art und Weise Leute, die keine »Reichsdeutsche« mehr waren. Auf einmal waren wir ausgegliedert. Über ein Jahr war ich im Arbeitslager, bis zu einem schweren Arbeitsunfall, an dem ich beinahe gestorben wäre. Nach dem Unfall wurde ich wieder auf die Schule geschickt und brauchte nichts dafür zu bezahlen. Das regelten die Behörden und Leute, die mir wohlgesonnen waren. Erst jetzt konnte ich endlich mein Abitur machen.

Aus der Ferne zu sehen, was in Deutschland passierte, war fürchterlich. Das hat mich mehr zerbrochen als alles andere bis dahin. In meinem Abiturzeugnis steht unter Eltern: Dr. Levi, Theresienstadt. Das war fürchterlich. Ich habe in dieser Zeit oft an Selbstmord gedacht. Ich war selbst völlig verloren und hilflos: von den Schweizern verachtet, von den Deutschen gehaßt. Ich war Emigrant, Deutscher – mittellos. Das kann man sich überhaupt nicht vorstellen: die Angst um die Angehörigen, um meinen Vater, um meine Schwester. Man wußte in der Schweiz alles, man wußte von den Todeslagern der Nazis. Das stand seit 1943 in allen Zeitungen. Man wußte, daß jeden Tag die Züge fuhren, die Todeszüge.

Seit der Reichspogromnacht begleiteten mich neben meiner persönlichen Not und Unsicherheit die fürchterliche Angst um meine Angehörigen. Mein Vater hat mir später aus Theresienstadt geschrieben, daß es ihm gut ginge und ähnliches – eine vorgedruckte Postkarte mit Hitlerbriefmarke. Einmal hat er mir geschrieben, daß meine Schwester 1941 gemeinsam mit unserer jüdischen Hausangestellten nach Piaski bei Lublin deportiert wurde. Man hatte immer Angst um die Angehörigen, da man wußte, welcher Sadismus dort herrschte.

Alle, die nicht ausgewandert waren, sind umgekommen. In Holland hatte ich einen Onkel, einen Bruder meines Vaters, der mit Kindern und Enkelkindern deportiert wurde – sie sind alle umgekommen. Als Überlebender, als einer, der das Glück hatte, der Vernichtung zu entgehen, habe ich manchmal ein schlechtes Gewissen. Ich komme nie ganz darüber hinweg – so schlimm es auch war: Ich habe überlebt.

Mein Vater hat Theresienstadt überlebt. In der Schweiz kannte ich die Familie Guggenbühl. Ihr Sohn war mit mir im Institut Minerva gewesen. Diese Familie hat es geschafft, meinen Vater aus Theresienstadt und aus Deutschland herauszuholen. Herr Guggenbühl hatte eine Liegenschaftsfirma, war aber eigentlich Bauer am Zürichsee – es waren einfache Leute. Ein Freund von ihm kannte Altbundesrat Müssi. Dieser Müssi, so habe ich es in Erinnerung, hatte Kontakt mit Himmler und kam so an einen Schutzbrief für meinen Vater. Auf jeden Fall wurde mein Vater nicht aus Theresienstadt deportiert, sondern durfte kurz vorher in die Schweiz ausreisen.

Er bekam sofort eine Aufenthaltsgenehmigung. Über Nacht war er fast berühmt geworden, da er direkt aus der Hölle in die Schweiz gekommen war. Das war damals eine Sensation. Mein Vater blieb auch nach Kriegsende in der Schweiz, er wollte Deutschland nahe sein und nicht dort leben, wo man englisch sprach. Seinen Beruf konnte er nicht mehr ausüben – nach fast drei Jahren im Konzentrationslager war er nicht mehr gesund genug. 1952 ist mein Vater gestorben. Er ist in der Schweiz (Basel) begraben. Als mein Vater gegen Kriegsende in Theresienstadt den ehemaligen Oberrabbiner von Berlin, Dr. Leo Baeck, fragte, ob man wieder nach Deutschland zurückkehren solle, antwortete dieser: »So charakterlos sind wir wohl beide nicht, uns denen als nützliche Alibijuden zur Verfügung zu stellen.« Und als man sich bei meinem Vater nach dem Krieg einmal erkundigte, ob er von seinem Patriotismus kuriert sei, sagte er nur: »Unter dem Kaiser wäre so etwas niemals passiert.«

Insgesamt habe ich von Anfang 1938 bis Ende 1949 in der Schweiz gelebt. Wir hatten den Emigrantenstatus und bekamen ein gelbes Heftchen als Aufenthaltserlaubnis für die Vorbereitung zur Auswanderung. Damit waren wir völlig ausgegrenzt. Ich wollte schließlich nach Amerika auswandern.

Amerika war aus einem einfachen Grund mein Ziel: Die meisten meiner Verwandten, die überlebt hatten, waren in New York. Es gab dort ein Viertel, das man »Das 4. Reich« nannte. Dort wurde nur deutsch gesprochen. Vor allem Juden aus Süddeutschland lebten dort, viele aus München.

Als ich in New York war, bin ich einmal zum Friseur gegangen und habe gesagt: »I would like to have a haircut.« Da antwortete mir der jüdische Friseur auf hessisch: »Wie wolle Sie die Haar g'schnitte habe?« Er kam aus Frankfurt.

Es gab in New York eine große jüdische Münchner Gemeinde, z. B. gehörte ihr Bäcker Guttmann aus München an.

In Amerika habe ich mich ganz wohl gefühlt. Ich hatte inzwischen in Zürich und New York mein Chemiestudium abgeschlossen und hatte eine gute Stellung in einer chemischen Fabrik. In der New Yorker jüdischen Gemeinde gab es vielleicht 500 – 1.000 Münchner, darunter Rabbiner Baerwald. In der Gegend, wo ich wohnte, war es wie zu Hause, immer wurde deutsch gesprochen. Jeder hat jeden von früher her gekannt.

Warum ich aus Amerika weggegangen bin? Nun, mit der Zeit wurden die alten deutschen Juden, mit denen für mich ein Zusammenhalt gegeben war, alt oder starben. Die Kinder meiner Verwandten interessierten sich nicht für uns. Sie waren Amerikaner, und unser Englisch hatte für sie zuviel deutschen Akzent – wir waren nicht hundertprozentig. Da fühlte ich mich nicht länger wohl. 1960 ging ich aus Amerika weg und lebte erst ein Jahr in der Schweiz. Ich dachte, daß ich dort Fuß fassen könnte. Doch ich habe gemerkt, daß das nicht so leicht ging. Dann bin ich Ende 1961 nach Deutschland, nach München, zurückgegangen. Ich hatte mir bereits 1957 überlegt, ob ich von dem, was uns gehört hatte, etwas wiederbekommen könnte. Damals nahm ich erstmals wieder Kontakt mit meinen ehemaligen Mitschülern vom Gymnasium auf. Zum Beispiel mit dem Walter Lidl. Das war so ein Bohémien, mit dem ich schon immer eng verbunden gewesen war. Das erste Zusammentreffen mit ihm war wunderbar für mich. Walter Lidl war Kriegsverweigerer und – ich glaube – er war auch politisch sehr tätig. Durch ihn bin ich wieder mit den anderen Mitschülern zusammengekommen – fast so, als ob nichts gewesen wäre. Sie waren immer anständig geblieben, sie waren so, wie ich sie in Erinnerung hatte. Der Kontakt zu den ehemaligen Mitschülern hat mir geholfen, hier wieder Fuß zu fassen. Dieser Kontakt war weniger intensiv als unbelastet. Ich habe davon nicht viel mehr erwartet. Ich wollte nicht besser und nicht schlechter behandelt werden, ich wollte wieder dabei sein. In der Schule hatte ich mich gut aufgehoben gefühlt. Das habe ich so in Erinnerung und brauche es nicht zu revidieren.

Heute habe ich noch mehrere jüdische Bekannte, mit denen ich mich gut verstehe. Ich bin kein aktives Mitglied der Israelitischen Kultusgemeinde in München, aber dem Glauben selbstverständlich treu. Alle meine Angehörigen leben heute in den Vereinigten Staaten, einige in Israel. Aber dort war ich schließlich auch ein Fremder. Im Moment bin ich gern in München. Ich bin zufrieden. Wenn man mir die Frage stellt, wie ich wieder in München leben kann, so muß ich sagen, daß meine Erinnerungen sehr begrenzt sind, auf »mein Viertel« und auf die Schulzeit. Da war die Welt für mich in Ordnung. Mit anderen Leuten und mit dem, was an Schrecklichem damals passierte, hatte ich keinen Kontakt – mit Ausnahme der Deportation meines Vaters und meiner Schwester – aber das haben andere gemacht.

Deshalb habe ich auch keine Probleme im Umgang mit Deutschen.

Ernst Grube

# »Du Jud', schleich' dich!«

## Kindheit in München 1932 bis 1945

Ich bin 1932 in München in der Häberlstraße geboren. Ein Jahr danach zogen meine Eltern in die Herzog-Max-Straße 3, in ein Wohnhaus der Israelitischen Kultusgemeinde.

Meine Mutter kam aus Darmstadt. Dort ist sie in einer streng jüdischen Familie aufgewachsen. Ihre Familie besaß eine *koschere* Metzgerei. Mein Vater stammte aus Barthen in Ostpreußen. Während einer Durchreise mußte er für einige Wochen in München ins Krankenhaus. Bei seinem Aufenthalt im jüdischen Krankenhaus in der Hermann-Schmid-Straße lernte er unsere Mutter kennen. Sie war dort als Krankenschwester tätig. Vater blieb in München und verdiente sich sein Geld als selbständiger Malermeister durch Streich- und Tapezierarbeiten in Münchner Privatwohnungen.

Ich habe noch einen älteren Bruder und eine jüngere Schwester. Das Leben in unserer Familie bestimmte vor allem unser Vater. Es war zum einen seine sozialistische Weltanschauung und zum anderen seine sehr strenge, preußische Art, die unsere Erziehung prägten. Dem jüdischen Glauben unserer Mutter gegenüber war Vater sehr aufgeschlossen. Er selbst war evangelisch. Mutter feierte für sich alleine ihre jüdischen Bräuche und betete in aller Stille. Soweit ich mich erinnere, hatte der jüdische Glaube meiner Mutter wenig Einfluß auf die gesamte Familie.

*Beginn der Abbrucharbeiten an der Hauptsynagoge in der Herzog-Max-Straße, Juni 1938*

Zum jüdischen Besitz in der Herzog-Max-Straße gehörten die Wohnhäuser 3 und 5, das Verwaltungsgebäude Nr. 7 und die große Hauptsynagoge.

Im Sommer 1938 wurde die Israelitische Kultusgemeinde in München gezwungen, ihren Besitz der Stadt München zu »übereignen«. Lächerliche 180.000 Reichsmark wurden der Kultusgemeinde dafür angeboten. Die Hauptsynagoge wurde fünf Monate vor der »Reichspogrom-Nacht«, also im Juni 1938, abgerissen. Den Mietern der beiden Wohnhäuser kündigte man. Betroffen von dieser willkürlichen Aktion waren ausnahmslos jüdische Familien. Sie verloren praktisch über Nacht ihre Bleibe.

Ernst Grube

Selbständiger Malermeister und Berufsschullehrer, lebt mit seiner Familie in München. 1932 in München geboren, 1963 Meisterprüfung, 1970 Begabtenabitur, darauf folgte ein Studium.

Nach dem Krieg politisches Engagement in der Gewerkschaft und in der Friedensbewegung. Herr Grube ist stellvertretender Vorsitzender des »Fördervereins für internationale Jugendbegegung in Dachau«, macht Führungen im ehemaligen Konzentrationslager Dachau und ist als »Zeitzeuge« an Schulen, in der Jugendarbeit und in der Erwachsenenbildung tätig.

Nur mein Vater – als einziger Mieter Nichtjude – weigerte sich zunächst, die Wohnung zu verlassen. Seine Bemühungen um eine andere Wohnung waren erfolglos geblieben.

Früher hatte das Verwaltungsgebäude der Israelitischen Kultusgemeinde und der dazugehörige Hof uns Kindern vielfältige Spielmöglichkeiten geboten. Mit meinen fünf Jahren zählte auch ich schon zum Inventar der Kultusgemeinde. Im Hof gab es für bedürftige Juden ein größeres Magazin mit Gebrauchsgegenständen, Kleidern und Spielsachen. Ich erinnere mich an ein kleines Tretauto, das dort stand. Ich wollte es unbedingt haben. Ein Geschenk in dieser Größe war jedoch für meine Eltern unerschwinglich. Eines Tages setzte ich mich einfach hinein und fuhr in Richtung Karlstor los. Ich bin aber nur bis zur Straße gekommen, schon war der Traum aus. Es gab eine riesige Aufregung!

Die Situation in der Herzog-Max-Straße wurde für meine Eltern immer schwieriger. Wasser, Strom und Gas waren abgeschaltet. Wir konnten nur noch Küche und Kammer bewohnen. Die übrigen Räume waren nicht mehr beheizbar. Seit der Enteignung hatten wir in diesem Haus kein Wohnrecht mehr. So blieb meinen Eltern nichts anderes übrig, als uns Kinder, meinen älteren Bruder Werner, meine Schwester Ruth – sie war erst vier Monate alt – und mich in das jüdische Kinderheim nach Schwabing in die Antonienstraße 7 zu bringen. Ich war damals gerade sechs Jahre alt. Ich weiß noch genau, wir fuhren am 7. November 1938 mit der ganzen Familie in der Straßenbahn nach Schwabing. Für ein paar Wochen hieß es! Wegen der widrigen Wohnverhältnisse unserer Eltern sollten wir zunächst getrennt untergebracht werden. Doch aus diesen paar Wochen wurden viereinhalb Jahre.

Das Kinderheim war ein zweistöckiger Bau mit einem herrlichen Garten und vielen Obstbäumen. Es war ein wahres Paradies! In der Herzog-Max-Straße hatten wir zuletzt sehr isoliert gelebt, ohne Nachbarn, ohne Spielgefährten, ohne Freunde. Im Heim dagegen kamen wir in eine Gemeinschaft von etwa 100 Kindern. Vom Säugling, wie meine Schwester Ruth, bis zu 16jährigen Jungen

*Ernst und Werner Grube vor dem Kinderheim in der Antonienstraße, 1940*

und Mädchen waren alle Altersgruppen vertreten. Ein Teil der Kinder hatte keine Eltern mehr, oder die Eltern waren bereits im Ausland und wollten ihre Kinder später nachkommen lassen.

Viel Spaß machten mir unsere Ausflüge in den Englischen Garten und zum jüdischen Friedhof. Wir Kinder fuhren damals auch gern mit dem neu eingeführten Doppeldeckerbus zum Ostbahnhof und wieder zurück. Dies ging natürlich nur, wenn wir das Fahrgeld dazu hatten. Durch Hilfsdienste, wie z. B. »Bitte, darf ich auf Ihr Radl aufpassen!« verdiente ich mir an der Post, an der damaligen Danziger Freiheit (heute Münchener Freiheit), dieses Geld.

Im Heim selbst wurde viel gespielt und gebastelt. Ich war besonders geschickt beim Nähen und Sticken. Mit wahrer Begeisterung verzierte ich Deckchen mit Kreuz- und Stielstichen oder

*Gruppenfoto vor dem Kinderheim, 1941*

stopfte Strümpfe. Mit der »Strick-Liesl« fertigte ich lange Schnüre. Später, als wir den gelben Stern an unsere Kleidung nähen mußten, ging mir auch das ziemlich flott von der Hand.

Im Heim war das Anbandeln der größeren Jungen mit den Mädchen besonders beliebt. Sie schrieben sich gegenseitig eifrig Briefchen. Ich war mit meinen sieben bis acht Jahren einer der Jüngsten, aber natürlich wollte auch ich eine Freundin haben und Brieferl schreiben. Ich erinnere mich an Anita, sie war einige Jahre älter als ich. Ich war selig, daß sie sich für mich interessierte und ich ihr schreiben durfte. Ich war furchtbar traurig, als sie 1941 deportiert wurde.

Jüdischen Glauben und jüdische Feste habe ich im Kinderheim erstmals bewußt erlebt. Ich erinnere mich an das *Pessach*fest mit der von allen begehrten Mazze. Sie wurde mit Butter und Honig beschmiert, und das schmeckte wunderbar. Oder ich denke an das Laubhüttenfest. In unserem Garten stand eine Hütte, die wir zu diesem Fest im Herbst mit Begeisterung schmückten. Zu *Chanukka*, dem Lichterfest, haben wir acht Tage lang kleine, bunte Kerzen am *Chanukka*leuchter angezündet; jeden Tag eine mehr. Am achten Tag gab es dann für uns Kinder die Geschenke. Das Leben im Heim war einfach schön!

Sicher, ernüchternd war es, wenn wir das Heim verließen! Wir wurden des öfteren von den Nachbarskindern angepöbelt. Doch in unserer Idylle war dies schnell wieder vergessen. Wir waren eine große Familie!

Im Herbst 1941 war es dann schlagartig anders! Ab September mußten in Deutschland alle jüdischen Bürger und Bürgerinnen, die älter als sechs Jahre waren, den gelben Stern tragen.

Im Heim haben wir Kinder den gelben Davidstern, auf dem mit schwarzer Farbe in pseudohebräischen Buchstaben das Wort »Jude« stand, ausgeschnitten und auf unsere Jacken, Pullover und Mäntel genäht. Ich meine heute, wir taten es nicht ganz ohne Stolz. Unser Heim durften wir ab diesem Zeitpunkt nicht mehr ohne den Stern verlassen. Außerdem war es verboten, ohne unsere Betreuerinnen auf die Straße zu gehen.

1940 wurde unser Vater zum Militär eingezogen. Er kam an die Front nach Frankreich. Wenn er Urlaub hatte, kam er ins Heim und holte uns ab. Wir gingen durch Schwabing spazieren, Vater in Uniform und wir Kinder ab 1941 mit dem Stern auf der Brust. An der heutigen Münchener Freiheit, an der Stelle, an der jetzt der große Parkplatz ist, gab es eine Gastwirtschaft. Dorthin gingen wir öfters zum Essen. Einmal wollte man unseren Vater nicht bedienen, weil er Judenkinder bei sich hatte. Doch Vater setzte sich durch!

Bald begannen die Deportationen! Innerhalb weniger Monate wurden fast alle Kinder abgeholt. Nur wenige sind vorher noch ausgewandert. Ich erinnere mich an zwei Freunde: Salomon Neuwirth und Hugo Holzmann. Sie sind in die USA gegangen und leben heute noch dort.

In immer kürzeren zeitlichen Abständen wurden Kinder in Gruppen nachts aus unserem Heim abgeholt und in Bussen abtransportiert. Wir wußten nicht, wohin die Reise geht. Weinend haben wir uns verabschiedet. Ich erinnere mich, daß sogar einige Briefe und Karten ankamen. »Wir sind gut angekommen!« – »Uns geht es gut!«, stand darin. Das war das letzte, was ich je von diesen Kindern, meinen Freundinnen und Freunden, gehört habe. Die meisten dieser Transporte gingen nach Theresienstadt und von dort weiter in die Vernichtungslager des Ostens.

Wir Grube-Kinder kamen mit etwa zehn anderen im April 1942, nachdem das Kinderheim aufgelöst worden war, in das Judenlager Milbertshofen, Knorrstraße 148. Wir sind zunächst deshalb nicht deportiert worden, weil unser Vater nicht-jüdisch, sondern, nach damaligem Sprachgebrauch, »Arier« war. Ohne seinen Schutz hätten wir diese Zeit bestimmt nicht überlebt. Wie haben sie ihm immer wieder zugesetzt! In regelmäßigen Abständen wurde Vater zur Gestapo in die Widenmayerstraße vorgeladen. »Lassen Sie sich von dieser Saujüdin scheiden!«, haben sie ihn ein ums andere Mal aufgefordert.

Das Barackenlager in Milbertshofen diente zum einen den Münchner Juden, die keine Wohnung mehr haben durften, als Unterkunft. Zum andern wurden dort die Transporte nach Theresienstadt organisiert und zusammengestellt.

Ich habe dieses Lager in schrecklicher Erinnerung. Ich erlebte, daß die Gestapo mit den jüdischen Menschen im Lager machte, was sie wollte. Jeden Tag, auch nachts, kam die Gestapo, trieb die Juden, aus welchen Gründen auch immer, durch das Lager, quälte und demütigte sie, bis sie vor Erschöpfung zusammenbrachen.

Im August 1942 lösten die Nazis dieses Lager auf, nachdem sie die meisten Münchner Juden nach Theresienstadt deportiert hatten. Übriggeblieben sind mit uns 16 Kinder! Wir kamen nun in das zweite größere Judenlager im damaligen München, in die »Heimanlage für Juden« nach Berg am Laim. Das Kloster der Barmherzigen Schwestern mußte für uns Juden ein Haus zur Verfügung stellen. Am 1. März 1943 wurde auch diese Heimanlage aufgelöst. Unser Vater hat mich zusammen mit meinem Bruder Werner und meiner Schwester Ruth abgeholt. Er kam mit seinem Malerhandkarren und hat für jedes von uns Kindern noch ein Bett mitgenommen, wofür er eine besondere Genehmigung brauchte. Als »Mischlinge ersten Grades« blieben wir noch von der Deportation verschont.

Nach viereinhalb Jahren lebten wir wieder bei unseren Eltern. Es war ein ganz neues Gefühl: Es gab kein Ausgangsverbot, kein Lagerleben! Wir wohnten nun zu fünft in Untermiete in zwei kleinen Zimmern im Zentrum Münchens, in der Damenstiftstraße. Ich hatte sehr viel freie Zeit! Vor allem deshalb, weil ich nicht zur Schule gehen durfte. Während der Kinderheimzeit hatte ich lediglich zwei Jahre die jüdische Volksschule in der Herzog-Rudolf-Straße besucht. Danach war jeglicher Schulbesuch für mich unmöglich. Vom Lager Milbertshofen aus konnten wir den Schulweg zu Fuß bis zur Innenstadt nicht mehr bewältigen. Trotz eines Gesuchs der Israelitischen Kultusgemeinde gelang es nicht, daß wir jüdischen Kinder wenigsten zum Schulbesuch öffentliche Verkehrsmittel benutzen durften.

Ab 1942 war dann jeglicher Schulbesuch für jüdische Kinder verboten. Juden hatten kein Recht auf Bildung! Die Folge war, wir Kinder haben uns viel in der Stadt und auf den Straßen herumgetrieben. Ich spielte manchmal mit anderen, nicht-jüdischen Kindern. Doch dies dauerte meist nur kurze Zeit. Gab es Streit, hieß es schnell »Du Jud', schleich' dich!«

So habe ich meiner Mutter viel im Haushalt geholfen. Meinen Vater habe ich öfters mit seinem Malerkarren durch Münchens Straßen begleitet. Ich bin ihm zur Hand gegangen beim Einglasen der vielen Fensterscheiben, die bei den Fliegerangriffen kaputt gegangen waren. In der Sonnenstraße schauten wir im Vorbeifahren den russischen Fremdarbeitern bei der Arbeit zu. Vater und ich haben ihnen manchmal heimlich einen Wecken Brot zugesteckt. Dabei hatte ich immer großes Herzklopfen. Hatten wir es geschafft, fühlten wir uns wie Könige, weil wir diesen Menschen geholfen und den Nazis eins ausgewischt hatten. Der Kontakt mit Zwangsarbeitern war strengsten verboten.

In dieser Zeit durfte ich nicht nur nicht zur Schule gehen, auch das Kinogehen war uns verboten, ins Schwimmbad durften wir nicht, Juden durften kein Fahrrad haben, Trambahn durften wir nicht fahren, nicht einmal einen Hund hätten wir halten dürfen.

Durch Münchens Straßen spazieren zu gehen, war wahrlich kein Vergnügen. In der ganzen Innenstadt – von der Sonnenstraße bis zur Sendlinger Straße – knallte es mir aus fast allen Schaufenstern der größeren Geschäfte entgegen: »Für Juden verboten!« oder »Juden unerwünscht!«. Schaufenster von »Betten Rid« oder dem Bekleidungshaus »Konen« – um nur zwei zu nennen – gehörten dazu! Ich erfuhr: Du Judenkind gehörst nicht zu uns, du bist unerwünscht!

Auch auf den Sitzbänken im Englischen Garten oder im Alten Botanischen Garten am Stachus hieß es: »Benutzen für Juden verboten!«. Alles war verboten! Bei einem Fliegerangriff war es Juden verboten, in öffentlichen Luftschutzbunkern Schutz zu suchen. Bei einem Streifzug durch die Stadt verwehrte man mir einmal den Zugang zum Schutzraum im Luisenbunker. Mit elf Jahren mußte ich vor Angst zitternd unter einem Gebüsch im Alten Botanischen Garten einen Fliegerangriff überstehen.

Alle arbeitsfähigen Juden wurden in München zur Zwangsarbeit verpflichtet. Mutter verrichtete Heimarbeit für eine Hutmacherei. Sie hatte wenig Zeit zum Einkaufen. Ich erledigte das meistens für sie. Als Juden durften wir aber nur in wenigen, von den Nazis bestimmten Läden einkaufen. Wir konnten nicht einfach in den nächsten Laden gehen, Geld und Lebensmittelkarten hinlegen und Ware mitnehmen. Wir gingen zum »Nause« in die Adlzreiterstraße. Es war für Juden das nächstgelegene, erlaubte Lebensmittelgeschäft. Zum Glück war es nicht weit von unserer Wohnung entfernt. Damals auf den Lebensmittelkarten waren der Stammabschnitt und die einzelnen Marken mit »J« oder ungültig gestempelt. Die zum Leben wichtigsten Artikel, wie Fleisch, Brot, Fett und Milch waren für Juden sowieso gekürzt oder ganz gestrichen. Ich ging mit diesen Karten zum »Nause«, dem »Ersten NS-Geschäft am Platze«, wie es auf dem Schild im Schaufenster zu lesen stand. Meistens trugen wir Grube-Kinder den Judenstern nicht oder verdeckten ihn, weil unser Vater es so wollte. Doch beim »Nause« war es ratsam, den Judenstern zu zeigen. Nie habe ich in diesem Geschäft mehr bekommen als auf den Marken stand. Mir wurde dort nie etwas zugesteckt oder geschenkt. Niemals!

Während der Kriegsjahre waren wir mehrmals ausgebombt. Zuerst in der Damenstiftstraße, dann in der Landwehrstraße und später in der St.-Paul-Straße. Wir bekamen als Juden nie eine neue Wohnung zugewiesen. Nur durch Zufall und Geschick hat mein Vater dann wieder eine Bleibe für uns gefunden.

In dieser schweren Zeit sind uns auch immer wieder Menschen beigestanden. Ich erinnere mich an die Schwestern im Angerkloster, die uns nach den Fliegerangriffen oft Unterkunft und Essen gaben. Mein Bruder und ich wurden sogar von Schwester Laurentine unterrichtet. Sie hat mir Lesen, Schreiben und auch etwas Rechnen beigebracht. Diese Unterstützung war nicht ungefährlich, deswegen dauerte sie nur kurze Zeit an. Viel geholfen hat uns Frau Duffner aus der Hackenstraße. Sie hat sich besonders um uns Kinder gekümmert. Wir aßen öfters bei ihr zu Mittag und durften manchmal sogar bei ihr schlafen, weil es bei uns zu Hause so eng war. Es gab auch eine Verkäuferin in der Fischhalle am Viktualienmarkt oder den Kartoffelhändler, die mir noch in guter Erinnerung sind. Beide haben uns immer wieder mehr gegeben, als uns nach den Lebensmittelmarken zustand.

Trotz alledem ließ es sich nicht verhindern, daß unsere Mutter und wir drei Kinder noch im Februar 1945 mit einem der letzten Transporte nach Theresienstadt deportiert wurden.

Ich erinnere mich noch genau: An einem Morgen holte uns die Gestapo aus unserer Zwei-Zimmer-Bleibe in der Mathildenstraße ab und brachte uns zur damaligen Hauptzentrale in das Wittelsbacher Palais. Dort warteten wir den ganzen Tag. Abends marschierten wir über den Odeonsplatz und den Stachus zum Hauptbahnhof: Wir waren etwa 80 Frauen, Männer und Kinder mit dem Judenstern auf der Brust, der uns nun schon seit Jahren begleitete. Am Hauptbahnhof waren zwei, von einigen SS-Leuten bewachte Waggons für unseren Transport reserviert.

Mit viel Glück und weil der Krieg bald zu Ende war, haben wir das Konzentrationslager Theresienstadt überlebt. Im August 1945 kamen wir zurück nach München. In zwei Bussen haben wir die Heimreise angetreten. Unser Ziel war die Kaulbachstraße 65, der Sitz der wiedergegründeten Israelitischen Kultusgemeinde. Dort hat uns Vater erwartet und wortlos in die Arme geschlossen.

*Ernst Grube vor der KZ Gedenkstätte Dachau, 1995*

Eric Lucas

# Junge Juden in München unter Hitler

Ich wurde 1915 in Aachen geboren und kam im Frühsommer 1935 nach München. Hitler war mittlerweile über zwei Jahre an der Macht, und ich lernte bald, daß jeder mit dem Nazigruß grüßen mußte, der an der Feldherrnhalle vorbeiging. Ich erfuhr aber auch, daß man dem Grüßen entgehen konnte, wenn man einen Bogen um das Monument machte. Das war immer im Hintergrund unserer Gedanken präsent, im Denken der Juden meine ich. Aber 1935 entbehrte dies nicht einer gewissen Komik.

Ich wurde nach München geschickt, um jungen Juden zu helfen, die später nach Palästina auswandern wollten. Viele Münchner Juden wußten bereits 1935, daß sie nicht länger in Deutschland leben konnten. Die jungen Menschen wurden dazu gedrängt, sich auf ein Leben in Palästina vorzubereiten. Eine kleine Gruppe von Zwanzigjährigen sollte ihnen dabei helfen.

Die jüdische Gemeinde hatte auch für uns eine große Wohnung besorgt, in der sieben Jungen und fünf Mädchen lebten. 1994 ist es wohl schwierig zu verstehen, daß wir damals nach strengen Prinzipien und ohne Sex lebten.

Die jüdische Gemeinde hatte auch einen großen Garten in Milbertshofen angemietet, wo ein barscher, nicht-jüdischer Gärtner – er war übrigens mit einer Jüdin verheiratet, äußerte sich in abfälliger Weise über ihre jüdischen Eltern und machte sich über sie lustig – unsere Arbeit überwachte. Jeden Morgen radelten wir nach Milbertshofen und waren noch immer furchtlos, was unsere tägliche Arbeit anbetraf.

1935 konnten wir das Leben noch genießen, auch die kulturellen Aktivitäten der Münchner Juden, die sehr zahlreich waren. Da war Dr. Ludwig Feuchtwanger, der Bruder des berühmten Schriftstellers Lion Feuchtwanger. Er gab die Zeitung der jüdischen Gemeinde heraus und hielt Vorträge, die stets überfüllt waren. Kein geringerer als Martin Buber kam nach München, um im Rahmen der jüdischen Erwachsenenbildung vor jüdischem Publikum zu sprechen.

Er nahm sich insbesondere Zeit, um zu Jugendgruppen zu sprechen, wie wir es waren. Ein junger Mann meines Alters namens Hans Lamm war der ehrenamtliche Sekretär des Jüdischen Jugendzentrums.

Eines Tages, als ich in der schönen Staatsbibliothek saß, ließ mich ein ungewöhnlicher Lärm von meiner Lektüre aufsehen. Ich sah, wie Adolf Hitler direkt auf mich zuging, seine Hand zum Nazigruß erhoben, begleitet von seiner schwarzgekleideten SS-Leibgarde.

Zu meinem Schrecken bemerkte ich, daß alle Bibliotheksbesucher aufstanden und mit erhobenen Händen grüßten. Ich erkannte, daß ich das auch tun mußte. Dann sah ich, wie Hitler seinen Kopf abrupt von einer Seite auf die andere bewegte, als wäre er eine Marionette.

Am Ende des großen Lesesaales wandte er sich ruckartig um und marschierte in Begleitung seiner Leibwache aus dem Gebäude hinaus. Alle Anwesenden liefen ihm nach. Ich tat das gleiche. Nur nicht auffallen, sagte ich mir, es könnte den Tod bedeuten.

An einem Abend hatte ich einmal meine Haustürschlüssel vergessen. Ich kam spät nach Hause von meinem Treffen mit anderen Jugendleitern. Ein Mann kam mir entgegen, der »Heil Hitler« rief. Ich antwortete ihm kurz mit »Guten Abend«. Plötzlich kam er ganz nah an mich heran

---

Eric Lucas
Geboren 1915 in Aachen. Ab Frühsommer 1935 berufliche Tätigkeit in München bei der Vorbereitung junger Menschen jüdischen Glaubens auf ihre Auswanderung nach Palästina. Im Februar 1939 Ausreise nach England. 1945 Emigration nach Palästina und Eintritt in den *Kibbuz* Kfar Blum. 1953 Ernennung zum stellvertretenden Direktor und später zum Vorsitzenden der Britischen Einwanderungsgesellschaft (Olim). Vortrags- und Publikationstätigkeit. Lebt in Israel.

*Hans Lamm in seinen Jugendjahren, ca. 1933*

und schrie »Heil Hitler«. Wiederum sagte ich »Guten Abend«. Dann fragte er mich: »Entschuldigen Sie, sind Sie Deutscher?« »Nein«, sagte ich, »ich bin Jude« – »Oh, ich verstehe«, sagte er, »bitte entschuldigen Sie!«

Gegen Ende des Jahres 1935, als Hitler schon fast drei Jahre an der Macht war, erhielt ich ein offizielles Schreiben von der Heeresverwaltung, in dem ich aufgefordert wurde, mich in einer Kaserne zu melden. 1935 besprach man solche Dinge nicht am Telefon, vor allem nicht als Jude. Also tat ich das einzig mögliche: Ich ging hin.

Außerhalb der Baracken standen mindestens 50 junge Männer, die lachten und schmutzige Geschichten erzählten. Ich hielt mich abseits und wollte mich nicht zu ihnen gesellen. Schließlich wurde das Tor zum Exerzierplatz geöffnet. Wir hörten die dröhnende Stimme eines stämmigen Feldwebels, der »Links um« brüllte.

Er führte uns in einen großen Raum, in dem Holzbänke an den Wänden standen. »Zieht Euch aus und legt die Kleider neben Euch auf die Bank«. Nun überlief mich kalte Panik. Alle würden nunmehr sehen können, daß ich beschnitten war. Was würde mir geschehen?

Wir wurden in den nächsten Raum geschoben zur medizinischen Untersuchung. Nicht einmal der Arzt machte eine Bemerkung über meine Beschneidung, und so stand ich mit einigen Papieren in einer Reihe vor einer geschlossenen Türe.

Als ich dran war, trat ich in einen noch größeren Raum ein. In der Mitte stand eine Reihe von Holztischen, hinter denen saßen ein Oberfeldwebel, einige Offiziere, sowie ein Mann, den ich für einen Oberst hielt. Der Oberfeldwebel nahm meine Papiere, dann pfiff er durch seine Zähne und gab die Unterlagen an den nächsten Offizier weiter.

Dieser sah mich an und sagte: »Schade, daß Du ein Jude bist, Du bist nämlich A 1 und sehr fit.« Er gab mir zu verstehen, daß ich mich vor dem Oberst aufstellen sollte. Ich fühlte, wie Schweißtropfen meinen Körper entlang nach unten liefen.

Ich stand splitternackt in Habacht-Stellung. Während er in meine Papiere sah, sagte ich: »Bitte verzeihen Sie, ich kann nicht in der Armee dienen, weil ich Jude bin.«

Er sah auf und antwortete mit Bestimmtheit: »Wenn Sie dienen wollen, dann können Sie auch dienen.«

Kalte Panik ergriff mich, und ich hielt die kürzeste prozionistische Ansprache meines Lebens. »Bitte entschuldigen Sie«, sagte ich, »aber ich werde bald nach Palästina auswandern. Dort wollen wir unfruchtbares, steiniges Land bebauen, Bäume pflanzen und unsere Bauerndörfer errichten.«

Der Oberst stand auf, reichte mir die Hand und sagte mit einem Lächeln: »Ich wünsche Ihnen alles Gute für Ihr Leben in Palästina.«

Auf meinem Weg aus dem Gebäude übergab mir der Oberst meinen Wehrpaß, auf dessen vorletzter Seite der Vermerk »Ersatzreserve II, wegen Abstammung« zu lesen war.

Das war fast drei Jahre, nachdem die Nazis an die Macht gekommen waren, die mit ihrem unermüdlichen Sperrfeuer abscheulichste Judenhetze betrieben. Aber dennoch hat ein Oberst der deutschen Armee einem Juden nahezu Gleichbehandlung angedeihen lassen. Er war aufgestanden und hatte mir vor den andern Offizieren seine Hand gereicht, ohne offensichtliche Angst.

Im Frühsommer des Jahres 1936 erhielt ich vom »Zionistischen Bund« in Berlin die Erlaubnis, für die Dauer eines Jahres an der Hochschule für Wissenschaft des Judentums zu studieren. Das war damals eine bekannte, angesehene Institution für jüdische Geschichte, die auch als Ausbildungsstätte für liberale Rabbiner fungierte.

Eine Woche vor meiner Abreise nach Berlin besuchte mich ein kleiner Herr mit einer dicken Aktentasche. »Sie sind Herr Erich Lucas?« Als ich bejahte, sagte er: »Es tut mir leid, ich bin vom Paßamt und muß Ihnen den Reisepaß wegnehmen. Sie bekommen ihn zurück, aber dann wird jede Seite mit einem großen roten »J« gestempelt sein, um zu zeigen, daß Sie Jude sind ...«.

Ich antwortete, daß dies für mich sehr schlecht sei, da ich Ende der Woche nach Berlin fahren würde und keinesfalls ohne Paß dorthin reisen könnte. Er dachte ein wenig nach und sagte dann im guten alten Münchner Dialekt: »Wissen'S wos (...) ich hätt' auch a paar Tag' später zu Eana kommen können, dann wären'S scho' in Berlin (...)« Dann ging er.

So behielt ich meinen »sauberen Reisepaß« bis Dezember 1938, als ich mein Visum für England bekam. Erst die Berliner Paßbehörde nahm mir den Paß ab und gab mir einen, der auf jeder Seite mit einem großen »J« markiert war. Mein Reisepaß wies den Eintrag auf »Nur gültig für eine Ausreise aus Deutschland«.

*Eric Lucas in Brauneck im Jahre 1935, aufgenommen von Hans Lamm*

Während des ganzen Krieges blieb ich in England. Erst im Jahre 1945 erhielt ich die Erlaubnis für eine Ausreise nach Palästina. Die ersten fünf Jahre verbrachte ich in einem *Kibbuz*. Später wurde mir dann eine bedeutende Stellung in einer Finanzierungsgesellschaft für Immigranten angeboten.

Ende der achtziger Jahre kam ich besuchsweise nach München. Diesmal besaß ich einen israelischen Paß. München war noch immer eine schöne Stadt.

---

Übersetzung aus dem Englischen von Karl Auwärter.

ROLF GRAYSON

# Erinnerungen an München

Ich wurde am 12. Juni 1921 in München geboren und wohnte mit meinen Eltern und einer Schwester in der Arndtstraße nahe am Baldeplatz. Meine Familie und alle meine Verwandten sind in Deutschland geboren, die meisten von ihnen sogar in München. Wir alle fühlten uns als Deutsche, aber besonders als Münchner jüdischen Glaubens. Der einzige Unterschied in unserem religiösen Leben zeigte sich darin, daß die Christen in die Kirche gingen und wir in die Synagoge. Unsere Feiertage hießen anders und sie fielen auf andere Tage. Wir wünschten uns gegenseitig schöne Feiertage und verbrachten sie öfters miteinander, Weihnachten mit einem Christbaum, Ostern mit bunten Ostereiern oder Nikolaus mit dem Knecht Rupprecht. Es war nie das Gefühl vorhanden, separat zu sein, ganz im Gegenteil. Jedermann ging seiner täglichen Beschäftigung nach, und abends oder am Wochenende besuchte man sich gegenseitig oder machte zusammen Ausflüge nach Großhesselohe, Grünwald, Harlaching oder zum Flaucher. Bei der jährlichen Bachauskehr am Glockenbach gingen wir immer alle zusammen auf Schatzsuche. Schneeballschlachten, gemeinsam gebaute Schneemänner, das ewige Fußballspielen auf der Gänsewiese oder an der Isar brachten nie Probleme – diese Erinnerungen sind mir heute noch lieb und wert. Es gab zwar auch ab und zu antisemitische Bemerkungen, aber sie wurden nicht ernst genommen und waren sicherlich nicht böse gemeint. Im großen und ganzen lebten wir in gegenseitiger Hilfsbereitschaft, friedlich und oft in enger Freundschaft zusammen.

Die jüdische Bevölkerung Münchens teilte sich in drei religiöse Hauptgruppen. Erstens gab es die Liberalen oder auch Reformierten. Sie gingen in die große Synagoge in der Herzog-Max-Straße. Diese Synagoge war ein herrliches Gebäude. In Hitlers Augen war es der Schandfleck von München, und 1938 wurde sie auf seinen Befehl hin abgerissen. Diese Synagoge besuchten fast ausschließlich deutsche Juden, der Gottesdienst wurde fast immer auf Deutsch abgehalten. Die Synagoge hatte eine große Orgel, im Chor sangen auch Nicht-Juden. Zu den Konzerten, die dort veranstaltet wurden, hatten alle Zugang.

Die zweite Synagoge, Ohel Jakob, war in der Herzog-Rudolf-Straße neben der jüdischen Volksschule und dem Jugendhaus. Es war die Synagoge, die von den sehr frommen Gemeindemitgliedern besucht wurde, die Gebete waren größtenteils in Hebräisch.

Die dritte Synagoge, die auch heute noch existiert, und wo auch wir hingingen, war in der Reichenbachstraße. Sie wurde vor allem von den Ostjuden besucht. Man nannte sie die polnische Synagoge, auch wenn die Besucher praktisch alle in Deutschland geboren waren. Man betete nur in Hebräisch, die Gebetsordnung war sehr traditionell.

Außerdem gab es noch einige kleine Betstuben von sehr frommen Juden aus Polen, Rußland oder Ungarn, die ganz an ihrem traditionellen Denken und ihren überkommenen Lebensweisen festhielten. Zuständig für alle geistlichen und weltlich-sozialen Angelegenheiten der Juden war, zum Teil in Zusammenarbeit mit der Münchner Stadtverwaltung, der Verband »Bayerischer Israelitischer Gemeinden«. Man bezahlte regelmäßig Steuer und Krankenunterstützungsgeld, und die

---

ROLF GRAYSON
Rolf Grayson (polnisch: Grayewski) wurde 1921 in München geboren, 1939 Flucht nach England, Weiterbildung in Abendkursen zum Maschinenschlosser. 1944 Heirat mit einer gebürtigen Leipzigerin. 1948 Auswanderung mit der Familie nach Amerika. Nach 20jähriger beruflicher Selbständigkeit inzwischen in Ruhestand. Lebt mit seiner Frau, seinen Kindern und Enkelkindern in Amerika.

Gemeinde kümmerte sich um Hilfe im Krankheitsfall (*Bikkur Cholim*) oder um Wohlfahrtsunterstützung.

Obwohl der Drang zur Assimilierung stark war, gab es in München weiterhin einige Institutionen, die ausschließlich durch Gelder und Geldspenden von jüdischen Münchnern unterhalten wurden, z. B. das jüdische Krankenhaus in der Hermann-Schmid-Straße, allgemein als Schwesternheim bekannt. Obwohl es der Öffentlichkeit zur Verfügung stand, waren die meisten Patienten Juden. Im Parterre war ein kleiner Gebetssaal und eine *koschere* Küche. Die Krankenkasse erkannte das Krankenhaus uneingeschränkt an. Dann gab es in Schwabing das Antonienheim, ein Waisen- und Kinderheim, in dem auch uneheliche Kinder untergebracht waren. 1936 wurde dort zusätzlich eine Haushaltsschule untergebracht. Junge Mädchen sollten in dieser Einrichtung eine Ausbildung bekommen, damit sie bei einer eventuellen Emigration bessere Chancen hätten. Meine Schwester war dort für ein Jahr, und tatsächlich fand sie 1939 eine Dienstmädchenstelle in London. Das hat ihr das Leben gerettet. Schließlich war in Wolfratshausen ein Erholungsheim für jüdische Kinder. Ich selbst war ein kränkliches Kind und kam öfters, nach einer Krankheit, für zwei bis drei Wochen dorthin. Meine Eltern besuchten mich am Wochenende, und ich erinnere mich noch sehr gut an den schönen Tannenwald und die Spaziergänge. Das Heim war nur für kleinere Kinder, und ich war zum letzten Mal dort, als ich acht Jahre alt war.

Im April 1927 fing ich mit der Schule an. Die meisten jüdischen Kinder gingen die ersten vier Jahre in die jüdische Volksschule in der Herzog-Rudolf-Straße. Die Schule unterstand dem staatlichen Schulwesen, die Lehrpläne waren wie an allen anderen Schulen, nur hatten wir zusätzlichen Unterricht in jüdischer Geschichte und Tradition. Die Lehrer waren staatlich geprüft. Ferdinand Kissinger war unser Rechenlehrer. Er war ein sehr strenger Mann – ganz im Gegensatz zu seinem gemütlichen, gutmütigen Bruder, der Gesangslehrer war. Beide waren sie Onkel von Henry Kissinger, der unter Richard Nixon amerikanischer Außenminister war. Ein anderer Lehrer war Herr Adler. Er schielte so stark, daß man nie wußte, wen er anschaute. Wir haben ihm viele Streiche gespielt, und manches Mal mußte ich deswegen Strafaufgaben machen.

Das Gebäude neben der Schule war das jüdische Jugendheim. Hier kamen viele Jugendliche, die den verschiedensten Organisationen angehörten, zusammen. Da gab es *Esra* oder *Misrachi* und dann *Habonim*, in dem ich Mitglied war, und durch dessen Hilfe ich mich später retten konnte.

Im Jugendheim konnte man Tischtennis spielen und sich auf viele andere Art und Weise die Zeit vertreiben. Außerdem gab es noch zwei Sportvereine, *Bar Kochba* und Itus. Das waren ganz normale Sportvereine, die sich überall in Bayern an verschiedenen Sportveranstaltungen beteiligten. Im Sommer trafen wir uns am Samstag oder Sonntag oft in Gruppen im Freien, besonders gerne im Englischen Garten am Monopteros.

Ab der fünften Klasse ging ich dann in die Schule an der Klenzestraße, eine normale Volksschule. Ich hatte überhaupt keine Probleme, mich einzugewöhnen, da viele meiner Mitschüler Freunde oder gute Bekannte aus der Nachbarschaft waren. Auch mit den Lehrern gab es fast nie Schwierigkeiten, und ich erinnere mich noch besonders gut an Herrn Gsell. Er war ein älterer, sehr gemütlicher Mann und ein wunderbarer Lehrer. Ich glaube, in seiner Klasse haben wir am meisten gelernt, weil da nie ein Druck bestand.

Meine Familie war ziemlich religiös, so daß mir das Schreiben am Samstag aus religiösen Gründen nicht erlaubt war. Wir gingen samstags nur den halben Tag in die Schule, das Schriftliche konnte ich dann am Sonntag nachholen, weil immer jemand bereit war, mir seine Arbeit zu leihen.

Die langen Sommerferien waren jedes Mal ein großes Ereignis. Man freute sich schon Wochen vorher, und unser Abreißkalender hatte immer große Eselsohren an den Tagen vor dem letzten Schultag. Vier Wochen der Sommerferien verbrachten wir in Krumbach in Schwaben, wo es ein jüdisches Ferien- und Erholungsheim gab. Dort waren wir so ungefähr 100 Kinder im Alter von zehn bis 13 Jahren. Die Leiterin, Frau Adler, hatte eine bildhübsche Tochter, Gerdi, und alle Buben waren total verliebt in sie. Sie war sehr wählerisch, der Auserwählte schwebte im siebten Himmel. Ich weiß nicht, ob sie noch lebt – in den Kriegsjahren stand ihr ein grausames Schicksal bevor.

Wir waren sehr oft in der Oper oder im Gärtnerplatz-Theater. Obwohl wir uns nur einen Stehplatz im »Juchhe« leisten konnten, hörten und sahen wir sehr gut. Besonders wenn Künstler von auswärts kamen, mußte man sich stundenlang anstellen, aber für Sänger wie Benjamino Gigli war es das immer wert. Wir hörten auch die berühmten jüdischen Sänger Richard Tauber oder Joseph Schmitt – er war sehr klein und unansehnlich, hatte einen Buckel, aber eine herrliche Stimme. So weit ging unser Leben noch recht normal.

In der siebten Klasse bekam ich einen anderen Lehrer und merkte bald, daß nun ein neuer Wind wehte. Er bedachte mich öfters mit sarkastischen Bemerkungen, über das Nichtschreiben am Samstag machte er sich lustig. Es half auch nichts, daß meine Eltern einige Male in die Schule kamen und mit ihm redeten. Einmal stand er neben mir und sagte vor der ganzen Klasse: »Die Juden sagen zu Zwiebel Knoblauch.« Von da an wurde ich oft von meinen Schulkameraden verspottet. Ein anderer Vorfall ist mir deutlich in Erinnerung. Ein christliches Mädchen hatte in der Stunde einen epileptischen Anfall. Als sie wieder zu sich kam, sagte der Lehrer zu ihr: »Tu' das noch mal, und ich laß' dich sterilisieren.« Das war meine letzte Klasse in einer allgemeinen Schule. Danach war den jüdischen Kindern der Besuch in allgemeinen Schulen verboten, und ich mußte in die jüdische Volksschule zurück.

Im Juni 1934 beging ich meine *Bar Mizwa*. Nach der Feier in der Synagoge in der Reichenbachstraße hatten wir ein kleines Fest bei uns zu Hause. Verwandte und Freunde kamen, aber leider keiner von den Nichtjuden. Der Abstand war damals schon sehr spürbar.

Das Lernen in der jüdischen Volksschule war jetzt nicht mehr so leicht wie früher. Kinder aus allen Stadtteilen und verschiedenen Schultypen wurden zusammengewürfelt. Wir standen auf sehr verschiedenen Stufen des Lernens. Wer sich ins Ausland retten konnte, tat es, die Lehrer nicht ausgenommen. So hatten wir sehr oft neue Lehrer, und nicht alle waren wirklich qualifiziert.

Es war schon immer mein Traum gewesen, eine höhere Schule zu besuchen und dann zu studieren. Leider war dies jetzt unmöglich geworden. So bemühte ich mich erfolgreich um eine Lehrstelle. Am 15. April 1935 begann ich meine Lehre als Maschinenschlosser in der Maschinenfabrik Michaelis in der Hofmannstraße in Solln. Der Besitzer der Firma, Herr Mannheimer – ein Jude –, bemühte sich, möglichst viele von uns Jungen unterzubringen, aber ich glaube, er hatte damals nicht mehr besonders viel Spielraum. Der Betrieb beschäftigte 250 Leute, davon 15 Lehrlinge. Am Anfang war alles normal, die Lehre sollte vier Jahre dauern, im April 1939 wäre ich fertig geworden. Doch im Lauf der Zeit wurde meine Situation immer schwieriger. Man beschuldigte mich, meine Arbeit nicht gut zu machen, und ich bekam mehr Prügel, als ich verdiente. Herr Burghart, der Betriebsleiter, sagte mir ab und zu, daß er mit mir sehr zufrieden wäre. Aber ich wußte, daß er nicht viel für mich tun konnte. Im Oktober wurde Herr Mannheimer enteignet, und ein Parteibonze übernahm die Betriebsleitung. Mir hat man fristlos und grundlos gekündigt, ich konnte nie meine Gesellenprüfung ablegen. Herr Mannheimer kam ins KZ, er überlebte den Krieg nicht.

So wie mir ging es vielen Juden, sie wurden, egal welchen Beruf sie hatten und aus welcher Schicht sie stammten, grundlos entlassen. Mein Vater, der ein Geschäftsreisender war, konnte seine Ware selbst an langjährige Kunden nicht mehr verkaufen.

Die Situation hatte sich seit Beginn der dreißiger Jahre langsam, aber unaufhörlich verschlechtert. Anfangs waren es eher einzelne Vorfälle, bei denen »typisch jüdisch« aussehende Männer beschimpft oder an den Bärten gerissen wurden. Man sah dann mehr und mehr Männer in SS- und SA Uniformen auf der Straße, ein endloses Meer aus Hakenkreuz-Fahnen, Nazi-Gruppen marschierten durch die Stadt und grölten antisemiti-

*Rolf Graysons Vater (2. v. rechts) in einem Umschulungskurs der jüdischen Gemeinde Münchens, ca. 1937*

sche Lieder. Auf zahllosen Versammlungen gaben die Redner, häufig war es Hitler selbst, den Juden die Schuld an allen Problemen Deutschlands. Der Haß wurde von allen Seiten geschürt – nicht einmal mein bester Freund, mit dem ich im selben Haus groß geworden bin, kannte mich mehr, nachdem er Mitglied der »Hitlerjugend« (HJ) geworden war.

Dann erschienen die »Juden sind hier unerwünscht«-Plakate in den Schaufenstern der Geschäfte. Dadurch wurde das Einkaufen immer schwieriger. Ab und zu fanden wir ein Paket vor der Tür, das uns gute Nachbarn in der Nacht hingelegt hatten. Aber viele Bekannte und Nachbarn hatten Angst, weiter offen mit uns zu verkehren.

Meine Großeltern lebten damals in der Palmstraße, und zwar mehr als 40 Jahre im selben Haus. Wie üblich, kamen wir auch 1937 zu ihnen, um das *Pessach*-Fest miteinander zu feiern. Bei diesem Fest sitzt man zusammen, liest über den Auszug der Juden aus Ägypten und nimmt anschließend ein gemeinsames Mahl ein. An diesem Abend holte der neue Hausbesitzer, der meinen Großeltern überhaupt nicht wohlgesonnen war, die Polizei. Ein SA- und ein Schutzmann kamen in die Wohnung und zwangen uns, das Fest abzubrechen. In der traurigsten Stimmung gingen wir nach Hause. Kurz darauf wurde den Großeltern die Wohnung gekündigt, uns ebenfalls. Wir fanden Unterkunft in einem Haus, das der Kultusgemeinde gehörte. In dauernder Angst und Unsicherheit in seiner eigenen Heimat leben zu müssen – dieses Gefühl kann man fast nicht beschreiben. Das Wissen, daß uns die Polizei nicht half, das sitzt noch heute in einem. Manchmal grundlos verprügelt, beschimpft oder beleidigt zu werden, und dann wehrlos zu sein, das ist nicht nur entmutigend, das bricht die Selbstsicherheit.

Wir sind zwar alle in Deutschland geboren, hatten aber nie einen deutschen, sondern einen polnischen Paß. Am 27. und 28. Oktober 1938 wurden alle Juden mit polnischer Staatsangehörigkeit verhaftet, denn sie sollten nach Polen abgeschoben werden. Wir wurden über Nacht im Gefängnis von Stadelheim festgehalten und am nächsten Morgen, einem Samstag, an die Bahn gebracht. Der Grund für diese Aktion war, daß die polnische Regierung allen im Ausland lebenden Juden die Staatsbürgerschaft entziehen wollte und als Frist diesen Samstag gesetzt hatte. Für die Nazis war das eine gute Gelegenheit, uns loszuwerden. Man hatte einen Sonderzug nur für uns bereitgestellt. Ab und zu hielt er, und Menschen brachten uns etwas zu essen. Ich weiß bis heute nicht, wer sie waren und woher sie von unserem Schicksal wußten. Als wir gegen Abend in der Stadt Guben eintrafen, zog Polen diesen Erlaß zurück. Uns erlaubte man, auf eigene Kosten mit demselben Zug nach München zurückzukehren. Meine spätere Frau wohnte damals in Leipzig. Sie konnte sich daran erinnern, daß die Deutschen die Gruppe, in der sie sich befand, aufmarschieren ließen und sie mit Hunden auf die polnische Grenze zutrieben. Von der anderen Seite her schossen polnische Soldaten über ihre Köpfe hinweg, um den Grenzübertritt zu verhindern. Sie lagen mehr als 24 Stunden im offenem Gelände, bis dann die Polen endlich nachgaben. Im Anschluß glückte es ihr, nach England zu entkommen; damals war sie elf Jahre alt.

Am 3. Juni 1939 erhielt ich ein Schreiben, eine Verfügung, die noch heute in meinem Besitz ist, mit dem Inhalt, daß der weitere Aufenthalt in Deutschland für mich für immer verboten sei. In derselben Nacht fuhr ich mit dem Zug nach Berlin, wo ich mich bei Kollegen von *Habonim* verstecken konnte. Einer dieser Kollegen war im Vorstand und hatte gute Beziehungen zum englischen Konsul. Es glückte ihm, für mich ein Visum für England zu bekommen. Ein anderer brachte mich mit dem Auto nach Hamburg, wo man mich auf einem englischen Frachter versteckt hielt, bis wir die deutschen Hoheitsgewässer verlassen hatten. Dann konnte ich wieder nach oben kommen.

*Rolf Grayson in München kurz vor seiner Auswanderung nach England, 1939*

Ich kam am 5. August in London an, wo ich meine Schwester wiederfand. Auch meinem Vater glückte die Flucht nach England; nur meine Mutter verbrachte die ganzen Kriegsjahre in einem italienischen Internierungslager. Nach dem Krieg wurde unsere Familie in Amerika wieder vereint. In der Familie meiner Frau war sie die einzige, die am Leben blieb. Erst nach Kriegsende erfuhren wir das volle Ausmaß des Schreckens. Es waren nur sehr wenige meiner jüdischen Bekannten, Verwandten und Freunde am Leben geblieben.

Nach dem Krieg war ich dreimal in München. Die Stadt wird immer einen speziellen Platz in meinen Erinnerungen einnehmen. Trotz der vielen traurigen Erlebnisse in meiner Jugendzeit denke ich auch an die guten Zeiten, die wir dort verbrachten. Es ist nicht leicht, all das wieder durchzukauen und wieder zu durchleben. Aber ich denke, daß künftige Generationen aus unseren Erfahrungen lernen sollten, und in diesem Sinn und Interesse habe ich alles niedergeschrieben.

Manfred Berger

# Elisabeth Kitzinger (1881–1966) und die jüdische Wohlfahrtsarbeit in München (1904–1943)[1]

Im Gegensatz zu anderen deutschen Großstädten hatte München bis fast zum Ende des ausgehenden 19. Jahrhunderts verhältnismäßig wenig jüdische BürgerInnen u. a. wegen der strengen Zuzugsbeschränkungen.

Bedingt durch Pogrome im zaristischen Rußland und die ungünstigen wirtschaftlichen Verhältnisse in Galizien und Rumänien setzte eine Fluchtbewegung ein.

Auch in München siedelten sich viele der sogenannten Ostjuden an, in der Hoffnung hier Wohn-, Arbeits- und Verdienstmöglichkeiten vorzufinden. Armut, Not und unsagbares Leid kennzeichneten die Lebenssituation der in München ansässig gewordenen Ostjuden. Erschwerend traten noch die ihnen entgegengebrachten Vorurteile hinzu, die von vielen Münchnern gehegt wurden, auch von den Juden Münchens.

Trotzdem bemühte sich ein großer Teil der angestammten Judenschaft darum, den notleidenden Mitmenschen zu helfen, um ihnen eine annehmbare Existenz zu ermöglichen.

Zu diesem Personenkreis der ehrenamtlichen HelferInnen gehörte auch Elisabeth Kitzinger, die sich für die Not, Armut und das unsagbare Elend ihrer Glaubensbrüder und -schwestern verantwortlich fühlte. Obwohl Elisabeth Kitzinger nie eine professionelle Ausbildung erhalten hatte, war sie in ihrem sozialen Wirken Vorbild für andere deutsche Großstädte mit hohem jüdischen Bevölkerungsanteil. Manch bedeutende jüdische Wohlfahrtspflegerin wie beispielsweise Anna von Gierke (1874–1943), Hannah Karminski (1897–1942), Bertha Pappenheim (1859–1936), Alice Salomon (1872–1948) und Sidonie Wronsky (1883–1947), um nur einige von ihnen zu nennen, standen mit Elisabeth Kitzinger in brieflichem und persönlichem Kontakt, um sich bei ihr Rat zu holen. Hannah Karminski und Anna von Gierke kamen sogar nach München und hospitierten in den von Elisabeth Kitzinger (mit)gegründeten Einrichtungen. Mit Recht wurde sie in einer Laudatio anläßlich ihres 80. Geburtstages vom Rabbiner Leo Baerwald als »spiritus rector der blühenden sozialen Einrichtungen der Gemeinde München in den 20er und 30er Jahren« gewürdigt.

Die am 2. April 1881 in München geborene Elisabeth Rahel Merzbacher stammte aus einer der ältesten und angesehensten jüdischen Bürgerfamilien der königlichen Residenzstadt. Der Vater, Eugen Merzbacher, war als Fachmann für Münzen weit über die Grenzen der Stadt und Bayerns hinaus bekannt. Die Mutter Rosa Merzbacher, geb. Jaffé, war eine gütige Frau, der ältesten Tochter Elisabeth und den weiteren Kindern Siegfried (geb. 1883) und Luise (geb. 1886) in jeder Hinsicht unermüdliche Helferin.

Elisabeth wuchs zusammen mit ihren Geschwistern in einer festgefügten, liberal eingestellten Familie auf, die großen Wert auf die schöngeistige Bildung der Kinder legte.

Obwohl die Familie wohlhabend war, wurden die Kinder stets zur Sparsamkeit und zu sozialen Hilfeleistungen angehalten. Deswegen wurden die Kinder auch nicht von einem Privatlehrer – wie damals üblich – unterrichtet, sondern besuchten öffentliche Schulen. Elisabeth ging in die Volksschule am Salvatorplatz, anschließend in die

Manfred Berger
Geboren 1944 in München, Kindheit und Jugend in München. Lehre als Starkstromelektriker. Studium der Sozialpädagogik und Erziehungswissenschaften. Seit 1976 wohnhaft in Dillingen/Donau. Gründung des Ida-Seele-Archivs zur Erforschung der Geschichte der Sozialarbeit.

vornehme »Höhere Töchterschule« an der Briennerstraße, die sie mit 16 Jahren verließ. Damit war nach Sitte der Zeit ihre methodisch-geistige Bildung abgeschlossen. Den Wunsch zu studieren, hielten die sonst liberal eingestellten Eltern letztlich für unnötig und »unmädchenhaft«. Das junge Mädchen stand nun der Mutter im Haushalt unterstützend bei, war aber mit dieser Situation mehr als unzufrieden. Elisabeth wollte nicht nur die Aussteuerwäsche besticken, Klavier üben, befreundete Familien besuchen, ihre Zeit, wartend auf den künftigen Mann, verbringen, der den Rest ihres Lebens für sie sorgen sollte. Sie wollte sich sinnvoll betätigen und sozial engagieren. Elisabeth Merzbacher erkannte, daß für die vielen unbeaufsichtigten Straßenkinder der Ostjuden eine Betreuung, wenn auch nur für ein paar Stunden am Tage, notwendig ist. An ihre Freundin Ida Kohnstamm schrieb sie deswegen u. a.:

»Wie vielfach sind die auf den Straßen herumstreunenden Kinder, wenn die armen Eltern ihrer Arbeit nachgehen müssen, der Gefahr ausgesetzt, entweder in verschlossenen Stuben ein einsames, freudleeres Leben führen zu müssen und zu verkümmern oder unter Aufsicht wohl älterer, aber selbst noch unerzogener Geschwister auf's Schlimmste versorgt zu sein, oder aber auf der Straße ohne alle Aufsicht einem Leib und Seele gefährdenden, zügellosen, verwildernden Gassenleben preisgegeben zu werden (...) Die Straße stumpft das Feingefühl für edle, reine Freuden ab. Sie gewöhnt an rohen brutalen Genuß, sie führt ferner den Verlust der jugendlichen Reinheit herbei (...) Und was wird aus ihnen, wenn sie zu Erwachsenen heranreifen? Sie werden dann auch empfänglich sein für das Böse und Schlechte. Darum muß diesen armen kleinen Erdenbürgern geholfen werden. Und ich will helfen. Willst du mich, meine liebe Freundin, unterstützen, mir zur Seite stehen?«

Das junge Mädchen setzte ihr soziales Empfinden in die Tat um. Die gerade Siebzehnjährige sammelte täglich ca. acht bis zehn Kinder um sich, die sie buchstäblich von der Straße auflas. Sie beschäftigte sie im Hause der Eltern, in der Residenzstraße 16. Sie gab ihnen Unterricht und verköstigte sie teilweise. Anfänglich waren die Eltern nicht sehr begeistert von dem Engagement ihrer ältesten Tochter, denn für eine höhere Tochter schickte sich der Umgang mit dem Proletariat nicht. Aber Elisabeth konnte sie von der Nützlichkeit ihrer Tätigkeit bald überzeugen, so daß die Eltern gerne ihre Wohnung zur Verfügung stellten und die Tochter auch finanziell unterstützten.

Dieses anfänglich lose soziale Engagement entwickelte sich immer mehr zu einer professionellen Tätigkeit. So wurde offiziell im April 1904 der »Merzbacher'sche Privatkindergarten für jüdische Kinder« eröffnet. Unterstützt wurde Elisabeth von ihrer Freundin Ida Kohnstamm (später verheiratete Blumenstein) und ihrer Schwester Luise (später verheiratete Feistmann). Letztgenannte war eine ausgebildete Kindergärtnerin, die ihre Ausbildung am renommierten Berliner »Pestalozzi-Fröbelhaus«, geleitet von der Pädagogin Lili Droescher (1871–1944), absolviert hatte.

Der Kindergarten erfreute sich großen Zuspruchs. Im Herbst 1904 erfolgte bereits seine Verlegung in die Baaderstraße 32. Der Kindergarten fand in zwei bescheidenen Parterrezimmern eine neue Heimat. Bis zu 20 Kindern konnten nun aufgenommen werden. Elisabeth Merzbacher war um die städtische Genehmigung ihres Privatunternehmens bemüht. Der Stadtrat erkannte den Kindergarten unter der Bedingung an, daß nicht nur »Kinder der jüdischen, sondern aller Konfessionen« Aufnahme finden würden. Einen finanziellen Zuschuß gewährte die Stadt jedoch nicht. Die nötigen finanziellen Mittel zur Er- und Unterhaltung des Kindergartens wurden durch Freunde der Familie Merzbacher, von den Eltern und Verwandten erbracht. Eine Gebühr wurde nicht erhoben, denn sonst hätten die verarmten Eltern ihre Kinder aus dieser Einrichtung genommen. Elisabeth Merzbacher versuchte, den Kindergarten auf ein – nicht nur finanziell – gesichertes Fundament zu stellen. Darum befürwortete sie die Übernahme dieser sozialen Einrichtung durch den »Verein Israelitische Frauenhilfe e.V.«, dem die »Fürsorge für die jüdische Jugend der

*Kindergarten Baaderstraße 32, ca. 1904. 1. v. links: Elisabeth Merzbacher (später verheiratete Kitzinger), 2. Luise Merzbacher, 3. Ida Kohnstamm*

*Kindergarten Baaderstraße 5, ca. 1905*

*Das Brautpaar, aufgenommen vom bekannten Hofatelier »Elvira« im Jahre 1905*

Stadt München« oblag. Elisabeth selbst war aktives Mitglied im jüdischen Münchner Frauenverein, der dem »Bund Deutscher Frauenvereine« angeschlossen war.

Im März 1905 stand ein erneuter Umzug in die Baaderstraße 5, I. Stock rechts, an. Eine großräumige 3-Zimmer-Wohnung stand nun den – höchstens – 35 Kindern zur Verfügung, dazu ein kleiner Garten.

Der Kindergarten wurde nach dem pädagogischen Konzept von Friedrich Fröbel (1782–1852) geführt. Man stellte das kindliche Spiel in den Mittelpunkt des Tagesablaufs.

Am 22. August 1905 herrschte Feststimmung im Kindergarten. Der Grund: Die Leiterin heiratete den Juristen Dr. Wilhelm Nathan Kitzinger (1870–1945). Aus der Ehe sollten vier Kinder hervorgehen: Eugen (geb. 1906), Margarete (geb. 1908), Richard (geb. 1911) und Ernst (geb. 1912). Die Familie wohnte in der Giselastraße 1/III. Trotz großen Haushalts und Erziehung der Kinder blieb Elisabeth Kitzinger ihrer sozialen Tätigkeit treu. Dabei wurde sie stets wohlwollend von ihrem Mann unterstützt. Über viele Jahre hinweg war sie 1. Vorsitzende des neu gegründeten Vereins »Israelitische Jugendhilfe e.V.«, der Träger all ihrer ins Leben gerufenen sozialen Einrichtungen wurde.

Bald erkannte Elisabeth Kitzinger, daß die soziale Arbeit nicht nur auf das Vorschulkind beschränkt bleiben dürfte. Zur weiteren Entwicklung ihrer Einrichtung und zu den Aufgaben des Vereins »Israelitische Jugendhilfe e.V.« stellte deshalb Elisabeth Kitzinger fest:

»Bereits im Herbst desselben Jahres wurde an den Nachmittagen ein Hort für Schulkinder eröffnet. Auf Wunsch der Loge wurde an den Abenden ein Mädchenklub eingerichtet, der

*Das Kinderheim in der Antonienstraße 7, ca. 1925*

berufstätigen Mädchen nach der Arbeit Erholung und Anregung gab. Nähabende, Sprach- und Literaturkurse, gesellige Abende, an denen den Mädchen Musik und Vorträge geboten wurden, waren ein großer Erfolg (...) Auch die Mütter erschienen einmal in der Woche zum ›Mütterabend‹. Mit Rat und Tat wurde ihnen beigestanden. Pädagogische Probleme wurden besprochen und sie wurden über Hygiene, die ihnen fremd war, aufgeklärt.

Im Jahre 1912 wurde eine zweite Wohnung, angrenzend an die bisherige, dazu gemietet und nun konnten 100 Kinder aufgenommen werden. 1914, zu Beginn des ersten Weltkrieges, wurde im gleichen Hause eine dritte Wohnung gemietet und damit war die Möglichkeit gegeben, 150 Kinder aufzunehmen. Die Kinder, deren Väter teilweise beim Heeresdienst, deren Mütter berufstätig und nicht Zuhause waren, verbrachten den ganzen Tag im Heim. Sie wurden dort verpflegt.«[2] So wurde aus dem Kindergarten ein Heim.

1920 konnte der Verein durch Wohltätigkeitsveranstaltungen, Spendensammlungen und einer großherzigen Schenkung durch Frau Baronin Benedicta von Neuschotz ein eigenes Haus in der Albanistraße 9 kaufen. Dieses konnte jedoch aufgrund der damaligen Wohnungszwangswirtschaft nicht bezogen werden, da keine Mietwohnungen frei zu bekommen waren. 1925 erwarb man daraufhin das Haus in der Antonienstraße 7.

Rückblickend vermerkte Elisabeth Kitzinger:

»Das neue Heim, in einem schönen Garten gelegen, bestand aus 20 Räumen. Die Inneneinrichtung übernahm der Schwesternbund der München-Loge (...) Die München-Loge stiftete einen Betraum, der sehr geschmackvoll ausgestattet war und in dem an den Freitag-Abenden und an Feiertagen Gottesdienst abgehalten wurde.

Am 29. März 1926 zogen die Kinder in das neue Heim.

Aufnahme in das Heim fanden elternlose, uneheliche oder im Elternhaus gefährdete Kinder, den seit der Inflation geschaffenen Verhältnissen zufolge auch Kinder des schwer bedrängten Mittelstandes, ferner schulentlassene Mädchen zur Erlernung des Haushalts und der Kinderpflege.

Das Heim hatte eine Säuglingsstation für fünf Säuglinge, eine Kleinkinderabteilung für 15 und eine Schulkinderabteilung für 20 Kinder, sowie die Gruppe der Haushaltsschülerinnen für 50 Mädchen. Ein Kindergarten von 5–10 Kindern wurde angegliedert, durfte aber nur von jüdischen Kindern besucht werden, obwohl eine große Nachfrage von seiten christlicher Eltern aus der Nachbarschaft um Aufnahme ihrer Kinder vorhanden war.«[3]

Aus dem Antonienheim entwickelten sich noch weitere soziale Einrichtungen. Im Hause Virchowstraße 1 wurde ein Mädchenheim für im Erwerbsleben stehende junge Mädchen eingerichtet.

»In demselben Haus wurde ein kühner Versuch unternommen. Eine Wäscherei wurde eingerichtet, in der ausschließlich schwierige Mädchen und Frauen beschäftigt wurden, die, obwohl sie arbeitsfähig waren, ständig vom Wohlfahrtsamt der Gemeinde unterstützt werden mußten.«[4]

Fast gleichzeitig erkannte man, daß auch ein Heim für schulentlassene Jungen von Notwendigkeit ist. Ein solches wurde 1928 in der Wagnerstraße 3 seiner Bestimmung übergeben. Helene und Julius Weil, die das Jugendheim bis zu ihrer Auflösung durch die Nazis leiteten, erinnerten sich: »Die Jugendlichen waren meist Halb- oder Vollwaisen oder entstammten zerrütteten Familien, Kinder des ersten Weltkrieges, deren häusliche Verhältnisse den schrecklichen Folgen der Nachkriegszeit, Hunger, Inflation und sozialer Not, nicht standhalten konnten. Nach jetzigen gruppentherapeutischen Begriffen war es eine bunt zusammengewürfelte Gruppe, in welcher der normale, begabte Junge neben dem erziehungsschwierigen, geistig schwächeren, oder dem Jungen mit pathologischer Veranlagung unter einem Dache, in einem Zimmer, am gleichen Tische, in einem Gemeinschaftsraum seine Entwicklungsjahre verlebte.«[5]

*Elisabeth Kitzinger, »Kennkarte« ca. 1939*

1935 übersiedelte das Jugendheim in die Hohenzollernstaße 4, denn durch die nationalsozialistischen Restriktionen mußten Kinder aus aufgelösten jüdischen Heimen aufgenommen werden.

Der Verein »Jugendhilfe« kümmerte sich um seine Zöglinge auch nach deren Entlassung aus den Heim, wie aus einem Schreiben Elisabeth Kitzingers an Hannah Karminski aus dem Jahr 1932 hervorgeht:

»Anstaltserziehung ist und bleibt vergeblich, wenn man sich der Entlassenen nicht weiter annimmt. Wir suchen mit früheren Zöglingen bis zum 21. Jahre in Verbindung zu bleiben, ihnen Stütze und Hilfe zu sein. (...) Kurz und gut, man soll alles aufbieten, um den anstaltentlassenen

Zöglingen die stützende, helfende und rettende Hand zu bieten.«

Neben den stationären Einrichtungen betrieb der Verein »Israelitische Jugendhilfe e.V.« seit 1921 auch »offene Wohlfahrtspflege«. Er stand dabei in engem Kontakt mit dem Stadtjugendamt, den Elizabeth Kitzinger als »aufbauend auf gegenseitigem Verständnis ja (...) Freundschaft« bezeichnete.

Diese gute institutionelle Zusammenarbeit scheint auf tragische Weise dazu beigetragen zu haben, »daß die Mitglieder und Leiterinnen des Vereins die Bedrohung durch den Nationalsozialismus nicht in voller Schärfe wahrgenommen haben, sondern lange Zeit gefiltert durch das Wohlwollen der Behördenvertreter. 1933 war es beispielsweise nicht möglich, eine Mitgliederversammlung durchzuführen, da unser Verein vom 12. Mai bis zum 12. Juni 1933 von der politischen Polizei beschlagnahmt wurde. Trotzdem bekommt der Verein weiterhin städtische Zuschüsse und beteiligt sich an den Aktivitäten des Winterhilfswerks.

Der folgenschwerste Irrtum in diesem Zusammenhang war vermutlich, daß es aufgrund der guten Beziehungen zum Stadtjugendamt gelang, 1938, als die Schließung des Kinderheims angeordnet wurde, einen Aufschub zu erreichen. Ende der 30er Jahre wäre es wohl noch möglich gewesen, die Kinder ins Ausland zu bringen, was 1942, als die Räumung durchgesetzt wurde, nicht mehr möglich war.«[6]

Das Ende der jüdischen Wohlfahrtspflege in München mußte Elisabeth Kitzinger nicht mehr direkt miterleben. Sie wanderte im Frühjahr 1939 mit ihrem Mann, der in der »Reichskristallnacht« 1938 verhaftet worden war und für einen Monat in das KZ Dachau gekommen war, nach dem damaligen Palästina aus.

1943 wurden die letzten Kinder aus dem Heim in der Antonienstraße zusammen mit ihren Erzieherinnen zuerst in die »Heimanlage für Juden« nach Berg am Laim gebracht. Von dort aus wurden die Kinder und die beiden Erzieherinnen, Alice Bendix und Hedwig Jacobi, im Dezember 1943 in einem Viehwaggon nach Auschwitz deportiert, wo sie einen qualvollen Tod in den Gaskammern erleiden mußten.

Elisabeth Kitzinger wohnte bis 1947 in Palästina. Zwei Jahre nach dem Tode ihres Mannes zog sie zu ihrem Sohn Ernst in die USA. Am 2. Juli 1966 starb Elisabeth Kitzinger, der einstige »spiritus rector« der jüdischen Münchener Wohlfahrtspflege in Washington.

Anmerkungen

1 Dank ergeht an Ernst Kitzinger (Sohn von Elisabeth Kitzinger) und Gertrud Dann (Nichte von Elisabeth Kitzinger) für wertvolle Hinweise und die Übereignung von bedeutenden Dokumenten zur jüdischen Wohlfahrtspflege in München.

2 Kitzinger, E.; Jüdische Jugendfürsorge in München. 1904–1943, in: Lamm, Hans (Hg.); Von Juden in München. Ein Gedenkbuch, München 1958, S.75.

3 a.a.O., S.77f.

4 a.a.O., S.78f.

5 Weil, Julius und Helene; Erinnerungen an das Jüdische Lehrlingsheim, in: Lamm, Hans (Hg.); a.a.O., S.84.

6 Kohlenberger-Müller, H.; Elisabeth Kitzinger und der Münchner Verein Israelitischer Jugendhilfe, in: Brehmer, I. (Hg.); Mütterlichkeit als Profession, Pfaffenweiler 1990, S.176f.

Ina Kössel

# Bildungs- und Sozialeinrichtungen für jüdische Kinder und Jugendliche in München bis 1943

Dieser Beitrag beruht auf meiner Zulassungsarbeit, die ich vor einigen Jahren am Ende meines Studiums für das Lehramt an der Grundschule angefertigt habe. Angeregt wurde sie durch mehrere Besuche in Israel, wo man mich gelegentlich nach Zeugnissen jüdischen Lebens in meiner Heimatstadt München gefragt hat. Für meine Abschlußarbeit habe ich mir dann zum Ziel gesetzt, die Geschichte jüdischer Bildungs- und Sozialeinrichtungen zu rekonstruieren, also Stätten aufzusuchen, auf die keine Gedenktafel hinweist. Ich würde mir wünschen, daß die Ergebnisse dazu beitragen, daß Jugendlichen die Zeit ihrer Großeltern nicht so weit entfernt vorkommt wie etwa die Bauernkriege und Napoleons Feldzüge.

## *Das jüdische Bildungs- und Sozialwesen in München*

In München und der näheren Umgebung existierten bis in die vierziger Jahre hinein eine Reihe von Bildungs- und Sozialeinrichtungen für jüdische Kinder und Jugendliche. Zum Teil gab es sie schon seit Anfang des Jahrhunderts, die meisten entstanden jedoch in der wirtschaftlich schwierigen Zeit zwischen den Kriegen. Die finanziellen Mittel für Personal und Unterhalt dieser Einrichtungen stammten von einigen jüdischen Dachorganisationen, sofern die Arbeit nicht von Freiwilligen und Ehrenamtlichen geleistet wurde. Um die Aktivitäten all dieser Vereinigungen besser koordinieren zu können, entstand 1921 das jüdische Wohlfahrtsamt mit unterschiedlichen Abteilungen. In Abstimmung mit dem bereits 1904 in München gegründeten Verein »Israelitische Jugendhilfe e.V.« nahm sich die »Jugendfürsorge« solcher Kinder an, die in irgendeiner Weise gefährdet waren, und versuchte, »Bedingungen für sie zu schaffen, in denen sie sich in jeder Beziehung gesund entwickeln (konnten), sei es durch Verschaffung eines Erholungsurlaubes, ständige Überwachung in der Familie (oder durch die) Verbringung in eine Pflegefamilie oder in ein Heim« (Bayerisch-Israelitische Gemeindezeitung 1926/5, S.134). Der Jugendhilfe-Verein war zunächst eine rein private Wohltätigkeitsorganisation mit einem sehr umfassenden Aufgabenbereich. Zum einen betreute er einige feste Einrichtungen wie den Kindergarten und den Hort des Vereins. Dazu kam die offene Jugendfürsorge, wo man Hilfsbedürftige von der Geburt bis zum 18. Lebensjahr betreute, sie in Krankenhäusern oder Erholungsheimen unterbrachte, sich schwer erziehbarer Kinder und Jugendlicher annahm, aber auch Lehrstellen vermittelte. Die Bemühungen des Vereins kamen im Jahr 1928 fast 400 jungen Menschen zugute. Daß die Gelder, die überwiegend aus privaten Beiträgen und Spenden stammten, für diese umfangreichen Aufgaben bald nicht mehr genügten, liegt auf der Hand. Ab 1924 gab es deshalb Zuschüsse von der Kultusgemeinde, die ab 1929 die gesamten Kosten übernahm. 1929 wurde diese offene Jugendfürsorge als Jugendamt dem Wohlfahrtsamt angegliedert. Man arbeitete nach den Grundsätzen, die für alle städtischen Kinder- und Jugendeinrichtungen galten und suchte im übrigen die Zusammenarbeit mit Behörden wie dem Stadtjugendamt, dem Jugendgericht oder auch den Krankenhäusern.

Ina Kössel
Geboren 1966 am Niederrhein, aufgewachsen in München. Nach dem Abitur Beginn eines Lehramtsstudiums. Seit 1992 Lehrerin im Landkreis Garmisch-Partenkirchen. Erstmalig in Israel 1985 als Austauschschülerin, seither intensive Beschäftigung mit israelisch-deutschen Beziehungen.

Sowohl das Jugendamt als auch das Wohlfahrtsamt wurden zwangsläufig in die 1939 entstandene (und 1943 wieder aufgelöste) »Reichsvereinigung der Juden in Deutschland« überführt. Die Aufgaben der »Reichsvereinigung« legte Art. I, § 2 der 10. Verordnung zum Reichsbürgergesetz vom 4. Juli 1939 fest. Sie hatte die Auswanderung von Juden zu fördern, ferner wurde sie zum Träger des jüdischen Schulwesens und der freien jüdischen Wohlfahrtspflege bestimmt.

Erst nach der nationalsozialistischen Machtübernahme entstand auf Initiative der »Reichsvertretung der jüdischen Landesverbände« eine weitere wichtige Organisation, die im Fürsorgebereich ganz allgemein und damit auch in der Jugendfürsorge aktiv wurde, der »Zentralausschuß für Hilfe und Aufbau«. In ihm waren alle führenden Verbände der Juden in Deutschland und damit auch die wichtigsten Hilfsorganisationen vertreten. Er verstand sich als Organ zur Selbstbehauptung der jüdischen Gemeinschaft unter dem NS-Regime. Allerdings konzentrierte er sich zunächst auf soziale Belange, die politische Repräsentation der jüdischen Gemeinschaft verblieb in der Zuständigkeit der bereits 1933 entstandenen »Reichsvertretung der jüdischen Landesverbände«. Der »Zentralausschuß« wurde zudem der Ansprech- und Verhandlungspartner für jüdische Hilfsorganisationen aus dem Ausland, denen es um eine gerechte Verteilung der von ihnen zur Verfügung gestellten Hilfsmittel ging. Bis 1935 wirkte der »Zentralausschuß« als Dachverband selbständiger jüdischer Hilfsorganisationen. Aus organisatorischen Gründen, um Doppelarbeit und unnötige Kosten zu vermeiden, wurden die Hilfsorganisationen unmittelbar der »Reichsvertretung« unterstellt. Die neue offizielle Bezeichnung lautete jetzt »Zentralausschuß für Hilfe und Aufbau bei der Reichsvertretung der Juden in Deutschland«. Sein Jahresetat setzte sich aus Steuermitteln der einzelnen jüdischen Gemeinden, Sammlungen und Spenden ausländischer Hilfsorganisationen zusammen.

Im September 1935, unmittelbar nach dem Erlaß der »Nürnberger Gesetze«, verfaßte der Präsidialausschuß der »Reichsvertretung« eine Erklärung, die von allen jüdischen Großverbänden mitunterzeichnet wurde. Darin wurden als dringendste Aufgaben bezeichnet:

- Die Erziehung der Jugend zu religiös gefestigten, aufrechten Juden durch die Schulen, um den Jugendlichen den Glauben an die jüdische Zukunft und die Kraft zu vermitteln, mit den schweren Anforderungen der Gegenwart fertig zu werden.
- Die Vermittlung landwirtschaftlicher und handwerklicher Fertigkeiten sowie von Fremdsprachen, insbesondere des Hebräischen, um Auswanderung und Eingliederung in Palästina zu erleichtern.

Nun zu den einzelnen Einrichtungen, die von den oben genannten Organisationen unterhalten oder unterstützt wurden. Sie wurden von den Nationalsozialisten spätestens 1943 geschlossen.

### *Der Kindergarten*

Der jüdische Kindergarten entstand 1904 als Privatinitiative zweier junger Frauen. Sie betreuten in ihren eigenen Wohnungen die Kleinkinder russischer Juden, die ihre Heimat nach Pogromen hatten verlassen müssen.

Der Platz war bald viel zu klein, daher mietete die »Jugendhilfe« zuerst in der Baaderstraße 32, und dann in der Baaderstraße 5 Räumlichkeiten für einen Kindergarten an, in dem 30 Kinder betreut werden konnten. Bis 1914 wurde der Kindergarten ständig vergrößert und um einen Hort für Schulkinder erweitert, so daß Platz für insgesamt 150 Kinder zur Verfügung stand. Dabei waren lediglich zwei Drittel von ihnen jüdischen Glaubens – der Stadtrat hatte Kindergarten und Hort nämlich nur mit der Auflage genehmigt, daß Kinder jeder Glaubensrichtung aufgenommen würden. Die Arbeit wurde überwiegend von ehrenamtlichen Kräften geleistet. Dabei achtete man sehr – so weit das während der Kriegs- und Inflationszeit überhaupt möglich war – auf vernünftige Ernährung, Hygiene und Gesundheitsvorsorge. In gewissen Abständen fanden ärztliche Untersuchungen statt, die Kindergartenkinder wurden regelmäßig gewaschen, gebadet und erhielten saubere Wäsche und Kleidung. Ein Kindergarten- oder Hortplatz kostete zwischen 40 Pfennig und 1,50 Reichsmark pro Woche – Kinder bedürftiger Eltern bekamen Freiplätze. Trotz der Spenden jüdischer Auslandsgemeinden reichten in der Inflationszeit die Mittel für die Weiterführung des Betriebs nicht mehr aus, und die »Jugendhilfe« mußte Hort und Kindergarten 1923 vorübergehend schließen.

1930 wurden beide Einrichtungen ein weiteres Mal verlegt, und zwar in Räume der Kultusgemeinde in der Herzog-Rudolf-Straße 1, ganz in der Nähe der Synagoge Ohel Jakob. Allerdings fanden nur mehr 35 Kinder Aufnahme. Stärker betont als früher wurde jetzt auch das religiöse Element – zum Beispiel dadurch, daß man jüdische Feste mit einem gewissen Aufwand vorbereitete und feierte. Nach der Machtübernahme durch die Nationalsozialisten war man bestrebt, zumindest den ganz kleinen Kindern die bittere Erfahrung zu ersparen, was es heißt, als Jude diskriminiert zu werden.

Der Kindergarten brannte in der »Reichskristallnacht« ebenso wie die benachbarte Synagoge ab. Danach wurde er nicht wieder eröffnet.

Aufgrund von Anzeigen in der Bayerisch-Israelitischen Gemeindezeitung weiß man, daß es in der Mitte der dreißiger Jahre zumindest vier weitere private Spielkreise für jüdische Kinder gegeben haben muß. Leider läßt sich wohl nicht mehr feststellen, seit wann und wie lange sie existiert haben.

### *Die Schulen*

Eine jüdische Volksschule, allerdings nur mit den ersten vier Klassen, gab es schon 1925. Unterhalten wurde sie nicht von der Israelitischen Kultusgemeinde, sondern von Ohel Jakob, einer orthodoxen Gruppierung. Die meisten jüdischen Kinder gingen jedoch auf die öffentlichen Schulen, die hinsichtlich der Qualität des Unterrichts einen besseren Ruf hatten.

Die Situation änderte sich grundlegend nach der Machtübernahme durch die Nationalsozialisten. München erhielt 1933 in Josef Bauer einen extremen Antisemiten als Stadtschulrat.[1] Unmittelbar nach seinem Amtsantritt im Frühjahr 1933 gab er Anweisung, die Zahl jüdischer SchülerInnen in öffentlichen Schulen festzustellen. Das Ergebnis dieser aus eigener Initiative gestarteten Erfassungsaktion war, daß 337 jüdische Kinder die Münchner Volksschulen und 232 Jugendliche weiterführende und Berufsschulen besuchten.

Im Mai 1933, Jahre vor einem entsprechenden Reichsgesetz, fragte die Münchner Schulverwaltung dann beim bayerischen Staatsministerium für Unterricht und Kultus an, ob man jüdische SchülerInnen nicht grundsätzlich aller staatlichen Schulen verweisen dürfe. Einerseits sei den Lehrern, die über solche, dem Staat wichtigen ideologischen Fragen wie Rassenbewußtsein und Rassenempfinden sprechen sollten, die Anwesenheit jüdischer SchülerInnen nicht zuzumuten; andererseits könnten – welch ein Zynismus – auch diese SchülerInnen selbst in ihrem Empfinden und Fühlen verletzt werden! Damit wollte man in München über ein Reichsgesetz vom April desselben Jahres hinausgehen, das unter dem Vorwand, der Überfüllung weiterführender Schulen entgegenzuwirken, höchstens 1,5% »nicht-arische« Schüler in diesen Lehranstalten zuließ. Einen Monat später wurde dann ein entsprechender Antrag beim Berliner Reichsministerium für Erziehung, Wissenschaft und Volksbildung gestellt, das eben erwähnte Reichsgesetz auch auf Volksschulen auszuweiten. Staatliche Schulen sollten »arischen« Kindern vorbehalten bleiben, während jüdische SchülerInnen generell in privaten Schulen unterzubringen seien. Im Juli 1936 verbot die Münchner Schulbehörde Schülern mosaischen Bekenntnisses generell den Besuch öffentlicher Volksschulen, ohne daß es dafür eine gesetzliche Grundlage gegeben hätte. Das entsprechende Reichsgesetz wurde erst 1938 verabschiedet. Aber schon in den Jahren, in denen jüdische Kinder die öffentlichen Schulen noch besuchen durften, hatten Pöbeleien und Anfeindungen stark zugenommen.

Die Israelitische Kultusgemeinde trug den neuen Verhältnissen dadurch Rechnung, daß sie 1934 die Schule in der Herzog-Rudolf-Straße übernahm und auf acht Klassen erweiterte. Schulgeld wurde keines verlangt, in bestimmten Fällen bekamen die Schüler sogar das Geld für die Straßenbahn erstattet. Die Kultusgemeinde kam auch für die Gehälter der meisten Lehrkräfte auf, nur wenige bezogen ihr Geld vom Staat.

Bereits im Schuljahr 1934/35 gingen 251 SchülerInnen in die jüdische Volksschule. Da in der Herzog-Rudolf-Straße nur vier Klassenzimmer zur Verfügung standen, erhielt die Kultusgemeinde die Erlaubnis, für ein Jahr weitere vier Räume in den Schulen an der Türkenstraße bzw. an der Klenzestraße anzumieten. Im folgenden Schuljahr 1935/36 bekam sie Räume in der Gabelsbergerstraße zugewiesen, in denen die Klassen 5 bis 8 unterrichtet wurden. Allerdings weigerte sich die Stadtschulbehörde nach der »Reichskristallnacht«, der Kultusgemeinde diese Räumlichkeiten weiterhin zu überlassen. Es steht außer Frage, daß Stadtschulrat Bauer in den darauf folgenden Jahren die jüdische Schule wann immer möglich mit Schikanen bedachte, nachdem er sein erstes Ziel, die öffentlichen Schulen »judenfrei« zu machen, erreicht hatte.

Die Kündigung der Räume in der Gabelsbergerstraße führte dazu, daß über 400 SchülerInnen auf engstem Raum in der Herzog-Rudolf-Straße unterrichtet werden mußten. Zwar hatte sich die Kultusgemeinde schon Anfang 1939 bemüht, ein für Schulzwecke geeignetes Haus zu erwerben. Der Plan schlug ebenso fehl wie die Absicht, in München eine jüdische Oberschule zu errichten. Mitte des Jahres ging die Trägerschaft für die Schule dann von der Kultusgemeinde auf die »Reichsvereinigung« über.

In der »Reichskristallnacht« im November 1938 wurden die Schulräume zerstört, die drei Lehrer Rosenfeld, Adler und Kissinger kamen nach Dachau in »Schutzhaft«. Die Stadtverwaltung verweigerte die Bezahlung von fünf Lehrkräften. Fortan hatte die Kultusgemeinde (als Bezirksstelle der »Reichsvereinigung«) für die Bezahlung aller Lehrer selbst aufzukommen. Nach dieser Pogromnacht mußte der Schulbetrieb bis zum Januar 1939 eingestellt bleiben, obwohl die Regierung von Oberbayern bereits am 5. Dezember die Wiederaufnahme des Unterrichts gestattet hatte.

Bis Oktober 1940 war die Zahl der SchülerInnen durch die Auswanderung vieler Familien auf 112 gesunken, die in sechs primitiv ausgestatteten Schulräumen unterrichtet wurden, wobei die 1. und 2. sowie die 3. und 4. Klasse zusammengelegt waren, während die Jahrgangsstufen 5 bis 8 einzelne Klassen bildeten. Im Lehrplan waren fünf Stunden Religionsunterricht, Fremdsprachen, Werken und Handarbeiten vorgesehen, um die Kinder auf die Auswanderung vorzubereiten. Den Unterricht erteilten sechs Klassenlehrer und acht Fachlehrer. Daneben bestand noch eine seit 1937 genehmigte Fortbildungsklasse, die solche SchülerInnen aufnahm, die bereits acht Volksschuljahre absolviert hatten. Im Oktober 1940 besuchten 38 Knaben und Mädchen diese Klasse. Den Unterricht erteilten die Lehrer der jüdischen Volksschule.

Die Schülerzahlen sanken weiter. Am 4. November 1941 zählte die Volksschule noch 99, die Fortbildungsklasse noch 23 SchülerInnen. Das Lehrerkollegium war auf fünf Lehrer und eine Fachlehrerin für Handarbeit und Zeichnen geschrumpft. Nach der ersten großen Deportation von Münchner Juden wenige Tage darauf, am 15. November, waren noch 42 Schüler und zwei Lehrer übriggeblieben. Diese beiden, Oberlehrer Kessler und Studienrätin Dr. Silberschmidt, unterrichteten zwei Gruppen zu je 21 Schülern. Weitere Deportationen dezimierten die Schülerzahl bis zum April 1942 auf 13 Kinder. Drei davon wohnten in der Stadt, sechs im Barackenlager Milbertshofen. Sie erhielten bis zum endgültigen Verbot jüdischer Schulen am 30. Juni 1942 je 15 Unterrichtsstunden pro Woche.

### *Heime für Jugendliche; Lehrwerkstatt und Lehrgärtnerei*

Das seit 1928 bestehende Lehrlingsheim in der Wagnerstraße 3 (heute 6) war als Heimstätte für Jungen gedacht, die nicht mehr schulpflichtig waren. Aufnahme fanden Handwerks- und kaufmännische Lehrlinge sowie Mittelschüler. Leiter waren bis zu ihrer Emigration Helene und Julius

Weil, danach der Diplomingenieur Dr. Hugo Traubner. Aufgabe der Heimleitung war es, den Jungen das Elternhaus zu ersetzen, sie, sofern sie noch zur Schule gingen, bei der Berufswahl zu beraten und zu gegebener Zeit bei der Lehrstellenwahl zu unterstützen. Die Wochenenden standen zur freien Verfügung, der Synagogenbesuch war nicht Pflicht. Da ein Teil der Jugendlichen auswandern wollte, bestand die Möglichkeit zu Englisch- und Hebräischkursen.

1937 war das Haus zu klein geworden, deshalb kaufte der Verband Bayerisch-Israelitischer Gemeinden das Haus Hohenzollernstraße 4, so daß zusätzlich zu den 15 Plätzen in der Wagnerstraße 30 weitere geschaffen werden konnten. Die Leitung übernahm auch hier Dr. Traubner. Allerdings benötigte die Kultusgemeinde ab 1939 die Räumlichkeiten in der Wagnerstraße für ältere Menschen und kinderreiche Familien, die von den Nationalsozialisten gezwungen worden waren, ihre Wohnungen zu räumen. Alle Lehrlinge, die noch dort wohnten, mußten in die Hohenzollernstraße umziehen. Dieses Heim existierte bis zur Deportation Traubners 1941. Die 14 Jungen, die das Heim zu diesem Zeitpunkt noch bewohnten, kehrten auf dem Umweg über die Antonienstraße in ihre Heimatorte zurück und wurden von dort aus deportiert, oder sie wurden direkt von München aus in die KZs verbracht. Überlebt haben nur drei.

Vermutlich waren einige Heimbewohner zugleich Lehrlinge der »Unterrichtsanstalt zur Ausbildung jüdischer Jugendlicher als Handwerker«, deren Errichtung und Betrieb die Regierung von Oberbayern im Oktober 1938 genehmigt hatte. 20 Monate, also fast zwei Jahre zuvor hatte der Landesverband Bayerisch-Israelitischer Gemeinden einen entsprechenden Antrag eingereicht. Zweck dieser Lehrwerkstatt war es, Jugendliche als Schlosser, Elektriker und Tischler auszubilden, um ihnen die Emigration zu erleichtern. Die Genehmigung für die Lehrwerkstatt war jedoch an Bedingungen geknüpft. Erstens sollten nur solche Jugendliche aufgenommen werden, die belegen konnten, daß sie nach beendeter Ausbildung auswandern würden. Derartige Nachweise konnten aber nie erbracht werden, da kein Einwanderungsland ein für mehrere Jahre geltendes Affidavit ausstellte. Zweitens berechtigte die Ausbildung nicht zur Ausübung des Berufs in Deutschland; die Zeugnisse waren daher mit gut sichtbaren Vermerken »Zeugnis für Auswanderer« zu versehen.

Als Werkstatt hatte der Verband Bayerisch-Israeltischer Gemeinden die Gebäude der aufgelassenen Hasselbergschen Lederfabrik am Biederstein angemietet und sie zweckentsprechend eingerichtet. Arbeitsräume und Ausstattung genügten höchsten Ansprüchen, alle notwendigen Maschinen für Metall- und Holzbearbeitung waren vorhanden. Ferner gab es Materiallager, Duschen, Unterrichtsräume für den theoretischen Unterricht, Küche und Speiseräume. Zusätzlich zur praktischen Ausbildung erhielten die Lehrlinge 12 bis 15 Wochenstunden Unterricht in Rechnen, Werkzeug- und Materiallehre, Fachzeichnen, Geschäfts- und Kostenrechnen, Buchführung, Geschäftskorrespondenz und in Wirtschaftskunde. Der Unterrichts- und Ausbildungsbetrieb war schon im August 1937, also mehr als ein Jahr vor der offiziellen Genehmigung, mit 40 Auszubildenden aufgenommen worden. Zu Beginn des Schuljahres 1938/39 besuchten dann 91 Jugendliche die Werkstätten, etwa zwei Drittel von ihnen ließen sich in Metallberufen ausbilden, der Rest als Tischler. In den zwei Jahren bis zur Schließung besuchten zwischen 50 und 60 Lehrlinge je Schuljahr die Werkstatt. Außer den Lehrlingen wurden auch ausreisewillige Erwachsene in Schweißtechnik und Möbelherstellung geschult.

Die Räume am Biederstein mußten allerdings nach nur zwei Jahren Nutzung im September 1939 wieder aufgegeben werden, weil sie, so die amtliche Begründung, für Wehrzwecke benötigt wurden. Die Werkstatt zog in die Räume der in der »Reichskristallnacht« ausgebrannten Synagoge in der Reichenbachstraße. Dort konnte sie unter der Leitung von Diplomingenieur Fritz Sänger bis 1942 weiterbestehen. Sie wurde vom Stadtschulamt laufend kontrolliert und auch von der Gestapo stets beobachtet.

Leider sind keine Aufzeichnungen darüber vorhanden, wie viele der in der Werkstatt ausgebildeten Jugendlichen auswandern konnten, deportiert wurden, umgekommen sind oder überlebt haben.

Die Münchner Kultusgemeinde unterhielt zeitweise auch eine Lehrgärtnerei in München-Feldmoching. Das ungefähr drei Tagwerk große Gelände gehörte dem Israelitischen Pensionsrat und wurde bis 1933 als Kartoffelacker genutzt. Auch hier war der Grundgedanke der, daß Kenntnisse in Gartenbau und Landwirtschaft nach der Emigration nützlich sein könnten. Wie lange diese Einrichtung bestand, ist heute nicht mehr festzustellen.

Ebenfalls relativ wenig ist bekannt über ein Heim für zehn Mädchen, das von Januar 1930 bis April 1931 in der Virchowstraße 1 bestand. Träger war die »Jugendhilfe«. Gedacht war es für erwerbslose Mädchen und junge Frauen, die sich in einer hauseigenen Näherei und Wäscherei nützlich machen sollten. Wegen zu hoher Betriebskosten wurden die Wäscherei und die Nähstube schon im Mai geschlossen, die Bewohnerinnen selbst zogen dann im April des nächsten Jahres in eine Etagenwohnung am Kaiserplatz 5 um. Kurioserweise findet sich im Münchner Adreßbuch von 1930 und 1931 kein Hinweis darauf, daß diese Häuser oder zumindest ein Teil davon von der »Jugendhilfe« genutzt wurden.

Hauswirtschaftskenntnisse konnten sich junge Mädchen auch in der Abteilung für Hauswirtschaftslehrlinge erwerben, die dem jüdischen Kinderheim in der Antonienstraße angeschlossen war. Volksschulbildung vorausgesetzt, konnte man sich in ein bis zwei Jahren auf das »Hausexamen« vorbereiten. Das Schul- und Pensionsgeld betrug 65 Mark monatlich. 1932 zählte die Abteilung insgesamt 60 Schülerinnen, von denen 32 nach dem Examen eine Anstellung fanden. In den darauf folgenden Jahren ging die Zahl der Haushaltslehrlinge jedoch stark zurück.

### *Die wirtschaftliche Frauenschule in Wolfratshausen*

Sehr gut dokumentiert ist das Schicksal der wirtschaftlichen Frauenschule in Wolfratshausen, die 1926 von der Münchner Ortsgruppe des »Jüdischen Frauenbundes« gegründet worden war. Sie war staatlich genehmigt und unterstand der Schulaufsicht der Regierung von Oberbayern. Der Bedarf an Hauswirtschafterinnen oder Hauswirtschaftslehrerinnen für jüdische Anstalten war groß.

Der Schulkomplex selbst bestand aus zwei Gebäuden mit Unterrichtsräumen und komplett ausgestatteter Lehrküche sowie Wohnräumen für Lehrer, Schülerinnen und Personal. An Schulgeld waren 130 Reichsmark im Monat zu zahlen. Da die Schule staatlich genehmigt war, glich der Lehrplan dem ähnlicher Schulen etwa in Miesbach oder München. Die Haushaltsschule nahm Mädchen von 16 Jahren an auf, die die Mittelschule bereits abgeschlossen hatten.

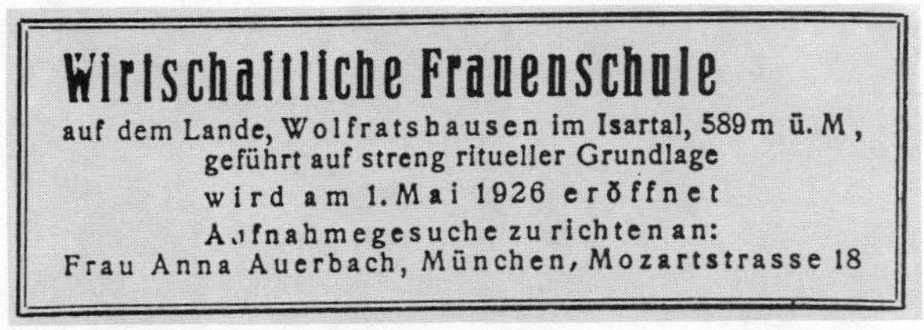

*Wirtschaftliche Frauenschule in Wolfratshausen, ca. 1935*

*Schülerinnen der Wirtschaftlichen Frauenschule bei der Gartenarbeit, ca. 1935*

In Wolfratshausen absolvierten die Mädchen ein sogenanntes Frauenlehrjahr, in denen sie mit allen Arbeiten in Haus, Küche und Garten vertraut gemacht wurden. Darüber hinaus wollte man ihr soziales Interesse wecken und sie im Glauben stärken. Die Schulleitung legte daher großen Wert auf religiöse Unterweisung und das Einhalten jüdischer Traditionen. Ab 1933 bot die Schule erstmalig halbjährige Kochkurse an.

Nach Hitlers Machtübernahme stieg die Zahl der Schülerinnen sprunghaft an. Vor allem in kleineren Orten und im Hinblick auf weiterführende Schulen wurde der Schulbesuch für jüdische Kinder immer schwieriger. Die Schule in Wolfratshausen reagierte darauf mit einer Erweiterung ihres Angebots. Zusätzlich zum Frauenlehrjahr richtete man einen zweijährigen Kurs mit vielen Fächern der Mittelschule ein. Neben Englisch und Französisch wurde auch Hebräisch unterrichtet. Von diesem Zeitpunkt an nahm die Schule auch jüngere Mädchen ab zwölf Jahren auf. 1936 wurde ein weiterer zweijähriger Kurs eingerichtet, der die Schülerinnen gezielt auf die Auswanderung nach Palästina vorbereiten sollte. 1936 besuchten 80 Schülerinnen die Schule, mehr konnten nicht angenommen werden.

Gern gesehen war die Schule in Wolfratshausen zumindest bei den Parteifunktionären und dem damaligen Bürgermeister Jost nicht. Eine Intervention des Bezirksamtes Wolfratshausen vom Januar 1938 führte zur Schließung der Anstalt. Das Bezirksamt hatte bei der Regierung von Oberbayern eine Nachprüfung des Unterrichtsunternehmens angeregt mit der Begründung, daß die Zahl der derzeit unterrichteten Schülerinnen die der genehmigten Anzahl deutlich übersteige.

WIRTSCHAFTLICHE FRAUENSCHULE AUF DEM LANDE
GRÜNDUNG DES JÜD. FRAUENBUNDES E.V.
MÜNCHEN
i.Liqu.
WOLFRATSHAUSEN
BEI MÜNCHEN

FERNSPRECHER: WOLFRATSHAUSEN 18
POSTSCHECKKONTO:
FRANZI BRETZFELDER, MÜNCHEN
KONTO NR. 35828 MÜNCHEN

WOLFRATSHAUSEN, ........................
BEI MÜNCHEN

## Z e u g n i s .

Fräulein Käthe M e i e r war vom 1.April 1934 bis 31.Dezember 1938 Leiterin unserer Wirtschaftlichen Frauenschule in Wolfratshausen,und wir verdanken ihr mit in erster Linie die ausgezeichnete Entwicklung der Anstalt.Sie hat es verstanden durch unermüdliche Hingabe im Dienst unserer Schule,durch grosse pädagogische Begabung und durch ihr hervorragendes Organisationstalent einen Musterbetrieb zu schaffen. Ihre praktischen und wissenschaftlichen Kenntnisse in den verschiedenen Lehrfächern sind ausgezeichnet.Sie hat sich auch stets mit Erfolg bemüht,unsere Schülerinnen auf richtige Wege zu weiterer Berufsausbildung zu führen.

Fräulein Meier eignet sich zur Leitung jedes grösseren Betriebes,da sie auch den Verkehr mit Behörden mit Geschick und Takt zu führen versteht.

Leider mussten wir die Schule schliessen,und Fräulein Käthe Meier ist damit ihr Wirkungskreis genommen.

Wir danken ihr von Herzen für die fruchtbare Arbeit,die sie bei uns geleistet hat,und unsere treuen Wünsche geleiten sie auf ihrem weiteren Lebensweg.

Wolfratshausen/München,den 31.Dezember 1938.

Jenny Baerwald
Vorsitzende
des Jüdischen Frauenbundes E.V.
Zweigstelle München.

Vorsitzende
des Kuratoriums der Wirtschaftlichen Frauenschule auf dem Lande,
Wolfratshausen(Anstalt des Jüdischen Frauenbundes E.V.,Zweigstelle München).

*Frau Käthe Künstler (geb. Meier), 1990*

Daraufhin verfügte die Regierung von Oberbayern im März, die Schule habe die Anzahl der Schülerinnen bis November desselben Jahres auf 24 zu reduzieren. Die völlige Schließung wurde für den 30. April 1939 angeordnet. Dem Bürgermeister dauerte dies zu lange, und in weiteren Schreiben, in denen er zum Beispiel das angeblich unverschämte und anmaßende Benehmen der Schülerinnen angeprangert hatte, forderte er von der Regierung mehrmals die sofortige Schließung der Schule. Die Regierung reagierte jedoch interessanterweise ganz und gar nicht in seinem Sinne, und die Schule blieb zunächst bestehen.

Das Ende kam dann aber doch vor 1939. In der »Reichskristallnacht« bzw. in den frühen Morgenstunden des 10. November räumten SA-Angehörige die Schule und trieben die Schülerinnen und Lehrerinnen zum Bahnhof Wolfratshausen.

Fräulein Käthe Meier, heute Frau Künstler, seit 1934 Leiterin der Schule erinnert sich:[2]

»Am 10. November 1938 weckte mich morgens gegen 5.00 Uhr in aufgeregter Weise der Hausmeister. Der Hof stehe voller SA- und SS-Männer, und er habe mir auszurichten, innerhalb von zwei Stunden hätten ich, die Schulsekretärin und alle Schülerinnen die Schule zu verlassen.

Außer mir gab es keine jüdischen Lehrkräfte mehr, die waren bereits ausgewandert. Der Unterricht wurde durch christliche Lehrerinnen aufrechterhalten.

Ich weckte sofort alle 60 Schülerinnen in den beiden Häusern und richtete ihnen aus, sie hätten sofort ihre Sachen zusammenzupacken (...) Den christlichen Lehrkräften war strikt untersagt worden den Schülerinnen beim Packen zu helfen. Mitnehmen durften wir, was wir tragen konnten.

Wir wußten nicht wohin. Die Schülerinnen, 13–18 Jahre alt, hatten ihre Familien in allen Teilen Deutschlands, von Ostpreußen über Sachsen, dem Rheinland bis nach Südbaden.

›Zum Bahnhof‹, hieß es, ›gegen 10.00 Uhr geht euer Zug nach München-Isartalbahnhof. Von Wolfratshausen müßt ihr alle weg.‹ (...)

Unterdessen war es mir gelungen, den Fahrer, der für die Schule mit seinem kleinen LKW öfter Fahrdienste verrichtete, zu bitten, den Mädchen die Koffer die zwei Kilometer zum Bahnhof zu fahren. Er tat es wirklich (...) Wie ein Trauerzug marschierten wir zum Bahnhof, nicht wissend, wie wir nach München weiterkommen würden (...)

Eine Begebenheit bleibt mir besonders in Erinnerung: Während wir im kalten Novemberwetter zum Bahnhof trotteten, sagte ein Mann, im Landratsamt beschäftigt, den ich flüchtig kannte, mit flüsternder Stimme, aber deutlich: ›Fräulein Meier, ich schäme mich Deutscher zu sein.‹ (...) Niemand sprach während der Fahrt, jeden beschäftigte die Frage, wie es weitergehen werde. An der Endstation im Isartalbahnhof erwarteten uns vier Gestapoleute in Zivil. Sie erlaubten mir, mit dem Präsidenten der Kultusgemeinde, dem

1933 entlassenen Oberlandesgerichtsrat Neumeyer, ein Telefongespräch zu führen und ihn auf die finanzielle Situation der Schülerinnen aufmerksam zu machen (...) Ich durfte, in Gestapobegleitung selbstverständlich, zur Lindwurmstraße fahren und erhielt als Darlehen so viel Geld, um für die Schülerinnen Fahrkarten zu ihren Heimatorten kaufen zu können (...)

Wahrscheinlich haben die Eltern der Mädchen das ausgelegte Geld später nach München geschickt. Wir organisierten vom Isartalbahnhof zum Hauptbahnhof mit Taxis einen Pendelverkehr, und ich bin heute noch erstaunt darüber, wie diszipliniert und gefaßt der Abschied vor sich ging, der sich den ganzen Tag über hinzog. Obwohl die Mädchen sich auf das unmittelbar bevorstehende Wiedersehen mit den Eltern freuten und ihnen vor der Bahnfahrt nicht bange war, stand doch unausgesprochen bei jeder die Angst im Hintergrund, wie es weitergehen werde. Die bedrohliche Situation, Juden sind doch keine Deutschen und müssen weg, spürten alle. Ich versuchte noch, Aufmunterungen zuzusprechen, um keine Tränen aufkommen zu lassen. Tatsächlich haben einige der letzten Schülerinnen den Holocaust überlebt, weil ihnen mit ihren Familien die Auswanderung geglückt ist.«

Im März 1939 emigrierte Frau Künstler nach Palästina. 1955 kehrte sie wieder nach München zurück. Von 1973–1979 führte sie den Vorsitz der »Gesellschaft für christlich-jüdische Zusammenarbeit«. 1983 erhielt sie aus der Hand des Kultusministers Hans Maier das Bundesverdienstkreuz am Bande für ihre Verdienste um die Verständigung und Zusammenarbeit zwischen Juden und Christen, sowie zwischen der BRD und Israel.

### *Das Kinderheim in der Antonienstraße*

Das Kinderheim in der Schwabinger Antonienstraße 7 entstand 1926, nachdem man aus Platz- und Hygienegründen die Räume im Kindergarten in der Baaderstraße nicht länger mitbenutzen konnte. Die »Jugendhilfe« hatte das Anwesen 1925 erworben, und kleinere Umbauten machten aus dem ehemaligen Bürohaus, das von einem schönen Garten umgeben war, ein ideales Kinderheim. Eröffnung war im Mai 1926. Das Heim umfaßte Abteilungen für Säuglinge (1932 aus Gründen der Wirtschaftlichkeit aufgelöst), für Kleinkinder bis zu acht bzw. für Kinder bis zu 14 Jahren, und eine Abteilung für schulentlassene Hauswirtschaftslehrlinge. Aufnahme fanden elternlose oder uneheliche Kinder, Kinder aus sozial schwachen Familien, und nach 1933 auch Kinder, deren Eltern schon ausgewandert waren, und die jetzt auf ihre Ausreise warteten.

Das Stadtjugendamt wollte das Heim 1938 auflösen, durch geschicktes Verhandeln konnte das damals noch einmal verhindert werden.

Allerdings änderte sich nach der »Reichskristallnacht« einiges für die kleinen BewohnerInnen und ihre Betreuer. Die Spielkameraden von außerhalb wurden weniger, die Kinder durften sich außerhalb des Heimes fast nirgendwo mehr aufhalten, Lieferanten kündigten die Verträge. Aber offenbar gelang es den Erziehern doch noch, innerhalb des Hauses eine behütete Atmosphäre aufrechtzuerhalten. Das Heim wurde im April 1942 aufgelöst. Die letzten Kinder wurden mit ihren Erzieherinnen in das Barackenlager Milbertshofen umquartiert.

### *Ferienheime*

Die jüdische Gemeinde unterhielt seit Anfang des Jahrhunderts Erholungsheime für Kinder, die außerhalb Münchens in landschaftlich schönen Gegenden lagen. In diesen Heimen fanden vor allem Kinder aus bedürftigen Familien Erholung.

1919 gründeten neun Mitglieder der Kultusgemeinde München den Verein »Jüdisches Landheim e.V.«. 1920 fand man dann im Hotel zur Kronenmühle in Wolfratshausen ein geeignetes Gebäude. Zum Anwesen gehörte ein großer Garten mit alten Bäumen, einem Teich und einem Bach. Das Heim war ganzjährig geöffnet. Der Pensionspreis betrug sieben Mark am Tag, Kinder aus ärmeren Familien bekamen Ermäßigungen. Das Heim beherbergte jedes Jahr zunehmend mehr Kinder, Zahlen von 1923, 1924 und 1925 sprechen von 259, 323 bzw. 372 kleinen Bewohnern. Der finanzielle Spielraum des Trägervereins war wohl immer relativ eng, und als 1930 die Zentralwohlfahrtsstelle der Juden in Berlin die Zuschüsse einstellen mußte, kam es zur Schließung. Die Bayerisch-Israelitische Gemeindezeitung schrieb bedauernd: So »hat die alles verschlingende Not der Zeit auch dieses Kleinod in ihren gierigen Rachen geschluckt« (Bayerisch-Israelitische Gemeindezeitung 1931, Nr. 23, S. 359). Vorübergehend richtete man dann ein Erholungsheim für Erwachsene ein, bevor das Gebäude von der jüdischen Frauenwirtschaftsschule genutzt wurde.

Weitere Ferienheime für jüdische Kinder existierten in Bayern und in anderen Teilen des Deutschen Reiches. Auf sie kann jedoch an dieser Stelle nicht eingegangen werden.

## *Jugendheim und Lehrhaus*

Im September 1930 weihte die jüdische Gemeinde im Gebäudekomplex Herzog-Rudolf-Straße 1 ein jüdisches Jugendheim ein. Damit entstand ein Zentrum und ein Sammelbecken für Jugendliche, die damit nicht nur in einer christlichen oder einer Partei nahestehenden Jugendeinrichtung Abwechslung und Zeitvertreib finden sollten. Der Besuch der verschiedenen Veranstaltungen und Programme war kostenlos. Das Jugendheim blieb bis 1936 in der Herzog-Rudolf-Straße und zog danach in die Von-der-Tann-Straße 19 um. Neu in dieser Bleibe war eine Bibliothek mit Hauptwerken und Neuerscheinungen der jüdischen Literatur. Dieses Haus wurde allerdings 1937 abgerissen. Die Suche nach einem Ersatzobjekt glückte nicht, und die Jugendlichen hatten keine gemeindlichen Versammlungsräume mehr. Andere Treffpunkte aufzusuchen oder an Veranstaltungen anderer Organisationen teilzunehmen, war zu diesem Zeitpunkt praktisch schon unmöglich geworden.

Je weniger den jüdischen Kindern und Jugendlichen die staatlichen Bildungseinrichtungen offenstanden, umso mehr versuchten Gemeinde und Vereine wenigstens einen kleinen Ausgleich zu schaffen.

Nach dem Ende des Jugendheims bestand nur noch die Möglichkeit, im jüdischen Lehrhaus in der Herzog-Max-Straße 7 an Arbeitsgemeinschaften und Vorträgen teilzunehmen. Bei dessen Eröffnung im November 1936 rief der Vorsitzende der Münchner Kultusgemeinde, Alfred Neumeyer, dazu auf, »bei allem Ansturm neuer Sorgen und Aufgaben das jüdisch-geistige und kulturelle Leben in unserer Mitte zu erhalten und weiterzugeben« (Bayerisch-Israelitische Gemeindezeitung 1936, Nr. 23, S. 509). Gegen einen geringen Unkostenbeitrag konnten Jugendliche und Erwachsene im Lehrhaus an Sprachkursen, Vorträgen oder verschiedenen Arbeitskreisen teilnehmen. Daneben bestand die Möglichkeit, praktische Fähigkeiten wie Buchführung, Stenographie und Maschinenschreiben zu erwerben.

## *Organisierte Auswanderung für Jugendliche*

1934, also Jahre vor der Zwangsumsiedlung der noch nicht emigrierten Münchner Juden in das Barackenlager Milbertshofen bzw. dem Beginn der Deportationen zu Beginn der vierziger Jahre, gründete Recha Freier mit Unterstützung der »Jugendhilfe« die »Jugend-Alijah«. Finanziert wurde dieses Unternehmen, das möglichst vielen Jugendlichen die Auswanderung nach Palästina ermöglichen sollte, hauptsächlich durch ausländische Spenden. Zwar war klar, daß auch das Leben in Palästina hart sein würde, vielen Eltern schien das für ihre Kinder aber immer noch die bessere Alternative zu sein angesichts eines Lebens voller Demütigungen und Erniedrigungen in Deutschland. Von 1934 bis Frühjahr 1939 gelang es, für 3.262 Heranwachsende im Alter zwischen 15 und 17 Jahren ein Visum für Palästina zu beschaffen. Dazu mußten in den ersten zwei Jahren nach der Einwanderung die Kosten für Ausbildung und Unterkunft sichergestellt sein, so die Auflage der Mandatsregierung. Die Immigranten kamen gruppenweise ins Land und erhielten in der Regel eine landwirtschaftliche Ausbildung in einem *Kibbuz*.

Für viele Jugendliche bedeutete die Emigration den endgültigen Abschied von ihren Eltern.

Nach Kriegsausbruch 1939 gelang es nur noch vereinzelten Emigranten, das Land zu verlassen.

Alles in allem existieren nicht mehr viele Zeugnisse, die an alle diese jüdischen Bildungs- und Sozialeinrichtungen erinnern. Es gibt auch nur noch wenige Überlebende, die davon und von ihren eigenen Erfahrungen in diesen Institutionen berichten können. Übereinstimmend betonen sie das Engagement von Heimleitern oder Ausbildern, die in einer an sich hoffnungslosen Lage dennoch versuchten, ihren Schützlingen so etwas wie Zuversicht und Vertrauen in die Zukunft zu vermitteln. Sie wollten versuchen, wenigstens bei den Kindern und Jugendlichen etwas vom Judentum zu retten.

Doch diese Kinder von einst sind heute alte Menschen, als Zeitzeugen werden sie bald nicht mehr von damals berichten können. Warum sollte die Stadt München also nicht, wie es auch bei Geburts- oder Wohnhäusern berühmter Einwohner der Stadt geschieht, an den Gebäuden Gedenktafeln anbringen, in denen die junge jüdische Generation während Münchens finsterster Jahre wenigsten zeitweise Geborgenheit und Sicherheit erfahren hat?

Anmerkungen

1 Stadtschulrat Bauer war nach Kriegsende für etwa drei Jahre interniert und wurde in die Gruppe der Belasteten eingestuft, nach Wiederaufnahme des Verfahrens im Dezember 1953 in die der Minderbelasteten.

2 Gesprächsunterlagen im Besitz der Verfasserin.

Literaturauswahl:

Behrend-Rosenfeld, Else R.; Ich stand nicht allein – Leben einer Jüdin in Deutschland 1933–1944, München 1988.

Cahnmann, Werner J.; Die Juden in München 1918–1943, Sonderdruck aus der Zeitschrift für bayerische Landesgeschichte, Band 42, Heft 2, 1979.

Cohn, Esther Lore; Tagebuchnotizen, unveröffentlicht.

Hanke, Peter; Zur Geschichte der Juden in München zwischen 1933 und 1945, Neue Schriftenreihe des Stadtarchivs München, 1967.

Neumeyer, Alfred; Erinnerungen, unveröffentlichtes Manuskript.

# Schul- und Lehrzeit

Gerhard Pischel

## 1833–1933
## 100 Jahre jüdische Schüler am Wilhelmsgymnasium in München

*Es war eine pedantische, nüchterne Ausbildung, ohne Zusammenhang mit dem realen Leben ... konservativ und patriotisch.*

(Lion Feuchtwanger, Schüler am Wilhelmsgymnasium von 1894 bis 1903)

Dieser Beitrag hat das Ziel, über die Zahl, den sozialen Hintergrund und die innerschulische Situation jüdischer Schüler am Wilhelmsgymnasium zu informieren. Der Untersuchungszeitraum umfaßt die Jahre 1832/33, als zum ersten Mal ein Jahresbericht mit Konfessionsangaben herausgebracht wurde, bis 1932/33, dem letzten Schuljahr in der Weimarer Republik. Neben der im Anhang angeführten Literatur basieren die Aussagen im wesentlichen auf diesen eben genannten, am Ende eines jeden Schuljahres erschienenen Jahresberichten.

### *1833–1871*
### *Jahre des ausgeprägten Katholizismus*

Das Wilhelmsgymnasium der Jahre 1833 bis 1871 scheint eine sehr konservative, alles Katholische stark betonende Schule gewesen zu sein. Diesen Eindruck gewinnt man bei der Durchsicht der Jahresberichte. Die überwiegende Mehrzahl der Schüler ist katholisch, dies brauchte in den Berichten also nicht eigens festgehalten zu werden. Bei protestantischen und jüdischen Schülern dagegen vermerkt man jedoch AC für Augsburger Confession bzw. MR für Mosaische Religion. In den in den Berichten enthaltenen Klassenübersichten werden die Schüler nicht in alpha-

*Friedrich Julius Stahl. Er besuchte von 1811–1819 das königliche Gymnasium in München und war einer der ersten jüdischen Schüler. Er hieß damals Julius Jolson.*

Gerhard Pischel
Geboren 1970 in München, Besuch des Wilhelmsgymnasiums bis zum Abitur. Nach dem Zivildienst Aufnahme des Jura-Studiums in Konstanz. Derzeit Tätigkeit am Lehrstuhl für öffentliches Recht. Seit Februar 1995 glücklicher Vater von Moritz.

betischer Reihenfolge aufgeführt, sondern entsprechend ihren schulischen Leistungen, wobei die Religionsnote als erste genannt wird. Sie hat für den Notendurchschnitt mit dem Gewichtungsfaktor 3 dasselbe Gewicht wie Griechisch. Nur Latein mit dem Faktor 4 zählt noch stärker. Religionsunterricht für jüdische Schüler gibt es ohnehin erst ab 1836. Interessanterweise zählen jüdische Schüler immer zu den Klassenbesten.

All die Jahre hindurch findet sich in jeder Jahresübersicht auch ein Bericht zum Gottesdienstbesuch – allerdings nur dem der Katholiken. Im Jahr 1835 heißt es beispielsweise:

»Jeden Morgen vor Anfang der Unterrichtsstunden gingen die Schüler in Begleitung des Rektors und je eines der Professoren in die dem Schulhause nahegelegene St. Anna-Kirche und wohnten dortselbst einer heiligen Messe bei.«

Selbstverständlich beginnt und endet auch das Schuljahr mit (katholischen) Gottesdiensten. Vom Kirchenbesuch der Protestanten ist erstmals im Schuljahr 1847/48 die Rede, im Jahresbericht 1852/53 versucht man, sie immerhin zum »regelmäßigen Besuch der sonntäglichen Frühgottesdienste« anzuhalten. Die Religionsausübung der jüdischen Schüler wird niemals angesprochen. Juden am Wilhelmsgymnasium scheint man eher ablehnend gegenüberzustehen. So meinte der Religionslehrer Rauch zum Abschluß des Schuljahres 1848/49:

»Soll demnach die Schule zum Besseren fortschreiten, so muß sie auch das christliche Element in sich aufnehmen und möglichst zu fördern suchen (...), wogegen das Judenvolke heutzutage noch ebenso entschieden wie früher sich sträubt und seinen stereotypen Haß gegen das Christentum (...) kaum ablegen dürfte.«

In der ersten Hälfte des 19. Jahrhunderts hat das Wilhelmsgymnasium im Schnitt an die 300 bis 400 Schüler pro Schuljahr. Davon sind gewöhnlich nicht mehr als 2% Juden. Das hat seine Gründe.

Zwar genossen Juden in Bayern durch das 1813 erlassene Judenedikt Religionsfreiheit, nicht jedoch uneingeschränkte Niederlassungsfreiheit. Die Zahl jüdischer Familien an einem Ort hatte konstant zu bleiben, und ansiedeln durfte sich nur, wer Landwirtschaft, Handel, ein Handwerk oder eine Manufaktur betrieb. Die Zahl jüdischer Schüler könnte sich auch deshalb in Grenzen gehalten haben, weil die Aufstiegschancen für jüdische Akademiker sehr gering waren. Eine Reihe von Berufen, so zum Beispiel im medizinischen oder juristischen Bereich, waren ihnen bis zur Jahrhundertmitte ganz verschlossen. Wer Karriere machen wollte, mußte konvertieren. Die Zahl der Schüler, die sich taufen ließen, ist in den Jahresberichten nicht verzeichnet.

Das Gymnasium machte darüber hinaus den täglichen Gottesdienstbesuch zur Pflicht. Zudem wurde auch am Samstag Unterricht abgehalten. Schüler aus strenggläubigen jüdischen Familien gerieten dadurch in eine Konfliktsituation, der Schulbesuch kam für sie praktisch nicht in Frage, da ihnen am *Schabbat* jeglicher Schulbesuch verboten war.

Das zu entrichtende Schulgeld bewirkte bei jüdischen (ebenso wie bei christlichen) Familien, daß nur Kinder einer gewissen sozialen Schicht weiterführende Schulen besuchen konnten. Was die jüdischen Schüler des Wilhelmsgymnasiums anbelangt, so kamen sie zum überwiegenden Teil aus Kaufmanns- oder Bankiersfamilien, also eher aus der jüdischen Oberschicht.

Man kann festhalten, daß das katholische Gepräge der Schule die Zahl der jüdischen Schüler mehr oder weniger direkt beeinflußt hat.

1861 wurde das eingangs angesprochene Judenedikt von 1813 aufgehoben. Für die bayerischen Juden brachte das die uneingeschränkte Bewegungs- und Niederlassungsfreiheit mit sich. Die Zahl jüdischer Münchner BürgerInnen stieg von gut 1.400 im Jahr 1840 auf knapp 2.100 nach der Beseitigung der Einschränkungen. Da ferner eine gesicherte Erwerbsgrundlage nicht mehr Voraussetzung für die Ansiedlung war, versuchten wohl auch weniger begüterte Juden ihr Glück in der Stadt. Diese Bevölkerungszunahme wirkte sich auf die Zahl jüdischer Schüler des Wilhelmsgymnasiums nicht aus, da das Schulgeld eine Barriere für Kinder aus ärmeren Familien war.

## *1871–1918: Zwischen Reichsgründung und Weltkriegsende: Jahre der Emanzipation*

Am Wilhelmsgymnasium scheint alles beim alten zu bleiben. Die Berichte über das kirchliche und religiöse Leben nehmen unverändert breiten Raum ein, während alle Geschehnisse, die die Juden betreffen, sozusagen im Kleingedruckten erscheinen. Auch der Geschichtsunterricht, der seit Jahrzehnten nach Konfessionen getrennt erteilt wurde, wird weiterhin in zwei Klassen gegeben. Erziehung zu katholisch-klerikaler Gesinnung scheint nach wie vor das Ziel der Schule zu sein. Auch an der Anzahl jüdischer Gymnasiasten ändert sich vorerst nichts, obwohl die jüdische Einwohnerschaft Münchens weiter anwächst.

Erst mit dem neuen Schuljahr 1872/73 beginnt sich einiges für die nicht-katholischen und damit auch für die jüdischen Schüler zu verändern. So wird der Geschichtsunterricht nicht mehr konfessionell erteilt. Außerdem unterrichten nicht mehr länger Religions-, sondern Geschichtslehrer dieses Fach. Das katholische Element scheint also etwas an Einfluß zu verlieren.

Ende des Schuljahres 1872/73 scheidet der bisherige Direktor Hutter auf eigenen Wunsch aus dem Schuldienst aus und wird durch Wolfgang Bauer ersetzt. Mit diesem Direktor halten auch neue Ideen Einzug. Im Jahresbericht 1874/75 werden die Schüler erstmals alphabetisch in den Klassenlisten geführt, und die Religionsnoten verlieren an Gewicht. Die Säkularisierungstendenzen bewegen ganz offensichtlich auch jüdische Eltern, ihre Söhne verstärkt in das Wilhelmsgymnasium zu schicken. Sie scheinen nur auf den Abbau bestimmter Hindernisse gewartet zu haben. Die Schülerzahlen sprechen eine eindeutige Sprache: Besuchten 1873/74 nur vier jüdische Schüler das Wilhelmsgymnasium, waren es ein Jahr später bereits fünfzehn. Dabei handelte es sich nicht nur um Neueinschreibungen in die erste Klasse. Auch die höheren Stufen verzeichnen Neuzugänge. Gerade die Tatsache, daß Juden in die höheren Klassen eintreten, legt den Schluß nahe, daß die jüdischen Familien schon vorher ihre Söhne – privat – auf eine akademische Karriere vorbereitet haben.

Für die deutlich gestiegenen Schülerzahlen sind möglicherweise zwei Faktoren verantwortlich. Die Aufhebung des Judenedikts bewirkte neben der wachsenden Zahl von Gemeindemitgliedern auch einen steigenden Bedarf an Schul- und Ausbildungsplätzen. Dazu kommt, daß die Jugendlichen, die 1874/75 in das Wilhelmsgymnasium eintreten, alle um 1860 herum geboren, damit also schon in relativer Emanzipation aufgewachsen sind. Diese zunehmende Emanzipierung geht Hand in Hand mit dem steigenden Assimilierungswillen gerade der liberalen jüdischen Familien. Die jüdische Gemeinde setzt sich zu zwei Dritteln aus liberal eingestellten Juden zusammen, wie Wahlergebnisse innerhalb der Gemeinde zeigen.

1877/78 wurde die israelitische Glaubensunterweisung erstmals wie der katholische und protestantische Religionsunterricht im Jahresbericht aufgeführt. Auch die unterrichtenden Lehrer, Rabbiner Joseph Perles und der Religionslehrer Baum, werden namentlich genannt.

Im übrigen findet der Religionsunterricht für alle Münchner jüdischen Schüler im Wilhelmsgymnasium statt; von daher wird man annehmen dürfen, daß ein Großteil der jüdischen Münchner Oberschüler dieses Gymnasium besucht. Selbst Perles und Baum schicken ihre Kinder auf das Wilhelmsgymnasium. Im Jahresbericht für dieses Schuljahr steht denn auch zu lesen:

»Auch den Israeliten war die Erfüllung ihrer religiösen Pflichten, soweit es das Rabbinat für geboten erachtet, ermöglicht.«

Zwar unterstützt die Schulleitung die religiösen Interessen ihrer jüdischen Schüler nicht in dem Maß wie das bei den Katholiken der Fall war, aber das Zitat läßt doch erkennen, wie sehr sich die Situation in relativ kurzer Zeit geändert hat. Aufschlußreich in diesem Zusammenhang ist die Reaktion der Schulleitung auf den Tod des Rabbiners Perles im Jahr 1894. Dr. Arnold, der damalige Direktor, schreibt im Nachruf:

»Mit großem Leidwesen beklagt die Anstalt das am 4. März 1894 erfolgte Ableben des Rabbiners

Joseph Perles, der mehr als 20 Jahre den israelitischen Religionsunterricht an dem hiesigen Gymnasium erteilt hatte. Sein trefflicher Charakter, seine gründliche Gelehrsamkeit und seine väterliche Fürsorge für die Schüler hatten ihm die allgemeine Hochschätzung erworben.«

An Perles Beisetzung nahmen der Bürgermeister, der Polizeidirektor und eine Abordnung der Stadt München teil.

In den folgenden Jahren nimmt die finanzielle Unterstützung jüdischer Eltern für das Wilhelmsgymnasium zu. Die Spenden werden in den Jahresberichten jeweils dankend erwähnt. Die Akzeptanz für das Gymnasium von seiten der jüdischen Gemeinde scheint ebenfalls zu steigen.

Zwar hatte sich die Berufszugehörigkeit der Eltern jüdischer Schüler mittlerweile stark erweitert – insbesondere in Richtung Rechtswissenschaften –, der soziale Hintergrund aber blieb weitgehend derselbe; so fand sich auch jetzt kein jüdisches Handwerker- oder Arbeiterkind in den Reihen der Schüler.

Anfang des 20. Jahrhunderts sank die Zahl jüdischer Schüler. Zurückzuführen ist das auf einen Bevölkerungsentwicklungsprozeß innerhalb der jüdischen Gemeinde. Sie war zwischen 1871 und 1910 von weniger als 2.900 Mitgliedern auf über 11.000 Personen angewachsen – ihr Anteil an Münchens Gesamtbevölkerung betrug dabei knapp 2%.

Die gesunkene Zahl jüdischer Schüler im Wilhelmsgymnasium deutet auf den zunehmenden Willen zur Assimilation unter den Juden hin: So besuchten z. B. damals etwa 9% aller jüdischen Gymnasiasten den christlichen Religionsunterricht. Auch machten Münchner Juden verstärkt von der Möglichkeit Gebrauch, ihre Kinder auf die neu entstandenen Realgymnasien oder andere Gymnasien Münchens zu schicken.

Jahrzehntelange Assimilierungsprozesse hatten bewirkt, daß viele Juden sich weniger als Juden in Deutschland denn als Deutsche jüdischen Glaubens verstanden.

So zogen beispielsweise im Jahre 1915 von elf jüdischen Schülern zwei als »Freiwillige« in den Krieg, das entspricht in etwa einem Fünftel der jüdischen Schüler; ihnen stehen rund 10% protestantische und 15% katholische »Freiwillige« gegenüber.

Für diese hohe Quote gibt es neben dem weit verbreiteten Patriotismus möglicherweise einen weiteren Grund: Die jüdischen Gymnasiasten schienen durch ihr Engagement im Krieg gegen Vorurteile angehen zu wollen.

Auf schulischer Seite unternahm man zudem alles, den Krieg wie einen Abenteuer-Urlaub erscheinen zu lassen. Im Jahresbericht 1915/16 beispielsweise ist von »herrlichen Waffentaten« die Rede, die die Kameraden im Feld vollbringen. Auch die im Wilhelmsgymnasium verbliebenen Schüler können sich dieser Propaganda wohl nicht entziehen. Im eben schon zitierten Jahresbericht heißt es: »Wie schon während des letzten Schuljahres 1914/15, so wies auch heuer der k. Direktor die Schüler, welche ihr 16. Lebensjahr vollendet hatten, wiederholt darauf hin, wie wünschenswert und wertvoll für ihre militärische Vorbereitung es sei, sich möglichst vollzählig an den Übungen für die militärische Jugenderziehung zu beteiligen.«

»Die Einwirkung des Krieges auf das Schulleben wird ja, je länger der Krieg dauert, desto einschneidender empfunden«, steht im Jahresbericht des folgenden Jahres. Der Lehrbetrieb ist stark eingeschränkt, da 13 Lehrer im Feld sind. Das Luitpold-Gymnasium ist in die Räume des Wilhelmsgymnasiums ausgelagert, die Schule selbst bleibt fast den gesamten Februar 1917 hindurch wegen Brennstoffmangels geschlossen. Die Schüler haben vielfach nicht genug zu essen, die regelmäßige Teilnahme am Unterricht wird durch Einsätze im »Vaterländischen Hilfsdienst« erschwert, und es gibt die ersten Gefallenen: 1916/17 waren es zwei, und 1917/18 fünf Schüler.

Die Einschreibungen jüdischer Schüler am Wilhelmsgymnasium gehen zurück. Nach dem Schuljahr 1916/17 verlassen sieben Juden die Schule, im Folgejahr sind es zehn. Neuzugänge gibt es 1916/17 noch 17, im nächsten Jahr sind es nur noch acht.

*Abiturklasse des Wilhelmsgymnasiums von 1929. In der Mitte sitzt Rektor Dr. Georg Lurz und hinter ihm (rechts) steht Ernst Eisenmann.*

## *1918–1933*
## *Jüdische Schüler während der Weimarer Republik*

Die Mehrheit der Münchner jüdischen Gemeinde wirkt emanzipiert und assimiliert. Man will vor allem als Deutsche gesehen werden, nicht zuletzt wegen des Engagements im Ersten Weltkrieg. Beispielsweise wird auch in vielen jüdischen Familien Weihnachten gefeiert, um ein sichtbares Zeichen der Angleichung zu setzen.

Allerdings ist dieser Zug zur Integration nicht in allen Bereichen des öffentlichen Lebens gleich deutlich ausgeprägt. Am Wilhelmsgymnasium scheint sich der Trend sogar umzukehren.

Der Direktor Dr. Georg Gött wurde vermutlich wegen seiner königstreuen Einstellung, noch 1918 von Dr. Max Herget abgelöst. Doch auch Herget hat wohl Vorbehalte der Republik gegenüber, wenn man im Jahresbericht 1918/19 zwischen den Zeilen liest:

»Die unglückliche Wendung, die der Krieg im vorigen Herbst nahm, und die politischen Ereignisse, die zum Teil von schweren Erschütterungen begleitet waren, konnten naturgemäß nicht ohne Einfluß auf den Schulbetrieb und die Leistungen der Schüler bleiben.«

Statt der Namen von Kriegsfreiwilligen findet sich am Ende dieses Schuljahrs eine Liste der Schüler, die in Freikorps dienen. Dies und die Mitgliedschaft in der Reichswehr stoßen beim Schulleiter auf ungeteilte Zustimmung.

Herget schreibt:

»Dazu kam die eifrige vaterländische Betätigung zahlreicher Schüler, namentlich an der Kar-

*Wilhelmsgymnasium in der Thierschstraße, vor 1933.*

toffelernte und besonders durch den Eintritt in Freikorps und Reichswehr.«

Über Hergets politische Einstellung scheint bei seinem Amtsantritt noch nicht viel bekannt gewesen zu sein, jedenfalls sank die Zahl der für das Schuljahr 1918/19 neuangemeldeten jüdischen Schüler noch nicht. Die Eltern hofften wohl auf eine weitere Liberalisierung. Ihre Enttäuschung über das reaktionäre Klima an der Schule spiegelt sich möglicherweise im folgenden Jahr wider: Die Zahl der Neueinschreibungen in der Unterstufe sinkt auf sieben, und aus der Oberstufe gehen neun jüdische Schüler ab.

Die Mitgliedschaft von nicht-jüdischen Schülern des Wilhelmsgymnasiums in den Freikorps verstärkt das konservative Element. Sie sind an der Niederschlagung der Arbeiter-Aufstände im Ruhrgebiet und der Räterepublik in München beteiligt. Bei der Einnahme der Stadt durch die »Weißen Truppen« stirbt ein Schüler der Anstalt. Der Direktor setzt ihm wie auch den anderen Freikorps-Mitgliedern ein Denkmal im Jahresbericht 1919/20:

»Zahlreiche Schüler der oberen Klassen, die im Sommer in den Heeresdienst getreten waren, haben bei der Reichswehr weitergedient. Viele haben sich in den kritischen Märztagen dem Vaterlande zur Verfügung gestellt und sind in das Ruhrgebiet gezogen. Glücklicherweise sind sie alle wohlbehalten zurückgekehrt; (...) während einer, der unvergeßliche Walter von Tannstein, bei der Befreiung Münchens am 2. Mai den Tod fand.«

Ein weiteres Indiz für die Stimmung an der Anstalt ist das besondere Engagement Hergets für einen Gedenkstein für die im Krieg gefallenen Schüler des Wilhelmsgymnasiums. Im Jahresbericht 1919/20 schreibt er:

»Zur teilweisen Deckung der Kosten einer Ehrentafel (...) wurde am 14. März in der Aula des

Gymnasiums eine Morgenaufführung mit Orchester- und Gesangstücken veranstaltet, wobei auch ein Melodram ›Nimmer umsonst‹ – Text vom Rektor der Anstalt – zum Vortrage gelangte.«

Ende des Schuljahrs 1919/20 verläßt dann Heinrich Friedmann, einer der drei israelitischen Religionslehrer, die Schule. Ob dies mit der Person des Direktors zusammenhängt, läßt sich nicht feststellen, da im Jahresbericht neutral von der »Versetzung in den Ruhestand« die Rede ist. Herget erwähnt die Dankbarkeit »seiner« Schüler, von den Schülern in ihrer Gesamtheit, wie dies im Nachruf auf den Rabbiner Perles der Fall war, ist nicht die Rede. Man darf vermuten, daß dem Direktor an einer Ausgrenzung der jüdischen Schüler gelegen ist.

Mit dem Ende des Schuljahrs 1921/22 wird Direktor Herget auf eigene Bitte in den Ruhestand versetzt. Sein Nachfolger Dr. Hans Praun lobt ihn als Mann, dem »die Erziehung zu vaterländischer Gesinnung besonders am Herzen lag«. Der zunehmende Nationalismus spiegelt sich auch in den Aufsatzthemen wider, die den Schülern zur Bearbeitung gegeben werden. »Durch welche Mittel kann Deutschland ersetzen, was es verloren hat?«, »Welchen Kräften und welchen Männern verdankt Deutschland nach 1806 seine Wiederaufrichtung?«, »Warum brauchen wir Kolonien?« oder »Die Rückgabe unserer Kolonien – eine nationale Forderung.« – so lauten die Fragestellungen, mit denen die Schüler sich auseinanderzusetzen haben. Im Grunde förderte die Schule Revanchismus und Nationalismus, wenn sie derartige Aufsätze anfertigen ließ.

Es überrascht nicht, daß diese zunehmend nationalistischen und aggressiven Töne zu sinkenden Zahlen jüdischer Schüler am Wilhelmsgymnasium führen. 1921/22 besuchten noch 46, drei Jahre später nur mehr 35 jüdische Schüler die Anstalt.

In den Folgejahren sinkt die Anzahl jüdischer Schüler weiter, Anfang der dreißiger Jahre lag sie mit etwa 3% beinahe so niedrig wie zu Zeiten der Monarchie; jüdische Schüler geraten tendenziell wieder in eine Außenseiter-Position.

### *Ausblick auf das »Dritte Reich«*

Im Schuljahr 1936/37 besuchte nur noch ein einziger jüdischer Schüler das Wilhelmsgymnasium. Aber auch dieser Albert Max S. scheidet nach dem Pogrom der »Reichskristallnacht« aus. Mit ihm ging die Ära jüdischer Schüler am Wilhelmsgymnasium zu Ende.

Quellen:

Jahresberichte des Wilhelmsgymnasiums von 1832/33 bis 1932/33.

Fröhlich, G; Rauch, M. (Hg.); Einladungsschrift zu Robert Clarke's Christiade zu den Schlußfeierlichkeiten für das Studienjahr 1847/48, München 1848.

Literaturauswahl:

Gleibs, Yvonne; Juden im kulturellen und wissenschaftlichen Leben Münchens in der zweiten Hälfte des 19. Jahrhunderts, Neue Schriftreihe des Stadtarchivs, München 1981.

Lamm, Hans; Von Juden in München, München 1956.

Richarz, Monika; Der Eintritt der Juden in akademische Berufe. Jüdische Studenten und Akademiker in Deutschland 1678–1848, Tübingen 1974.

Schoeps, Julius H./Grab, Walter (Hg.); Juden in der Weimarer Republik, Stuttgart 1986.

Schwierz, Israel; Steinerne Zeugnisse jüdischen Lebens in Bayern. Eine Dokumentation der Landeszentrale für politische Bildung, Bamberg 1988.

Treml, Manfred/Weigand, Wolf (Hg.); Geschichte und Kultur der Juden in Bayern, Lebensläufe, München, 1988.

Constanze Daum

# Lebensgeschichten ehemaliger jüdischer Schüler des Wilhelmsgymnasiums von 1932 bis 1938

## *Themenwahl*

In unserer Schule nimmt die Auseinandersetzung mit den Themen Nationalsozialismus und Judentum im Leistungskurs Geschichte einen wichtigen Platz ein. Das war einer der Gründe, weshalb ich für meine Facharbeit das Thema »Lebensgeschichten ehemaliger jüdischer Schüler des Wilhelmsgymnasiums von 1932 bis 1938« ausgewählt hatte.

Nicht nur an Hand von Jahresberichten und anderer Quellen wollte ich über das Schicksal der jüdischen Schüler schreiben, sondern es war mir ein Anliegen, persönlich die ehemaligen Schüler wiederzufinden. Ich wollte erfahren, wie sie überlebten, wie es ihnen in der Schule erging, wie ihre Mitschüler sich zu ihnen verhielten, was mit ihren Familien geschah und vor allem: Wo sind sie jetzt und hatten sie je wieder Kontakt zu Deutschland?

Der Sinn dieser Arbeit liegt darin, die Erinnerungen der ehemaligen jüdischen Schüler aus ihrer Zeit an unserer Schule für uns und alle nachkommenden Schülergenerationen festzuhalten.

Aber wie die Schüler wiederfinden? Den Jahresberichten zufolge besuchten in den Jahren zwischen 1932 und 1938 40 jüdische Schüler das Wihelmsgymnasium. Das erste Problem bestand nun darin, die heutigen Adressen zu ermitteln. Eine grundlegende Hilfe dabei waren die Unterstützung und das Verständnis der Israelitischen Kultusgemeinde und die Hilfe des Münchner Stadtarchivs. Von 20 Schülern erhielt ich die Anschriften, und diese Herren habe ich angeschrieben. Drei Briefe blieben völlig ohne Antwort, sieben kamen zurück, und in zwölf Fällen reagierten die Angeschriebenen bzw. deren Angehörige. Der Briefwechsel, persönliche Gespräche und die Telefonate mit ihnen bilden die Arbeitsgrundlage dieses Beitrags.

---

Constanze Daum
Geboren 1970 in Basel (Schweiz) als viertes Kind des Ärzte-Ehepaares Daum. 1972 Umzug der Familie nach München. Von 1981 bis 1990 Besuch des Wilhelmsgymnasiums. Derzeit Studentin der Medizin an der Ludwig-Maximilians-Universität München. Seit 1993 Mitglied des Deutsch-Israelischen Jugendforums in Augsburg, Teilnahme an Treffen der deutschen und israelischen Jugendforen.
Preisträgerin des Geschichtswettbewerbs 1993/94.

*Shaul Esslinger, der heute im Kibbuz Givat Chaim lebt*

### *Shaul (Peter) Esslinger*
(geb. 2. 9. 1915)

Shaul Esslinger besuchte das Wilhelmsgymnasium von 1926 bis 1936.

Einer der Gründe, weshalb er im November 1933 die Schule verließ, waren antisemitische Ausfälle eines Lehrers. Im April 1934 fuhr er, 18 Jahre alt, nach Palästina und begab sich dort zunächst in die landwirtschaftliche Schule Ben Schemen. 1935 wurde er Mitglied des *Kibbuz* Givat Chaim, dem er bis heute angehört. Die Ideale der Gemeinschaft, die Shaul Esslinger schon in der Münchner Jugendbewegung anstrebte, gaben ihm die Kraft, alle Schwierigkeiten, z. B. die Umstellung auf schwere körperliche Arbeit, ärmliche Verhältnisse, eine fremde Sprache und die Abtrennung von der Familie zu überwinden. Anfangs verrichtete er alle möglichen Gelegenheitsarbeiten und war vor allem im Pardessim, den Orangenpflanzungen der Umgebung, beschäftigt. Die eigene Wirtschaft der *Kibbuz*gemeinde war zu dieser Zeit noch klein, und deshalb arbeitete er mit anderen Kibbuzim auswärts als Lohnarbeiter. Shaul Esslinger schreibt:

»Bis 1933 habe ich Deutschland (...) als mein Vaterland empfunden (Ihr Ausdruck ›Heimat‹ ist mir heute so viel sympathischer, wir sagten und dachten ›Vaterland‹). Unsere Familie lebte für Jahrhunderte in Süddeutschland. Mein Vater und mein Onkel waren Frontsoldaten. Der Nazischock brachte mich zum Zionismus. Nicht so sehr die Tatsache, daß wir Deutschland verlassen mußten – das sahen wir bereits im Mai 1933 ein –, sondern daß es einer kleinen Zahl von Fanatikern gelang, das ganze Volk – unser Volk hatten wir geglaubt – gegen uns aufzubringen. All dies und was säpter geschah, brachte mich zur Überzeugung, daß die Juden sich nicht assimilieren können und ihr eigenes Land aufbauen müssen.«

Der Lebensweg dieses Mannes hätte wahrscheinlich in Europa zu einer akademischen Ausbildung geführt, »denn ich habe mich immer für Musik und Musikerziehung interessiert« . So faszinierte ihn »Musik mehr als alles andere« und er liebte vor allem seinen Klavierlehrer und die Trapp Familie im Trappschen (heute Richard-Strauß) Konservatorium. Seine musikalische Ausbildung ging im *Kibbuz* nicht verloren. Nach seinem Studienabschluß an der Musikakademie entstand unter seiner Leitung ein Streichorchester. Mitglieder des *Kibbuz* erhielten auch Blockflöten- und Klavierunterricht.

Shaul Esslinger gehört zu denjenigen, die schwerste physische Belastung bei der Errichtung des Staates Israel auf sich genommen haben. Er hat nicht nur durch körperlichen Einsatz zum Aufbau des *Kibbuz* beigetragen, sondern auch durch seine musikalischen Fähigkeiten dort den Kindern und Erwachsenen Freude gebracht und die Entwicklung des kulturellen Lebens im *Kibbuz* gefördert.

*Walter Feuchtwanger, ein Weltbürger mit bayerischem Charme*

## *Walter Feuchtwanger*
(geb. 9. 7. 1916)

Außerordentlich aufschlußreich ist die Lebensgeschichte von Walter Feuchtwanger. Er war 1932 16 Jahre alt und in der 7. Klasse des Wilhelmsgymnasiums. Hitler sah er seit 1926, als dieser am Prinzregentenplatz wohnte

»(...) vis a vis von mir (...) Ich hab' auch die ganze Sippe da gesehen, Röhm und dieser Frick, mit dem war ich in der Schule. (...) Ich war einer der wenigen, die den ›Kampf‹ zumindest teilweise gelesen haben, (...) dann konnte man sich ungefähr vorstellen, was passieren kann«.

In den Ferien 1932 reiste Walter Feuchtwanger – ohne Wissen der Familie – nach Palästina und erwarb ein Einwanderungsvisum. Den Antrag zur Entlassung aus der Schule schrieb er selbst. Sein Vater Sigbert Feuchtwanger gab nur die Unterschrift.

Ab 1933 wurde sein Vater 2.Vorsitzender der Kultusgemeinde. Man darf daher annehmen, daß man in diesen Familien über die Zukunft der Juden in Deutschland gesprochen hat und daß eine Emigration besonders der jungen Generation als der geeigneteste Weg angesehen worden ist. Als 19-jähriger emigrierte Walter Feuchtwanger nach Palästina. Vorher hatte er aber mehrere Mitschüler auf die drohende Gefahr des Nationalsozialismus hingewiesen und warnte sie, in Deutschland zu bleiben. Daraufhin emigrierten auch seine Klassenkameraden Shaul Esslinger und Benedikt Isserlin.

In Palästina beteiligte sich Feuchtwanger maßgeblich und auf verschieden politischen Ebenen am wirtschaftlichen Aufbau des Landes. Die Staatsgründung selbst bezeichnet er als nicht einfach. 1958 kehrte Feuchtwanger nach München zurück, um noch vor der Aufnahme diplomatischer Beziehungen »aus patriotisch-israelitischen Gründen« erste vorsichtige Wirtschaftsverbindungen zwischen Deutschland und Israel zu vermitteln. Man wollte »ja eine Symbiose wieder schaffen zwischen Israel und Deutschland (...)«. In diesem Zusammenhang steht sicher auch die Wiedergründung der Feuchtwanger-Bank. Die Familie von Walter Feuchtwanger war vor der NS-Zeit mehr als 200 Jahre im bayerischen Bankwesen tätig gewesen.

*Die fünf Geschwister Straus im Garten Kobellstr. 13, von rechts: 1. Isa Emrich-Straus, geb. 1909; 2. Hannah Strausz-Straus, geb. 1912; 3. Frederic S. genannt Peter Straus, geb. 1914; 4. Gabriele Rosenthal-Straus, geb. 1915; 5. Ernst Gabor Straus, geb. 1922*

## *Ernst Gabor Straus*

(geb. 25. 2. 1922, gest. 1983)

Die nachfolgenden Mitteilungen sind der Ehefrau von E. G. Straus, Louise Straus, und seiner Schwester Isa Emrich zu verdanken.

Die Eltern von E. G. Straus, der Rechtsanwalt Dr. Elias Straus und seine Mutter, Dr. med. Rahel Straus (geb. Gotein), waren schon vor dem Ersten Weltkrieg aktive Zionisten und in der Münchner Kultusgemeinde lange Zeit das einzige Ehepaar gewesen, das zionistische Ideen vertrat. Bereits 1907 hatten sie eine Reise nach Palästina unternommen, um sich einen persönlichen Eindruck von der Aufbauarbeit zu verschaffen. In der NS-Zeit halfen sie vielen jüdischen Bürgern und Bürgerinnen bei der Emigration nach Palästina und in andere Länder. Elias Straus verstarb Anfang des Jahres 1933.

Seine Frau war eine bedeutende Persönlichkeit, die das Recht auf geistige Bildung und Persönlichkeitsentfaltung der Frauen durchsetzte. Sie gehörte zu den ersten Abiturientinnen des neugegründeten deutschen Mädchengymnasiums in Karlsruhe und wurde trotz des Widerstandes einiger Medizinprofessoren in Heidelberg die erste ordentliche Medizinstudentin Deutschlands. Rahel Straus erkannte, daß nach der »Machtergreifung« Hitlers die Würde und das Bürgerrecht der jüdischen Bevölkerung in großer Gefahr waren. Deshalb bereitete sie für ihre fünf Kinder die Emigration vor. Bestärkt wurde sie bei diesem Schritt durch antisemitische Ausschreitungen der Mitschüler gegen ihren 11jährigen Sohn Ernst. Seine Schwester Isa Emrich schreibt:

»Mein jüngster Bruder Ernst kam 1932 ins Wilhelmsgymnasium. Nach Hitlers Machtergreifung gab es im März 1933 nach Schulbeginn sehr bald Anrempelungen. Ernst erzählte zu Hause zunächst nichts davon. Aber meine Mutter merkte, daß da nicht alles in Ordnung war und sprach mit dem Rektor (zu diesem Zeitpunkt noch Dr.Lurz). Seine Antwort war zunächst abweisend. Aber zirka 14 Tage später rief er meine Mutter an, sie solle ihren Sohn aus der Schule nehmen – was geschah«.

Ergänzend Louise Straus:

»The school tried hard but not quite successfully to keep politics outside. After January 33 the students who belonged to the ›Hitlerjugend‹ no longer concealed their membership, and one day they attacked Ernst at school.«[1]

Den genauen Anlaß hat Ernst Gabor Straus in seinen Aufzeichnungen selbst festgehalten.

Während eines Volkskundeunterrichts im Jahre 1933 erzählte der Klassenlehrer, Hitlers Geburtsort sei Braunau.

»Ich wandte mich zu meinem Nachbarn, schreibt Ernst Straus, und flüsterte: ›Das erklärt, weshalb er so braune Uniformen mag‹«. Das Gelächter, das durch diesen Kommentar in der Klasse hervorgerufen wurde, überhörten die Mitglieder der »Hitlerjugend« nicht und verprügelten Ernst »wegen Beleidung des Führers«. Der Klassenlehrer bemühte sich, die Hitlerjungen zu beruhigen.

Rahel Straus mit ihren vier schulpflichtigen Kindern, ihrer ältesten, verheirateten Tochter und dem Schwiegersohn Dr. Ignaz Emrich, gelang 1933 die Emigration nach Palästina. »Als Zionisten der 2. und 3. Generation kam für die Familie nur Palästina in Frage, wo Verwandte beider Familien schon lebten.«

Der auffallend begabte Schüler Ernst Gabor Straus kam im Dezember 1933 zuerst auf das Jerusalemer Rechaviagymnasium, wo er sich – wie auch andere Schüler – schlecht behandelt fühlte. Deshalb wechselte er in die neu gegründete jüdische Schule Beth Hakerem, deren Leiterin aus Berlin stammte. Hervorragende aus Deutschland emigrierte Lehrer und Hochschullehrer schufen eine besonders anregende Schulatmosphäre. Ernsts Mathematiklehrerin erkannte bald seine außergewöhnliche mathematische Begabung und sorgte dafür, daß er nach einer speziellen Aufnahmeprüfung im Alter von 15 Jahren in die mathematische Fakultät der Hebrew-Universität aufgenommen wurde.

Schon in Jerusalem begann sein lebenslanger politischer Kampf auf der Seite der Unterdrückten in dieser Welt. Von Anfang an bemühte er sich um Frieden und Freundschaft zwischen Arabern und Juden. 1940, als Student der Hebrew-Universität, beteiligte er sich an politischen Aktivitäten verschiedener Vereine, unter anderem der League for Jewish-Arab Reconciliation and Collaboration.

Straus hatte nie ein Geheimnis daraus gemacht, wie wenig er von jeglicher Form des Nationalismus hielt.

»My interest and energies were centered on the hope for a binational Palestine of peace and friendship between Arabs and Jews.«[2]

Seine Mutter sah durch sein politisches Engagement jedoch sowohl seine persönliche Sicherheit wie auch sein Studium gefährdet und zwang ihn 1940, mit dem letzten Schiff, das noch von keinem Angriff bedroht war, nach Südafrika zu fahren. Seine Studien setzte er an der Columbia-Universität fort, und auf Empfehlung eines Berliner Arztes wurde er für fünf Jahre Albert Einsteins Assistent in Princeton. Mit 26 Jahren war er schon

Professor für Mathematik. Seine Schwester berichtet über diese Zeit:

»In der ganzen mathematischen Welt war er berühmt. Er hatte die größte Zahl von Doktoranden, die an seinen Ideen arbeiteten. Sein ganzes Leben blieb unter dem menschlichen Einfluß von Einstein.«

In dem Straus gewidmeten »International Mathematical Yearbook 1985« sagen Freunde über seine außerordentliche Persönlichkeit:

»Seine Klugheit ging über den Bereich der Mathematik hinaus. Seine Ausstrahlung und seine enorme Gelehrsamkeit in den Geisteswissenschaften und in der Wissenschaft hinterließen einen tiefen Eindruck auf alle diejenigen, die das Glück hatten, ihm begegnen zu dürfen.«

Weiter wird Straus als unermüdlicher Kämpfer für den Frieden in dieser Welt gewürdigt. Mit großem Einsatz war er in der Anti-Vietnam- und Anti-Atomwaffen-Bewegung aktiv. Bei allem Erfolg strebte er nicht nach persönlicher Anerkennung oder öffentlicher Zustimmung.

Das Ehepaar Straus hat zwei in Amerika lebende Söhne. Daniel Albert Straus ist Professor für Chemie und Paul Elias Straus ist Architekt.

### *Leo Prijs*

(geb. 27. 6. 1920)

Die Familie des Rabbiners Dr. Joseph Prijs emigrierte 1933 mit den Kindern Leo und Bernhard in die Schweiz nach Basel.

»Der Vater hielt es im Gegensatz zu den meisten jüdischen Mitbürgern in München für durchaus möglich, daß die Judenfeindschaft Hitlers in Pogromen ausarten würde und emigrierte bald nach der Machtübernahme, obwohl er wußte, daß er es finanziell schwer haben würde, da die Schweiz Ausländern nicht so leicht Arbeitserlaubnis erteilen würde.«

Leo Prijs kehrte nach 30 Jahren Exil 1962 an die Münchner Universität zurück, an der schon der Vater in den zwanziger Jahren Seminare für Judaistik gehalten hatte, und habilitierte sich dort.

*Leo Prijs erhielt 1968 den Lehrstuhl für Judaistik an der LMU München*

1968 erhielt er hier den ersten Lehrstuhl für Judaistik. Über seine Rückkehr nach Deutschland schreibt er in seinem Brief:

»Nach dem Krieg ermunterte mich mein Vater, trotz des inzwischen Geschehenen wieder in Deutschland zu arbeiten. Er hielt nichts von Kollektivschuld. So machte ich im Nachkriegsdeutschland viele neue Freunde, obwohl es wahrscheinlich war, daß viele KZ-Schergen herumliefen.«

Während seiner Lehrtätigkeit in München hat Prijs mit der Botschaft seiner Worte Brücken geschlagen. Seine Persönlichkeit war prägend für den Gesprächskreis »Juden und Christen«, wo man seinen Humor, seine Güte und Großherzigkeit überaus schätzte.

Sein Sohn Aron Prijs machte 1974 am Wilhelmsgymnasium sein Abitur. Er war der einzige Schüler, der in der Nachkriegszeit als Kind dieser ehemaligen jüdischen Schüler das Wilhelmsgymnasium besuchte.

*Bernhard Prijs*
(geb. 19.9. 1916)

Bernhard Prijs beendete 1936 am humanistischen Gymnasium in Basel seine Schulausbildung mit dem Abitur. Dann studierte er an der Basler Universität Chemie, wo er 1946 mit dem Dr. phil. abschloß. Er blieb als Professor der Chemie an der Universiät Basel, gab 100 wissenschaftliche Publikationen heraus, sowie einen Überblick über die Geschichte der Chemie in Basel mit dem Titel »Chymia Basiliensis« (1983).

Sein Vater Joseph Prijs verstarb 1956 und hinterließ verschiedene Werke, u. a. das Manuskript »Die Baseler hebräischen Drucke« (1964), das Bernhard Prijs ergänzte und herausgab. Außerdem gründete er ein Museum für jüdische Geschichte und eine Blindenfürsorge für Kinder. Bernhard Prijs hat 11 Kinder, von denen acht in Israel leben; zu ihnen ist er 1989 mit seiner Frau Rosalie gezogen.

*Benedikt Isserlin, Professor für jüdische Geschichte und Archäologie*

*John Wilmers (Hans Wilmersdoerffer)*
(geb. 27.12. 1920, gest. 1984)

Die Ehefrau von John Wilmers, Frau June Wilmers, die meinen Brief erst auf Umwegen erhalten hatte, zeigte sich sehr erfreut darüber, daß sich die Schule ihres Mann erinnerte:
»John was a very gifted man and I am glad that recognition will be given by the school.«[3]

Nach dem Tode seiner Mutter (1930) und seines Vater (1933) war er mit seiner Zwillingsschwester Marianne verwaist. Da seine Mutter Schweizerin gewesen war, wurden beide in der Schweiz bei Verwandten aufgenommen. 1935 besuchte er dank der Beziehungen von Freunden des Vaters eine Schule der Quäker in England, wo er sein Abitur machte. Mit Hilfe der Quäker konnte er mit 17 Jahren sein Jurastudium an der Cambridge Universität beginnen. Allerdings wurde er, weil er deutscher Staatsbürger war, 1949 interniert. Anschließend diente er in der englischen Armee.

John Wilmers galt als einer der besten Anwälte in England. 1978 wurde er Judge of the High Court of Guernsey and Jersey (Richter am Hohen Gerichtshof von Guernsey und Jersey). Er war international tätig und nahm an vielen wissenschaftlichen Konferenzen – auch in Deutschland – teil.

*Benedikt Isserlin*
(geb. 25.2. 1916)

Auch Benedikt Isserlin emigrierte nach Verlassen des Wilhelmsgymnasiums 1933 in die Schweiz, machte dort sein Abitur und studierte wie John Wilmers in England, wo er heute noch lebt. Durch Freunde seines Vaters, der ein international bekannter Wissenschaftler war, hat er in Großbritannien viel Verständnis und Unterstützung erfahren. Er schreibt:
»Den akademischen Lehrern verdanke ich den Zugang zur akademischen Lehrtätigkeit, desgleichen den Universitäten Edinburgh und Oxford.«

Er spezialisierte sich auf jüdische Geschichte und Archäologie Palästinas.
»Die Ursache der Emigration war eine menschlich schwer tragbare Situation und die Drohung

von Schlimmerem: die Bedrohung der wirtschaftlichen Existenz meines Vaters, Aussichtslosigkeit für mich und Verlust des normalen bürgerlichen Rechtsschutzes.«

1985 war Benedikt Isserlin in München, um ebenso wie Walter Feuchtwanger an der »Absolvia 1935« des Wilhelmsgymnasiums teilzunehmen. Auch zu einem Treffen ehemaliger jüdischer Schüler des Wilhemsgymnasiums würde Isserlin kommen, »wenn es sich einrichten ließe«.

### *Albrecht Rosenthal*
(geb. 14. 10. 1914)

Unmittelbarer Anlaß für Albi Rosenthal, München zu verlassen, war der Judenboykott am 1. April 1933. In einem Gespräch schildert er diesen Tag mit folgenden Worten:
»Im Mai 1933 sollten unter anderem mittelalterliche Handschriften bei Sotheby's versteigert werden. Wie es üblich war, wurden vorher in ein bis zwei Städten im Ausland bestimmte Sücke ausgestellt. Ausgerechnet am 1. April 1933 sollte die Eröffnung der Ausstellung im Hause meines Großvaters in der Briennerstraße 47 sein. Mein Vater organisierte diese Ausstellung. Die Rolladen waren vorne unten, und ein SA-Mann stand draußen. Alle Gäste kamen zur Hintertür hinein, was ein Jahr später schon nicht mehr gegangen wäre (...) Mit meinem Vater ging ich dann zur Versteigerung nach London und kam erst zurück, um meinen Großvater zu besuchen.«

Während die ganze Familie nach Florenz, der Heimatstadt der Mutter, emigrieren konnte, blieb Albi Rosenthal in England.

Der Wunsch nach England zu gehen, verfestigte sich in ihm, als er 1932 am Königsplatz eine Versammlung der Nationalsozialisten beobachtete. Er dachte damals: »Wenn es irgendwie möglich ist, möchte ich durch das Leben gehen, ohne je eine Uniform zu tragen und ohne je einer Partei anzugehören«.

Eine befreundete englische Familie nahm Albi Rosenthal 1933 auf, und er arbeitete als Kunsthistoriker im British Museum und im Warburg-Institut. Erst 21 Jahre alt, eröffnete er ein auf Inkunablen, alte Handschriften und seltene Bücher spezialisiertes Antiquariat in London. 1941 mußte er in Oxford eine neue Firma gründen, da sein Haus in London ausgebombt worden war.

Die Firma wurde international bekannt. Ab 1955 widmete sich Albi Rosenthal vorwiegend alter Musikliteratur und wissenschaftlichen Aufgaben.

### *Felix Rosenthal*
(geb. 12. 1. 1917)

Die zwei jüngeren Brüder Felix und Bernard Rosenthal emigrierten im Mai 1933 mit der Mutter nach Italien. Felix Rosenthal machte 1936 sein italienisches Abitur. »(...) bis dann im Jahre 1938 wegen des Übergreifens von Deutschland nach Italien es auch dort mit Rassegesetzen anfing, zunächst damit, daß ausländische jüdische Studenten wie ich nicht mehr an italienischen Schulen weiterstudieren durften. Ich war damals in Mailand als Student an der Technischen Hochschule eingeschrieben.«

Zur gleichen Zeit erlebte Felix folgende Episode: »Im Sept. 1936 wandte sich mein lieber Freund und später sehr bekannt gewordener Fotograph David Lees an mich: er wollte an einem vom offiziellen staatlichen Reisebüro ausgeschriebenen Wettbewerb teilnehmen. Sujet: ›Italienische Jugend in den Bergen‹ (...) Die Aufnahme entstand auf einem Steinhaufen (...) oberhalb von Florenz und wir gewannen! Das Bild erschien auf Seite eins, einen Monat lang, in allen Reisebüros im In- und Ausland. (...) Es war natürlich komisch, als vertriebener deutscher Jude nun als typischer Italiener aufzutreten.«

Felix Rosenthal emigrierte nach Frankreich und meldete sich als Student in Paris an, aber dort machten ihm »französische Behörden, die bereits von Naziagenten durchschossen waren, die größten Schwierigkeiten«.

Sein in Paris abgebrochenes Ingenieurstudium konnte er erst an der Berkeley-University/Kalifornien abschließen. Heute ist er Architekt.

*Die drei Brüder Rosenthal in Fiesole (bei Florenz), März 1936*

Durch Zufall war er bei Kriegsausbruch in der Schweiz. Ende Dezember 1939 reiste er mit 600 anderen Emigranten auf einem italienischen Schiff von Genua nach Santiago de Chile. Da sich die von einem chilenischen Konsul ausgestellten Visa als ungültig herausstellten, deportierten die korrupten chilenischen Behörden die 600 Passagiere in den Süden des Landes.

»Im November, nachdem mir die Schweizer Behörden klargemacht hatten, daß ich eventuell interniert werden mußte, falls ich nicht ein anderes Zufluchtsland finden könnte, gelang es mir, ein chilenisches Visum zu bekommen, dank eines Onkels in New York, der viele Beziehungen hatte (...)«

Felix Rosenthal schildert dann, daß die Visa für Chile in den chilenischen Konsulaten in Europa zu weit überhöhten Preisen abgegeben wurden. Offiziell betrug der Preis sieben Dollar, während von den Flüchtlingen bis zu 250 Dollar verlangt wurden. Er selbst hatte in Lausanne 125 Dollar bezahlt. Dieser Skandal war in der Zeit, in der er sich auf See befand, von einem jüdischen Abgeordneten im chilenischen Parlament aufgedeckt worden. In der Folge mußte der Innenminister zurücktreten, wurde aber nie vor Gericht gestellt. Rosenthal fährt fort:

»Und nun stand die chilenische Regierung vor einem Dilemma: Was tun mit 600 illegalen Emigranten auf einem italienischen Schiff, das sich Valparaiso näherte. Das erste, was geschah, war, daß schon in Peru chilenische Polizei an Bord kam und uns unsere Pässe abnahm. Die Italiener hatten die 33000 Tonnen große ›Augustus‹ geschickt, mit der Absicht nach dem Entladen der Passagiere soviel Kupfer wie möglich nach Genua zurckzubringen, um es von dort per Eisenbahn an Deutschland weiterzuschicken und so auf diese Weise den deutschen Verbündeten mit strategischem Material zu helfen und gleichzeitig ein gutes Geschäft zu machen, denn Italien kam ja erst im Juni 1940 in den Krieg und war deshalb im Dezember 1939 noch neutral. Erschwert wurde die Entscheidung dadurch, daß eine Wahl von außerordentlicher politischer Bedeutung für Chile bevorstand (...).

Die Regierung mußte nun zeigen, daß sie die Lage gut in der Hand hatte und sah auch eine Gelegenheit, sich bei den Nazis damit Sympathie zu verschaffen, indem sie nun versuchte, die Juden einfach wieder nach Europa zurückzuschicken. Aber diese Rechnung ging schon deswegen nicht auf, weil die Italiener nicht nur kein Kupfer hätten laden können, sondern auch noch obendrein die Verpflegung von über 600 Passagieren für eine 28-tägige Reise hätten übernehmen müssen. So wurde beschlossen uns alle einfach innerhalb des Landes nach Süden zu deportieren (...). Eine Kommission kam an Bord, um uns im Süden zu verteilen.

Ein Kommissar nahm den jeweils obersten Paß vom Stoß, ein zweiter schloß die Augen, tippte (...) irgendwo auf die vor ihm ausgebreitete Landkarte und las den Namen der nächst gelegenen Ortschaft vor. Ein dritter trug das Ergebnis in eine Liste ein. Oft waren mehr Kühe als Leute in der ›Ortschaft‹, und daß zwei oder drei gleichnamige Pässe eine Familie darstellen konnten, fiel niemandem in der Kommission ein.

Nach einem Kilometer hielten wir auf einem Nebengleis. Ich erfuhr erst später, daß die Behörden den reichsten Mann in Chile, einen jüdischen Besitzer von Kupferminen (der ursprünglich aus Frankfurt war), mitten in der Nacht aufweckten und von ihm verlangten, er müsse die Kosten des

*Innenansicht des Antiquariats Jaques Rosenthal, Briennerstr. 47, ca. Mitte der 20er Jahre*

Zuges übernehmen. Er sagte schlielich OK, bot einen Scheck an, der abgewiesen wurde: Sie wollten bare Münze. Die konnte natürlich erst am nächsten Vormittag bereitgestellt werden. Um es kurz zu machen: Ich habe damals 72 Stunden nicht geschlafen, wurde der persönliche Übersetzer des Polizisten, der den Transport unter sich hatte, ein ganz lieber Mensch, der sich als Chilene schämte, und erlebte erstaunliche Nettigkeiten von Seiten der Bevölkerung. Wohl die unvergesslichste, fast wie von Fellini inszenierte Episode war wohl, als der Zug um 2 Uhr morgens im Bahnhof des kleinen Städtchens San Fernando hielt, und wir von der ganzen Bevölkerung mit erhobenen Fäusten begrüßt wurden, nicht als Drohung, sondern als Symbol der Verbrüderung der Menschheit. Sie hatten den Bahnhof in eine Gaststätte für 600 Leute verwandelt und luden uns alle zu einem von jungen Mädchen servierten 3-stündigen Abendessen mit 8 Gängen und viel Wein ein. Sie wollten uns die echte traditionelle chilenische Gastfreundschaft beweisen und sich wegen der Gemeinheiten der Regierung auf diese Weise entschuldigen.

Es gelang mir, in langen Gesprächen mit dem ›Jefe‹, dem Polizisten, den Wahnsinn klarzumachen, Leute einfach so in die Landschaft zu verstreuen, wo meistens gar keine Pensionen, geschweige denn Hotels oder andere Unterkünfte waren. Er telefonierte oder telegrafierte seinem Vorgesetzten. Kurz nach Überquerung des Rio Bio kamen telegrafisch neue, zum Teil von uns vorgeschlagene Ortschaften als unsere Endziele.

Natürlich verging mir die Lust, nach diesem Empfang in Chile zu bleiben. Ich verbrachte so an die 2 Monate in der ländlichen Kleinstadt Temuco und war dann 9 Monate illegal in Santiago, wo ich nach südamerikanischer Art einen Polizeibeamten bestechen mußte – wir hatten doch unsere Pässe noch nicht zurückbekommen! PS: Es war sehr billig. Seitdem habe ich so etwas nie wieder versucht.«

Nach einem knappen Jahr erhielt Felix Rosenthal ein Visum für die USA »da unzählige andere ausgegebene Visa von Europa her nicht mehr ausgenutzt werden konnten«. Er mußte sich beim Militär melden und wurde 1942 eingezogen. So kehrte er im Oktober 1944 nach einer Ausbildung im Sicherheitsdienst in amerikanischer Uniform nach Europa zurück: »Meine Aufgabe war es, Gefangene zu verhören, darunter auch Monster wie den Panzerkommandanten, der das Warschauer Ghetto stürmte usw. (...) Je mehr ich verhörte, desto mehr verging mir die Lust zum ›Deutschenfresser‹. Ich sah immer mehr, daß selbst Frau Göring und andere Glanzpersonen im Grunde nur verblendete Menschen waren. (...) Ganz Deutschland erwachte aus einer mir heute noch unerklärlichen Psychose.«

## *Bernhard Rosenthal*
(geb. 5. 5. 1920)

Bernhard Rosenthal empfand die Emigration im Mai 1933 nicht wirklich als eine Auswanderung, da Italien durch seine Mutter, eine Florentinerin, seine zweite Heimat war. Er kannte Leute, Land und Sprache und wechselte direkt in die dritte Klasse eines Florentiner Gymnasiums.

1938 wurden alle Juden von italienischen Schulen ausgeschlossen. »Ich war jetzt 18 Jahre, hatte viele Freunde und fühlte mich total florentinisch.«

Bernhard fand in Paris eine offizielle italienische Mittelschule, deren Direktor »anständig und furchtlos« war. Er nahm ihn bis zum Abitur auf. Der Direktor sagte: »Kommen Sie ruhig zu uns, solche Schweinereien machen wir nicht mit.«

Anschließend ging er nach Berkely, wo sich bereits im Laufe der vierziger Jahre viele Mitglieder der Familie niedergelassen hatten. Wie sein Bruder Felix kam auch Bernhard als amerikanischer Soldat nach Deutschland zurück. Er war Mitglied der Militärregierung und später französischer Dolmetscher beim Alliierten Kontrollrat in Berlin von 1947 bis 1949. Durch diese Tätigkeit baute er sein Mißtrauen gegenüber Deutschland ab. Heute bewundert er, wie die Deutschen auf den Trümmern von 1945 eine demokratische Gesellschaft aufgebaut haben und »Wie die Nachkriegsgeneration – die Jungen und nicht mehr so ganz Jungen in die Welt hinpassen, und wie international und aufgeschlossen ihre Gesinnung ist.«

## *Ralph Steinberger*
(geb. 23. 4. 1921)

Der Lebensweg von Ralph Steinberger zeigt, welch großen seelischen Belastungen die jungen Menschen israelitischen Glaubens ausgesetzt waren. Sein Vater nahm ihn am 6.1.1934 aus der dritten Klasse des Wilhelmsgymnasiums, da sich die Noten bei dem neuen Klassenlehrer unbegründet verschlechterten und schickte ihn an das Knabeninstitut Schmidt in Herisau bei St. Gallen. Im April 1935 kehrte Ralph Steinberger wegen der »Devisensperre« wieder nach München zurück. »Ich war damals 14 Jahre alt, und das Gesetz sagte, daß Kinder bis zum 16. Geburtstag in die Schule gehen müssen. Das Rektorat des Wilhelmsgymnasiums informierte meine Eltern, daß Juden nicht mehr aufgenommen werden. Die Möbelfabrik Leiber, ein jüdisches Unternehmen, akzeptierte mich als Schreinerlehrling, und einmal die Woche ging ich am Nachmittag in die ›Fortbildungsschule‹. Theo Ascher, ein jüdischer Mitschüler aus dem Wilhelmsgymnasium, war dort auch Lehrling zur gleichen Zeit wie ich.

Mein Visum zur Einwanderung nach den USA kam Anfang 1936. Mein Vater begleitete mich zum Hauptbahnhof, und ich bestieg den Zug nach Paris (...), ich war 15 Jahre alt. Ich kam in

*Ausflug an die Römerschanze, 1930. 1. v. rechts: Ralph Steinberger und im Hintergrund sein Klaßleiter Professor Ernst Müller*

New York am 26.6.1936 an. Meine Schwester, die 1933 von meinen Eltern ins Ausland geschickt wurde, kam Wochen vor mir nach New York von England. Meine Eltern kamen im September 1937 (...).

Als ich in New York ankam, war ich noch ein Kind, hatte noch keine beruflichen Pläne. Einer der amerikanischen Cousins fand mir einen Job, wo ich täglich arbeitete und etwas verdiente. Nach der Arbeit ging ich in die Nachtschule bis elf Uhr. Ich bekam mein High School Diplom im Januar 1939. Ich habe dann weitergearbeitet und ging abends in die Universität, um meine Ausbildung fortzusetzen. Im Jahr 1942 kam sowohl meine Arbeit als auch mein Studium zu Ende: Ich wurde in die Armee eingezogen.«

Nach dem Krieg arbeitete Ralph Steinberger in einem chemischen Laboratorium, wechselte nach seiner Heirat den Beruf und trat in das Geschäft seines Vaters ein. Zusammen mit seiner Frau und seinen Kindern besuchte er 1978 München. »Ich zeigte ihnen unser Haus, das noch steht, die Annaschule, das Wilhelmsgymnasium, das Rathaus und die Ecke, wo meines Vaters Geschäft stand (...) Keineswegs ist München meine Heimatstadt, die ist New York.«

*Walter Würzburger*
(geb. 29.3. 1920)

Walter Würzburger besuchte mit seinem jüngeren Bruder Fritz, der die Schule schon nach der 2. Klasse verlassen hatte, das Wilhelmsgymnasium. Er trat 1936 aus und studierte in Frankfurt Judaistik. Als er 1937 nach München zurückkehrte, wurde ihm der Wiedereintritt in das Wilhelmsgymnasium verweigert. Es gelang ihm, eine höhere jüdische Schule in Berlin bis zu seiner Emigration in die USA (1938) zu besuchen.

In New York studierte er an der Yeshiva University und erhielt 1944 die Stelle eines Rabbiners in Boston. Nach weiteren Studien an der Harvard University habilitierte er sich 1953 in Philosophie. 1967 wurde er Rabbiner der »Congregation Shaary Tefila«, außerdem ist er außerordentlicher Professor für Philosophie an der Yeshiva University.

Von 1962 bis 1988 leitete er als Chefherausgeber die jüdisch-orthodoxe Zeitschrift »Tradition«. Über sein Verhältnis zu Deutschland sagt er: »I have no contact with Germany and never visited it (with the exception of one hours wait at the Frankfurt airport on a fligt between Tel Aviv and New York.[4]

An der hohen Emigrationsrate der Jahre 1933/34 und dem Abgang von 72 % der jüdischen Schüler drückt sich die berechtigte große Sorge der Eltern um ihre Kinder aus. Sie erkannten die Zeichen der Zeit, vor allem aufgrund der Auftritte der Nationalsozialisten in München.

Viele Eltern waren in der Münchner Kultusgemeinde tätig, wo eine Stimmung der Resignation und Auswegslosigkeit herrschte. Da die Eltern zuerst ihre Kinder in Sicherheit bringen wollten, emigrierten viele Schüler allein. In der Fremde waren es wieder Mitglieder und Freunde der Familie, die den jungen Menschen halfen und ihnen Kraft gaben.

Trotz schwerster Zeiten haben von den 12 Schülern 10 das Abitur abgelegt. Alle studierten, selbst wenn es ein externes Studium war.

Die Berufswahl wurde durch die Emigration mehrfach geändert, sechs ergriffen – dank Unterstützung von Freunden während der Studentenzeit – die Universitätslaufbahn. Sie lehrten an namhaften Universitäten.

Denjenigen, die in die USA oder nach Großbritannien emigrierten, ist zudem gemeinsam, daß sie zum Militär eingezogen wurden. Wegen ihrer Sprachkenntnisse erhielten sie von den Alliierten wichtige Aufgaben zugewiesen.

## Mitschüler und Lehrer am Wilhelmsgymnasium

Einige Schüler berichten, wie sich das Klima an der Schule nach 1933 verändert hat. Auffallend ist, daß schon 1933 alle vier Schüler der 8. und 9. Klassen emigrierten.

Benedikt Isserlin schreibt z.B., daß es abgesehen von wenigen Ausnahmen 1933 in der Schule zu einer schlagartigen Änderung gekommen sei. »(...) menschlich mehrfach recht enttäuschend. Von alten Freunden wollten wenige noch von einem wissen.«

Von Ralph Steinberger, der in den Jahren vor 1931 die Annaschule besuchte, kommen ähnliche Mitteilungen: Er hatte unter dem offenen Antisemitismus seines Klassenlehrers zu leiden. »(...) es war schon damals kein Spaß, jüdisch zu sein und (...) meine Mitschüler fanden es sehr lustig, mich zu verspotten.«

Auch später, 1933, im Wilhelmsgymnasium fühlte sich Ralph Steinberger nicht mehr gerecht behandelt. Er wechselte deshalb erneut die Schule. Er ging in die Schweiz.

Antisemitismus in »kleinen Dosen« ist Isa Emrich noch im Gedächtnis. Sie kam wie alle jüdischen Schülerinnen und Schüler der Münchner Oberschulen einmal in der Woche zum Religionsunterricht ins Wilhelmsgymnasium. »Der damalige Hausmeister Eusebius Metzger«, schreibt sie, »nannte noch aus alter Erinnerung, als es noch viele Feuchtwangers an der Schule gab, jeden Juden Feuchtwanger.«

Für die Atmosphäre der dreißiger Jahre waren die Entwicklungen der zwanziger entscheidend – auch im Wilhelmsgymnasium, wie Walter Feibel-

*Klasse 6a, 1931/32: Obere Reihe: Walter Feuchtwanger, 3. v. rechts; Untere Reihe: Peter Esslinger, 6. v. rechts; Benedikt Isserlin, 1. v. rechts*

mann schreibt. Er ist der Schwager Ralph Steinbergers und besuchte die Schule von 1922 bis 1931. Der Anlaß, seine Erinnerungen mitzuteilen, war unter anderem die Festschrift »400 Jahre Wilhelmsgymnasium«, die kein Kapitel über die Weimarer Republik enthält. Feibelmann sieht darin Parallelen zum Geschichtsunterricht in den zwanziger Jahren, als die deutsche Geschichte mit dem glorreichen Sieg der Deutschen über die Franzosen 1870/71 endete. Auslöser und Verlauf des Ersten Weltkriegs verschwieg man dagegen.

Walter Feibelmann berichtet, nach der Niederlage von 1918 beschlossen enttäuschte Offiziere, Lehrer zu werden, um die nächste Generation für den Aufbau eines ruhmreichen Vaterlandes vorzubereiten. Selbstverständlich waren diese neuen »Lehrer« keine ausgebildeten Pädagogen und verstanden nicht mit 10jährigen Kindern umzugehen. Befehle zu verteilen und Respekt von jenen zu erwarten, die unter ihrer Autorität standen, das verstanden sie. Viele jener Lehrer, wie z. B. auch Walter Feibelmans Klassenlehrer Johannes Kaiser, wollten die Existenz der Weimarer Republik nicht wahrhaben oder ignorierten sie total. Eine Unterrichtsstunde, in der Zeitgeschichte oder die deutsche Verfassung behandelt wurden, gab es nicht. Man hielt sich nur an ein Gesetz, das verlangte, nach dem zehnten Schuljahr an jeden Schüler ein Exemplar der Weimarer Verfassung zu verteilen. »When that day came we were handed a little booklet without a word of comment of the teacher.«[5]

In der Klasse von Shaul Esslinger spielte sich die Verteilung der Weimarer Verfassung wie folgt ab: »Nach Schulschluß brachte der Schuldiener das Paket der Broschüren und legte es auf den Katheder. Als unser Klassenleiter Wall sie am nächsten Morgen bemerkte, sagte er: ›Ach so‹, und warf vom Katheder her jedem sein Exemplar zu. Das war sehr lustig, ich weiß nicht, ob außer mir jemand daran etwas Unwürdiges fand. Ich erinnere mich auch an keine Diskussion unter uns. Von Seiten unseres guten Wall war es sicher nicht bös' gemeint. Demokratie und Verfassung usw. sagten ihm so wenig wie den anderen Lehrern. Von staatsbürgerlicher Erziehung an der Schule war keine Rede.«

Über die Haltung der Lehrer zur Weimarer Republik schreibt Shaul Esslinger: »(...) unser Klassenleiter in der 7. Klasse (Dr. Michael Rost) galt in der ganzen Schule als ›Roter‹, weil er gelegentlich sagte, man solle nicht die Revolution (von 1918) für alles Schlechte verantwortlich machen. Der einzige, der bewußt und ungestört politisch agitierte, war Königsdorfer, schon als er in der 4. Klasse unser Klassenleiter war: Er gab uns einmal die bayerischen Herzöge zum Auswendiglernen auf. Natürlich konnte sie keiner, da rief er: ›Was, das wißt Ihr nicht? Da seid Ihr wohl alle bereits blutige Republikaner.‹ Schallendes Gelächter. Seine zahlreichen politischen Ausführungen pflegte er abzuschließen mit: ›Weiter zu reden verbietet mir das Republikschutzgesetz‹.« Die tiefe Verwurzelung der Lehrer mit der Vergangenheit beweist auch die Tatsache, daß sie ihre Schüler bedrängten, Mitglieder im »Verein für das Deutschtum im Ausland« zu werden. Die Hilflosigkeit des angesehen Rektors Hans Praun (1921–1925), ein Mann »alter Schule«, gegenüber den neuen Lehrern demonstriert unter anderem die damals sehr schwierige Zeit. Walter Feibelman gibt für die Stellung und den Einfluß des Rektors ein Beispiel: Als er von einem Mitschüler im Turnunterricht beim »Reih- und Gliedstehen« niedergestoßen wurde, kam der Turnlehrer Meindl, fragte was gewesen sei, und sagte, wenn es ein weiteres Mal passiere, werde Walter bestraft. Meindl erkundigte sich dann nach dem genauen Namen Walter Feiblmans und seiner Religionszugehörigkeit. Seine Reaktion: »A Feichtwanger, und in diesem Fall wirst Du sofort bestraft.« Der Vater von Walter Feibelman beschwerte sich daraufhin beim Direktor wegen dieses Vorfalls. Direktor Praun gab dem Schülervater Recht, bat ihn aber trotzdem, diese Sache zu vergessen, da er keinen Einfluß auf die neuen Lehrer habe.

Man sieht, auch Anitisemitismus in den 20er Jahren war »keine staatliche Richtung, aber sehr wohl fühlbar«.

Ein Beispiel hierfür gibt auch Ernst Eisenmann. Der Sohn des späteren Reichsinnenministers Dr. Frick in seiner Klasse sorgte für antisemitische Stimmung und veranstaltete einen Diskussionsabend in der Schule mit dem Thema »Die Judenfrage«. »An diesem Abend verstand ich zum ersten Mal«, so Ernst Eisenmann, »daß Rationalismus und Humanismus absolute Gegensätze zum Nationalsozialismus sind, der seine Lehre auf imaginären Vorstellungen aufbaute.«

Zitate aus den Briefen sollen schildern, wie einzelne Schüler ein politisch aggressives Verhalten demonstrierten.

Felix Rosenthal beschreibt die damalige spannungsgeladene Zeit in der Schule:
»Im Jahre 1932 entstanden starke politische Spannungen unter den Mitschülern, besonders dadurch, daß einer von ihnen, Heinz Müller, sich als lautstarker Nazi hervorspielte. Und da unser damaliger Klassenlehrer Heindl nicht imstande war, irgendwelche Form von Disziplin zu wahren, und wir uns alle über diese Spannungen Sorgen machten, organisierten wir eine eigene ›Regierung‹ für unsere Klasse. Dem damaligen Umstand entsprechend wurde der Stimmanteil nach der Religionszugehörigkeit verteilt. Im großen und ganzen funktionierte das gut (...)

Es kam jedoch zu einem sehr unangenehmen Zwischenfall im Oktober oder November 1932, zu einer Zeit, wo die Nazis immer ziel- und siegessicherer wurden. Bernhard Prijs, klein und schmächtig, kam zu mir um Hilfe, weil Müller ihn mehrere Male auf dem Heimweg aus dem Hinterhalt überfiel und mit Ausrufen ›Saujud‹ usw. auf ihn einschlug. Da ich genauso groß und stark wie Müller war, begleitete ich Prijs fortan auf dem Heimweg, bis eines Tages Müller wieder aus dem Hinterhalt sprang. Das Resultat meines Eingreifens war, daß Müller sehr verschlagen wurde. Am nächsten Morgen war große Aufregung am Willipennal. Die Professoren riefen Klassen zusammen und versuchten, die erregten Gemüter zu

*Ernst Eisenmann, 1. Reihe, 1. v. links; Dr. Peter Huber, Klaßleiter; Dr. Joseph Bader, Domkooperator*

beschwichtigen (...) Seitdem war allerdings eine verstärkte politische Spannung im ganzen Gymnasium zu spüren.«

## Zwei nationalsozialistische Lehrer: Königsdorfer und Nad

Auffallend ist, wie übereinstimmend über den Geschichtslehrer und späteren Rektor Isidor Königsdorfer und den Turnlehrer Eugen Nad berichtet wird.

Deren nationalsozialistische Gesinnung war in der ganzen Schule bekannt. Shaul Esslinger faßt zusammen: »Beide waren alte Nazis und benahmen sich uns gegenüber durchaus anständig und korrekt. Isidor Königsdorfer war ein verbohrter ›alter Kämpfer‹, und seine antisemitischen Ausfälle waren einer der Gründe, daß ich mitten im Jahr wegging. Aber er sah seine Ehre darin, uns gegenüber streng und gerecht zu sein«.

Königsdorfer stellte in Aufsätzen zeittypische Themen, die zum Inhalt die Verherrlichung des »Ariertums« hatten. Albi Rosenthal schreibt in einem dieser Aufsätze: »(...) anmaßende Männer, die im deutschen politischen Leben Zerrbilder deutschen Reckentums vortäuschen, die eigensinnig Gottesgnadentum und Rassenadel verkünden, sind falsche Propheten.«

Rosenthal erhielt die Note 1, und Königsdorfer kommentierte mündlich: »An Ihrer Stelle würde ich auch so schreiben, Rosenthal.«

Eine Episode, an die sich Walter Feuchtwanger erinnert, und als »in gewisser Beziehung positiv« bezeichnet, wirft ein Licht auf das Ansehen der jüdischen Schüler: Bei einem fürchterlichen Wetter hatte die Klasse einen Schulausflug gemacht. Die Schüler mußten 25 km im Regen gehen. Am nächsten Tag waren von 44 Schülern nur 19 da. Walter Feuchtwanger vergaß Königsdorfers Kommentar dazu nicht: »Meine Herren, Sie sind keine Herren – und die drei Judenbuben, die sind natürlich da.« Das ereignete sich im Schuljahr 1928/29.

Walter Feuchtwanger betont, man habe ihm, weil er Sportler war, Achtung gezollt, auch von seiten des Turnlehrers Nad. Er gewann in Nürnberg 1932 bei der Jugendmeisterschaft den 800- und 1500-Meter-Lauf als 16jähriger und ein Jahr später eine nächtliche Geländefahrt. »(...) und wir haben seinerzeit wirklich nicht gewußt, daß es eigentlich schon eine militärische Vorbereitung war«.

Zu einer öffentlichen Auseinandersetzung kam es deshalb im »Völkischen Beobachter« wegen des ersten Platzes. Man fragte, wie der erste Platz an einen Juden gehen konnte. Daraufhin wurde folgende Rechtfertigung gegeben: Die Mutter des Siegers habe ein Institut für Körperkultur und heiße Rhea Glus, sei also Deutsche. Der Vater sei mit den Stimmen der Nationalsozialisten 1929 in die Anwaltskammer gewählt worden. Walter Feuchtwanger beurteilt dies nachträglich: »Ja das war also genügend Ausweis, daß man gewinnen durfte.«

Zum Turnlehrer Nad äußert sich Felix Rosenthal: »Unter meinen Lehrern war der Turnlehrer Nad, der sich immer besonders freundlich und fair zu uns allen benahm. Als ich mich von ihm verabschiedete, sagte er mir, daß er zwar schon seit 1923 Parteimitglied war, den Antisemitismus der Partei jedoch ablehne.«

## Humanistische Lehrer: Dr. Georg Lurz und Professor Ernst Müller

Den als streng katholisch bekannten Direktor Dr. Lurz haben die Schüler in besonders guter Erinnerung. Er versuchte sich schützend vor sie zu stellen. Wie im Fall von Ernst Gabor Straus riet er möglicherweise auch anderen jüdischen Eltern, ihre Söhne von der Schule zu nehmen. Er wußte, daß er selbst aus dem Schuldienst ausscheiden würde, und ahnte nach seinen bisherigen Erfahrungen, was auf die jüdischen Schüler zukommen würde. Zu Walter Feuchtwanger sagte er 1933: »Lieber Feuchtwanger, jetzt kommt der Königsdorfer als Schulleiter. Ich weiß nicht, ob das für Sie sehr günstig ist, daß Sie da bleiben.«

Shaul Esslinger beendet seinen Brief mit den Worten: »Ich mache den bereits geschlossenen Brief nochmals auf, um unserem Rektor Lurz Gerechtigkeit willfahren zu lassen. Dieser Mann hielt bei der Schlußfeier 1933 eine sehr mutige Rede, in der er auf Beachtung der humanistischen Werte unserer Vergangenheit bestand. Dafür wurde er im nächsten Jahr pensioniert, und Isidor Königsdorfer übernahm sein Amt.«

*Bernhard Rosenthal an seinem 70. Geburtstag, Mai 1990*

Die Bekanntgabe seines Weggangs vom WG müssen die jüdischen Schüler als ein Warnsignal empfunden haben.

Lurz war jedoch nicht der einzige Lehrer, der sehr beliebt war. Stellvertretend für andere jüdische und nichtjüdische Schüler soll Ralph Steinberger zitiert werden: »Viele Lehrer waren wie väterliche Freunde. Mein Klaßleiter war Professor Ernst Müller. Professor Müller war ein Mensch und ein Lehrer, der seine Schüler gern hatte und seinen Beruf liebte. In meinem Photoalbum habe ich Bilder von einem Schulausflug und ich kann nur ein Gesicht erkennen (...) Professor Müller (...), und ich muß dazu sagen, daß ich nur Interesse hätte, von oder über Professor Müller zu hören«.

Die nationalsozialistische Gesinnung und Begeisterung muß nach den Mitteilungen der jüdischen Schüler aus der Zeit von 1932 bis 1933

*Albi Rosenthal lebt heute als Antiquar mit seiner Familie in Oxford*

bei den Mitschülern groß gewesen sein, sich dagegen beim Lehrerkollegium auf wenige Lehrer beschränkt haben. Sehr aufschlußreich sind die knappen Mitteilungen der Jahresberichte von 1933 bis 1937. Im Jahre 1933, als Dr.Lurz noch Rektor war, findet sich keine Bemerkung über irgendeine nationalsozialistische Jugendorganisation, obgleich Hitler schon Reichskanzler war. Im Jahresbericht 1934/35 hingegen, jetzt war Königsdorfer Rektor, werden die Mitgliedschaften in der Hitlerjugend, bei der SS und SA angegeben. Zusammen betragen sie bereits 64 %, im folgenden Jahr 75 % und 1936/37 sogar 95 %. Ab dem Jahr 1937 gab es die Verfügung, wer nicht Mitglied der HJ ist, muß ein monatliches Schulgeld von 20 RM zahlen. Für manche Familien bedeutete das eine starke finanzielle Belastung, so daß einige Kinder die Schule verlassen mußten (Mitteilung von Joseph Lindauer).

Der Enthusiasmus in der HJ muß ansteckend gewesen sein, zumindest für jüngere Schüler, denn Bernhard Rosenthal prägte sich folgendes ein: »Ich erinnere mich genau an den Tag, als Hitler Reichskanzler wurde und die Schüler während der Pause großen Enthusiasmus zeigten (...) Ich war ein naiver Zwölfjähriger, fühlte mich hundertprozentig bayrisch und war dumm genug, beim Geschrei mitzumachen.«

## Freundschaften

Das Bild der Schüler im Wilhelmsgymnasium und das Verhältnis zwischen jüdischen und christlichen Schülern wäre verzerrt, wenn nicht auch die Rede wäre von den frohen und freundschaftlichen Ereignissen und Begegnungen im Schulalltag des »Willipennal«, so nannten einige Schüler noch ihre alte Schule.

Damals entstanden Freundschaften, die auch heute noch bestehen. Bernhard Rosenthal kommt öfter von Amerika nach München und besucht

*Felix Rosenthal ist in den USA als Architekt tätig, 1988/89*

*Shaul Esslinger und Constanze Daum vor seinem Geburtshaus in der Sternwartstraße, 1994*

dann seinen Freund Gerhard Scheppler. Er berichtet: »Ich hatte recht gute Freunde – am nächsten waren mir Hans Wilmersdoerffer und Gerhard Scheppler, mit dem mich immer noch eine enge Freundschaft verbindet. Gerhard hat, als wir einmal von der Schule heimgingen, einen Jungen, der mir ›Du Sau-Jud‹ zurief, kräftig geohrfeigt – so etwas vergißt man nicht.«

Auch Albi Rosenthal hat positive Erinnerungen an das »Willipennal«: »Alle wußten, daß ich ›nichtarisch‹ war, und mit allen bin ich gut ausgekommen. Alle Freunde sind Freunde gewesen und geblieben. An keinen erinnere ich mich, der sich plötzlich abgewandt hätte. Bis 1933 – solange ich da war – war es möglich, über die Nationalsozialisten zu diskutieren.«

Diese Mitteilungen müssen keinen Widerspruch zu denen von Benedikt Isserlin bedeuten, sondern zeigen, daß Freundschaft und Toleranz auch im Wilhelmsgymnasium in diesen Jahren zu Hause waren. Umgekehrt hat Ernst Gabor Straus in der Nachkriegszeit jahrelang einem seiner Freunde von Amerika aus eine vielseitige Unterstützung gegeben. Seine Freunde aus der Schulzeit, Helmut Haber und Wolfgang Grundler, fand auch Walter Feuchtwanger wieder in München und trifft sich mit diesen heute noch.

## Der Weg zurück nach Deutschland

Eine wichtige Frage an alle ehemaligen jüdischen Schüler war die zu ihrem Verhältnis zu Deutschland und zu den Menschen in Deutschland. Bernhard Rosenthal, der wie die meisten seiner Mitschüler mit 13 Jahren das Wilhelmsgymnasium und Deutschland verlassen hatte, antwortet darauf: »Mein Verhältnis zu Deutschland bis 1945: Alle Deutsche waren Teufel. Das hat sich aber recht schnell geändert, als ich die Verhältnisse in Deutschland kennenlernte und alte verschollene Freunde wieder auftauchten. Mein Mißtrauen Deutschland gegenüber hat sich radikal geändert. (...) ich fühle mich an sich wieder beinahe 100 % wohl in Deutschland und habe viele neue Freunde dort – besonders gefallen mir die jungen Leute Ihrer Generation.«

Sein Bruder Felix hat »auch wieder Freunde in Deutschland« und er erkennt an, daß Deutschland mehr als irgendein anderer Staat versucht, die schreckliche Vergangenheit wiedergutzumachen. Die Frage nach einer gemeinsamen Begegnung am Wilhelmsgymnasium beantwortet er damit: »Mein Bruder Albi hat 1984 an einem Klassentreffen am Wilhelmsgymnasium teilgenommen. Auch ich wurde einmal eingeladen, lehnte aber damals ab. Die Erfahrung meines Bruders war aber so positiv, daß ich heute, falls es mir möglich ist, an so einem Treffen teilnehmen würde.«

In diesem Sinne äußert sich auch Benedikt Isserlin, der 1984 bei diesem Schultreffen war. Und Ralph Steinberger hatte seiner Familie bei einem München-Besuch auch seine alte Schule gezeigt.

Etwas ganz Besonderes war der Besuch Shaul Esslingers im Jahr 1994. Vier Jahre nach dem eigentlichen Abschluß dieser Arbeit – mittlerweile kannten wir uns von einem Besuch in Israel auch persönlich – hatte er sich entschlossen, zum ersten Mal seit 1933 nach Deutschland zu reisen, um meine Familie kennenzulernen. Nach seiner Rückkehr hielt er in der Zeitung seines *Kibbuz* seine Eindrücke fest. Seine Aufzeichnungen beschließen diese Arbeit:

»Seitdem ich Deutschland verließ (vor 60 Jahren), habe ich es nicht besucht und beabsichtigte es auch nicht. Ohne sich in das ideologische-moralische Dickicht unserer Beziehungen einzulassen, sagte ich mir einfach: unangenehm und überflüssig. Trotzdem fuhr ich jetzt hin, das geschah wegen meiner Bekanntschaft und Freundschaft mit der Familie Daum (...) Vor zirka fünf Jahren wandte sich (...) Constanze brieflich an mich: Sie wolle ihre Schularbeit über das Schicksal der jüdischen Schüler des Gymnasiums schreiben und bat um Information. Es entwikkelte sich zwischen uns eine Korrespondenz und Freundschaft. Im Lauf der Jahre besuchte sie mich zweimal, und auch ihr Bruder Daniel besuchte mich.

Jetzt luden mich die Eltern in ihr Ferienhaus in den bayerischen Bergen ein. Ich nahm die herzliche Einladung gern an, erklärte aber deutlich, daß ich käme, nur um sie kennenzulernen und um in den Bergen zu wandern, und daß ich keinerlei Interesse hätte, die Stadt München wiederzusehen oder alte Bekannte zu treffen.

Sie schlugen mir vor, in der Stadt München spazieren zu fahren. Wir zogen los, die beiden jüngeren Daums und ich. Wir gingen durch die gepflegte Allee an der Isar, gingen in den sehr schönen Stadtpark, ruderten dort auf dem kleinen See und begannen die Rückkehr.

Plötzlich, ohne daß wir es beabsichtigt hätten, kamen wir an dem Haus vorbei, wo ich geboren und groß geworden war! Wir hielten an – nichts hatte sich verändert, das eiserne Tor, die Steintreppen, die zum Eingang führen, der Hauseingang. Ich wollte nicht hineingehen, aber wenn Constanze insistiert, kann man nicht dagegen sein. (Später behauptete sie, sie habe an meinen Augen gesehen, daß ich eigentlich wollte...)

Das Haus war inzwischen von einem Wohnhaus in ein Bürohaus verwandelt worden (...) Die Tür war offen, und wir traten ein. Ich stellte mir vor, hier wurde ich vor 79 Jahren geboren. Die Leute zeigten Interesse und gingen mit uns.

Das war ein äußerst merkwürdiges Erlebnis, am Bau, den Wänden und den Türen hatte sich nichts verändert. Ich fand mich sofort zurecht (...) Und all das nach 60 Jahren! Ein geradezu surrealistisches Erlebnis. Wie im Traum verließ ich die Wohnung.«

---

1 Die Schule bemühte sich redlich, aber nicht sehr erfolgreich, Politik und Unterricht zu trennen. Ab Januar 1933 verheimlichten die Mitschüler, die zur »Hitlerjugend« gehörten, ihre Mitgliedschaft nicht länger, und eines Tages griffen sie Ernst in der Schule an.

2 Meine Interessen und Energien kreisten um die Hoffnung auf ein binationales Palästina mit freundschaftlichen Beziehungen zwischen Arabern und Juden.

3 John war ein sehr begabter Mensch, und ich freue mich, daß man sich an der Schule seiner erinnert.

4 Zu Deutschland habe ich keinen Kontakt, ich habe es nie besucht (von einem einstündigen Aufenthalt auf dem Frankfurter Flughafen bei einem Flug von Tel Aviv nach New York einmal abgesehen).

5 Ohne den geringsten Kommentar von Seiten des Lehrers erhielten wir an diesem Tag ein kleines Buch.

Herbert Heinemann

# Die jüdische Lehrwerkstatt in München 1939–1942

Die Lehrwerkstatt in München (Reichenbachstraße 27) unterstand der Reichsvereinigung der Juden in Deutschland. Es wurden Jugendliche für ihre Auswanderung in handwerklichen Berufen, z. B. Schlosser und Tischler, ausgebildet. In der Schlosser- und Tischlerwerkstatt gab es je einen Lehrmeister und einen -gesellen. Wir führten auch Reparaturarbeiten für das jüdische Altersheim und das jüdische Krankenhaus durch. Auf Anweisung der Behörden mußten wir darüber hinaus Barackenfenster fertigen. Ich persönlich habe einen *Torah*-Schrein für den Gebetsraum in der Herzog-Rudolf-Straße gearbeitet.

Von Zeit zu Zeit wurden die Werkstätten von der Gestapo aufgesucht.

In der Freizeit wurden Sportveranstaltungen auf dem im Jahre 1940 – auf dem Gelände des jüdischen Friedhofs an der Garchinger Straße – angelegten Sportplatz durchgeführt. Die Gestapo hatte ihre Zustimmung für diesen Platz gegeben.

Mein Wohnsitz in München war zunächst in der Goethestraße bei einer jüdischen Familie. Später mußte ich in einem »Judenhaus« in der Bürkleinstraße wohnen. Im Herbst 1941 wurde in München-Lohhof ein »Transport« mit etwa 1.000 jüdischen Menschen zusammengestellt, der nach Riga gehen sollte.

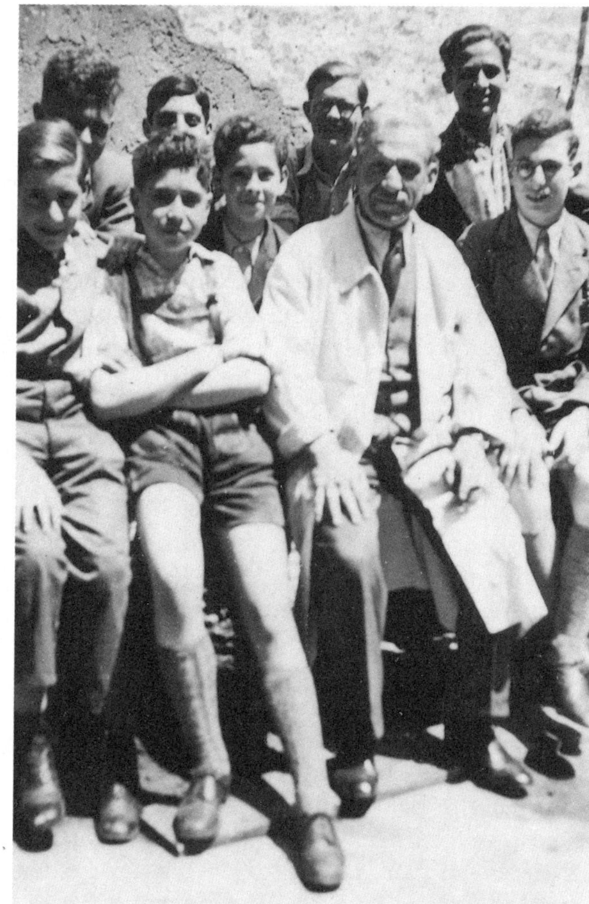

*In der Mittagspause mit dem Schreinermeister*

Fast 80 % der Jugendlichen aus den Lehrwerkstätten wurden diesem »Transport« zugeordert, so daß sich anschließend die Lehrwerkstatt auflöste.

Ich hatte das große Glück, wieder in meinen Heimatort Herford zurückkehren zu können, während alle Jugendlichen aus der Werkstatt, die nach Riga deportiert worden sind, umgekommen sind.

---

Herbert Heinemann
Geboren 1918 in Herford, bis 1932 Besuch der Oberrealschule, danach vierjährige Lehre im Tischlerhandwerk, bis 1938 Arbeit als Geselle in einer Herforder Tischlerwerkstatt. Von 1939 bis 1942 Lehrgeselle in der jüdischen Lehrwerkstatt in München. Deportation nach Theresienstadt 1944. Nach dem Krieg – bis 1969 – Leitung einer Möbelfabrik, dann Übernahme eines chemischen Betriebs in Bottrop.

Eheschließung 1952. Seit 1959 – mit kurzer Unterbrechung – 1. Vorsitzender der Jüdischen Kultusgemeinde Herford.

*Theoretischer Unterricht mit Dipl. Ing. Fritz Sänger*

*Der Maschinenraum der Schreinerei*

*Die Anzulernenden an den Drehbänken*

*Im Waschraum*

*In der Schlosserei bei der Arbeit an den Schraubstöcken*

*Vor dem Fußballspiel Schlosser gegen Schreiner*

# Münchner Geschäfte

Robert Brunner

## SACHOR[1]

oder: Heinrich Cohen, Löwengrube 23

*Der Letzte und die Ersten*

Auch er ist einer der Vielen, deren Namen ausgelöscht sind im Gedächtnis der nachfolgenden Generationen; auch an ihn gibt es kaum ein Erinnern, und die Spuren seines Lebens und Strebens sind nahezu verschwunden. Diese Arbeit erhält ihren Sinn daher aus zwei Bestrebungen: einmal aus dem Wunsch, dem Vergessen entgegen zu wirken – dem Vergessen einer lokal bedeutenden Unternehmerpersönlichkeit der zwanziger und dreißiger Jahre, ihrer Familie und ihrer Herkunft – und, zum anderen, aus dem Versuch, die Auswirkung von historischem Zeitgeschehen auf den Lebensweg einer Familie mit ihrer Vielzahl an Einzelschicksalen zu verdeutlichen, dem Schicksal Namen zu geben.

Vieles wissen wir nicht mehr, zu viel wurde ein Opfer der Zeit. Vieles, das über den Lebensweg der Familie Cohen Auskunft geben könnte, ist für uns heute Lebende nicht zugänglich, nicht mehr auffindbar oder wurde teils bewußt, teils unbewußt vernichtet.[2] Auf eine weitere wesentliche Problematik sei in diesem Kontext hingewiesen, und zwar auf die in den Quellen ganz überwiegend vorherrschende nichtjüdische Sichtweise und Beurteilung von Juden betreffende Vorgänge.

*Heinrich Cohen*

So bleibt uns nur, das wenige Vorhandene aus vielen verschiedenen Archiven und Bibliotheken ans Licht der Gegenwart zu holen, die noch lebenden Zeitzeugen zu befragen, die die letzte Generation der Cohenschen Familie in München kannten, und diese einzelnen Fragmente zu einem Mosaik zu fügen, in dem aber beachtliche Lücken bleiben. Ein ganz wesentlicher Mosaikstein ist ein von Dr. Arthur Cohen Anfang der dreißiger Jahren verfaßtes Manuskript, das in verschiedenen Archiven die Stürme der Zeit unbeschadet überdauerte.

Beginnen wir mit dem, was auf dem Mosaik bereits zu erkennen ist. Heinrich Cohen, der in der Löwengrube 23 eine große und bekannte

---

Robert Brunner
Geboren 1958 in München. Tätigkeit als Elektrotechniker an einer Münchner Hochschule. Seit vielen Jahren sammelnder Beobachter des lokalen Geschehens, großes Interesse für Lokalgeschichte und Architektur-Themen. Lebt mit seiner Frau in München.

Textilfirma besaß, war einer der letzten Repräsentanten seiner Familie in München, einer alten, weitverzweigten Familie, deren Vorfahren, die sich Rapaport und nur mit dem Beinamen Ha-Cohen nannten, in Böhmen, Franken und im Ries heimisch waren.

Nördlich der damaligen Freien Reichsstadt Nördlingen, einen Steinwurf entfernt, liegt der Markt Wallerstein im Ries. Neben dem Residenzsitz der Grafen von Oettingen beherbergte er auch eine bereits vor 1348 bestehende jüdische Gemeinde in seinen Mauern. Zusammen mit dieser Gemeinde mußte vermutlich auch Amschel Cohen das am südöstlichen Ortsrand gelegene Ghetto, den sogenannten »Judenhof«, der 1787 abgebrochen wurde, verlassen. Die Bewohner des Judenhofes wurden in die Judengasse umquartiert, die heutige Felsengasse.[3] Amschel B. Cohen war 1772 in Wallerstein ansässig geworden, und man hatte ihm den fürstlichen Schutz gewährt.

### *Ahnherr einer Handelsdynastie*

Die Erhebung des Kurfürstentums Bayern zu einem Königreich, 1805, dürfte für Anselm Cohen keine unmittelbaren Folgen gehabt haben, aber das ein Jahr später unter Kaiser Napoleon I. gegründete und gegen Österreich gerichtete Staatenbündnis, der sogenannte Rheinbund, griff direkt in seinen weiteren Lebenslauf ein. Anselm stand nämlich als Dolmetscher in Diensten eines französischen Armeegenerals. Allerdings konnten über die Länge seiner Dienstzeit und sein Schicksal in dieser ganz Europa aufwühlenden Epoche keine Angaben eruiert werden.

Im Jahre 1815 erhielt der »Handels- und Schutzjude Amschel Cohen« das Recht »im Umherziehen Bänder im Ausmass zu verkaufen«.[4] Hier darf man sich nicht ein »Umherziehen« als Hausierer vorstellen, sondern eher ein Umherziehen mit eigenem Pferd und Wagen zu Dulten und Märkten in der näheren und weiteren Umgebung. Außerdem wurde 1817 gewissermaßen als »Basislager« die en-gros-Firma »A. B. Cohen« in Wallerstein gegründet. Gleichzeitig erwarb er dort ein 1784 errichtetes zweistöckiges Haus, zu dem auch ein Garten vor dem »Judentor« gehörte.

Anselm Cohen heiratete zuerst die Tochter des Naphtali Hirsch ben Jehuda Ha-Cohen, Bella. Auffällig hierbei der identische Name des Schwiegervaters, später nahm er den Namen Hirsch Kohn an. Ob es sich auch in diesem Fall um eine der häufig vorkommenden Ehen zwischen Blutsverwandten handelte oder ob dies nur eine zufällige Namensgleichheit war, ließ sich nicht mehr feststellen. Nach Bellas Tod im Jahre 1803 wurde Johanna Mändl seine zweite Ehefrau. Mit diesen beiden Ehefrauen hatte Anselm Cohen insgesamt vier Kinder. Wir wollen den Weg der beiden Söhne Aron (geb. 3. Januar 1792) und Heinrich (geb. 1798) weiter verfolgen.

Aron Benjamin Cohen erhielt am 03. April 1821 die Konzession zur Ausübung eines Großhandels und übernahm wahrscheinlich das Geschäft seines Vaters, zumindest wurde er als Kompagnon an der Firma in Wallerstein beteiligt. Noch bevor er sich offiziell mit seiner Gewerbezulassung selbständig machen konnte, vergrößerte sich die Familie Cohen. Denn am 22. März 1821 wurde sein Sohn Benjamin geboren, dem noch sechs weitere Söhne und drei Töchter folgen sollten. Die Mutter, Therese Bauer aus Hainsfarth, einem Weiler bei Oettingen im Ries, heiratete Aron Cohen allerdings erst zweieinhalb Monate nach der Geburt seines ältesten Sohnes.

### *Heinrich Cohen in München*

Im selben Jahr (1821) eröffnete Arons 23jähriger Bruder Heinrich sein eigenes Band- und Seidenwarengeschäft in der kgl. Haupt- und Residenzstadt München. Hier, in der Schäfflergasse 21[5] konnte er sich bei Schuhmachermeister Johann Strehuber, dem Eigentümer des sogenannten Frau-vom-Himmel-Hauses, einmieten. Heinrich Cohen war wahrscheinlich der erste aus der Familie Cohen, dem es gelang, in München Fuß zu fassen, und er war einer von vielen Juden, die sich nun in immer größerer Zahl in der Residenzstadt niederließen. Der Großteil dieser Neuankömmlinge stammte aus fränkischen und schwäbischen Gebieten.

Das Jahr 1828 war sicherlich ein wichtiges und bedeutendes im Leben von Heinrich Cohen: Denn erstens bekam er am 29. März die Münchener Gemeindebürgerrechte verliehen, und zweitens wurde knapp drei Monate später seine Firma ins Handelsregister eingetragen. Dies waren angenehmere Nachrichten, die er nach Wallerstein berichten konnte, als die, die er zwei Jahre zuvor nach Hause gesandt hatte. Am 5. August 1826 starb sein Vater, Anselm Cohen, in München, der vermutlich zu einem Besuch seines Sohnes hier geweilt hatte. Im Alten Israelitischen Friedhof zu München wurde er begraben.

Dennoch scheinen die positiven Berichte, die Heinrich aus München seinem Bruder Aron nach Wallerstein sandte, überwogen zu haben. Aron B. Cohen beantragte jedenfalls am 16. September 1831 beim Stadtmagistrat der Hauptstadt, daß die Behörde seine Übersiedlung als Großhändler in Bandwaren genehmigen und ihm das Bürgerrecht gewähren wolle. Zur Unterstützung sandte er ein Zeugnis der Gemeindeverwaltung Wallerstein mit, in dem diese Aron B. Cohen bescheinigte, er habe ein Vermögen in Höhe von 25.000 Gulden (Haus, Warenlager, Einrichtung, sonstige Aktiva) und er habe fortwährend ein ausgezeichnetes solides Betragen gepflogen und sich geschäftlich nicht anders als jeder christliche Kaufmann benommen. Begründet hatte Aron Cohen seine Eingabe mit folgenden Argumenten: »Ich mache nicht nur im Inland, sondern auch im Ausland[6] bedeutende Geschäfte, besonders, da ich die Messen in Frankfurt und Leipzig beziehe. Ich brauche ein Zentrum, von wo aus ich meine Speditionen leichter dirigieren kann. Den Münchener Geschäften mache ich keine Konkurrenz, denn in München gibt es noch keinen Großhändler in Bandwaren, sondern nur Detaillisten, die die Bänder ellenweise verkaufen«.[7]

Das Gesuch wurde vom Stadtmagistrat am 21. Oktober 1831 und am 11. Dezember 1831 von der angerufenen Beschwerdeinstanz, der Kreisregierung von Oberbayern, abgelehnt. Beide waren zu der Ansicht gekommen, daß es in München bereits ein zu großes Mißverhältnis gäbe zwischen den Band- und Schnittwarenhändlern einerseits, die auch en-gros Konzession hätten, und der präsumptiven Klientel derselben andererseits, als daß eine Vermehrung der Händler nur auf Kosten des ohnehin schon zu sehr verkümmerten Nahrungsstandes dieser Handlungsberechtigten geschehen könne. Trotz der erheblichen Anstrengungen, die Aron Cohen unternahm – seine Übersiedlung und die seiner Firma A. B. Cohen aus Wallerstein nach München wurden letztlich in allen Instanzen mit der Begründung abgelehnt, daß eine Ausnahme von den strengen gesetzlichen Bestimmungen nicht gemacht werden könne.

### *Die Schwestern*

Verfolgen wir hier gestrafft den Weg von Arons und Heinrichs Schwestern, Lisette und Caroline Cohen. Während Caroline Angelo Hellmann heiratete – die Tochter Josephine aus dieser Ehe wird am 16. März 1834 ihren Onkel Heinrich ehelichen –, geht Lisette eine Verbindung mit Isidor Marx ein, der aus der zur damaligen Zeit sehr bekannten und angesehenen Münchner Familie Marx (auch die Münchner Rothschilds genannt) stammte. Isidors Vater Isaak war der älteste der Treuchtlinger Gebrüder Marx, die seit Ende des 18. Jahrhunderts als Heeres- und Hoflieferanten in München lebten. 1815 wird Isaak Marx die Matrikelnummer 15 zugeteilt, und er erhält die Erlaubnis, Juwelen und Bijouterie en-detail zu verkaufen. Zusammen mit seinem Bruder Anselm erwarb Isaak Marx das Haus Kaufingerstraße 26, das in unmittelbarer Nachbarschaft zu dem Anwesen Nummer 25 lag, welches ein Sohn Aron B. Cohens im Juni 1855 kaufte.

Aus der Ehe von Isidor Marx und Lisette Cohen entstammen unter anderem die beiden Töchter Magdalena und Jerta. Jerta ging am 21. Mai 1848 mit ihrem Cousin Benjamin Cohen (geb. 22. März 1821, bereits erwähnt als ältester Sohn von Aron B. Cohen) eine Verbindung ein, und ihre Schwester Magdalena heiratete den späteren Justizrat Maximilian Aub. Der Vater von Max, Hirsch Aub, war über 45 Jahre Rabbiner bei der Münchener Gemeinde (1826–1871), und Max übte das Amt des Vorstandes der Gemeindeadministration aus. Darüber hinaus war er auch in verschiedenen Wohltätigkeitsvereinen aktiv und unterstützte, als Mitglied einer liberalen politischen Partei, die Ideen des Vormärz. Als Anhänger der Reformbewegung initiierte Max Aub im wesentlichen die Neugestaltung des Gottesdienstes und damit die Gründung des orthodoxen jüdischen Religionsvereines »Ohel Jakob«. Im kommunalen Bereich wurde er im November 1869 als erster Jude in das Gremium der Gemeindebevollmächtigten Münchens gewählt.

### *Die Cohens etablieren sich*

Aron B. Cohen gelang es zunächst nicht, sich in München anzusiedeln; erst später, als sich zwei seiner Söhne, Benjamin und Ludwig, bereits in München niedergelassen hatten, konnte auch Aron nachziehen. Ludwig Cohen (geb. 1. September 1823) erwarb in München die Mühlbauersche Handelsgerechtsame und erhielt deshalb die Aufnahme über die Matrikelzahl ohne Nummer am 10. Juni 1850. Als Geschäfts- und Wohnsitz wählte er, nach einem kurzzeitigen Zwischenquartier am Frauenplatz, das Haus Weinstraße 14, das an der Landschaftsgasse gelegen und durch die Gruftgasse vom alten Polizeidirektionsgebäude getrennt war. Heute befindet sich dort die Grünfläche des sogenannten Marienhofes. Zwischenzeitlich Bürger in München geworden, heiratete er Clara Pflaum aus Pflaumloch, an die er auf seinen häufigen und ausgedehnten Geschäftsreisen lange Liebesbriefe nach Hause schickte, wie Dr. Arthur Cohen, ein Sohn von insgesamt sechs Kindern der beiden, in seinem Manuskript hervorhob.

Die Ansiedlung von Ludwig in München scheint ohne größere Schwierigkeiten vonstatten gegangen zu sein, ganz im Gegensatz zu der seines jüngeren Bruders Anselm (geb. 30. November 1827). Erst nachdem sich dieser in München niedergelassen hatte, gelang es auch dem Vater selbst, hier Fuß zu fassen. Unklar jedoch ist, wann genau Aron Cohen und die wallersteinische Firma A. B. Cohen nach München kamen. »Erst 1861, als Anselm Cohen in die Judenmatrikel aufgenommen[8] worden war, wird wohl die Firma in Wallerstein aufgegeben worden sein (...) Aron Cohen siedelte endgültig nach München über, blieb aber vielleicht bis zu seinem Tod (7. März 1863) Seniorchef der Firma« führt der Familienchronist Dr. Arthur Cohen in seinem bereits mehrfach erwähnten Skriptum aus.[9]

An dieser Stelle lassen wir ihn mit einem längeren Abschnitt, die Situation im Geschäftskontor seines Vaters Ludwig Cohen beschreibend, zu Wort kommen:

»(...) In meiner Kindheit war es so: Äußerlich gab es zwei Geschäfte, A. B. Cohen in der Kaufingerstraße 25, en-gros und en-detail, Ludwig Cohen in der Weinstraße 14, nur detail. In Wirklichkeit wurden die beiden Firmen auf gemeinsame Rechnung der drei Geschäftsteilhaber Benjamin, Ludwig und Anselm betrieben. Im Contor in der Weinstraße sassen Benjamin und Ludwig Cohen, in der Kaufingerstraße Anselm Cohen. Läden und Contore waren nach der Sitte der Zeit höchst einfach eingerichtet. (...) Im Contor sassen Vater und Onkel einander gegenüber auf drehbaren runden Sesseln, ohne Lehne, vor fest gezimmerten hohen Schreibpulten, daneben die altehrwürdige Copierpresse. Sie schrieben mit Gänsekielen in flüchtiger, aber gut lesbarer Kaufmannschrift riesige Ziffern in große dicke Bücher, auf deren erster Seite in goldenen Lettern ›Mit Gott‹ stand. (...)

Die Firma A. B. Cohen bildete eine große Anzahl von kaufmännischen Lehrlingen aus, die zum Teil später im kaufmännischen Leben zu Ansehen gelangten, z. B. das spätere Mitglied der Handelskammer Lehmann, Albert Landauer u. a. – auch der bekannte Schauspieler Dreher war, bevor er zum Theater ging, eine Zeitlang Handlungslehrling in einem Münchner Geschäft und kam dabei öfters in den Laden von A. B. Cohen. Ich erwähne dies deshalb, weil in einem seiner Couplets, die das Entzücken des Publikums im Gärtnertheater bildeten, die Firma A. B. Cohen vorgekommen sein soll.

Die Geschäftszeit (Bureauzeit) war 8–1 und 2–7, also sehr lang, Sonntags 10–12 Uhr. Nur

Mittwoch und Samstag verliessen die fleissigen Geschäftsleute schon um 6 Uhr das Contor, um in das ›Museum‹, den damals feinsten Club, zu gehen. Sonntag vormittag, nach Geschäftsschluß oder schon vorher, ging der Weg meines Vaters in den ›Kunstverein‹ unter den Arkaden, dessen Mitglied er war. (...)«.[10]

Im Jahre 1882 wurde die Firma Ludwig Cohen, Weinstraße 14, gelöscht; der in Händen der Firma befindliche Hausanteil wurde verkauft, und 1884 zog die Familie in die frei werdende Wohnung von Anselm in der Kaufingerstraße 25 ein. Hier wohnten: in der 3. Etage ein Sohn Ludwigs, Dr. Alfred Cohen, der 1886 als Amtsrichter ans hiesige Gericht versetzt worden war und von dem noch später die Rede sein wird; im 2. Stock die Familie Ludwig Cohen mit dem noch jugendlichen Arthur Cohen; im 1. Stock eine Schwester Ludwigs, Clara Bachmann, und im Erdgeschoß befand sich natürlich das Geschäft. Im selben Jahr räumte Anselm seinen Platz in der Firma für Anton, einen Sohn seines Bruders Ludwig, und zog sich als Privatier in eine eigene Wohnung in der Leopoldstraße zurück. 1886 starb Benjamin Cohen. Sein Sohn Julius übernahm seine Stelle im Geschäft; Teilhaber waren nun Ludwig, der sich allerdings bald ins Privatleben zurückziehen sollte, Anton und Julius Cohen.

Häuser, die auf Grundstücken standen, die sich zwischen der Kaufingerstraße und dem Frauenplatz erstreckten, gehörten im 19. Jahrhundert meist einem Besitzer, obwohl sie häufig noch nicht baulich miteinander verbunden und mit jeweils eigenen Hausnummern versehen waren. Die Cohens besaßen hier ein solches Anwesen, Kaufingerstraße 25 und Frauenplatz 4. Auch das dem Cohenschen benachbarte Haus, Kaufingerstraße 24, ein Eckhaus an der Kaufingerstraße/Frauengasse (heute Liebfrauenstraße), gehörte dem gleichen Besitzer wie Frauenplatz 3.

Dem einflußreichen Verleger Georg Hirth fiel der freie Blick zur Frauenkirche auf, nachdem die beiden letztgenannten Häuser wegen eines geplanten Neubaues abgebrochen worden waren, und er setzte sich dafür ein, diese Sicht zum Dom, die sogenannte »Domfreiheit«, zu erhalten. Der Architekt und die Hausbesitzer weigerten sich aber, auf den geplanten Neubau zu verzichten, erklärten sich jedoch bereit, das Haus der Firma A. B. Cohen dafür einzutauschen. Mit tatkräftiger Unterstützung von Dr. Hirth selbst, der in den Münchner Neuesten Nachrichten einen Aufruf veröffentlichen ließ, um schnellstmöglich Ausweichquartiere für das »ausgedehnte« Geschäft von A. B. Cohen zu finden und um alle erdenklichen Verzögerungen bei der Verwirklichung seiner Idee zu vermeiden, fanden sich schließlich geeignete Räumlichkeiten für alle Betroffenen. So war das en-gros Geschäft, das unter Leitung von Anton Cohen stand, ab 24. Januar 1889 in dem Neubau der Gebrüder Parcus, dem sogenannten »Parcushaus«, am Promenadeplatz (damals die Nummer 16a) zu finden, die en-detail Handlung zog, mit Julius Cohen als Geschäftsführer, in die Sporergasse 2/Ecke Weinstraße, und die Familie in eine Wohnung in der Prannerstraße 13.[11]

Nach dem Tod von Ludwig Cohen am 10. März 1889 folgte ihm sein Sohn Carl als Teilhaber der Firma A. B. Cohen nach und übernahm, nachdem sich Anton am 1. Juli 1892 zur Ruhe gesetzt hatte, die en-gros Geschäftsführung allein. Gleichzeitig wurde die en-detail Handlung von dem Betrieb A. B. Cohen abgetrennt und von Julius Cohen eigenständig bis zu seinem Rückzug ins Privatleben – er löste sie zu diesem Zeitpunkt auf – geführt. Das en-gros Handelsunternehmen A. B. Cohen wurde nochmals verlegt – 1899 in die Landwehrstraße – und vom Alleininhaber Carl Cohen im Jahre 1919 an Samuel Gundelheimer und Bernhard Rosenmann verkauft, die es als A. B. Cohen Nachf. weiterführten und 1924 nach seiner über 110 Jahre währenden Existenz in Wallerstein und München schließlich liquidierten.

### *Die ersten Anfänge eines großen Unternehmens*

Nach diesem Überblick über die Firma A. B. Cohen wenden wir uns wieder Aron Benjamins Bruder Heinrich Cohen zu und verfolgen dessen Weg weiter. 1821 hatte er sich in der Schäffler-

- Amschel Benjamin Cohen
  ⚭ 1. Bella Kohn
  2. Johanna Mändel
  - Caroline Cohen
    ⚭ Angelo Hellmann
    - Josephine Hellmann
    - Lisette Hellmann
      ⚭ Samuel Löw Landauer
      - Amalia Landauer
        ⚭ Aron Mayer
      - Julius Landauer
        ⚭ Helene Mayer
        - Max Samuel Landauer
        - Carola Landauer
  - Josephine Hellmann ⚭ Heinrich Cohen
    - Sara Charlotte Cohen
      ⚭ Simon Hausmann
    - Ignatz Cohen
      ⚭ Maria Haimann
      - Karoline Cohen
        ⚭ Jakob Stern
        - Susanna Stern
          ⚭ Waschmann
        - Frieda Stern
          ⚭ Mayer
      - Alice Cohen
        ⚭ Arthur Sabat
        - Margarethe Anna Sabat
          ⚭ Dr. Johann Katzenstein
          - Erika Lisa Katzenstein
          - Klaus Peter Katzenstein
          - Heinz Günther Katzenstein
      - Heinrich Cohen
        ⚭ 1. Lilli Marie Obermeier
        2. Marie Kraemer
        - Fritz Ignatz Cohen
        - Ludwig Max Cohen
  - Aron Benjamin Cohen
    ⚭ Therese Bauer
    - David Cohen
    - Isaak Cohen
    - Charlotte Cohen
      ⚭ J. Crailsheimer
    - Lisette Cohen
      ⚭ Bernhard Salin
    - Clara Cohen
      ⚭ Josef Bachmann
    - Samuel Cohen
      ⚭ Regina Pflaum
    - Heinrich Cohen
      ⚭ Sara Wassermann
    - Anselm Cohen
      ⚭ Nina Marron
      - Emil Cohen
      - Albert Cohen
      - Fritz Cohen
      - Therese Cohen
        ⚭ Dr. Adolph Teilhaber
      - Bella Cohen
        ⚭ Nathan Steiner

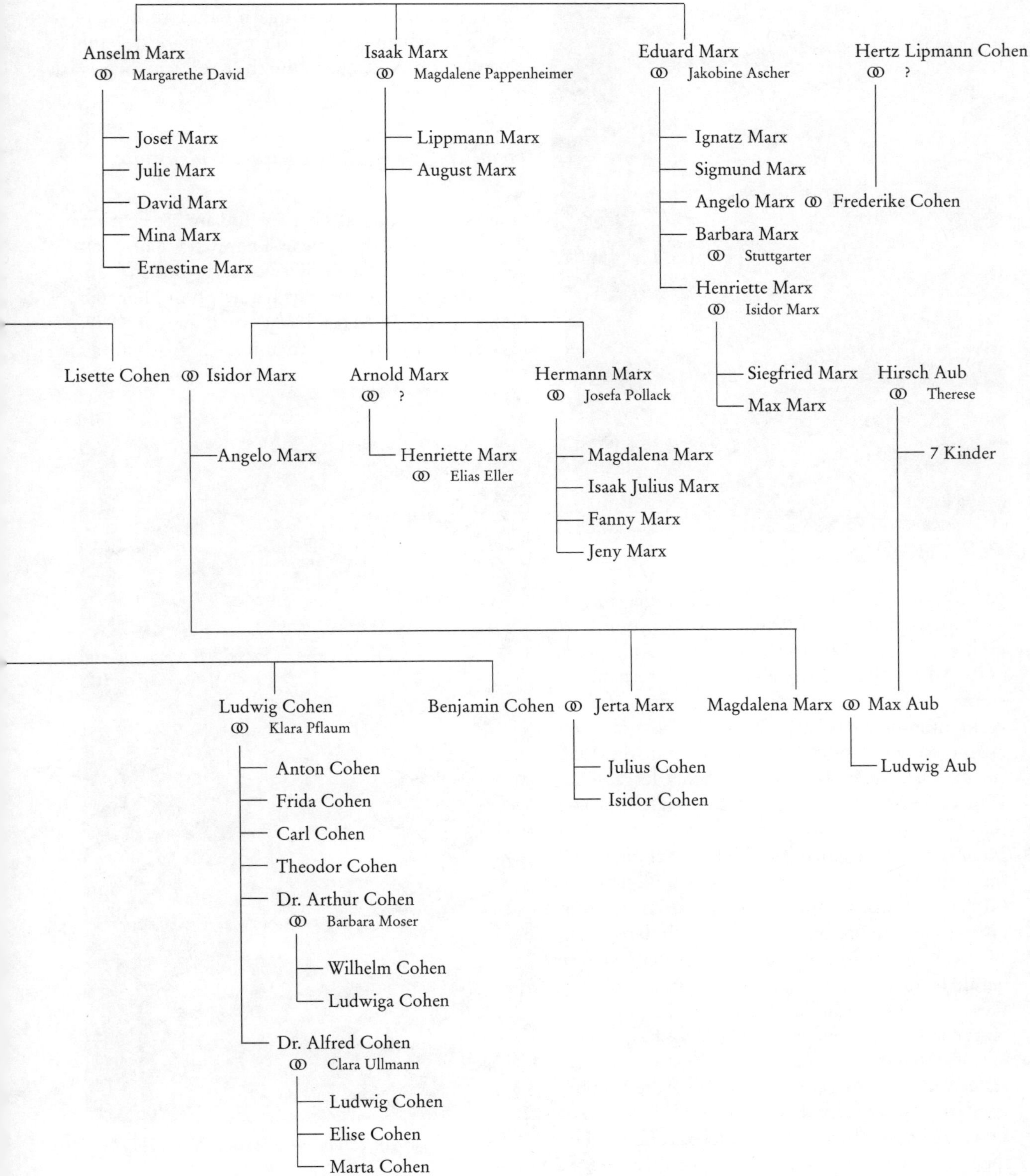

Anselm Marx
⚭ Margarethe David
Josef Marx
Julie Marx
David Marx
Mina Marx
Ernestine Marx
Isaak Marx
⚭ Magdalene Pappenheimer
Lippmann Marx
August Marx
Eduard Marx
⚭ Jakobine Ascher
Ignatz Marx
Sigmund Marx
Angelo Marx ⚭ Frederike Cohen
Barbara Marx
⚭ Stuttgarter
Henriette Marx
⚭ Isidor Marx
Siegfried Marx
Max Marx
Hertz Lipmann Cohen
⚭ ?
Lisette Cohen ⚭ Isidor Marx
Angelo Marx
Arnold Marx
⚭ ?
Henriette Marx
⚭ Elias Eller
Hermann Marx
⚭ Josefa Pollack
Magdalena Marx
Isaak Julius Marx
Fanny Marx
Jeny Marx
Hirsch Aub
⚭ Therese
7 Kinder
Ludwig Cohen
⚭ Klara Pflaum
Anton Cohen
Frida Cohen
Carl Cohen
Theodor Cohen
Dr. Arthur Cohen
⚭ Barbara Moser
Wilhelm Cohen
Ludwiga Cohen
Dr. Alfred Cohen
⚭ Clara Ullmann
Ludwig Cohen
Elise Cohen
Marta Cohen
Benjamin Cohen ⚭ Jerta Marx
Julius Cohen
Isidor Cohen
Magdalena Marx ⚭ Max Aub
Ludwig Aub

*Marie Cohen*

gasse 21 angesiedelt und sein Geschäft gegründet, das er zielstrebig aufbaute. Am 22. Juni 1852 ereilte ihn erst 54jährig ein früher Tod. Seine Witwe dürfte – zum Vorteil für das Unternehmen – eine resolute Frau gewesen sein, denn sie führte nicht nur die Geschäfte ihres Mannes bis 1862 alleine weiter, sondern kaufte auch im Mai 1855 für 25.800 Gulden das Anwesen Schäfflergasse 21. Den Laden im Erdgeschoß dieses Hauses sowie die Firmenlagerräume im ersten Stock hatte Heinrich Cohen ja bereits im Jahre 1821 angemietet. Ab 1862 teilte sich Josephine Cohen die Geschäftsführung mit ihrem Schwiegersohn Simon Hausmann, bis die Firma nach dem Krieg 1871 von ihrem Sohn Ignatz Cohen allein weitergeführt wurde. Zwischenzeitlich hatte sich das Geschäft durch Hinzunahme von Posamenten, Spitzen und Garnen vergrößert, zusätzlich war ein Großhandelsbetrieb entstanden, für den Reisende Ober- und Niederbayern sowie die angrenzenden österreichischen Gebiete besuchten. Unter Ignatz Cohens Ägide erhielt das Unternehmen weiteren Aufschwung: Das Großhandelsgeschäft nach Österreich-Ungarn nahm an Bedeutung zu; neben Ignatz Cohen selbst reiste eine Anzahl von Vertretern durch Kroatien, Slavonien, Kärnten und die Steiermark.

### *Heinrich Cohen, Besatzwaren, Seidenstoffe, Furnituren*

Nach seinem ebenfalls frühen Tod am 28. Februar 1883, Ignatz Cohen war knapp 45 Jahre alt geworden, leitete seine Witwe Marie Cohen (geb. Haimann) den Betrieb, bis beider Sohn Heinrich Cohen (geb. 31. März 1869) am 1. Januar 1899, nachdem er seine kaufmännische Ausbildung

*Ein Raum zur Anfertigung von kunstgewerblichen Besätzen*

*Knopf- und Tressenlager*

beendet hatte und zunächst als Mitarbeiter am 1. April 1887 in die Firma eingetreten war, die alleinige Geschäftsführung übernahm. Noch unter Leitung seiner Mutter wurde das Haus Schäfflergasse 21 neu erbaut und der Betrieb allmählich in ein Spezialgeschäft für Besatzartikel, Seidenstoffe und Schneiderfurnituren umgewandelt. Trotz der Neubaumaßnahme stieß die weitere Entwicklung, insbesondere unter Berücksichtigung der vorhersehbaren zukünftigen Expansion des Betriebes am bisherigen Standort, bald an räumlich bedingte Grenzen. Daher entschloß sich Marie Cohen zusammen mit ihrem Sohn, das Geschäftslokal in die Löwengrube 23 umzusiedeln; am 1. Oktober 1898 wurden die neuen Betriebsräume – gegenüber dem Dom fast an der Ecke zur Windenmachergasse gelegen – feierlich eröffnet.[12]

Im Laufe der Zeit erweiterte Heinrich Cohen die Angebotspalette seiner Firma immer mehr. Bewährtes, wie die bisher schon geführten Seidenstoffe und das Zubehör für die Damenschneiderei, blieb weiterhin im Angebot, ebenso die Spezialität des Hauses, nämlich »moderne und eigenartige Besätze, die, soweit sie nicht im eigenen Atelier hergestellt werden, doch vielfach nach eigenen Ideen oder Entwürfen hiesiger erster kunstgewerblicher Kräfte ausgeführt werden«.[13] Was Wunder, wenn bei diesem hohen Anspruch an die eigene Tätigkeit nicht nur die »einfache« Kundschaft auf die Firma

Heinrich Cohen, Besatzwaren, Seidenstoffe, Furnituren, Löwengrube 23 0/1

aufmerksam wurde, sondern auch »Allerhöchste Herrschaften« geneigtes Interesse zeigten. Als Frucht seiner Bemühungen um diesen Kundenkreis können wir die am 25. August 1917 auf Seite 4 der Münchner Zeitung unter den amtlichen Mitteilungen erschienene Bekanntmachung anse-

*Hauptkontor II*

hen: »Der König hat zu seinem Namensfeste nachstehende Hoftitelauszeichnungen verliehen: (...) 2. den Titel ›kön. bay. Hoflieferant‹ an Heinrich Cohen, Besatz- und Bortenwarengeschäft, München.«

Erfreuen konnte sich Heinrich Cohen an dem Hoflieferantentitel freilich nicht sehr lange: Im November 1918 war Revolution in München – mit bekannten Folgen.

### *Heinrich Cohen privat, vornehme Wohngegend und Alpenverein*

Gestatten wir uns hier, Einblick in das private Leben von Heinrich Cohen zu nehmen. Am 15. September 1898, also etwa zwei Wochen bevor das neubezogene Geschäftslokal in der Löwengrube 23 eröffnet wurde, übersiedelte Heinrich Cohen von der Schäfflerstraße 20, dem Nachbarhaus des bisherigen Ladens (Schäfflerstraße 21), an den Promenadeplatz 6/III. Diese Wohnung teilte er sich knapp vier Jahre lang mit seiner Mutter, um dann, einen Monat nach seiner Eheschließung mit der Bambergerin Marie Obermeier am 7. Juli 1902, in der Herzog Heinrich Straße 19 eine passende gemeinsame Heimstätte für die nächsten acht Jahre zu beziehen. Während dieser Zeit wurden seine beiden Söhne, Fritz (geb. 31. März 1903) und Ludwig (geb. 7. Februar 1905) geboren.

Hier an der Theresienwiese, einem der ehemals vornehmsten Villenviertel Münchens, wo sich zahlreiche arrivierte Künstler der Zeit niederließen, u. a. die Architekten Emanuel von Seidl und Georg von Hauberrisser fühlte sich offenbar nicht nur Heinrich Cohen mit seiner Familie wohl. Auch die Mehrzahl seiner Verwandten siedelte sich im Laufe der nächsten Jahre in diesem neuen Stadtteil an. Gleichermaßen lag die nächste Wohnung, in die Heinrich Ende Oktober

1910 umzog, in dieser bevorzugten Wohngegend: Im Haus der Rentierswitwe Kreszenz Schregle, Uhlandstraße 1, konnte er ein herrschaftliches Domizil anmieten, das im 1. Stock gelegen war. Heinrich Cohen sollte 23 Jahre lang in der Uhlandstraße 1 bei Hans Schregle wohnen, welcher das Anwesen 1917 geerbt hatte, bis er am 15. März 1933[14] – wenige Tage nach der nationalsozialistischen »Machtergreifung« in Bayern – auszog. Daran anschließend kam Heinrich Cohen im Haus des Franz Gradinger, dem Inhaber der Hermes Fabrik für pharmazeutisch-kosmetische Präparate, in der Mozartstraße 10 unter. Bis 24. Juli 1939 sollte er hier wohnen.

Im Jahre 1895 war Heinrich Cohen mit der laufenden Nummer 756 als »Cohn, Schäfflerstr. 21« Mitglied der Sektion München des Deutschen und Österreichischen Alpenvereins geworden.[15] Er war damals 26 Jahre alt. Mit seinen Sektionskameraden und Berggefährten Dr. Julius Heilbronner, Anton und Leo Oppenheimer ging Heinrich, teils führerlos, zahlreiche Touren in verschiedenen Alpengruppen. Die Bergfreunde standen mit Nagelschuhen, dickem Seil, Balancier- und Steigstock so ziemlich auf jedem »4.000er« im Alpenbereich.[16]

Heinrich Cohen bekam 1920 das silberne Edelweiß für 25jährige Mitgliedschaft in der Sektion München des Alpenvereins verliehen.[17] Möglicherweise ist er über das Jahr 1924 hinaus Mitglied gewesen.

Warum eine über 1924 hinausgehende Mitgliedschaft interessant ist, soll kurz erläutert werden. Das allmähliche Zunehmen des antisemitischen gesellschaftlichen Konsenses in der Nachkriegs- und Nachrevolutionszeit machte sich auch im Alpenverein bemerkbar. Ausdruck fand dies in dem Satzungsänderungsantrag, den der Sektionsvorsitzende Dr. Karl Leuchs in der Mitgliederversammlung 1924 stellte und zu dessen Begründung er ausführte:

»Es zeigte sich, daß sich dauernd zahlreiche Juden zur Aufnahme meldeten. Im Zusammenhang mit dieser mußte der Vorsitzende die Tatsache feststellen, daß, soweit dies aus den in unserer Kartei enthaltenden Angaben ersichtlich ist, der Hundertsatz der jüdischen Mitglieder der Sektion jenen der Juden in der Münchener Einwohnerschaft um ein Vielfaches übertrifft. Diese Tatsachen gaben dem Ausschuß Veranlassung, eine starke Einschränkung in der Aufnahme von Juden eintreten zu lassen, um zu verhindern, daß die Sektion ihren nichtjüdischen Charakter verliere. Es handelte sich also um eine reine Vorbeugungsmaßnahme, die keineswegs aus absolut antisemitischer Einstellung erfolgte, sondern lediglich dem Gebote der Selbsterhaltung entsprungen ist.«

*Löwengrube 23, Schaufensterfront der Fa. Heinrich Cohen, 1930*

*Heinrich Cohen*

Er schloß die Bitte an, die Versammlung möge den vorgenommenen numerus clausus in der Aufnahme von Juden beschließen. Bei der Aussprache zu diesem Tagesordnungspunkt meldete sich u. a. auch Dr. Heilbronner zu Wort, mit dem Versuch, die Annahme des Antrages zu verhindern. Der Jahresbericht der Sektion vermerkt dazu: »Insbesondere der letztgenannte Redner verstand durch die schlichte Wärme, mit der er seine Liebe zum Alpenverein und zu den Bergen zu künden wußte, die etwa gegen den Ausschußantrag anzuführende Gründe in meisterliche Weise herauszuschälen.«[18]

Die Satzungsänderung wurde nach der Aussprache dennoch mit fast einstimmigem Ergebnis gebilligt. Daraufhin kehrten fast alle Juden der Sektion München den Rücken und fanden bei anderen Sektionen Aufnahme, bis sie 1933 auf Befehl des »Führers aller deutschen Bergsteiger«, Paul Bauer, endgültig aus dem Alpenverein ausgeschlossen wurden.[19]

## *Die ersten Schläge des Schicksals*

Das Schicksal meinte es nicht gut mit Heinrich Cohen. Nicht nur, daß sein jüngster Sohn in den Bergen tödlich verunglückte, es ist auch nachzutragen, daß seine Frau Marie erst 34jährig am 18. August 1913 in Oberstdorf verstorben war. Obwohl seine zweite Frau, seine Haushälterin Maria Krämer, die Heinrich Cohen am 8. August 1928 geheiratet hatte, um zwanzig Jahre jünger war als er, wird Heinrich sie überleben. Sie wurde 45jährig am 1. April 1934 nach nur sechs Jahre dauernder Ehe mitten aus dem Leben gerissen.[20]

Weiterhin zeichnete es sich immer mehr ab, daß sein ältester Sohn Fritz die Nachfolge in der Firma nicht würde übernehmen können. Eine geistige Behinderung machte eine lebenslange Betreuung von Fritz erforderlich – eine Aufgabe, die Heinrichs

*Anzeige in den »Münchner Neuesten Nachrichten«, 28. 11. 1934*

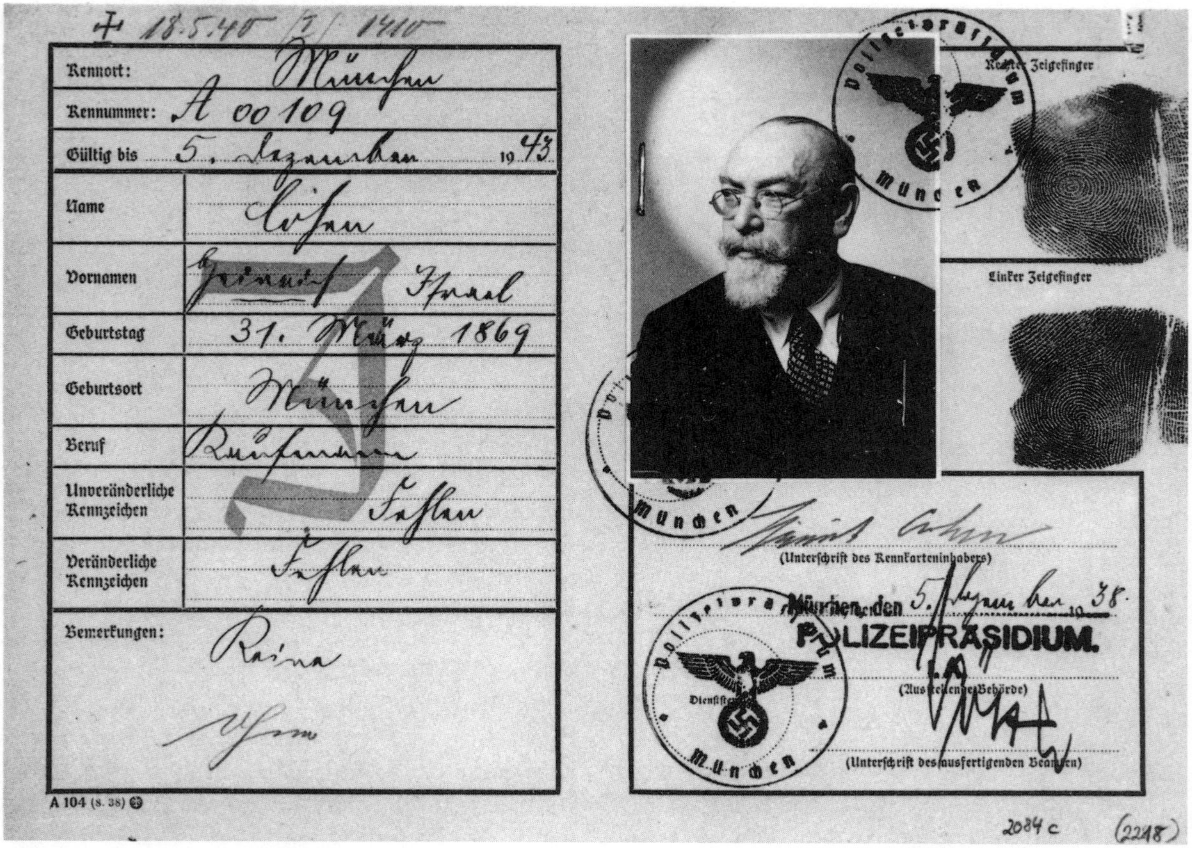
Kennort: München
Kennummer: A 00109
Gültig bis 5. Dezember 1943
Name: Cohen
Vornamen: Heinrich Israel
Geburtstag: 31. März 1869
Geburtsort: München
Beruf: Kaufmann
Unveränderliche Kennzeichen: fehlen
Veränderliche Kennzeichen: fehlen
Bemerkungen: keine
A 104 (8. 38)
Rechter Zeigefinger
Linker Zeigefinger
(Unterschrift des Kennkarteninhabers)
München, den 5. Dezember 1938
Polizeipräsidium.
(Ausstellende Behörde)
(Unterschrift des ausfertigenden Beamten)

*»Kennkarte« Heinrich Cohens*

Hausdame, Kunigunde Hofmann, erfüllte. Am 30. Juni 1940 erfolgte die Einweisung von Fritz Cohen in die Heil- und Pflegeanstalt Haar-Eglfing. Zusammen mit anderen jüdischen Patienten wurde er am 20. September 1940 deportiert und ermordet.

Dies mußte Heinrich Cohen zum Glück nicht mehr erleben.

## *Weltwirtschaftskrise und andere Schwierigkeiten*

Im Vergleich zur Tragik im persönlichen Bereich erscheint es geradezu nebensächlich, wenn Heinrich Cohen ab 1926 zu seiner Unterstützung einen zweiten Gesellschafter an seiner Firma partizipieren ließ. Nachdem er die familiäre Kontinuität in Besitz und Leitung seines seit 1821 bestehenden Unternehmens offensichtlich nicht mehr gewährleistet sah, wollte Heinrich Cohen mit der Beteiligung eines weiteren Inhabers sehr wahrscheinlich die Fortführung des Geschäftes in der Zukunft absichern. Mit Hilfe von Berthold Schweizer (geb. 26. November 1879, Ingolstadt), der im Januar 1926 nach München kam und in der Viktor-Scheffel-Str. 18 wohnte, versuchte Heinrich Cohens Firma, die schwierige Klippe der Weltwirtschaftskrise zu umschiffen. Allerdings trennte sich Berthold Schweizer bereits 1931, noch bevor der Höhepunkt der Wirtschaftskrise erreicht war, von Heinrich Cohen, um im Mai eine eigene Firma zu eröffnen: ein »Einheitspreisgeschäft«; dieser Geschäftstyp war unter nationalsozialistischer Herrschaft besonderen Anfeindungen ausgesetzt. Berthold Schweizer konnte seine Firma in der Herzogspitalstraße 12 nur mehr zwei Jahre lang persönlich führen; er verstarb am 30. September

*Anzeige der Firma Herbert Stiehler KG im »Völkischen Beobachter« 18. 7. 1937*

1933. Seine Witwe leitete das Geschäft noch bis zum 1. Januar 1936 weiter. Das »Einheitspreisgeschäft« wurde »arisiert«. Alfons Reindl wurde neuer Besitzer.[21] Auch Heinrich Cohens Unternehmen stand dieses Schicksal bevor.

## *Die »Übernahme« der Firma Heinrich Cohen*

1933 begann die gesteuerte Ausschaltung der Juden aus dem Wirtschaftsleben. Unter der Losung »Kauft nicht bei Juden« wurde am 29. März bekanntgegeben: »Aus München ist jetzt der angekündigte Aufruf der nationalsozialistischen Parteileitung erfolgt, der die Einsetzung von Aktionskomitees im ganzen Reich anordnet, um den Boykott jüdischer Geschäfte, Waren, Ärzte, Rechtsanwälte zu organisieren. Der Boykott soll schlagartig am Samstag den 1. April 1933, 10 Uhr vormittags beginnen.«[22] In München wurde er mit vorauseilendem Gehorsam bereits ab 30. März durchgeführt. Bekanntlich wurden in München verschiedene Maßnahmen, die auf kommunaler Ebene die Juden diskriminierten, noch vor einer »gesetzlichen« Regelung in Kraft gesetzt; z. B. ordnete das neue Stadtoberhaupt Fiehler mit der Verfügung vom 24. März 1933 an, bei städtischen Aufträgen seien »nicht-deutsche« Betriebe nicht mehr zu berücksichtigen.[23]

Anfang Oktober 1934 wurde bei Heinrich Cohen ein Brandanschlag verübt. Der Verdacht fiel auf den in der Firma zwischenzeitlich installierten Funktionär der Nationalsozialistischen-Betriebszellen-Organisation (NSBO), der als Invalide aus dem Ersten Weltkrieg zurückgekehrt war. Das Feuer wurde schnell entdeckt und konnte gelöscht werden, allerdings wurde ein erheblicher Teil der Warenvorräte rauchgeschädigt.[24] Ab 19. November 1934 begann der Räumungsverkauf dieser Waren.

Im April 1937 zeichnete sich das Ende der bis dahin 116 Jahre lang existierenden Firma Heinrich Cohens ab. Am 12. April 1937 gibt er der Industrie- und Handelskammer München bekannt, er stehe mit Herrn Herbert Georg Stiehler in Verkaufsverhandlungen und ermächtige ihn zu den erforderlichen Unterhandlungen mit den zuständigen Stellen. Unter dem Datum 22. April 1937 teilte Heinrich Cohen der Industrie- und Handelskammer weiter mit:

– Staatsangehörigkeit: deutsch
– Abstammung: jüdisch.[25]

Die Münchner IHK hatte für diese Auskünfte ein Formblatt mit Fragen entwickelt, das von den angeschriebenen Firmen »tunlichst umgehend« auszufüllen war und mit dessen Hilfe die »rassische Eigenschaft« eines Unternehmens bestimmt werden sollte. Wieder zeigte sich die Vorreiterrolle Münchner Einrichtungen: Der Fragebogen der Münchner IHK aus dem Jahre 1936 stellt einen direkten Vorläufer des vom Reichswirtschaftsministerium erst 1938 offiziell eingeführten Formblattes dar.[26]

Im Juli 1937 wurde die Firma Cohen »arisiert«. Herbert G. Stiehler, nach eigenen Angaben

»Chefverkäufer bei Loden-Frey«, der zum Nachweis für seine fachliche Qualifikation »Zeugnisse in jeglicher Form«[27] beibringen könne, übernimmt den Betrieb.

»Der Oberbürgermeister der Hauptstadt der Bewegung verfügt: 1. Das Gesuch der Herbert Stiehler KG um Zulassung einer Ausnahme zur Übernahme einer Verkaufsstelle für Modestoffe, Spitzen und Besätze im Anwesen Löwengrube 23 wird genehmigt unter der Voraussetzung, daß Herbert Stiehler zum persönlich haftenden Gesellschafter bestellt wird. 2. Der Gesuchsteller hat die Kosten des Verfahrens zu tragen. (...) (480,– RM).«[28]

Diese Genehmigung in Händen konnte Herbert Stiehler den Eintrag ins Handelsregister beantragen, der am 13. Juli 1937 unter den amtlichen Anzeigen im »Völkischen Beobachter« und den »Münchner Neuesten Nachrichten« veröffentlicht wurde: »Handelsregister, Veränderungen: (...) 7. Heinrich Cohen, Sitz München, Heinrich Cohen als Inhaber gelöscht, seit 1.7.37 Kommanditgesellschaft unter der geänderten Firma Herbert Stiehler KG vormals Heinrich Cohen. Pers. haftender Gesellschafter Herbert Stiehler, Kaufmann in München.«

Unter dem Datum vom 1. Juli 1937 wurde ein Kuvert mit zwei Briefen an alle Kunden, Geschäftspartner, Lieferanten und sonstige Stellen verschickt, um diese über die vollzogene Übernahme zu informieren. In seinem Brief brachte Herbert Stiehler »(...) zur Kenntnis, daß wir die Firma Heinrich Cohen, München mit allen Aktiven und Passiven käuflich erworben haben. Das Geschäft wird in unveränderter Weise weitergeführt. Wir bitten Sie, das der Firma Heinrich Cohen seither erwiesene Vertrauen auch auf uns zu übertragen. (...) Mit deutschem Gruß! Herbert Stiehler KG vormals Heinrich Cohen«.

Heinrich Cohen gab in seinem Schreiben einen Rückblick über seine geschäftliche Tätigkeit, bedankte sich bei seinen Weggenossen und begründete seine Geschäftsaufgabe: »(...) wegen vorgerückten Alters und mangels leiblicher Erben habe ich mich entschlossen, mein seit 1821 im Familienbesitz befindliches Geschäft zu verkaufen, wobei alle meine bewährten Mitarbeiter in den neuen Betrieb mit übergehen und das Geschäft genau in der gleichen Art wie bisher weitergeführt wird, so daß seine Eigenart in modischer Beziehung ganz erhalten bleibt. Ich benütze die Gelegenheit, Ihnen für das mir in den vielen Jahrzehnten bewiesene Vertrauen verbindlichst zu danken und ich bitte Sie, dieses Vertrauen auch meinem Nachfolger, Herrn Herbert Stiehler übertragen zu wollen. (...)«[29] Heinrich Cohen meldete sein Gewerbe, das er seit Januar 1899 betrieben hatte, am 3. Juli 1937 ab, »ohne Angabe von Gründen« – wie ein städtischer Beamter 1965 dem Bayerischen Landesentschädigungsamt gegenüber feststellen sollte.[30]

Ob die von Heinrich Cohen beschworene »Eigenart in modischer Beziehung« der Firma aufrechterhalten blieb, ist sicherlich schwierig zu bewerten. In Bezug auf die bewährten Mitarbeiter jedoch hatte der neue Geschäftsführer andere, der Zeit entsprechende Vorstellungen. So teilte er dem für »Judenfragen« zuständigen Referenten Dr. Fischer bei der Industrie- und Handelskammer am 6. Juli 1937 mit: »(...) daß die Firma Herbert Stiehler KG, vorm. Heinrich Cohen, ein rein arisches Unternehmen ist. Kapital und Geschäftsleitung sind arisch«. In einem rein »arischen« Betrieb konnten »natürlicherweise« keine jüdischen Mitarbeiter mehr beschäftigt werden. Es scheint allerdings Probleme beim Vollzug einiger noch ausstehender Kündigungen gegeben zu haben. So erkundigt sich das städtische Gewerbeamt am 12. Oktober 1938 bei der IHK: »(...) unter Hinweis auf die eidesstattliche Erklärung des Maier vom 5. 9. 1938, wonach zur Zeit noch einige Juden beschäftigt werden, ersuche ich um baldgefl. Mitteilung, ob Ihr Gutachten vom 28.9.1938 (...) aufrecht erhalten werden kann.« Eineinhalb Monate später liegt die Antwort der IHK vor: »Im Zeitpunkt des Antrages – dem 5. vor. Mts. – waren nach den Angaben des Antragstellers [der oben erwähnte Maier beantragte die Genehmigung seiner Teilhaberschaft an der Stiehler KG, d.V.] sämtliche für die Firma beschäftigten Juden gekündigt. Sie sind bereits ausgeschieden. Zwei nichtarischen Auslandsvertretern ist inzwischen gekündigt worden. Diese werden Ende November bzw. Ende Dezember ausscheiden. In der Reihe der Auslandsvertreter befinden sich nunmehr noch vier Nichtarier. Da für diese offenbar ein gleichwertiger Ersatz noch nicht gefunden ist, erscheint es im Interesse des deutschen Exports und der Beschaffung von Devisen ratsam, von Schritten, die auf den sofortigen Ersatz der nichtarischen Auslandsvertreter durch Arier hinauslaufen, solange abzusehen, als nicht geeignete Persönlichkeiten gefunden sind. Im übrigen sind uns keine Rechtsgründe bekannt, aus denen dem Antragsteller mit Rücksicht auf den Umstand, daß die Firma Herbert Stiehler KG vorm. Heinrich Cohen derzeit im Ausland noch einige Nichtarier beschäftigt, der Eintritt in das Unternehmen verweigert werden könnte. Bei dieser Sachlage besteht kein Anlaß, von der in unserem Gutachten vom 28. vor. Mts. vertretenen Auffassung abzugehen.«

Am 13. Dezember 1938, mit Geschäftsbeginn ab 15. Dezember, gründeten die vier Kommanditisten der Herbert Stiehler KG, Herbert Stiehler, Oskar Stalf, Georg Frey (Gesellschafter der Münchner Lodenfabrik J.G. Frey) und Richard Maier, eine zweite Firma, die Stiehler & Co. Als Eigentümerin fungiert die Herbert Stiehler KG. »Die Firma befaßt sich mit Export, Import und Großhandelsverkauf von Unterwäsche und Wäschestoffen, Decorationsstoffen, Damen- und Herrenstoffe, modische(n) Textilwaren aller Art, Besatzartikeln und Schneidereizubehör, sowie Fertigware«.[31] Geschäftssitz war die Windenmacherstraße 4, das Nachbarhaus der Herbert Stiehler KG (Löwengrube 23). Die beiden Geschäfte residierten also in zwei Häusern, die noch Heinrich Cohen gehörten.

Am 17. Dezember 1938 ließ die Herbert Stiehler KG das Gewerbeamt wissen »(...) wir haben mit Datum 15. Dezember den Zusatz: ›vormals Heinrich Cohen‹ streichen lassen«. Am 31. Juli 1943 teilt Herbert Stiehler dem Gewerbeamt mit, daß die Herbert Stiehler KG Einzelhandel, früher Löwengrube 23 sich nunmehr im Anwesen Odeonsplatz 1-Briennerstraße 57 befindet. Ferner teilen wir Ihnen mit, daß sich die Firma Stiehler & Co Großhandel- Export- Import, früher Windenmacherstraße 4, nunmehr am Odeonsplatz 12 befindet. Die beiden oben genannten Firmen wurden vom 9. auf 10. März total bombengeschädigt. Heil Hitler, gez. Herbert Stiehler.«[32]

### *Der Konsul*

Nach dem Krieg wurden die beiden Firmen Stiehler & Co und Herbert Stiehler KG – erstere ab 1951, letztere ab 1953 – mit Herbert G. Styler als Alleininhaber weitergeführt. Der persönlich haftende Gesellschafter der Firmen und ehemalige thailändische Generalkonsul Herbert G. Stiehler wird 1947 seinen Namen ändern: mit einem extravaganten »y« in der Mitte des Nachnamens schrieb er sich nun Herbert G. Styler.[33]

»Da Styler aber nicht nur leben, sondern sehr gut leben wollte, kam es in den dreißiger Jahren zu erfolgreichen Verhandlungen mit dem Inhaber des Münchner Seidenhauses Heinrich Cohen, mit Oskar Stalf und Georg Frey. Das Ergebnis: der Großhandel Styler & Co mit Ex- Import und Fabrikation exklusiver modischer Neuheiten. Der Chef entwarf alles selbst – von der noblen Einrichtung bis zum Dessin – , der marmorne Modepalast, Ecke Löwengrube/Windenmacherstraße, wurde über München hinaus zum Begriff höchster Eleganz.«

Dies wird in einem Artikel festgestellt, der zu Stylers 75. Geburtstag in der Süddeutschen Zeitung am 14. August 1978 erschienen ist. Im »Buch mit alten Firmen der Landeshauptstadt München« wurden 1957 Firmen-»Biographien größtenteils von den Firmen selbst abgefaßt« veröffentlicht.[34]

Herbert Styler, eine der schillerndsten Figuren des Münchner Gesellschaftslebens der 50er und 60er Jahre, erleidet mit seinen beiden über den Krieg geretteten Firmen Anfang 1960 Schiffbruch. Die Treuhandgemeinschaft Deutscher Seidenwebereien Krefeld stellt am 10. Februar 1960 gegen Herbert Styler, Alleininhaber der Firma Styler, Konkursantrag. Das Vergleichsverfahren zur Abwendung des Konkurses wird am 19. Februar vom zuständigen Gericht abgelehnt, »weil der angebotene Vergleichsvorschlag keine

1821

**STYLER**
München 22,
Odeonspl. 1 – Brienner Str. 57
(Einzelhandel)

**STYLER**
Modellstoff–Export–Import
Fabrikation exclusiver
Neuheiten
Inhaber Herbert G. Styler
Schackstr. 1, München 22
(Großhandel)

*Gegr. 1821*

Die beiden Styler-Firmen in München bestehen seit 135 Jahren — Gründungsjahr 1821. Die Firmen wurden im Kriege 9mal nacheinander zerbombt und unter Mitarbeit treuer alter Angestellter wieder aufgebaut. Im Hause sind mehrere Mitarbeiter in leitender Stellung beschäftigt, welche 50 Jahre und länger mit dem Hause verbunden sind.

Das Verkaufshaus am Odeonsplatz importiert Modellstoffe aus allen Textil-Zentren der Welt und wird zum Teil vom eigenen Großhandel und von der eigenen Fabrikationsabteilung beliefert. Filialbetriebe im Ausland wie z. B. in Wien etc. wurden teils durch Kriegsereignisse zerstört, teils geplündert oder gerieten durch andere Nachkriegseinwirkungen in Verlust. Das Stammhaus in München befindet sich in stetem Wiederaufbau und steht heute als das führende Haus für Qualitätsstoffe wieder an erster Stelle. Alleininhaber: Generalkonsul Herbert C. Styler.

Aussicht auf Erfolg bietet, nachdem das Vermögen des Schuldners in keiner Weise dem angebotenem Vergleich entspricht«. Im November 1960 werden beide Firmeneintragungen von Amts wegen gelöscht.[35]

Zum Verständnis von Konsul Herbert G. Styler trägt sicherlich folgende, von ihm selbst verfaßte, biographische Skizze bei:
»Styler, Herbert Georg[36]
Generalkonsul, München 22, Schackstr. 1, Tel.: 338121–23 und 341979. Privatwohnung: München Altharlaching, Hochleite 21, Tel.: 435089. Geboren: 15.08.1908. Eltern: Georg Bernhard Styler, Professor, Kunsthistoriker und Marily geb. Höhle-Frankenberg.

Lebenslauf: Humanistisches Gymnasium, Studium in Leipzig, Berlin, Paris, seit 1934 in München wohnhaft. 1937 Konsul von Albanien, 1939 Asuncionkonsul von Paraguay, seit 1942 Konsul des Königreiches Thailand, ab 1954 Generalkonsul, seit 1959 Président du Conseil permanent de l'Uninco (Union Internat. d. Corps Consulaiers).

Verheiratet mit Ysabel geb. Tas. Auszeichnungen: Commandant des Ordens der Krone von Thailand, Komturkreuz des Ordens Ste. Marie de Bethlehem, Großes Verdienstkreuz des Deutschen Ordens, Großkreuz des Ordens St. Jean d'Acre et St. Thomas. Mitglied Paneuropa Union. Liebhaberei: Züchter von Rassemöpsen, sammelt Ausgrabungen vorchristlicher Zeit, spez. früheste Gläser, Tränenkrüge (Italien, Ägypten, Kreta)«.

## *Der Letzte in München*

Nochmals zurück zu Heinrich Cohen. Wie wir bereits wissen, besaß er die Häuser Löwengrube 23, seinen ehemaligen Firmensitz, in dessen Räumen die Herbert Stiehler KG ihren Geschäften nachging, und Windenmacherstraße 4, das Eckhaus Löwengrube/Windenmacherstraße. Weiter zur Maffeistraße hin und an der Maffeistraße hatte sich im Laufe der vergangenen Jahre ein mächtiger Nachbar breit gemacht: das Lodenverkaufshaus des Gg. J. Frey. Da bot sich die Arrondierung des Besitzes mit Hilfe der Herbert Stiehler KG natürlich an. Zumal, wenn deren wichtigste Kommanditisten Georg Frey und Oskar Stalf, Geschäftsführer des Hauses Loden-Frey, hießen und Herbert Stiehler deren Angestellter war, bis er die Geschäftsführung in der neu gegründeten Kommanditgesellschaft übernahm. Im Kaufvertrag für die Firma Heinrich Cohen wurde daher ein Passus einfügt, der lautet: »Er (Heinrich Cohen, d. V.) räumt der Käuferin (Herbert Stiehler KG, d. V.) oder einer anderen von ihr zu bestimmenden Person ein Vorkaufsrecht auf diese Häuser ein (...).«[37] Dieses Vorkaufsrecht wurde knapp eineinhalb Jahre nach Vertragsabschluß in der Tat verwirklicht. Irma Frey, Privatière, Georg Frey, Fabrikant und Emma Stalf, geb. Frey, Kaufmannsehefrau erwarben neun Tage nach der »Reichskristallnacht« am 18. November 1938 beide Grundstücke.[38] Allerdings erfolgte der Eigentümerwechsel nicht wie im

Häuserbuch angegeben durch Erbschaft;[39] Heinrich Cohen lebte ja nach diesem Zeitpunkt noch. In der Quelle wird nur von »in Erbengemeinschaft; Auflassung vom 28.11.1938«[40] gesprochen. Die Grundstücke gingen nach dem Krieg in den Besitz der Firma Loden-Frey über.[41]

Heinrich Cohen lebte von da an von seinem Kapital aus dem Grundstücksverkauf und dem Verkauf seiner Firma 1937 bzw. von den Erträgen seines Kapitals. Diverse, von den nationalsozialistischen Machthabern speziell in diesen Jahren geschaffene Sondersteuern und -abgaben, Verfügungshemmnisse und -beschränkungen über Zinsen und Vermögen, denen Juden unterlagen, machten ihnen die freie Verfügung über ihr Geld schwierig bis unmöglich. Vielleicht zog deshalb Heinrich Cohen am 24. Juli 1939 aus der Mozartstraße 10 aus und in das seiner Schwester gehörende Haus, Rauchstraße 20, ein. Alice Cohen, verwitwete Sabat, die hier zusammen mit ihrer Tochter und ihren Enkeln wohnte, gelang am 2. Juli 1939, ihrer Tochter und ihren Enkeln am 15. August 1939 die Emigration über England in die Vereinigen Staaten. Dieses Haus sollte vom »Beauftragten des Gauleiters für Arisierungen«, der sogenannten Arisierungsstelle in der Widenmayerstraße, am 14. Februar 1941 zwangsweise an (Oberregierungsratsehefrau) J. Schmidt für 49.000 RM verkauft werden, sicherlich ohne Wissen der ehemaligen Eigentümerin Alice Sabat.[42]

Heinrich Cohen verstarb am 18. Mai 1940 71jährig im Josephinum. Sein Grab befindet sich im Israelitischen Friedhof an der Thalkirchner Straße.

## Anmerkungen

1 Hebräisch: »Erinnere dich!«.

2 Durch Kriegseinwirkungen und durch eine beschönigend sogenannte Ausdünnung von Akten ging in den letzten Kriegsmonaten wertvolles Quellenmaterial verloren. Schwierig stellt sich des weiteren die Erlangung von in privater Hand befindlichen Informationen und Unterlagen dar, sei es, weil das Vordringen in die persönliche oder wirtschaftliche Privatsphäre als problematisch erachtet wird, sei es, weil der Einzelne sich mit »solch ollen Kamellen« (wörtliches Zitat bei der Recherche) nicht mehr beschäftigen will und es nicht versteht, daß ein durchaus berechtigtes öffentliches Interesse an historischen Vorgängen existiert, zu denen er Informationen und schriftliche Unterlagen beisteuern könnte. Die Nutzung von Akten in öffentlichen Institutionen unterliegt darüber hinaus vielfach daten- und persönlichkeitsschutzrechtlichen Einschränkungen.

3 Vgl. Schwierz, Israel; Steinerne Zeugnisse jüdischen Lebens in Bayern, München 1992, S.279–280.

4 Vgl. Cohen, Arthur; Geschichte der Familie Cohen mit Berücksichtigung der Familien Marx und Pflaum, mit einem Nachtrag von Cohen, Willy; New York 1956, S.4–5.

5 Vgl. Jubiläumsschrift; Zur Erinnerung an das 100jährige Geschäftsjubiläum, 2. April 1921, gewidmet den Freunden und Gönnern der Firma Heinrich Cohen.

6 Unter Ausland sind hier auch die nichtbayerischen deutschen Staaten zu verstehen.

7 Vgl. Cohen, Arthur; a.a.O., S.6.

8 Genau am 9.11.1860, PMB, StadtAM.

9 Vgl. Cohen, Arthur; a.a.O, S.13.

10 Ebenda, S.17.

11 Vgl. Münchner Neueste Nachrichten (MNN), Nr.39, 24.1.1889, S.8.

12 Vgl. Jubiläumsschrift, a.a.O.

13 Ebenda.

14 PMB, StadtAM.

15 Vgl. Mitgliedsregister der Sektion München.

16 Vgl. Lamm, Hans (Hg.); Von Juden in München. Ein Gedenkbuch, München 1989, S.282f.

17 Vgl. Jahresbericht der Sektion München, 1920, S.51.

18 Vgl. Jahresbericht der Sektion München, 1924, S.12.

19 Vgl. Lamm, Hans (Hg.); a.a.O., S.284.

20 PMB, StadtAM.

21 Vgl. Staatsarchiv München, AS 4304.

22 Vgl. Vossische Zeitung, 29.3 1933.

23 Vgl. Bauer, Richard; Geschichte der Stadt München, München 1992, S.386.

24 Persönlicher Hinweis von Fr. Schn., ehemalige Mitarbeiterin der Fa. Cohen.

25 Vgl. IHK Wirtschaftsarchiv, K1/XXI 16, 44. Akt.

26 Vgl. Nefzger, Christoph; Jüdische Unternehmen nach 1933 unter besonderer Berücksichtigung der Region München, München (unveröffentl. Manuskript) 1993, S.68–69.

27 StadtAM, Gewerbeamt Abgabe 7/12a Heinrich Cohen.

28 Ebenda.

29 Vgl. IHK Wirtschaftsarchiv, K1/XXI 16, 44. Akt.

30 StadtAM, Gewerbeamt Abgabe 7/12a Heinrich Cohen.

31 Ebenda.

32 Ebenda.

33 Staatsarchiv München, AS 8896.

34 Das Buch mit alten Firmen der Landeshauptstadt München, Hauptschriftleiter Dr. Reinhold Schaffner, München 1957.

35 Vgl. Handelsregister, HR A 702 und HR A1686.

36 Vgl. Münchner Prominenz 1962 – 1963, UDM Verlag München, S.357ff.

37 StadtAM, Gewerbeamt Abgabe 7/12a Heinrich Cohen.

38 Staatsarchiv München, AG Bd. 22010.

39 Vgl. Häuserbuch, Bd.2, S.120–122 und S.372–373.

40 Staatsarchiv München, AG Bd. 22010.

41 Eine Auskunft von der Firma Loden-Frey über den gesamten Themenkomplex erhielt der Autor nicht.

42 Staatsarchiv München, NSDAP 37.

## Literaturauswahl

Bokovoy, Douglas/Meining, Stefan (Hg.); Versagte Heimat. Jüdisches Leben in Münchens Isarvorstadt 1914–1945, München 1994.

Hanke, Peter; Zur Geschichte der Juden in München zwischen 1933 und 1945, Neue Schriftenreihe des Stadtarchivs München, 1967.

Häuserbuch der Stadt München, hg. vom Stadtarchiv München, 1958ff.

Kilian, Hendrikje; Die jüdische Gemeinde in München 1813–1871, Neue Schriftenreihe des Stadtarchivs München, 1989.

Stahleder, Helmut; Haus- und Straßennamenbuch der Münchner Altstadt, München 1992.

Treml, Manfred (Hg.); Geschichte und Kultur der Juden in Bayern, Bd.2: Lebensläufe, München 1988.

HEIDE GRUNWALD

# Max Uhlfelder
# 1884–1958

Das Kaufhaus Uhlfelder im Rosental ist den älteren Münchnern durchaus noch ein Begriff – und mir vor allem, weil mein Großvater in derselben Straße sein Haushaltsartikelgeschäft hatte, und ich als Kind oft dort zu Gast war. Der »Uhlfelder« war zu seiner Zeit neben Hermann Tietz, dem heutigen Hertie, das größte Kaufhaus in München. Es gehörte der jüdischen Familie gleichen Namens, die schon im 18. Jahrhundert, wohl aus dem Ort Uehlfeld im fränkischen Rezatkreis stammend, in die bayerische Landeshauptstadt gekommen war.

Der Ahnherr Abraham Uhlfelder reiste 1770 über Bad Mergentheim hierher, trat alsbald in kurfürstliche Dienste und gründete um das Jahr 1800 eine eigene Handelsfirma, die auch größere Geldgeschäfte besorgte. Als konservativer Jude wurde er schon in den ersten Jahren des 19. Jahrhunderts zum Vorstand der Israelitischen Kultusgemeinde Münchens gewählt. Daneben war er überzeugter bayerischer Patriot und begeisterter Münchner, zwei Wesenszüge, die sich bei seinen Nachkommen über Jahrhunderte hinweg in vollem Maße fortsetzten.

Auch der Hang zu Bankgeschäften und zum Handel blieb bestehen: Noch vor der Wende zum 20. Jahrhundert gab es eine Uhlfelder-Bank in der Ludwigstraße und gleichzeitig ein Kurzwaren- und Spielzeuggeschäft im Rosental 9, das später auch Haushaltsgegenstände und Galanteriewaren anbot. Nach und nach eröffnete es mehrere Filialen im Umkreis. Der damalige Inhaber, Heinrich Uhlfelder, verlegte schließlich sämtliche Läden in das eigene Anwesen Rosental 12 und gründete damit das große Kaufhaus. Auch dieses wurde im Lauf der Jahre immer wieder durch den Zukauf umliegender Grundstücke, Häuser und Lichthöfe erweitert und ausgebaut.

Als 1928 das 50jährige Firmenjubiläum gefeiert werden konnte, umfaßte der Besitz die Anwesen Rosental 9, 12, 13, 14 und 15 sowie das Eckhaus zur Nieserstraße – 7.000 $m^2$ Verkaufsfläche, auf der 550 Angestellte arbeiteten. Heinrich Uhlfelder konnte das Jubiläum leider nicht mehr miterleben; er war am 14. Februar 1928 gestorben.

Seine nach wie vor unermüdlich im Geschäft tätige Gattin richtete das Fest ganz im Sinne des Gründers aus, zusammen mit ihrem Sohn Max Uhlfelder, der 25 Jahre lang Geschäftsführer gewesen und nun der Firmenchef geworden war, und dem neuernannten Geschäftsführer Joseph Ernst Mayer, dem Ehemann ihrer Tochter. Es fand eine Ehrung langjähriger Angestellter statt mit großzügigen Gratifikationen; außerdem wurde ein sehr bedeutender Fond gegründet zugunsten kranker und erholungsbedürftiger Mitarbeiter und Mitarbeiterinnen. Die sozialen Leistungen des Kaufhauses Uhlfelder waren damals Stadtgespräch. Hier wurde auch, zusammen mit Hermann Tietz, als erstes der verkaufsfreie, für das Personal also arbeitsfreie Sonntag eingeführt.

Ich habe Herrn Uhlfelder kennengelernt, als ich etwa fünf Jahre alt war, aber erst später erfuhr ich, daß er neben einem größeren Sohn auch eine kleine Tochter in meinem Alter hatte. Vielleicht war er gerade wegen dieser Anny immer so nett zu mir? Einmal, als ich ihm an der Hand meines Großvaters begegnete, mit dessen langen Schritten ich kaum mitkam, rief er uns über die Straße herüber zu: »Nicht so schnell, Herr Mayer, die Kleine will ja von unserem schönen Rosental auch noch was sehen!« Mein Großvater brummelte etwas, was sich wohl auf »unser Rosental« bezog. Aber ich fand die Bemerkung sehr richtig. Und

---

HEIDE GRUNWALD
Geboren am 3. April 1922 in München (Singlspielerhaus). Nach der Mittleren Reife Reichsarbeitsdienst und Pflichtjahr. Von 1941 bis 1950 auswärtige Tätigkeit als Arbeitsvermittlerin und Statistikerin. 1950 Heirat und Rückkehr nach München. 1950 und 1954 Geburt der beiden Kinder. Später halbtags berufstätig, zumeist bei sozialen Einrichtungen, zuletzt – bis 1982 – in einem juristischen Universitätsinstitut; seither Übernahme von ehrenamtlichen Tätigkeiten.

einmal hielt Max Uhlfelder beim Gärtner-Festzug, der alljährlich im August an unseren Geschäften vorbeiging, sogar einen blumengeschmückten Leiterwagen für mich an, damit mich unsere Verkäuferin auf mein inständiges Betteln hin reinsetzen konnte.

Zwischen den Herren Mayer und Uhlfelder bestanden gutnachbarliche Beziehungen. Beide waren angesehene Geschäftsleute und Kommerzienräte, in mancherlei Vereinen, Berufsverbänden und Ausschüssen tätig. So gab es auch viele persönliche Kontakte, die durchaus freundlich verliefen. Geschäftlich waren die beiden natürlich von Anfang an Konkurrenten. Oft war's ein hartes Ringen um die günstigste Ware, die niedrigsten Preise, um Rabatte und Ausverkaufs-Nachlässe, die das eine oder das andere Geschäft gewähren konnte; denn die amtlichen Vorschriften für Kaufhäuser und kleine Einzelhandelsgeschäfte waren sehr unterschiedlich. Privat aber blieben sie gute Nachbarn, und keiner wollte dem anderen schaden.

Eine ganz spezielle, witzige Spitze hatte der Kaufhaus-Chef allerdings immer gegen den »Haushaltsmayer« parat. Während der nämlich erst in den 90er Jahren des vorigen Jahrhunderts als junger Mann nach München zugezogen war, wurde Max Uhlfelder bereits 1884 hier geboren und konnte für sich in Anspruch nehmen, der ältere und einzig wahre Münchner zu sein. Das vermochte der Pfälzer Johannes Mayer nicht abzustreiten, und es tat ihm schon ein bißchen weh; denn auch er fühlte sich mittlerweile als echter Sohn seiner Stadt.

Andere, schwierigere Beziehungen zwischen den beiden Geschäftsleuten kamen dadurch zustande, daß manche Leute das große Namensschild über dem bescheidenen Haushaltsladen der Einfachheit halber schlichtweg mit der Firma Uhlfelder in Verbindung brachten. Die Hochzeit der Uhlfelder-Tochter Grete mit Herrn Joseph Ernst Mayer im Mai 1918 war ja noch in allgemeiner Erinnerung – und zweimal »Mayer« mit »ay« – das mußte doch zusammenhängen! So hielten viele Kunden die kleine Firma ganz einfach für eine Filiale der größeren (und meine Großeltern natürlich auch für jüdische Geschäftsleute!). Oft wollte jemand eine Ware hier oder drüben schon schöner oder billiger gesehen haben und verlangte, daß man sie »vom anderen Laden« herüberhole. Da lachten die Uhlfelders recht verschmitzt: Sie hatten ja ständig ihre Pläne! Aber für meinen Großvater war es manchmal schon eine bittere Pille.

Die wurde freilich noch bitterer, als sein Geschäft 1927/28 der übermächtigen Konkurrenz tatsächlich nicht mehr gewachsen war. Zu Weihnachten führte er einen rigorosen Teilausverkauf durch, Anfang 1928 konnte und mußte er es dann »weit, weit weg«, wie er immer sagte, nämlich in die Theresienstraße in der Maxvorstadt, verlegen.

Aber was bedeutete dies schon im Vergleich zu alldem, was sein jüdischer Rivale ein paar Jahre später zu erleiden hatte! Nachdem 1933 die Nationalsozialisten an die Macht gekommen waren, erfolgten immer häufiger Übergriffe und Eigentumsverletzungen gegen die Juden. Bereits am 9. März 1933 wurde Max Uhlfelder aufgrund einer persönlichen Denunziation verhaftet und für drei Tage eingesperrt; am 23. März 1933 zog der NS-Kampfbund in einem lärmenden Demonstrationszug an seinem Geschäft vorbei. Die aufgebrachten Menschenmassen brüllten aggressive antijüdische Parolen. An seinem und anderen jüdischen Geschäften, an Litfaßsäulen und Anschlagtafeln klebten großflächige Plakate: »Kauft nicht bei Juden«, »Juden raus« und »Massenkundgebung gegen den jüdischen Lügenfeldzug«.

Noch mehrmals, u. a. im Mai 1935, wiederholten sich die Demonstrationen. Die verunsicherten Kunden wagten bald kaum mehr, ein jüdisches Geschäft zu betreten, so daß ein zu empfindlicher Rückgang des Umsatzes nicht ausbleiben konnte. Zudem mußten die jüdischen Kaufhausbesitzer in München eine eigene Warenhaussteuer entrichten, und nach der »Reichskristallnacht« vom 9./10. November 1938 außerdem noch eine »Judenvermögensabgabe«.

In dieser Pogromnacht führte die NSDAP im ganzen Reichsgebiet zum Gedenken des Hitlerputsches am 9. November 1923 die bisher härte-

*Das Kaufhaus Uhlfelder vor der »Reichskristallnacht«*

sten Schläge gegen die Juden. Sie hatten die weitgehende Zerstörung jüdischen Eigentums, jüdischer Geschäfte und Wohnungen zum Ziel. Auch Verhaftungen, körperliche Mißhandlungen, sogar Morde geschahen in großer Zahl.

In München demolierten die von der Partei aufgehetzten gewalttätigen, johlenden Horden neben den übrigen nicht-»arischen« Geschäften, wie Tietz, Rothschild, Eichengrün, Bamberger & Hertz usw. natürlich auch das Haus Uhlfelder. Die großen Schaufensterscheiben wurden eingeschlagen, die ausgestellten Waren auf die Straße geworfen, zertreten und zerfetzt, zum Teil auch geplündert. Ebenso geschah es mit der Inneneinrichtung und allen darin präsentierten Dingen. Die schöne Rolltreppe, die Uhlfelder vor ein paar Jahren als erstes Kaufhaus Münchens hatte einbauen lassen, wurde mit Brechstangen zerstört. Alles war übersät mit Trümmern und Glasscherben.

Und dann kam der Zweite Weltkrieg. Die Judenverfolgung richtete sich nun nicht mehr nur gegen das Eigentum, sondern direkt und gnadenlos gegen das Leben der »semitischen« Bürger.

*Das Kaufhaus Uhlfelder nach der »Reichskristallnacht«*

Während im Ersten Weltkrieg etwa 100.000 deutsche Juden an der Front für ihr Vaterland gekämpft und 12.000 davon ihr Leben verloren hatten, wurden jetzt die Einwohner jüdischen Glaubens als »wehrunwürdig« bezeichnet und damit als minderwertig abqualifiziert. Man verschleppte sie, meist die ganze Familie, in Konzentrationslager, trieb sie zu Deportationssammelstellen, von welchen aus sie direkt in den sicheren Tod geschickt wurden. Sie wurden gequält, erniedrigt, mißhandelt, erschossen, vergast... Nur wenige überlebten die grausame und unerbittliche Verfolgung.

Zu diesen wenigen gehörte die engere Familie Uhlfelder, der es möglich war, sich unter Zahlung der sogenannten Reichsfluchtsteuer ins Ausland abzusetzen. Max Uhlfelder floh mit den Seinen zuerst in die Schweiz, später nach Indien und zuletzt in die USA, wo er endlich wieder seßhaft werden konnte. Er baute sich eine neue Existenz auf als Importeur und Exporteur, mußte aber die schreckliche Tatsache ertragen, seiner Schwester, ihrem Mann und ihrem Sohn nicht mehr helfen zu können. Sein gesamtes in Deutschland verbliebenes Vermögen war bereits am 7. September 1940

Kennort: München

Kennummer: A 00504

Gültig bis 23. Februar 1944

Name: Uhlfelder

Vornamen: Max Israel

Geburtstag: 6. Mai 1884

Geburtsort: München

Beruf: Kaufmann

Unveränderliche Kennzeichen: fehlen

Veränderliche Kennzeichen: fehlen

Bemerkungen: keine

A 104 (8. 38)

Rechter Zeigefinger

Linker Zeigefinger

(Unterschrift des Kennkarteninhabers)

München, den 23. Februar 1939

POLIZEIPRÄSIDIUM

(Ausstellende Behörde)

(Unterschrift des ausfertigenden Beamten)

*»Kennkarte« von Max Uhlfelder, 1939*

aufgrund der »Verfallserklärung des Reichsministeriums des Innern« enteignet worden; evtl. im Ausland deponierte Werte waren während des Krieges blockiert. So hatte er nicht mehr die Mittel, die Familie Mayer freizukaufen. Sie wurde nach Kowno in Litauen verschleppt und dort am 25. November 1941 umgebracht. Am Uhlfeldergrab im Neuen Israelitischen Friedhof steht eine Gedenktafel für die drei Ermordeten.

Das große Leid, welches die nationalsozialistische Gewaltherrschaft über so viele Juden brachte, hat also auch vor der einstigen Renommierfamilie Uhlfelder nicht haltgemacht. Und das stolze Kaufhaus im Rosental wurde mehrmals von den Bomben des Zweiten Weltkrieges getroffen; restlos zerstört wohl am 25. April 1944.

Für Max Uhlfelder, der 1949, als 65jähriger nach München zurückkehrte und voller Pläne für den Wiederaufbau war, muß der Schock fürchterlich gewesen sein. Es war alles total vernichtet; die Häuser mit sämtlichen Inneneinrichtungen, die Höfe, die Zufahrten, die Leitungen..., daß er schließlich alle Restaurierungspläne aufgeben mußte. Trotzdem verlegte er 1952 seinen Wohnsitz nach München und ließ wenigstens das Haus Rosental 9 wieder aufbauen. Er war und blieb eben ein echter Münchner und wollte nirgendwo anders leben und sterben.

Schweren Herzens verkaufte er schließlich die zerstörten Grundstücke, aber nicht an den ursprünglich dafür vorgesehenen Konzern, sondern um einen weit niedrigeren Preis an seine geliebte

Heimatstadt. Er hatte erfahren, daß München hier einen Erweiterungsbau des Stadtmuseums errichten wollte, und das schien ihm die optimale Verwendung für sein Eigentum zu sein. Das Haus Rosental 9 blieb allerdings auch weiterhin ein »Uhlfelderhaus«. Als es endlich wieder hergestellt war, diente es als Unterkunft für Familienangehörige und Gäste.

Es hat, obwohl es inzwischen doch – und wieder an die Stadt München – verkauft wurde, bei Einwohnern und Nachbarn immer noch den alten Namen. Keiner, der sich noch an die alten Zeiten erinnert, kann da wohl vorbeigehen, ohne an die Familie Uhlfelder zu denken.

Damals in der Nachkriegszeit habe ich die Rückkehr Max Uhlfelders gar nicht so richtig mitbekommen, aber heute ärgere ich mich schon, daß ich nie den Versuch unternahm, wieder mit ihm in Kontakt zu treten. Nach dem Tode seiner Frau war er wohl recht einsam, zumal die übrige Familie in Amerika geblieben war. Vielleicht hätte er sich gefreut, das kleine Mädchen von damals wiederzusehen – und ich hätte gerne etwas über seine Tochter Anny erfahren.

Am 4. März 1958 ist Max Uhlfelder gestorben. Er wurde, wie er es sich gewünscht hatte, im Familiengrab im Neuen Israelitischen Friedhof an der Garchinger Straße begraben.

N. Stark & Cie.
Tuchhandlung.
MÜNCHEN Telefonruf 6902.
München
Karlsplatz 5.

Vor welchen Verfolgungen die Vorfahren der Familie Stark, vermutlich im Laufe des 16. Jahrhunderts, in das kleine fränkische Dorf Ermetzhofen flüchteten, läßt sich heute nicht mehr rekonstruieren, da die nur spärlich vorhandenen Dokumente während der Naziherrschaft vernichtet wurden. Auch dort der Ausgrenzung, dem Spott und der Verachtung preisgegeben, waren sie für die nächsten drei Jahrhunderte wenigstens ihres Lebens sicher. Sie waren genügsam, fleißig und gottesfürchtig. Ihr Reichtum bestand in einer großen Anzahl von Kindern. Den Namen Stark führte die Familie seit Anfang des 19. Jahrhunderts. Bis dahin hatten die Juden nur einen Vornamen, gefolgt vom Namen des Vaters. Allen gemeinsam war der Name »Jud«.

Als im Jahre 1861 die Juden endlich die vollen Bürgerrechte erlangt hatten und damit die Genehmigung, sich an jedem beliebigen Ort niederzulassen, kamen viele von ihnen in die größeren Städte, um dort ihr Glück zu versuchen.

So zog auch Nathan, einer der Starksöhne, nach München, um hier ein Stoffgeschäft zu gründen. Am Stachus 5, mitten in der Stadt, mietete er einen Laden, der seinen Vorstellungen entsprach.

Sowohl durch seine Mithilfe im väterlichen Laden als auch durch eine Lehre als Textilkaufmann hatte Nathan genügend Erfahrung im Tuchhandel, um ein Stoffgeschäft zu führen. Offenbar machte er seine Sache so gut, daß die Firma zusehends aufblühte und er allein mit der Arbeit nicht mehr fertig wurde. Daher ließ er zwei seiner jüngeren Brüder, Julius und Joseph, nachkommen. Alle drei legten ihre Ersparnisse zusammen, kauften das Haus am Stachus und waren somit Besitzer der Firma N. Stark & Cie., Tuchgroß- und -einzelhandelsgeschäft.

Im Nachbardorf von Ermetzhofen wohnte die mit Starks verwandte Familie Simon Neu. Trotz seiner neun Kinder, wovon allerdings nur fünf das Erwachsenenalter erreichten, muß es Simon zu einigem Wohlstand gebracht haben, sonst hätte er nicht seine Töchter auf eine »höhere Mädchenschule« in Würzburg schicken können. Sie lernten dort Französisch und Klavierspielen, wurden in deutscher Literatur unterrichtet und dazu befähigt, durch einwandfreies Benehmen und geistreiche Konversation ihren Platz in der Gesellschaft einzunehmen.

Als die jüngste Tochter, Recha, geboren im Jahr 1866, von der Schule in ihr Heimatdorf zurückkam, verliebte sie sich in ihren feschen Vetter Joseph, und auch er war von der energischen und gescheiten Recha mit den großen rehbraunen Augen sehr angetan. Möglicherweise waren die Eltern von dieser Ehe zwischen Verwandten nicht begeistert, aber Recha setzte, wie immer, ihren Willen durch. Sie heiratete ihren Joseph im Jahr 1889 und folgte ihm nach München.

Das junge Paar zog in eine große Wohnung am Bavariaring. Schnell fühlten sich beide in München heimisch, fanden sie doch hier viele Verwandte und Freunde aus ihrem heimatlichen Wohnort und benachbarten fränkischen Dörfern vor. Die jüdische Gemeinde bestand um diese Zeit schon aus etwa 5.000 Mitgliedern. Die große Synagoge hinter dem Künstlerhaus war eben

---

MARGUERITE STRASSER
Geboren 1926 in München als Tochter von Dr. Ernst Wallerstein, Rechtsanwalt, und Dr. Dorothea Wallerstein, geb. Stark, Ärztin. Im Mai 1939 zwangsweise Emigration nach Frankreich. Im Jahre 1951 Rückkehr nach München. In Frankreich Tätigkeit als Sozialarbeiterin, in Deutschland als Übersetzerin. Verheiratet, drei Kinder und acht Enkelkinder. Lebt in München.

erbaut worden. Die Münchner Juden waren sehr stolz auf dieses Gebäude mit der schönen Orgel; es war die drittgrößte Synagoge Deutschlands. Dort traf man sich an den hohen Feiertagen zum Gottesdienst und plauderte anschließend ein bißchen miteinander. So wuchs die Gemeinde immer mehr zusammen.

Die Starkfamilie, in München heimisch geworden, hatte sich vergrößert. Bei Nathan war ein Sohn Ludwig auf die Welt gekommen, der infolge eines Geburtstraumas behindert war. Glücklicherweise wurden bald darauf zwei gesunde Kinder, Frieda und Kurt, geboren.

Auch Julius, der später die Filiale in Nürnberg gründen sollte, wurde Vater von sechs Kindern. Joseph und Recha bekamen 1891 ihre erste Tochter Franziska, vier Jahre später ein zweites Mädchen Dorothea. Während Franziska nach Abschluß der Mittleren Reife die Schule verließ, ging Dorothea aufs Gymnasium und überraschte ihre Eltern nach dem Abitur mit dem Wunsch, Medizin zu studieren. Recha fand zwar dieses Studium höchst unpassend für ein junges Mädchen, aber für dieses einzige Mal gab ihre sonst so folgsame Tochter nicht nach.

Dorothea hatte kaum mit ihrem Studium begonnen, als der Erste Weltkrieg ausbrach. Neben den meisten Söhnen der Familie Stark wurde auch Nathans Sohn Kurt eingezogen und kam schon bald mit einem Holzbein in die Heimat zurück.

Den Ersten Weltkrieg hatte die Firma N. Stark & Cie. ohne größere Verluste überstanden, doch wurde in den zwanziger Jahren ein Generationswechsel notwendig, nachdem Joseph und Nathan gesundheitsbedingt ausscheiden mußten. Franziska, Josephs Älteste, heiratete Siegfried, einen tüchtigen Kaufmann, dem ein Drittel des Geschäfts überschrieben wurde; die anderen zwei Drittel erhielten Kurt und Joseph II, Sohn einer der Starkbrüder aus Ermetzhofen. Unter der Führung der drei jungen Kaufleute erlebte der Betrieb eine rasche Expansion. In ganz Bayern boten Vertreter die Stoffe im Großhandel an, und es entstanden für die Geschäftsverbindungen mit dem Ausland zwei Warenlager, eines in Lörrach, das andere in Basel.

Doch immer noch fehlte es an tüchtigen Mitarbeitern. Also wurde Heinrich, ein Neffe von Recha, als Verkäufer eingestellt. Zwar galt Heini als schwarzes Schaf der Familie, denn er hatte zum Entsetzen seiner Verwandten eine Christin geheiratet. (Niemand ahnte damals, daß ihm diese Ehe das Leben retten sollte). Doch bei der Kundschaft war er beliebt, denn er war stets zum Scherzen aufgelegt und verfügte über einen unerschöpflichen Vorrat an mehr oder weniger derben Witzen und lustigen Geschichten. Am liebsten erzählte er, wie Karl Valentin eines Tages ins Geschäft gekommen war, um rotes Tuch zu erwerben. Alle Stoffe dieser Farbe ließ er sich vorführen. Als Heini schließlich ganz erschöpft den letzten roten Ballen vom Regal holte, war Valentin endlich zufrieden. »Geben Sie mir bitte zwei Quadratzentimeter davon«, sagte er, »mein kleiner Stoffhund braucht eine neue Zunge.«

Schon 1919 hatte die Hochzeit zwischen Dorothea und Ernst, einem Rechtsanwalt aus Straßburg, stattgefunden. Ernst hatte nach dem Krieg, als das Elsaß französisch wurde, seine Heimat verlassen und war in München als Sozius in eine Kanzlei in der Zweibrückenstraße eingetreten. Nach den ersten schwierigen Jahren erzielte er glänzende berufliche Erfolge und war bald bei Richtern und Publikum wegen seiner lebendigen und humorvollen Plädoyers sehr beliebt.

Während Franziska und Siegfried 1921 ihren Sohn Hans und 1924 ihre Tochter Charlotte bekommen hatten, blieb die Ehe von Dorothea und Ernst zum Kummer der beiden vorerst kinderlos. Darum führte Thea ihr Studium weiter und nahm sich vor, Kinderärztin zu werden. Doch im siebten Jahr ihrer Ehe, während sie das »Praktische Jahr« absolvierte, geschah das Wunder: Sie wurde endlich schwanger. Im April 1926 kam Margarete auf die Welt. Doch die Freude war von kurzer Dauer. Als das Baby sechs Tage alt war, starb seine Mutter an einer Embolie. Die Trauer um die junge Frau war groß; sie war der Liebling der ganzen Familie gewesen. Für Franziska war es selbstverständlich, das Kind, die kleine Gretl, wie ihr eigenes in ihre Familie aufzunehmen. Hier wuchs Gretl auf, zusammen mit Hans und Lotte, die sie als ihre Geschwister betrachtete.

Auch andere Mitglieder der Münchner Familie Stark hatten Nachwuchs bekommen; bei Friedl waren es drei Töchter, Annaliese, Trudl und Marianne, bei Joseph II, im Familienkreis Seppl genannt, und seiner Frau Lina eine Tochter Rita und ein Sohn Günther.

Wenn sich die ganze Verwandtschaft im Bauernhof in Berg am Starnberger See traf, den Großmutter Recha schon vor dem Krieg gekauft hatte, ging es hoch her. Ständig waren erwünschte und unerwünschte Besucher zu Gast. Auch die Kinder durften Freunde mitbringen, so daß es im Haus nicht mehr genug Betten gab, und die Buben zu ihrer größten Freude im Heu schlafen mußten. Die ganzen Sommerferien verbrachte die Familie in dem idyllischen Haus.

Nach den langen Sommerwochen kehrten zumindest die Erwachsenen gern nach München zurück. Das Alltagsleben nahm seinen Lauf. Recha, sozial engagiert, empfing in ihrer Wohnung in Bogenhausen wieder alle Hilfesuchenden, welche die jüdische Gemeinde zu ihr schickte, damit sie ihnen mit Rat und Tat zur Seite stehe. Keiner verließ ihr Haus, ohne seelische oder materielle Hilfe bekommen zu haben. Menschen in Not zu helfen, war für sie eine selbstverständliche Pflicht.

Sie nahm erneut ihre langen Spaziergänge in den Isaranlagen auf, zu denen sie oft ihre Lieblingsenkelin Gretl mitnahm. Meistens war das Ziel der beiden eine schattige Bank an einem kleinen romantischen Teich nahe beim Friedensengel. Dort erzählte Recha dem Kind von seiner verstorbenen Mutter, die alle geliebt hatten, die sie kannten. Sie nannte dem kleinen Mädchen die Namen der Bäume und der Blumen und lehrte es, seine ausgestreckte Hand so ruhig zu halten, daß die Vögel sich darauf niederließen, um die mitgebrachten Körner aufzupicken. Wieder ging Recha abends fast täglich in Vorträge, Konzerte oder Theatervorstellungen, fing auch erneut an, ihr Gedächtnis mit Hilfe von Französischvokabeln zu üben und traf sich mit ihren vielen Freundinnen zum wöchentlichen Kaffeekränzchen.

Franziska hatte, gemeinsam mit einer Hausangestellten, mit ihrem großen Haushalt und den drei lebhaften Kindern genug zu tun, zumal heftige Migräneanfälle sie immer wieder tagelang ans Bett fesselten.

Jeden Freitag Abend versammelten sich die Familien, um den Anfang des *Schabbats* zu feiern. Die gemeinsame Mahlzeit wurde von Gebeten und Gesängen begleitet. An den großen religiösen Festen besuchte man die Synagoge. Die Starks rechneten sich zu den »reformierten« Juden, deren Synagoge sich in der Herzog-Max-Straße befand. Das Gotteshaus der »orthodoxen« Glaubensbrüder war in der Herzog-Rudolf-Straße, während die Synagoge der Zugewanderten aus östlichen Ländern sich in der Reichenbachstraße befand. Zwischen den Alteingesessenen und den Ostjuden gab es kaum Kontakte. Während die einen bestrebt waren, sich, ohne auf ihre religiösen Überzeugungen zu verzichten, in die Gesellschaft zu integrieren, hielten die anderen an ihren mitgebrachten Sitten und Gebräuchen fest.

Die Firma Stark war zu einem beliebten und bekannten Stoffgeschäft geworden. Es gab keinerlei finanzielle Sorgen. Man lebte in gutem Einvernehmen mit den Nachbarn und fühlte sich nicht nur als Münchner Bürger, sondern auch als guter Deutscher, hatten doch nahezu alle jungen Männer der Starkfamilie im Krieg 1914–18 als Frontsoldaten gekämpft und teilweise, wie zum Beispiel Siegfried, als Auszeichnung das »Eiserne Kreuz« erhalten. Darum entstand vorerst keine Panik, als Hitler an die Macht zu kommen drohte, sondern nur ein gewissen Unbehagen. Der braune Spuk würde bestimmt nicht lange andauern, schien es doch vollkommen unmöglich, daß sich das deutsche Volk in einer Wahl für »diesen Größenwahnsinnigen« entscheiden würde.

Doch am 30. Januar 1933 wurde der »böhmische Gefreite« Reichskanzler. Die NSDAP erreichte im März bei den Wahlen knapp 44% der Stimmen. SA-Truppen zogen im Gleichschritt durch die Stadt und grölten: »Wenn das Judenblut vom Messer spritzt ...«. An den Hauswänden hingen mit einem Mal Schaukästen mit dem »Stürmer«, einem Hetzblatt, das mit verleumde-

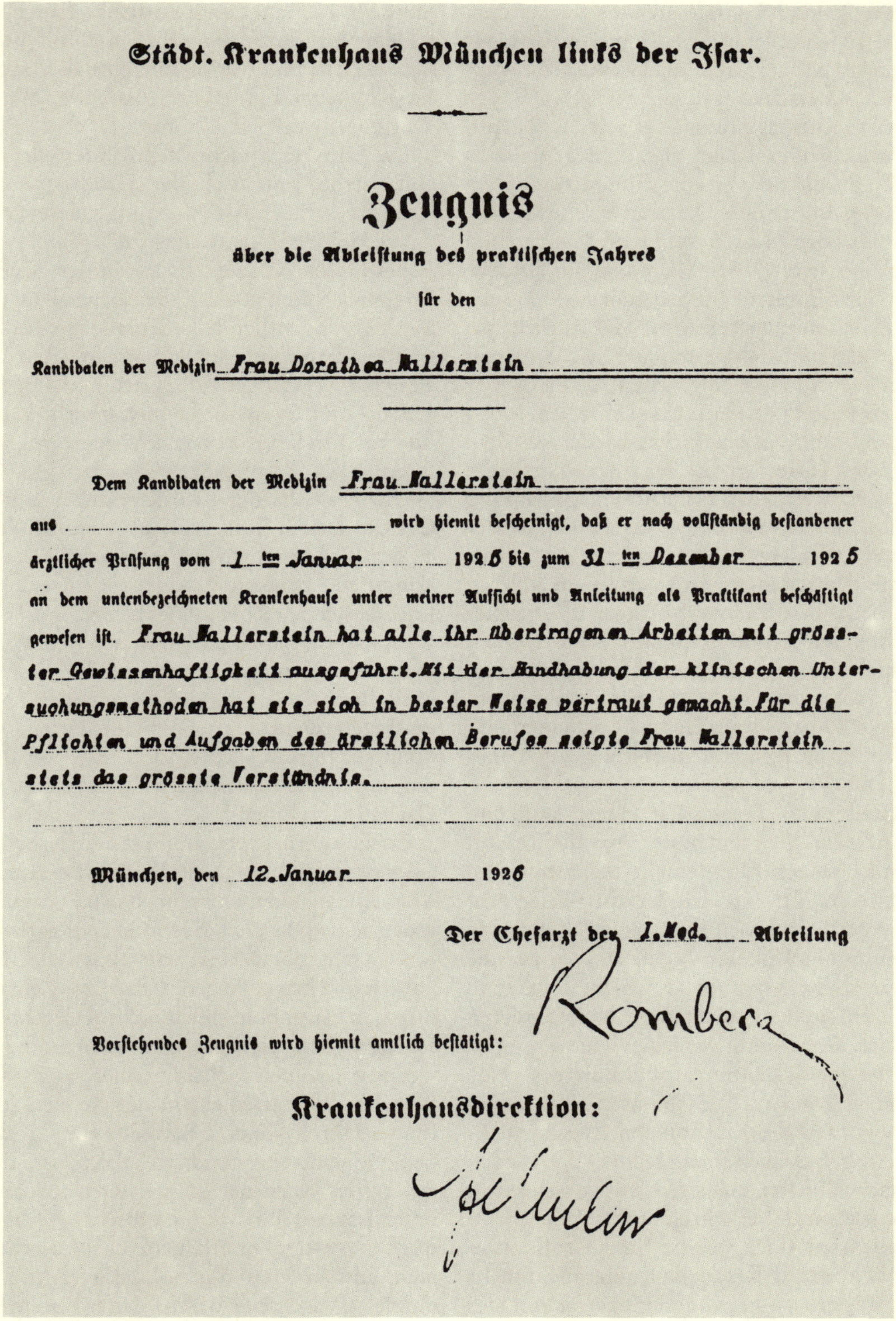

**Städt. Krankenhaus München links der Isar.**

# Zeugnis

über die Ableistung des praktischen Jahres

für den

Kandidaten der Medizin Frau Dorothea Wallerstein

Dem Kandidaten der Medizin Frau Wallerstein

aus ................ wird hiemit bescheinigt, daß er nach vollständig bestandener ärztlicher Prüfung vom 1ten Januar 1925 bis zum 31ten Dezember 1925 an dem untenbezeichneten Krankenhause unter meiner Aufsicht und Anleitung als Praktikant beschäftigt gewesen ist. Frau Wallerstein hat alle ihr übertragenen Arbeiten mit grösster Gewissenhaftigkeit ausgeführt. Mit der Handhabung der klinischen Untersuchungsmethoden hat sie sich in bester Weise vertraut gemacht. Für die Pflichten und Aufgaben des ärztlichen Berufes zeigte Frau Wallerstein stets das grösste Verständnis.

München, den 12. Januar 1926

Der Chefarzt der I. Med. Abteilung

Romberg

Vorstehendes Zeugnis wird hiemit amtlich bestätigt:

**Krankenhausdirektion:**

rischen Artikeln und diffamierenden Karikaturen gegen die Juden polemisierte. Immer mehr Menschen ersetzten das freundliche »Grüß Gott« durch den »deutschen Gruß«.

An einem Samstagmorgen – es war der 1. April 1933 – kam Siegfried blaß und verstört in seine Wohnung zurück, die er eine Stunde zuvor verlassen hatte, um sein Geschäft am Stachus aufzusuchen. Vor dem Laden stand breitbeinig und höhnisch grinsend ein SA-Mann und hinderte die Kunden am Eintreten. Im Schaufenster hing ein großes Plakat mit der Inschrift: »Kauft nicht bei Juden«. Verständlicherweise hatte sich Siegfried auf keine Diskussion eingelassen, sondern war deprimiert nach Hause zurückgekehrt. Am Montag darauf konnte er das Plakat wieder aus dem Schaufenster entfernen. Es war das erste, aber nicht das letzte Mal, daß es zu Anschlägen auf das Geschäft kam. Wenn an einem Tag auf den Auslagen Zettel angeklebt wurden mit der Aufschrift »Raus mit den Juden«, wurden an einem anderen Tag ähnliche Parolen mit Säure in die Fenster geätzt. Ein anderes Mal standen Posten vor dem Laden und hinderten die Kunden am Eintreten. Es kam auch vor, daß SA-Männer eindrangen, alle verjagten, die sich im Geschäft befanden und die Inhaber zwangen, für diesen Tag zu schließen.

Als Hans eines Tages nach Hause kam und ganz traurig erzählte, sein bester Freund dürfe auf Anordnung seiner Eltern nicht mehr mit ihm spielen, verstanden die Kinder die Welt nicht mehr. »Aber wieso denn?«, fragten Lotte und Gretl empört. »Weil wir Juden sind«, war die Antwort. Aber das konnte doch nicht der Grund sein! Waren sie denn nicht so wie alle anderen Kinder, sahen aus wie sie, spielten wie sie, gingen in die Schule wie sie? Immer öfter durfte das eine oder andere Kind nicht mehr kommen, immer seltener wurden die Einladungen. Doch glücklicherweise gab es auch Freunde, die offen zu den Judenkindern hielten und sich nicht vorschreiben ließen, mit wem sie verkehren durften oder nicht. Jedes Mal, wenn Gretl sich bei ihrer Großmutter darüber beklagte, daß manche Kinder nicht mehr mit ihr spielen wollten oder ihr sogar auf der Straße häßliche Schimpfworte nachriefen, bekam sie den für sie unbegreiflichen Rat: »Was auch passiert, Du mußt stolz sein, eine Jüdin zu sein.« Es sollte Jahrzehnte dauern, bis sie den Sinn dieser Worte nachvollziehen konnte.

Das Jahr 1934 brachte den Kindern der Familie eine herbe Enttäuschung. Großmutter Recha hatte eines Tages in der Zeitung gelesen, daß viel zu viele Juden »deutsches Land« in Form von Bauernhöfen besäßen. Es sei an der Zeit, sie zu enteignen und das Land den Deutschen zurückzugeben. Ergriffen von der allgemeinen Angst und Niedergeschlagenheit beschloß Recha, ihren Besitz zu verkaufen. Alle Bitten und Tränen ihrer Enkel konnten sie nicht umstimmen. Das Paradies aus Kindertagen war unwiederbringlich verloren.

Die Erwachsenen wurden immer unruhiger. Oft wurden die Kinder hinausgeschickt. Wenn sie an der Türe horchten, hörten sie nur Flüstern. Es konnte auch vorkommen, daß die Eltern plötzlich französisch sprachen. Die Kinder zu schonen, war nicht der einzige Grund, daß man vor ihnen nicht offen von den Sorgen und Ängsten sprach. Man fürchtete auch, daß sie in ihrer Naivität Aussagen ausplauderten, die gefährlich werden konnten. Immer wieder hörte man von Bekannten, die im neu errichteten Konzentrationslager Dachau verschwunden waren.

Obwohl Ernst bei Gericht ständigen Schikanen ausgesetzt war, und in der Kanzlei die Anzahl der Klienten immer mehr schrumpfte, da nur mehr Juden seine Dienste beanspruchen durften, dachte er nicht daran, in seine elsässische Heimat zurückzukehren. Wegen seiner deutschen Examen hätte er in Frankreich nicht als Rechtsanwalt arbeiten können. Abgesehen davon wollte er sich weder von seiner Tochter trennen, noch sie ihrer Pflegefamilie entreißen, in der sie sich so wohl fühlte. Durch seinen Charme, seine Großzügigkeit und seinen Humor hatte er sich viele Freunde geschaffen, von denen die meisten trotz der politischen Lage zu ihm hielten. Obwohl er seine Thea nicht vergessen konnte, hatte er inzwischen eine nichtjüdische Freundin. Sollte Gretl mit ihr harmonieren, dachte er daran, sie zu heiraten.

An einem Maimorgen im Jahr 1935 erwachte er um 5 Uhr durch lautes Poltern an der Tür. Wie jedermann wußte er, was das zu bedeuten hatte. Zwei Gestapomänner holten ihn ab. Nachdem man ihn einen ganzen angsterfüllten Vormittag lang hatte warten lassen, wurde er in ein Zimmer geführt, in dem sich auch schon seine verschreckte Freundin befand. »Sie haben Rassenschande begangen«, warf man den beiden vor. Nur eine sofortige Auswanderung von Ernst innerhalb von 24 Stunden könnten seine »Schutzhaft« in Dachau und die Internierung seiner Freundin in Stadelheim verhindern. Sollte er noch ein einziges Mal nach Deutschland kommen, sei sein Schicksal besiegelt. Also packte Ernst, der seine Wohnung infolge seines beruflichen Niedergangs schon aufgegeben hatte und nun in einem Mansardenzimmer lebte, seine Koffer, umarmte sein verzweifelt schluchzendes Kind und fuhr nach Straßburg. Mit Hilfe seiner Geschwister baute er sich dort mühsam eine bescheidene Existenz als Rechtsberater und Helfer jüdischer Emigranten auf.

Mit den »Nürnberger Gesetzen« vom 15. September 1935 verschärfte sich die Ausgrenzung der Juden täglich. Bald hingen an allen öffentlichen Sport- und Kulturstätten Plakate mit der Aufschrift: »Juden unerwünscht«. Recha, die so gern Theatervorstellungen oder ein schönes Konzert besucht hatte, mußte sich jetzt mit Lesen und Hausmusik begnügen. Das bescheidene Samstagabendvergnügen von Franziska und Siegfried, der wöchentliche Kinobesuch, fiel nun ebenfalls aus. Während dieser zwei Stunden hatten die beiden ihre Sorgen wenigstens vorübergehend vergessen können. Die jüdischen Kinder wurden vom Sportverein »Jahn« ausgeschlossen. Sie durften kein Schwimmbad und kein Eisstadion mehr betreten. Dafür warf man ihnen in der Schule ihre »typisch jüdische« Unsportlichkeit vor. Daß man ihnen auch den Eintritt zum Tierpark und zum Deutschen Museum verwehrte, war für die Starkkinder besonders schmerzlich.

Endlich begriffen viele Juden, daß sie in Deutschland nicht mehr viel zu erhoffen hatten und retteten sich vor der brutalen Diskriminierung und Verfolgung ins Ausland. Das Ziel der meisten Auswanderer waren die Vereinigten Staaten, wenn es auch nicht ganz einfach war, dorthin zu gelangen. Wenn die jährliche Einwanderungsquote schon ausgeschöpft war oder der Flüchtling keinen Bürgen finden konnte, der sich verpflichtete, im Notfall für seinen Lebensunterhalt aufzukommen, erhielt er kein Einreisevisum.

Friedl und ihre zwei Töchter Annaliese und Marianne hatten das Glück, einen Bürgen zu finden. So verließen sie schweren Herzens ihre Heimat, die schöne alte Villa mit dem verwunschenen Garten in Pasing, und flohen ins Unbekannte. Ihren Bruder Ludwig mußte Friedl in einem Heim für Behinderte zurücklassen. Es besteht kein Zweifel, daß er, wie Abertausende von Leidensgenossen, im Rahmen des sogenannten Euthanasieprogrammes für »unwertes Leben« ermordet wurde. Trudl fand in Israel ein neues Zuhause. Auch andere Verwandte und Freunde entschieden sich für die Auswanderung.

Doch Siegfried, Kurt und Seppl hofften noch immer, die Nazis würden ihnen ihren Einsatz im Krieg zugute halten. Sie führten ihre Firma weiter, froh darüber, daß der Umsatz trotz allem nicht zu sehr gesunken war. Auch Recha und ihre vielen Freundinnen meinten, sie seien zu alt, um in der Fremde wieder Wurzeln zu fassen. Sie hofften, daß Hitler angesichts der Weltöffentlichkeit nicht wagen würde, die Judenverfolgungen weiter zu verschärfen. Was sollte man alten Damen wie ihnen schon antun? Sie trösteten sich damit, daß es immer noch Nachbarn und Freunde gab, die demonstrativ zu ihnen hielten.

Gretl hatte ihren Vater nun bereits über ein Jahr nicht mehr gesehen und litt sehr unter der langen Trennung. Doch endlich kam eine gute Nachricht aus Straßburg. Ernst hatte als gebürtiger Straßburger die französische Staatsangehörigkeit erhalten. Auf diese Weise bekam auch seine Tochter einen französischen Paß. Jetzt konnte sie beliebig oft zwischen Deutschland und Frankreich hin und her reisen, um ihren Vater zu besuchen. Mit ihren zehn Jahren war sie sehr wohl in der Lage, diese Reise allein zu unternehmen. Von nun an vergingen keine Ferien, in denen

Gretl nicht nach Straßburg fuhr. Obwohl es ihr dort gut gefiel und sie zu schätzen wußte, daß nirgends Hakenkreuzfahnen hingen, keine SA durch die Straßen marschierte und es die schlimmen, demütigenden Plakate mit der Aufschrift »Juden unerwünscht« nicht gab, kehrte sie gerne wieder in ihre Heimatstadt zurück und wies alle Vorschläge weit von sich, nach Straßburg zu ihrem Vater zu ziehen.

Sie war inzwischen von der Volksschule in das Annalyzeum übergetreten und hatte in den ersten zwei Jahren das Glück, in eine freundliche, nicht judenfeindliche Klasse zu kommen. Lotte hingegen, welche dieselbe Schule besuchte, mußte schlimme Anfeindungen erdulden. Da man dem damals vierzehnjährigen Mädchen die Quälereien nicht länger zumuten konnte, wechselte sie im Jahr 1937 in die jüdische Haushaltsschule in Wolfratshausen, die erst einige Jahre vorher, unter anderem mit Hilfe von Großmutter Recha, gegründet worden war und die Schülerinnen auf ihre Auswanderung vorbereiten sollte. Es wurden dort nicht nur die üblichen Haus- und Gartenarbeiten gelehrt, sondern auch die Grundbegriffe der Landwirtschaft, planten doch viele Mädchen nach Palästina auszuwandern, wo sie hofften, in einem *Kibbuz* unterzukommen. Die Mädchen fühlten sich in diesem Institut ausgesprochen wohl. Abgeschirmt von der feindlichen Außenwelt, konnten sie, wie jeder andere junge Mensch, unbeschwert und fröhlich leben. Die jüdischen Traditionen wurden gepflegt, und die Lehrerinnen versuchten mit allen Kräften, ihren Schülerinnen in der kurzen Zeit eine möglichst umfassende Bildung zu vermitteln.

Hans hatte die Realschule beendet und sollte nun einen Beruf erlernen. In Deutschland war an eine Lehrstelle oder andere Fortbildungsmöglichkeiten für ihn nicht zu denken. Darum bemühte sich Ernst, für den Jungen in Frankreich das Passende zu finden. Seine Suche war erfolgreich und brachte für Hans die Verwirklichung seines Berufswunsches. Ernst hatte eine Hotelfachschule mitten in Frankreich gefunden, die sich bereit erklärte, den Jungen, der kaum ein Wort französisch sprach, aufzunehmen. Ahnten Franziska und Siegfried, als sie ihren Sohn zum Abschied in die Arme nahmen, daß sie ihn nie wieder sehen würden? Hans lebte sich sehr schnell ein. Aus dem Hans wurde ein »Jean«, der bald fließend und akzentfrei französisch sprach und kein deutsches Wort mehr in den Mund nahm.

Im Jahr 1937 kam eine neue Schülerin in Gretls Klasse. Sie war die Tochter eines hohen SS-Offiziers, fanatisch nationalsozialistisch und antisemitisch eingestellt. Entsetzt darüber, daß ein jüdisches Mädchen von ihren Klassenkameraden akzeptiert und als gleichwertig behandelt wurde, machte sie diesem Zustand ein schnelles Ende. Es vergingen wenige Wochen, bis Gretl vollkommen ausgegrenzt war. Der Schulbesuch wurde für Gretl zu einer täglichen Quälerei. Dennoch weigerte sie sich immer noch, zu ihrem Vater nach Straßburg zu ziehen. Ein Leben weitab von München konnte sie sich überhaupt nicht vorstellen.

Das Jahr 1938 wurde für die Münchner Juden zu einem einzigen Alptraum.

Am 8. Juni wurde der 1. Vorsitzende der Jüdischen Gemeinde ins bayerische Innenministerium vorgeladen, wo man ihm mitteilte, daß am nächsten Tag die große Synagoge an der Herzog-Max-Straße auf »Führerbefehl« abgerissen würde. Mit allen anderen Juden gingen Siegfried und Seppl zusammen mit ihren Familien an diesem Abend in das Gotteshaus, um dort tiefbewegt und unter Tränen den feierlichen Abschiedsgottesdienst zu feiern. Einige Tage später konnte man im »Stürmer« lesen: »Ein Schandfleck verschwindet. Aus verkehrstechnischen Gründen muß die Synagoge in München abgebrochen werden.«

Zur selben Zeit wurden Siegfried, Kurt und Seppl von schweren Sorgen geplagt. Einer ihrer Angestellten forderte kategorisch die Übernahme der Firma. Mit Hilfe der städtischen Behörden wurden die Inhaber des Geschäfts so unter Druck gesetzt, daß sie dem Verkauf, der »Arisierung«, der Firma zustimmten. Im Juli unterschrieben sie schweren Herzens den auferzwungenen Kaufvertrag. Bezahlt wurden nur der Warenbestand, teilweise zum Einkaufspreis, teilweise nach Gutdünken des Käufers, sowie die Einrichtung. Im Falle von Unstimmigkeiten sollte ein »neutraler« Gutachter eingesetzt werden. Um welche Sorte von Gutachter es sich handelte, ließ sich leicht erraten. Also gaben die drei Inhaber ihre Firma zu einem nachgerade lächerlichen Preis ab. Was blieb ihnen anderes übrig? Alle »arischen« Angestellten durften bleiben, Heinrich mußte trotz eines bis März 1939 unkündbaren Arbeitsvertrages gehen. Seine Abfindung wurde zur Sache der Verkäufer erklärt.

Als Jude war es ihm unmöglich, eine neue Stelle zu bekommen und so lebte er von den geringen Arbeitseinkünften seiner Frau. 1942 wurde er zwangsverpflichtet und mußte Straßen kehren, den Judenstern auf seiner Jacke. Immer wieder wurde seine Frau zur Gestapo zitiert, wo man sie bedrängte, sich von ihm zu trennen. Doch sie hielt treu zu ihrem verfolgten Mann und konnte jahrelang sogar seine Deportation verhindern. Erst im Januar 1945 wurde er nach Theresienstadt verschleppt. Durch diese späte Internierung entging er der Überstellung nach Auschwitz und somit dem Tod in der Gaskammer. Nach dem Krieg kam er als gebrochener und verbitterter Mann nach München zurück.

Nach dem Verkauf der Firma saßen Siegfried, Kurt und Seppl unglücklich und entrechtet zu Hause und fragten sich, wie es weiter gehen solle. Kurt zog endlich die Konsequenz aus der schlimmen Lage und wanderte nach den USA zu seiner Schwester aus. Was ging jedoch in den beiden anderen vor? Was mußte denn noch passieren, damit sie begriffen, daß es hier keine Zukunft mehr für sie gab? Auf welches Wunder hofften sie? Diese Fragen sind aus heutiger Sicht leicht zu stellen, aber wer konnte damals ahnen, wie Hitlers »Lösung der Judenfrage« schließlich aussehen würde?

Siegfried war sechzig Jahre alt, Franziska litt unter Gelenkrheuma und häufigen schweren Migräneanfällen, Josephs Frau Lina war herzkrank. Wie sollten diese beiden Familien im Ausland jemals wieder Fuß fassen? Alt, krank und ohne gute Sprachkenntnisse konnten sie nicht mehr für ihren Lebensunterhalt aufkommen. Anders als in den Anfangsjahren des »Dritten Reiches« durften die Emigranten nur einen minimalen Bruchteil ihres Besitzes mitnehmen. Ein großer Teil des Vermögens ging als »Reichsfluchtsteuer« an den Staat, der Rest kam auf ein Sperrkonto, wo er eingefroren wurde. Wer also nicht arbeiten konnte, war auf Almosen angewiesen und mußte auf unabsehbare Zeit in großer seelischer und materieller Not leben. Da schien das leidvolle Dasein in Deutschland immer noch erträglicher.

Von August 1938 an mußte dann jeder Jude mit nicht eindeutig jüdischem Vornamen die Vornamen Sara bzw. Israel hinzufügen. Siegfried wollte seinen urdeutschen Namen nicht mehr tragen und nannte sich von nun an Semi.

Immer noch ahnten die Juden nicht, welches Schicksal Hitler für sie vorgesehen hatte. Sie, allerdings auch die meisten ausländischen Politiker, waren außerstande, die abgrundtiefe Menschenverachtung des Nazi-Regimes zu erfassen. Nach dem Münchener Abkommen vom September 1938 glaubte man, Hitlers Gebietsansprüche seien endlich befriedigt. Alle Menschen atmeten auf; es würde keinen Krieg geben. Auch die Starks waren erleichtert. Jetzt, da die Weltöffentlichkeit auf Deutschland und ganz besonders auf München blickte und Hitler alle seine Wünsche erfüllt sah, hofften sie, daß die Angriffe gegen die Juden sich nicht mehr verschärfen, vielleicht sogar ein wenig mildern würden.

Knappe zwei Monate später, in der Nacht vom 9. zum 10. November 1938, wurde dieser zaghafte Wunschtraum brutal zerstört. Anläßlich des tödlichen Attentats eines jungen Juden auf einen deutschen Diplomaten in Paris forderte Goebbels während einer Versammlung im Alten Rathaus zu München Rache und Vergeltung an den Juden. Getarnt als Zivilisten wurden Horden von SA-Männern auf die Synagoge in der Herzog-Rudolf-Straße, auf jüdische Geschäfte und Wohnungen losgelassen. Sie legten das Gotteshaus in Schutt und Asche, verwüsteten die Geschäfte und schlugen in Wohnungen alles kurz und klein. Noch in der Nacht begann die Polizei mit der Verhaftung jüdischer Bürger. Rund 1.000 Juden wurden festgenommen und nach Dachau verschleppt, darunter auch Siegfried und Seppl.

MÄDCHEN-OBERREALSCHULE UND -REALGYMNASIUM
der Stadt München am St.-Anna-Platz
Direktorat

Fernruf
xxxx 2891567.

Städt. Mädchen-Oberrealschule, München 22, St.-Anna-Platz 11

Bargeldlose Zahlungsmöglichkeiten:
Postscheckkonto der Stadthauptkasse: München Nr. 115
Konten der Stadthauptkasse bei Münchener Geldanstalten:
Landeszentralbank von Bayern, München Nr. 6/165
Bayerische Staatsbank München Nr. 40115
Bayerische Gemeindebank München Nr. 1115
Städtische Sparkasse München Nr. 3000
Kreissparkasse München Nr. 4500
Bank für Haus- u. Grundbesitz eGmbH. Nr. 13000
Bank für Wirtschaft und Arbeit AG. Nr. 33333
Bayer. Hypotheken- und Wechsel-Bank Nr. 400248
Bayerische Vereinsbank München Nr. 207620
Commerz- und Credit-Bank AG. München Nr. 6842
Rhein-Main Bank AG. München Nr. 5894
Süddeutsche Bank AG., Filiale München Nr. 31232
Bankhaus Merck, Finck & Co. München Nr. 2119
Bankhaus Neuvians, Reuschel & Co. Nr. 2500
Bankhaus Seiler & Co. München Nr. 18518

**Bescheinigung.**

Ihre Zeichen | Ihre Nachricht vom | Unser Zeichen | München, 22.Sept.1955

BETREFF:

Schulbesuch der Schülerin
Margarete W a l l e r s t e i n, geb.22.4.1926
zu München.

Genannte Schülerin hat das Städt.Mädchenlyzeum am St.Annaplatz Nr.11 vom 21.April 1936 bis 1o.Nov. 1938 besucht ( Klasse 1c, 2c und ein Semester 3c). Nach einer stenographischen Aktennotiz wurde sie am 1o.11.1938 als Israelitin vom Unterrichtsbesuch ausgeschlossen. Von wem die Weisung dazu erging, konnte nicht festgestellt werden ( mangels einschlägiger Akten).

Dr W. Schätz,
städt.Oberstudiendirektor.

SIEGEL DER LANDESHAUPTSTADT MÜNCHEN

Noch während Franziska verstört am Fenster stand und dem Lastwagen nachblickte, auf dessen Ladefläche die SS-Männer ihren Mann gezerrt hatten, sah sie eine völlig verweinte Lotte mit ihrem Koffer auf das Haus zukommen. Lotte erzählte ihrer Mutter, daß am frühen Morgen, als alle im Haus noch schliefen, SA-Leute in die Haushaltsschule gestürmt waren und der Leiterin eröffnet hatten, daß das Institut mit sofortiger Wirkung geschlossen sei. Sowohl Lehrerinnen als auch Schülerinnen hatten das Haus binnen einer Stunde zu verlassen. Sodann waren die uniformierten Männer in die Schlafsäle gestürzt und hatten die Mädchen unter lauten Beschimpfungen geweckt. Unter ihren höhnischen Augen mußten sich die Schülerinnen anziehen und ihre Koffer packen. Innerhalb einer halben Stunde war das Schulhaus leer.

Auch bei Recha waren SA-Leute gewesen. Nachdem sie die halbe Wohnung auf den Kopf gestellt hatten, überreichten sie ihr die vom Hausbesitzer, einem langjährigen Parteigenossen, unterschriebene fristlose Kündigung der Wohnung. »In 48 Stunden ist diese Wohnung judenrein«, brüllten die Männer und warfen die Türe hinter sich zu. Durch die Intervention von Rechas mutiger, christlicher Haushaltshilfe bei der Gestapo wurde die Kündigung noch am selben Tag zurückgenommen. Und sogar an diesem Schreckenstag hatten es Freunde und Nachbarn gewagt, Recha und ihre Familie aufzusuchen, um ihnen ihre Sympathie kundzutun.

Auch Gretl war es an diesem Vormittag nicht gut ergangen. In den ersten Stunden von ihren Klassenkameraden noch schlimmer als sonst gequält, wurde sie schließlich von der Schule relegiert und mußte das Klassenzimmer unter dem Beifall und Gejohle ihrer Mitschülerinnen verlassen. Zitternd vor Angst, jemand könne sie auf der Straße als Jüdin erkennen, lief sie nach Hause.

Von den jüdischen Männern, die an diesem Tage nach Dachau gebracht worden waren, kamen viele, darunter Seppl, nach wenigen Tagen zurück, Siegfried aber erst nach sechs Wochen. Verstört, abgemagert und mit tieftraurigen Augen kehrte er heim. Nie erzählte er von den qualvollen Dingen, die ihm widerfahren waren, aber sein letztes bißchen Fröhlichkeit war für immer vergangen.

Während der ersten Tage nach der »Kristallnacht« war es den Juden verboten, »arische« Geschäfte zu betreten. Wer keine nichtjüdischen Freunde oder, wie Recha, treue Hausangestellte hatte, bekam tagelang keine Lebensmittel.

Am 11. November wurden alle jüdischen Bankkonten gesperrt, um einen Transfer der jüdischen Vermögen ins Ausland zu verhindern. Zum Lebensunterhalt durfte jede Woche eine Summe von 100 RM abgehoben werden.

Nun wurde den Juden befohlen, ihre Wertgegenstände, insbesondere solche aus Edelmetall, bei der Gestapo abzuliefern. Es war lediglich erlaubt, etwas Besteck und den Ehering zu behalten. Ansonsten mußten sie jeden silbernen Becher, jeden Kerzenleuchter, jedes Schmuckstück abgeben. Wohl schenkten sie manchem nichtjüdischen Freund oder Nachbarn einen schönen Ring oder eine silberne Platte, aber darüber hinaus wagten sie nicht, sich dem Befehl zu widersetzen und versuchten nicht einmal, ihren wertvollen Besitz zu verstecken. Mit schweren Koffern erschienen sie bei der Gestapo und lieferten ihre Schätze gegen eine Unterschrift ab.

Endlich entschlossen sich Siegfried und Franziska, ihre Tochter Lotte in Sicherheit zu bringen. Mit einem Kindertransport fuhr sie nach Israel, wo sie in einem *Kibbuz* Aufnahme finden sollte. Da sich bereits einige entfernte Verwandte und Bekannte in Israel befanden, bestand die Hoffnung, daß das sechzehnjährige Mädchen sich dort nicht zu einsam fühlen würde. Im Frühjahr 1939 verließ sie Deutschland. Vor der Abfahrt verabschiedeten sich Siegfried und Franziska von ihrer tränenüberströmten Tochter und versuchten, ihr Mut zu machen. Voller Sorge um ihr Kind und gebeugt vom Trennungsschmerz kehrten sie nach Hause zurück. Sie sollten ihre Tochter nie wiedersehen.

Nun war nur mehr Gretl bei ihnen, doch auch sie verließ München Mitte Mai, da Ernst energisch verlangte, daß seine Tochter endlich nach Straßburg käme. Er fürchtete einen baldigen

Krieg zwischen Deutschland und Frankreich. Nach Kriegsausbruch würde es nicht mehr möglich sein, die Grenze zwischen den beiden Ländern zu überschreiten.

Seppl dagegen versuchte vergebens, seine Frau Lina davon zu überzeugen, daß für die siebzehnjährige Rita und den vierzehnjährigen Günther ein Verbleiben in München gefährlich sei. Jedesmal, wenn er anfing, von der Auswanderung der Kinder zu sprechen, geriet seine kranke Frau so sehr in Aufregung, daß er es aufgab, dieses Thema zu erwähnen.

Während Lotte große Schwierigkeiten hatte, sich in Israel einzugewöhnen und verzweifelte Briefe an ihre Eltern schrieb, fühlte sich Gretl in ihrem französischen Internat unerwartet wohl. Nicht mehr daran gewöhnt, von anderen Kindern freundlich behandelt zu werden, blühte sie in Straßburg auf, lernte überraschend schnell französisch und nannte sich von nun an Marguerite. Im August kam sie, zur Freude der Familie, für zwei Wochen nach München. Als sie wieder abfuhr, verkündete sie: »Also dann, bis zu den Weihnachtsferien!«

Mit dem Ausbruch des Krieges am 1. September 1939 fing das eigentliche Martyrium der in Deutschland verbliebenen Juden erst richtig an.

Vielen unter ihnen – darunter auch Recha – wurde von einem Tag zum anderen die Wohnung gekündigt. Sie zog, samt ihrer treuen Hausgehilfin, zu ihrer Tochter. Durch die Auswanderung der Kinder war in deren Wohnung genügend Platz für alle.

Großmutter Recha gab ihre täglichen Spaziergänge auf. Ohnehin waren sie nur mehr zu einer Pflichtübung geworden, da sich Recha durch das »Für Juden verboten« auf jeder Parkbank immer wieder aufs neue verhöhnt fühlte. Auch der wöchentliche Kaffeeklatsch mit ihren Freundinnen fiel jetzt weg, weil sich keine der alten Damen mehr auf die Straße wagte. Es wäre ohnehin schwierig gewesen, die Besucherinnen zu bewirten, da die Lebensmittelkarten der Juden, im Gegensatz zu denen der Normalbevölkerung, nur den Kauf von absolut lebensnotwendigen Nahrungsmitteln erlaubten.

*Jean, geb. 1921 in München, ermordet 1942 im KZ Auschwitz*

Recha verbrachte jetzt ihre Tage mit Lesen, Telephonieren und Schreiben. Durch Helfer in der Schweiz war es noch während des ersten Kriegsjahres möglich, mit den Verwandten im Ausland zu korrespondieren. Recha schrieb lange, bewußt fröhliche Briefe an ihre Enkel, besonders an ihre Lieblingsenkelin Gretl. Der Briefwechsel ist noch erhalten geblieben, die Briefe sind aber teilweise durch Tränen unleserlich geworden.

Im Frühjahr 1941 starben sowohl Lina als auch Recha. In die Trauer der Hinterbliebenen mischte sich die große Erleichterung, daß die Verstorbenen der vielen Quälereien nun enthoben waren. Wieviel Leid ihnen wirklich erspart blieb, konnten die Überlebenden noch nicht ahnen.

Im Herbst desselben Jahres mußten sie ihre Wohnungen innerhalb weniger Stunden räumen, Siegfried und Franziska wurden in eine »Judenpension« eingewiesen, wo sie ein winziges Zimmer bezogen. Seppl und seine zwei Kinder kamen in ein Sonderlager, die »Judensiedlung« in Milbertshofen. Gleichzeitig wurden die Erwachsenen zur Zwangsarbeit verpflichtet, obwohl Siegfried bereits über 60 Jahre alt und Franziska chronisch erkrankt. Ihre Arbeitsstelle befand sich von ihrem Haus weit entfernt. Da inzwischen die Juden keine öffentlichen Verkehrsmittel mehr benutzen durften, hatten die beiden jeden Morgen und jeden Abend einen Fußmarsch von gut eineinhalb Stunden zu bewältigen. Wenn sie abends vollkommen erschöpft in ihr Viertel zurückkamen, mußten sie sich beeilen, noch vor Ladenschluß in das ihnen zugewiesene Lebensmittelgeschäft zu gelangen. Trotzdem konnten sie nicht jeden Tag den geplanten Einkauf tätigen. Juden hatten zu warten, bis der letzte Kunde bedient war. Es passierte sehr oft, daß das Geschäft geschlossen wurde, bevor Siegfried und Franziska einkaufen konnten. Großmutter Rechas ehemalige Haushälterin nahm das große Risiko auf sich und half ihnen aus dieser Zwangslage. Unter Lebensgefahr versorgte sie die beiden immer wieder mit Lebensmitteln, sonst wären sie nahezu verhungert. Ohnehin war Franziska so dünn geworden, daß ihr eines Tages ihr Ehering vom Finger in die Toilette fiel und versank. Um einen neuen zu kaufen, fehlte ihr das Geld.

Jeden Tag erlebten die Münchner Juden neue Schikanen. Einmal hatten sie ihren Rundfunkempfänger abzuliefern, ein anderes Mal alle elektrischen Geräte, das Bügeleisen inbegriffen. Selbst das kleinste Haustier durften sie nicht behalten. Alles, was ihrem Leben eine letzte Spur von Trost und Würde gab, wurde ihnen genommen.

Im November 1941 erhielt Seppl die Aufforderung, sich und seine Kinder für die »Aussiedlung« bereitzuhalten. Am 11. November wurde er, zu-

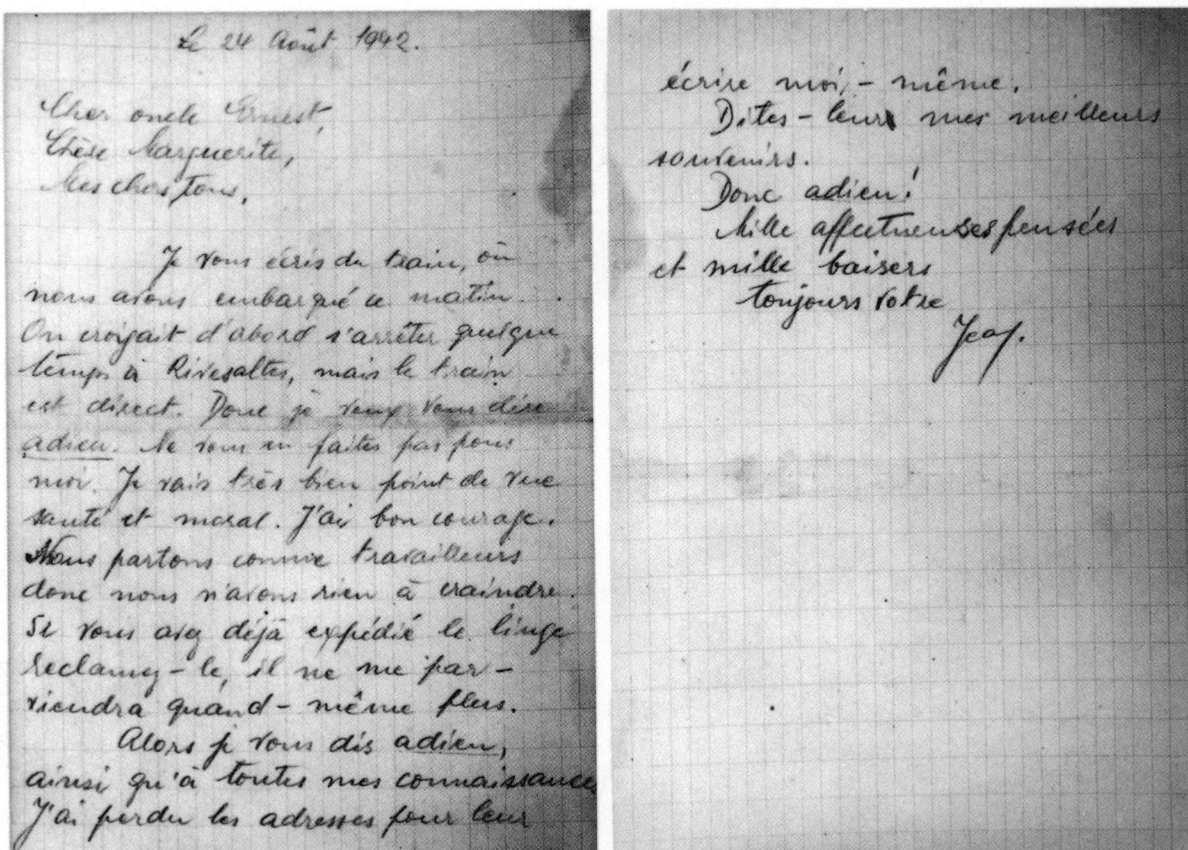
Le 24 Août 1942.

Cher oncle Ernest,
Chère Marguerite,
Mes chers tous,

Je vous écris du train, où nous avons embarqué ce matin. On croyait d'abord s'arrêter quelque temps à Rivesaltes, mais le train est direct. Donc je veux vous dire adieu. Ne vous en faites pas pour moi. Je vais très bien point de vue santé et moral. J'ai bon courage. Nous partons comme travailleurs donc nous n'avons rien à craindre. Si vous avez déjà expédié le linge réclamez-le, il ne me parviendra quand-même plus.

Alors je vous dis adieu, ainsi qu'à toutes mes connaissances. J'ai perdu les adresses pour leur écrire moi-même. Dites-leur mes meilleurs souvenirs.

Donc adieu!
Mille affectueuses pensées
et mille baisers
toujours votre
Jean.

*Letzter Brief von Jean*

sammen mit Rita, Günther und Hunderten von anderen Juden nach Riga verschleppt. Dort fanden Massenexekutionen statt. Es hat nie mehr ein Lebenszeichen von ihm gegeben.

Als Franziska und Siegfried Anfang 1942 ihre »Aussiedlungs«aufforderung bekamen, setzten sie ihren schon vor längerer Zeit gefaßten Plan in die Tat um und wählten den Freitod durch Gift. Von eigener Hand aus dem Leben zu scheiden, schien ihnen würdiger, als in einem Viehwaggon oder in Auschwitz elend zu Grunde zu gehen. Sie erfuhren nicht mehr, daß ihr Sohn Hans den entsetzlichen Weg gehen mußte, der ihnen erspart blieb.

Jean war gleich am Anfang des Krieges als staatenloser Ausländer – allen jüdischen Emigranten wurde durch die deutschen Behörden die deutsche Staatsangehörigkeit entzogen – in einem Lager in Südfrankreich interniert worden.

Bis 1942 war Frankreich in zwei Hälften geteilt, der nördliche Teil war von den Deutschen besetzt. Dort verfolgte die SS die Juden genauso wie in Deutschland. Im südlichen Teil waren die Juden in relativer Sicherheit. Als aber dann 1942 ganz Frankreich besetzt wurde, holten französische Polizisten alle Juden aus den Internierungslagern und lieferten sie den Deutschen aus. So wurde Hans im August 1942 nach Auschwitz deportiert. Sein letztes Lebenszeichen war ein Brief vor seinem Abtransport.

FRANZISKA SEUBERT

# Erinnerungen

Als meine Mutter 1904 nach München kam, wurde sie Dienstmädchen.

Sie erzählte mir oft, wie sie ausgenützt wurde. Doch als sie zu einer jüdischen Familie in die Auenstraße kam – drei Mädchen und ein Junge – wurde sie wie ein Familienmitglied behandelt. Sogar zu Weihnachten wurde sie beschenkt. Die Familie zog später nach Frankfurt, meine Mutter sollte mit, aber sie kannte schon meinen Vater und blieb deshalb hier.

1927 wurde mein Vater Domsakristan, und wir lebten in einem der Pfarrhäuser am Dom. Meine Mutter kaufte in der näheren Umgebung ein. Ich erinnere mich: Im Rosental gegenüber vom Kaufhaus Uhlfelder war ein großes jüdisches Geschäft, in dem es alles gab.

Bei jedem Einkauf bekam ich etwas geschenkt: ein Porzellanpüppchen, ein Bilderbuch und einmal ein schwarzes Ledertäschchen, innen rot ausgefüttert mit Spiegel. War ich als Kind stolz darauf! Ich erinnere mich noch genau. Dieses Geschäft mußte dann dem Kaufhaus Kepa weichen.

Für Bekleidung kaufte meine Mutter Stoffe bei Springer am Petersplatz ein. In Gedanken seh' ich noch die Geschäftsfrau mit schönem weißen Haar an der Kasse stehen, wie sie zu meiner Freude bei jedem Einkauf aus Seidenpapier Spitzendeckchen schnitt.

Eine besonders schöne Stoffauswahl hatte Eichengrün am Promenadeplatz, wo wir auch oft Kunden waren. Herr Eichengrün war so beliebt bei seinen Angestellten, daß diese bei seiner Abholung durch die Gestapo aus Protest das Treppenhaus besetzten.

*Stoffgeschäft Springer am Petersplatz Nr. 9, ca. 1915*

Auch Herr Uhlfelder hatte stets ein offenes Ohr für die Probleme seiner Angestellten. Für uns Schulkinder war das schönste die Rolltreppe dort, die erste in München.

Meine Freundin, jetzt 88 Jahre, aufgewachsen in Haidhausen, erzählte mir: Ihre Mutter hatte noch 13 Geschwister, der Vater war ein einfacher Arbeiter. Es stand Weihnachten vor der Tür, und es war nicht mal Geld für einen Christbaum da. In der Weißenburgerstraße befand sich das Textil-

---

FRANZISKA SEUBERT
Geboren am 17. März 1920 als Tochter des späteren Domsakristans Dillitzer in München. 1936 Besuch der Meisterschule für Mode, 1949 Abschluß als Schneidermeisterin. 1952 Tätigkeit als Nähschulleiterin bei der Arbeiterwohlfahrt. Berufstätig bis zur Rente 1980. Seitdem Veranstaltung von Nähkursen und Gedichtnachmittagen.

*Stoffgeschäft Eichengrün (ganz rechts) am Promenadeplatz, 1938*

geschäft Pappenheimer. Ein wunderschön geschmückter Baum glänzte in der Auslage, und die armen Kinder drückten sich die Nase platt. Die Mutter meiner Freundin, damals noch ein kleines Mädchen, ging in das Geschäft und bat Herrn Pappenheimer um den Baum. Erst fragte er, ob die Mutter bei ihm einkaufe, aber er glaubte der Bejahung des armen Kindes nicht. Doch am Heiligen Abend durften sie den Christbaum abholen. Er hatte ein edles Herz.

Herr Kommerzienrat Schülein, Inhaber des Münchner-Kindl-Kellers eröffnete mit seiner Frau bei Ausbruch des 1. Weltkrieges eine Volksküche, in der arme Münchner kostenlos essen konnten. Außerdem richtete er jährlich für bis zu 300 Kinder die Firmung aus. Alle Buben bekamen eine silberne Uhr. Anschließend war für alle Kinder ein bunter Nachmittag mit Kaffee und Kuchen. Ein Mädchen ließ er als Ballettänzerin ausbilden. Wenn er auf der Straße »Grüß Gott, Herr Rat« hörte, beschenkte er den Grüßenden mit zehn Pfennig, was zu der Zeit einen Wert hatte. Beim Volk waren Herr und Frau Kommerzienrat sehr beliebt.

Außerdem gab es sehr viele gute jüdische Ärzte in München, zum Beispiel Professor Haas, die sehr viel für arme Leute taten. Hier endet die Erzählung meiner Freundin

Franziska Schott

# Die Ausschaltung der Juden aus dem Münchner Wirtschaftsleben

*»In der Schule sprachen wir neulich vom Kuckuck. Er ist der Jude unter den Vögeln, denn in seinem Aussehen, Tun und Treiben ist er ihm sehr ähnlich (...) Beim Rufen ›Kuckuck, Kuckuck!‹ macht er immer Komplimente wie der Judenkaufmann, wenn er seine Höflichkeit zeigen will, damit wir Deutsche bei ihm einkaufen sollen. Beide Juden, der unter den Vögeln und der unter den Menschen, sind Schmarotzer, das heißt, auf Kosten von anderen wollen sie reich und fett werden.«*[1]

Diesen Leserbrief schickte ein neunjähriges Mädchen 1935 an den »lieben Stürmer«, die antisemitische Hetzzeitung Streichers, die die bekannten Vorurteile, Juden seien geldgierige, ausbeuterische Geschäftemacher auf unerträgliche Weise in Artikeln und Karikaturen schürte.

»Den frechen Kuckuck aus dem Nest zu werfen«, wie das Mädchen weiter schrieb, bedeutete die Verdrängung der Juden aus dem öffentlichen Leben und der Wirtschaft. Einige Beispiele sollen zeigen, wie dieser Prozeß in München verlief.

1925 gab es »unter 70 Millionen Deutschen 564.319 Juden, das waren also 0,9 %«[2]. Die Bevölkerungsentwicklung war von sinkenden Geburtenraten und Überalterung gekennzeichnet. Etwas höher war der Anteil der jüdischen Bevölkerung in den Großstädten, also auch in München, etwa 1,2 % bezogen auf die Gesamtbevölkerung.

Aufschlußreich ist ferner ein Blick in die Statistiken, in der die Erwerbstätigkeit der jüdischen Bevölkerung nach Branchen aufgeschlüsselt ist.[3] Nachdem die folgenden Zahlen und Angaben aus verschiedenen Jahren stammen, sind sie nur bedingt miteinander vergleichbar, sie geben aber dennoch einen gewissen Einblick in die Verhältnisse.

Sowohl bayernweit als auch in München arbeitete ein verschwindend geringer Anteil der Juden als Hausangestellte oder in der Landwirtschaft. Der niedrige Prozentsatz bäuerlicher Erwerbstätiger (3,6 % bzw. 0,1 %) erklärt sich wohl damit, daß Vorurteile den Juden gegenüber auf dem Land noch deutlicher ausgeprägt waren als in der Stadt. Etwas höher sind dann die Ziffern bei den (nicht näher spezifizierten) freien Berufen (Bayern: 5,3 %; München: 10,4 %) und bei den in Industrie und Handwerk Beschäftigten (Bayern: 19 %; München: 15,1 %). Die weitaus meisten jüdischen Erwerbstätigen finden sich jedoch im Handel: In Gesamtbayern waren es 66 % und in München 45 %.

Nach Lestschinsky waren in den zwanziger Jahren knapp die Hälfte aller jüdischen Erwerbstätigen in Bayern selbständig. Die im Handel beschäftigten Juden arbeiteten hauptsächlich als Kaufleute und Kleinunternehmer, überdurchschnittlich viele von ihnen waren in der Textilbranche tätig. Trotz des hohen Anteils an jüdischen Direktoren und leitenden Angestellten bei Privatbanken und im Börsengeschäft gab es nur wenige Großverdiener.

Während der Wirtschaftskrise in der Weimarer Republik waren prozentual mehr Juden als Nichtjuden arbeitslos unter anderem deshalb, weil die Textilbranche zu den krisenanfälligsten Wirtschaftszweigen gehörte. Inflation und sinkende Umsätze im Handel wirkten sich rasch auf die Beschäftigungslage aus. Verschärft wurde die Situation, weil verstärkt jüdisches Personal entlassen wurde.

---

Franziska Schott
Geboren 1971 in München. 1982 bis 1991 Besuch des Albert-Einstein-Gymnasiums in Harlaching. Teilnahme am Wahlkurs Politik und Zeitgeschichte. Facharbeit im Leistungskurs Geschichte/Sozialkunde. Seit 1991 Studium der Architektur an der Technischen Universität München.

Als Folge der Wirtschaftskrise verschlechterte sich die Lage der allermeisten Juden. Es kam zu einer regelrechten Proletarisierung:

»Im Jahre 1925 war fast die Hälfte aller jüdischen Erwerbstätigen Lohnempfänger, also in der klassischen Definition Proletarier, wenn auch unter ihnen der Anteil der sogenannten Stehkragenproletarier, d.h. der Angestellten, größer war als unter dem übrigen Proletariat.«[4]

Unter den jüdischen Unternehmern gab es nur wenige, die aus der Inflation Gewinn zogen. Dagegen trafen Inflation und der Wertverlust bei Ersparnissen und Wertpapieren den jüdischen Mittelstand. Die Zahl jüdischer Wohlfahrtsempfänger stieg enorm, weil der Anteil an jüdischen Rentnern und Arbeitslosen überproportional zunahm. Vor allem die eingewanderten Ostjuden, die sich meistens als Trödler durchschlugen, lebten in Armut. »So wurden in München 1931 ca. 2000 Einwohner, d.h. der fünfte Teil aller Münchener Juden von den jüdischen Wohlfahrtseinrichtungen unterstützt.«[5]

Die wirtschaftliche Lage der allermeisten Juden gab im Grunde genommen keinen Anlaß zu Konkurrenzangst. Was man darüber hinaus völlig verdrängte, war die Tatsache, daß man die Juden jahrhundertelang von vielen Erwerbszweigen ausgeschlossen hatte, so daß ihnen kaum eine andere Wahl geblieben war, als Handel und Bankgeschäfte zu betreiben.

Die Nationalsozialisten machten sich die dennoch vorhandenen diffusen Ängste und Vorurteile breiter Bevölkerungsschichten zunutze: Ihr Parteiprogramm enthielt verlockende Versprechungen: Abschaffung des »arbeits- und mühelosen Einkommens«, »Kommunalisierung der Warenhäuser und Verpachtung an mittelständische Betriebe«, »Brechung der Zinsknechtschaft«.

### *Antijüdische Aktionen nach der »Machtergreifung«*

Bei vielen antijüdischen Aktionen und Ausschreitungen nach der »Machtergreifung« ist auffällig, daß München, die »Hauptstadt der Bewegung«, mit »gesetzlichen Schikanen«[6] und illegalen Aktionen der staatlichen Gesetzgebung oft voraus war.

So wurden zahlreiche jüdische Geschäftsleute schon am 9. und 10. März 1933 Opfer der »losgelassenen SA- und SS-Horden«[7], einzelne unter ihnen wurden bei diesen Übergriffen mißhandelt, etwa 280 Juden kamen in »Schutzhaft«, darunter viele Kaufleute. Zwar hieß es daß »irgendwelche Beeinträchtigungen des Wirtschaftslebens ›wie im Reiche so auch in Bayern‹ nicht in Frage kämen (...); doch die Bayerische Polizei setzte sich über derartige innenpolitische Rücksichten hinweg.«[8] Der »Kampfbund für den gewerblichen Mittelstand«, der die »Totengräber des Mittelstandes«[9], wie die jüdischen Warenhäuser und Einheitspreisgeschäfte bezeichnet wurden, stets massiv attackiert hatte, inszenierte am 23. März eine Protestdemonstration gegen jüdische Kaufhäuser in München und forderte das Verbot jüdischer Großunternehmen. Die Stadt München ging »mit gutem Beispiel« voran; Oberbürgermeister Fiehler ordnete an, »mit Rücksicht auf die unbestreitbar schwere Notlage des mittelständischen Handwerks, Gewerbes und Einzelhandels« städtische Aufträge an »nichtdeutsche Firmen« zu unterbinden.[10]

Im April verteilte die Stadt München dann sogenannte Verpflichtungsscheine an die städtischen Lieferanten, in denen die Betriebsleitung erklären mußte, daß sie eine »rein deutsche Firma« sei, »sich nicht ausschließlich oder hauptsächlich im Besitz von Juden« befinde und »nicht auf marxistischer Grundlage aufgebaut«[11] sei. Bestellungen bei Firmen, die diese Scheine nicht zurückschickten, wurden sofort storniert. Auf der Grundlage dieser Scheine begann das Gewerbeamt München, ein Verzeichnis jüdischer Unternehmen anzulegen. Zudem häuften sich anonyme Denunziationen, denn viele Geschäftsleute witterten die Möglichkeit, sich der Konkurrenz zu entledigen.

Die meisten Firmen versahen ihre Lieferungen jetzt mit dem Hinweis, ein »rein deutsches« Unternehmen zu sein und verschickten Empfehlungsschreiben an die städtischen Behörden in der Hoffnung, die ausgefallenen Lieferanten ersetzen

*Boykott jüdischer Geschäfte am 1.4. 1933, Kaufingerstr.22*

zu dürfen. Mäßigende Stimmen waren sehr selten. Immerhin erschien in der »Textilzeitung« vom 25. Mai 1933 ein Brief des Reichskommissars Dr. Wagner an Fiehler:

»Lieber Pg. (Parteigenosse, d. V.)!«, heißt es dort, »So sehr ich selbstverständlich auf dem Standpunkt stehe, daß gerade die Kommunen ihre Aufträge nur an deutsche Firmen vergeben sollen, halte ich es doch für notwendig, daß dem eingeschlagenen Verfahren Einhalt geboten wird. (...) Unser Ziel kann nicht sein, bestehende Wirtschaftsunternehmungen in Deutschland, auch wenn sie mit fremdem Kapital und bisher zum Teil von fremden Persönlichkeiten geleitet worden sind, zu zerstören, sondern sie dazu zu zwingen, daß sie deutsch handeln (...). Ich möchte Sie deshalb bitten, daß Sie Ihren Einfluß geltend machen, um zu verhindern, daß durch solche Maßregeln eine Störung des Gesamtwirtschaftslebens hervorgerufen wird, die wir beim besten Willen in der jetzigen Zeit nicht brauchen können.«[12]

Das Reichswirtschaftsministerium mußte letztendlich selbst eingreifen und den übereifrigen »Interessenspolitiker«[13] zurückpfeifen:

»Mit allem Nachdruck wird nochmals darauf hingewiesen, daß der Führer strikte Weisung gegeben hat, jede Beunruhigung in der Wirtschaft durch irgendwelche Eingriffe zu vermeiden. (...) Insbesondere ist es (...) unstatthaft, in die Betätigung von Gewerbe und Handel mit gemeindlichen Beschlüssen einzugreifen, die (...) sich den Anschein polizeilicher Maßnahmen geben, ohne daß dies mit Recht auf eine gesetzliche Vorschrift gestützt werden könnte.«[14]

In einem Schreiben an den Deutschen Industrie- und Handelstag wies der Reichswirtschaftsminister außerdem darauf hin, daß »eine Unterscheidung zwischen arischen und nichtarischen Firmen« nicht durchführbar sei und »keine Veranlassung« bestehe, »gegen eine Firma vorzugehen, solange ihr Inhaber nicht gegen gesetzliche Vorschriften«[15] verstoße.

In diesem Zusammenhang ist der Fall der Firma Neustätter zu erwähnen. Diese Münchner Papierfabrik hatte die Stadt darum gebeten, weiterhin als städtischer Lieferant tätig sein zu dürfen. In einem Brief führte der Inhaber zum einen an, sein Sohn sei Weltkriegsteilnehmer gewesen. Zudem beschäftige die Firma auch »Arier«, deren Arbeitsplätze gefährdet seien. Nachdem die Stadt abgelehnt hatte – ein Schreiben der städtischen Verwaltung vom Februar 1934 führte Neustätter nach wie vor unter den nicht für Lieferungen heranzuziehenden Betrieben –, sprach sich die Industrie- und Handelskammer für die Berücksichtigung der Firma Neustätter aus, und die Stadt teilte Neustätter gezwungenermaßen mit, daß einer Bewerbung um Aufträge nichts im Wege stünde. Auf diesem Schreiben war jedoch intern vermerkt, daß es »mindestens 200 bis 250 entsprechende deutsche Firmen in München« gäbe und daher »keine Veranlassung, auf die nichtdeutsche Firma Neustätter zurückzugreifen«[16] bestünde.

Die erste reichsweite »Kollektivmaßnahme« war der Aprilboykott gegen jüdische Ärzte, Rechtsanwälte und Geschäftsleute von 1933. Die Aktionen sollten schlagartig einsetzen, allerdings sah man sich genötigt, zu »unbedingter Einhaltung der Disziplin«[17] aufzurufen, denn unplanmäßige Ausschreitungen, wie sie sich vor dem 1. April fast überall in Deutschland abgespielt hatten, paßten nicht ins Konzept der NSDAP; Deutschland war noch in hohem Maß von Außenhandelsbeziehungen abhängig, hatte das Ziel einer autarken Wirtschaft noch längst nicht erreicht und befürchtete einen weltweiten Boykott deutscher Waren. In der »Hauptstadt der Bewegung« aber konnten es SS und SA nicht erwarten und begannen bereits Tage vorher mit den Ausschreitungen.

Da es in den letzten Märztagen zu Hamsterkäufen gekommen war, hatte die örtliche Boykottleitung SA-Posten vor die jüdischen Geschäfte abkommandiert, und zwar »zum Schutz der Inhaber und zur Belehrung des Publikums«[18] Am Boykottag selbst öffneten viele Juden ihr Geschäft nicht. Diejenigen, die es doch taten, wurden beschimpft, in manchen Fällen mißhandelt oder verhaftet. SA-Posten verschmierten Schaufenster und brachten an den entsprechenden Geschäften Plakate an, auf denen »Jude« oder »Bin in Urlaub in Dachau« stand. Die Kunden wurden angepöbelt, registriert und manchmal fotografiert. Vom Boykott waren mehr als 600 jüdische Geschäfte betroffen. Am 4. April ließ Polizeipräsident Himmler 165 Geschäftsleute, viele von ihnen Juden, wegen angeblichen Preiswuchers verhaften.

Das Verhalten der »arischen Berufskollegen« schildert Heinrich Uhlig:

»Mancher Betriebsinhaber schickte nicht nur sein Stoßgebet zum Heiligen Florian, sondern tat ein übriges, sich vor diesem Unwetter zu schützen und hing eine schwarz-weiß-rot umrandete Tafel ›Deutsches Geschäft‹ oder ein rotes Plakat ›Anerkannt deutsch-christlicher Unternehmer‹ ins Schaufenster oder in der Tür auf.«[19]

Es gab auch einige Solidaritätsbeweise:

»Trotz des Boykotts gegen jüdische Geschäfte kamen viele Kunden weiterhin, manchmal auch ohne etwas zu kaufen, nur um den Machthabern zu zeigen, daß sie erst recht hingehen und sich nicht fürchten.«[20] Die meisten Münchner verhielten sich jedoch neugierig-passiv: »Man hat sich halt seinen Teil denken und still sein müssen.«[21]

Zwar hatte sich der »spontane Volkszorn« nicht – wie erwartet – eingestellt, den Aprilboykott jedoch als »Mißerfolg« zu werten, ist angesichts der verheerenden Folgen für die jüdischen Firmen und Betriebe aber unangebracht. Die Boykottwelle ging weiter, viele jüdische Angestellte wurden entlassen. Kleinere und mittlere Betriebe wurden allmählich in den Konkurs getrieben, während sich bei der »arischen Konkurrenz« die Umsätze zum Teil verdoppelten. Für die Nationalsozialisten bedeutete der Boykott nur die »Generalprobe« für die kommenden Jahre.

Nicht alle der künftigen Maßnahmen hatten dieselbe Breitenwirkung. Alle zielten sie jedoch auf Ausgrenzung und Diskriminierung, wie z. B. der Stadtratsbeschluß vom Juli 1933, der jüdischen Fieranten »aus Platzmangel« von Auer Dult und Oktoberfest ausschloß.

Ab 1933 durften bereits bestehende Warenhäuser weder verlegt noch erweitert werden; Neugründungen, auch die von kleinen Firmen, wurden untersagt. Juden durften in »arischen« Zeitungen nicht mehr inserieren. Sie wurden von der Teilnahme an Messen und Versteigerungen ausgeschlossen, Pässe wurden im allgemeinen weder ausgestellt noch verlängert, der Devisenbesitz auf 2.000 Reichsmark begrenzt, auch Auslandsgeschäfte somit praktisch unmöglich gemacht.

Städtischen Beamten wurde untersagt, in jüdischen Geschäften zu kaufen. Ab 1935 hingen in allen Stadtteilen in den Schaukästen des »Stürmers« Listen von noch existierenden jüdischen Geschäften aus, dazu die Namen derer, die es wagten, weiterhin dort einzukaufen.

Alle diese Repressalien zeigten rasch Wirkung; ab Mitte 1935 häuften sich Konkurse und Schließungen jüdischer Firmen und Geschäfte.

1937 begann das Gewerbeamt München offiziell damit, eine Juden- und Ausländerkartei zu erstellen. Die Schläge gegen jüdische Unternehmen aller Art wurden 1938 fortgesetzt. Ab Januar wurden die Gesuche jüdischer Gewerbetreibender auf Verlängerung der Gewerbelegitimationskarte abgewiesen mit der Begründung, die Antragsteller seien »politisch unzuverlässig«.

Im Februar 1938 folgte man einem Vorschlag der »Arbeitsgemeinschaft deutsch-arischer Fabrikanten der Bekleidungsindustrie« (ADEFA), demzufolge Textilien mit einem Etikett »Ware aus arischer Hand« oder »Rein arisches Produkt« versehen wurden. Auf Anordnung des Reichswirtschaftsministeriums wurden ab März 1938 öffentliche Aufträge nicht mehr an Juden vergeben.

Seit dem 14. Juni mußten jüdische Geschäfte und Gewerbebetriebe als solche gekennzeichnet werden. Im Juni bzw. Juli folgte dann der Ausschluß der Juden von Börsen- und Immobiliengeschäften.

Die Ausschaltung der Juden aus dem Münchner Wirtschaftsleben war 1938 schon weit fortgeschritten. Jüdische Kleinunternehmer hatten wegen des Boykotts ihre Geschäfte größtenteils in »arische Hände« überführen oder aufgeben müssen. Die geplante Terroraktion gegen Juden – die sogenannte Reichskristallnacht – am 9. November wurde den Parteiorganisationen in München dadurch erleichtert, daß eine komplette Kartei der jüdischen Gewerbebetriebe bereits vorlag. Damit nicht genug: Die NS-Posten verlangten für ihre »Dienstleistungen« am 9. und 10. November Geld von denjenigen, deren Läden sie zertrümmert hatten![22]

Am 12. November erließ Göring eine »Verordnung zur Wiederherstellung des Straßenbildes bei jüdischen Gewerbebetrieben«; Reinigungs- und Renovierungskosten mußten die jüdischen Inhaber tragen, Versicherungssummen strich der Staat ein. Obendrein wurde den Juden eine sogenannte Sühneleistung von einer Milliarde Reichsmark auferlegt. Insgesamt hatten am 10. November 169 jüdische Geschäfte in München schließen müssen. Die Gewerbetreibenden, die man verhaftet hatte, bekamen in vielen Fällen ihre Gewerbeabmeldung direkt ins KZ Dachau zugestellt.

Die »Verordnung zur Ausschaltung von Juden aus dem deutschen Wirtschaftsleben« vom 12. November ermöglichte die Schließung jüdischer Geschäfte und Handwerksbetriebe, die »Verordnung über den Einsatz jüdischen Vermögens« legte die Zwangsveräußerung jüdischer Gewerbebetriebe und jüdischen Grundeigentums fest, außerdem den Depotzwang für Wertpapiere. Damit war die »rechtliche« Grundlage für die »Arisierung« und Liquidation von Firmen geschaffen und den Juden jegliche Existenzgrundlage entzogen worden.

### *»Arisierung« und Liquidation jüdischer Unternehmen in München*

Unter »Liquidation« versteht man die Auflösung eines Unternehmens, während »Arisierung« die Übernahme von Geschäftsräumen, Ladeneinrichtung und Lager durch einen »Arier« bedeutete. Die Grenzen zwischen »Arisierung« und Liquidation sind jedoch fließend; so wurde beispielsweise im Rahmen von Liquidationen die Ware verkauft, der »arische« Käufer betrieb das Geschäft selbst jedoch nicht weiter. Eine getarnte »Arisierung« also.

Welche Dienststelle eigentlich für die Bearbeitung der »Arisierungsanträge« zuständig sein sollte, war bis 1939 nicht völlig geklärt. Kompetenzgerangel zwischen städtischen Behörden, Verbänden[23] und Parteiorganisationen waren an der Tagesordnung.

Erst Anfang 1939, nachdem Göring die Erfassung und Verwertung jüdischen Vermögens zur Reichssache gemacht hatte, entstand, zunächst in der Widenmayer- und später in der Möhlstraße, eine staatliche Dienststelle. Sie trug die Bezeichnung »Treuhänder gemäß Beschluß des Regierungspräsidenten von Oberbayern«, kurz »Treuhänder« oder »Arisierungsstelle«. Der Inhaber dieser (staatlichen) Dienststelle war gleichzeitig auch der Beauftragte der Gauleitung für Arisierung, also der Partei, in dieser Sache. Damit wollte die NSDAP zum Ausdruck bringen, welche Bedeutung sie den »Arisierungen« beimaß.

## *Die »freiwillige Arisierung« von Bamberger & Hertz*

»Arisierungen« konnten recht unterschiedliche Formen annehmen. Bis 1939 bestand zumindest formaljuristisch noch die Möglichkeit, das Geschäft »freiwillig« zu veräußern. Der Käufer mußte dabei nicht notwendigerweise ein völlig unbekannter Dritter sein. In manchen Fällen baten jüdische Geschäftseigentümer »arische« Freunde, Angestellte, Lieferanten oder Kunden, den Betrieb für – wie viele dachten – eine gewisse Zeit zu übernehmen. So betraute Fritz Bamberger, Miteigentümer des Bekleidungs- und Stoffgeschäftes Bamberger & Hertz in der Kaufingerstraße, den Abteilungsleiter Johann Hirmer mit der Geschäftsleitung. Der Abteilungsleiter Johann Hirmer erklärte sich bereit, den Laden weiterzuführen. In einem Interview stellt der jetzige Geschäftsführer des Modehauses Hirmer aus seiner Sicht dar, wie die Übernahme damals verlief. Herr Bamberger habe zu Hirmer gesagt: »Mach'

*Kaufhaus Bamberger & Hertz, Kaufingerstr. 22, ca. 1932*

halt Du weiter, wir können sowieso nicht mehr dableiben.« Hirmer machte weiter. Am 31. Oktober 1938 übernahm er und änderte vorsorglich den Geschäftsnamen von Bamberger & Hertz auf Hirmer um, »sonst hätten sie uns sofort die Scheiben eing'schmiss'n.«[24] Staatliche oder sonstige Eingriffe fanden angeblich nicht statt. Das Inventar habe Hirmer auf diese Weise »gerettet«.[25]

## *»Arisierung« durch Verkauf: die Firma Leiter*

Die Form eines »Arisierungs«vertrages war sehr unterschiedlich. Der Antrag auf Geschäftsübernahme durchlief verschiedene Stellen: vom Regierungspräsidenten von Oberbayern, der gemäß der »Verordnung über die Anmeldung des Vermögens von Juden« den Antrag genehmigen mußte, über die Devisenstelle, die IHK, das Finanzamt bis zum Münchner Oberbürgermeister, der ihn dann an das Gewerbeamt weiterleitete.

Beispiel für eine »Arisierung« durch Verkauf war das Textileinzelhandelsgeschäft Carl Leiter in der Silberhornstraße, das von Frau Martha Leiter nach dem Tod ihres Mannes geführt wurde. Für die Geschäftsräume interessierte sich der Einzelhandelskaufmann Karl Groß.

»Die für die Genehmigung erforderlichen Voraussetzungen glaube ich sowohl in persönlicher als auch in fachlicher Hinsicht völlig zu erfüllen, nachdem ich Arier bin und seit 1921 mit kurzen Unterbrechungen ständig in der Branche stehe.«[26] Groß konnte die »Kreisregierung« von Oberbayern von seinen »Fähigkeiten« überzeugen.

Am 9. Juli 1938 schloß er mit Frau Leiter den Vertrag ab, am 21. Oktober wurde die »Arisierung« genehmigt.

### *Die »Arisierung« des Textilgeschäftes W.*

Im Anschluß an die Enteignungsverordnungen vom November 1938 entstand im selben Monat als Vorläufer der »Arisierungsstelle« die »Vermögensverwertungs-GmbH« München, deren Hauptaufgabe die Durchführung von »Arisierungen« war. Sie ließ durch das Gewerbeamt Notare bestellen, die die Abwicklung durchzuführen hatten.

Oft wurde die DAF (Deutsche Arbeitsfront) als Abwickler bestellt, die sich ausnehmend befleißigte, die Liquidation des betreffenden Unternehmens durchzuführen, die dem tatsächlichen Wert des Betriebes in keiner Weise entsprach.[27]

Für das Textilgeschäft H.W. in der Augustenstraße bestimmte das Gewerbeamt auf Vorschlag der IHK am 6.3.1939 den Bücherrevisor Christoph Thoma.[28] Die Ortsgruppe der DAF Josephsplatz hatte bereits ein Konkursverfahren eingeleitet. Thoma erstellte, wie verlangt, einen ausführlichen Bericht über die Abwicklung. Danach verblieben Herrn W. von seinem Geschäft rund 400 RM abzüglich der Forderungen Thomas in Höhe von 141,31 RM. W. konnte aber noch nicht einmal über den Restbetrag verfügen – er war auf ein Sperrkonto überwiesen worden.

### *Das Warenhaus Tietz*

Große Kaufhäuser, die die mittelständischen Betriebe angeblich »ruinierten«, wurden meist liquidiert. Die Liquidation vertagte man jedoch so lange, bis die Firmen – boykottbedingt – Konkurs anmeldeten. Eine Ausnahme bildete hier der Konzern Hermann Tietz, der 1933 vor der Alternative »Sanierung oder Liquidation«[29] stand. Der Reichswirtschaftsminister erklärte dazu, »daß unter Beteiligung der dem Reich nahestehenden Akzept- und Garantiebanken gegen Sicherheiten und Einflußnahmen die Gelder zur Sanierung des Hermann-Tietz-Unternehmens aufgebraucht werden müßten.

Hitler lehnte natürlich die Sanierung eines nichtdeutschen Warenhauses durch die Reichsbankkredite ab. Schmitt legte ihm darauf Stellungnahmen aus Industriekreisen (...) vor, sowie die Unterlagen über die Geschäftsverbindungen des Hermann-Tietz-Konzerns. Nach zwei Stunden voll erregter Auseinandersetzung kapitulierte Hitler.«[30]

Diese Sanierung hatte jedoch »faktisch einen Arisierungseffekt«[31]; die Kreditbanken erhielten innerhalb der neu geschaffenen Hertie Warenhaus GmbH so entscheidenden Einfluß, daß die Inhaber im August 1934 aus dem Aufsichtsrat ausscheiden mußten.

### *Die Löwenbräu AG*

Durch den Ersten Weltkrieg hatte die Löwenbräu AG sämtliche ausländische Absatzgebiete verloren und fusionierte deshalb 1921 mit der Unionsbrauerei Schülein, die auf eine längere Münchener Brautradition zurückgreifen konnte als die Löwenbrauerei. Unter der Führung von Dr. Hermann Schülein konnte die Löwenbräu AG »die Kriegsverluste wettmachen«[32].

Nachdem von der Konkurrenz eine »Hetzkampagne gegen das ›Judenbier‹«[33] begonnen wurde, mußten die jüdischen Vorstands- und Aufsichtsratsmitglieder ihre Posten abgeben.

Aufsichtsratsvorsitzender wurde der Miteigentümer Baron August von Finck. Er blieb es mit Unterbrechungen bis 1972, Direktor wurde Dr. Karl August Lange, der erste bayerische Wirtschaftsminister im Kabinett Fritz Schäffer.

### *Das Volkskunsthaus Wallach*

1937 versuchte Herr Moritz Wallach, Inhaber des angesehenen Volkskunsthauses in der Residenzstraße, sein Unternehmen an ihm bekannte Geschäftsleute zu verkaufen, doch keiner fand sich dazu bereit. Der Geschäftsführer der Reichskulturkammer in Bayern, Pg. (Parteigenosse, d. V.) Witte, interessierte sich sehr für die Firma. Er verlangte von Wallach, ihm die Betriebe in München und Dachau zu zeigen. In der Geschäftschronik berichtet dazu Herr Wallach: »Nach der Besichtigung in Dachau äußerte Witte: ›in dem Kuchen, der zur Verteilung kommt, ist ihr Unternehmen die Rosine und die will ich haben.‹«[34]

Herr Wallach beschwerte sich in seiner »Naivität« bei der Reichskulturkammer. Am 11. Januar 1937 teilte ihm die Kammer mit, daß er »nicht die erforderliche Eignung und Zuverlässigkeit« hätte, »an der Förderung deutscher Kultur (...) mitzuwirken«. Wieder wagte Wallach eine Beschwerde: »Meine Antwort an die Reichskulturkammer war, daß ich wohl die Eigenschaft besäße mit Kulturgut umzugehen, dafür hätte ich eine Unmenge Beweise, die Herr Witte sicher nicht beibringen könne. Man möge daher das Kind beim

*Volkskunsthaus Wallach (vorne rechts) in der Residenzstr. 5 am 28. 2. 1926*

Namen nennen und sagen, weil ich nicht den richtigen Taufschein hätte, daher das Verbot.«

Wallach ließ das Geschäft und die Dachauer Fabrik schätzen. Die Summe von 400.000 RM wollte Witte nicht zahlen. Witte wußte, daß Wallach einen Auswanderungsantrag gestellt hatte und zögerte daher das Verfahren hinaus.

»Am 1. August 1938 früh 7 Uhr erschien Witte mit der Forderung, ich hätte die Schlüssel ihm zu übergeben. Er hätte bei der Pfälzischen Bank 100 000,– RM deponiert, die zur Ausbezahlung kämen als erste Rate, wenn die Überschreibung erfolgte (...) Die Sache mit den 100 000,– RM war ebenso gelogen wie X andere Angaben des sauberen Herrn.«

Nachdem Witte endlich einen Teil der Summe bezahlt hatte, die für die »Judenabgabe« und die »Reichsfluchtsteuer« verwendet werden mußte, kam kurz vor Wallachs Auswanderung ein Brief:

»Wenn Sie nicht binnen 48 Stunden überschreiben, übergeben wir Sie der Gestapo. Ich antwortete, ich ziehe die Sache mit der Gestapo vor, solange Sie Ihren von Ihrer Regierung vorgeschriebenen Verpflichtungen nicht nachkommen.«

Am 12. März übertrug Wallach die Betriebe an »Witte & Co«. Obwohl der Betrieb seit dem 1. 8. 1938 offiziell »arisiert« war, blieb das Volkskunsthaus Wallach im Verzeichnis jüdischer Gewerbebetriebe registriert (wahrscheinlich, weil der Betrieb nicht wie üblich unbenannt wurde), weswegen Witte auch das Gewerbeamt um »sofortige Berichtigung« ersuchte.[35]

### *Das Bankhaus Aufhäuser*

Am 9. August 1934 wurde das Privatbankhaus Aufhäuser in der Löwengrube bei einer städtischen Dahrlehensaufnahme eingeschaltet:

»Die Vorstellung, man könne auf neue Steuern und Anleihen zur Finanzierung der gemeindlichen Investition verzichten, war recht unrealistisch. Kaum an der Macht, sahen sich Fiehler und die NS-Stadtratsfraktionen denn sogleich gezwungen, alle möglichen Schleichwege einer Kreditaufnahme zu suchen und sogar Finanzverhandlungen mit jüdischen Bankhäusern zu führen.«[36]

Obwohl 1938 »die Existenz der Bank zutiefst bedroht war«, wurden »die Bemühungen verschiedener Großbanken abgelehnt. Unter dem Zwang der Verhältnisse ging die Firma schließlich (...) in die Hände einer unter der Führung des Hamburger Privatbankiers F.W. Seiler stehenden Gruppe neuer Gesellschafter über.«[37]

Frau Gertrude Rehbach, deren Vater zehn und deren Tante vierzig Jahre bei Aufhäuser beschäftigt waren, erzählt in einem Interview: »In der ›Reichskristallnacht‹, das weiß ich, das war schlimm, da hat sich der Justizrat Krämer, das war auch ein Verwandter von Aufhäuser, der hat sich vom Fenster heruntergestürzt.«[38]

Im Dezember wurde der Firmenname in Seiler & Co. geändert; 1939 schloß sich ein Rechtsanwalt Dr. Schniewind der Gesellschaft an. »Der war sozusagen der einzige Nazi, der Seiler war nur am Geschäft interessiert.«[39], kommentiert Frau Rehbach. Der langjährige Mitinhaber Josef Bayer sollte ursprünglich nach der Auswanderung der Familie Aufhäuser die Geschäftsführung übernehmen. Sie wurde ihm jedoch verweigert, weil seine Frau eine »Halbjüdin« war, und er sich nicht scheiden lassen wollte.

### *Das Kunsthaus Bernheimer*

Der »Kunde Göring« kaufte im Kunst- und Antiquitätenhaus Bernheimer in der Ottostraße Teppiche, als es Parteigenossen schon längst verboten war, in jüdischen Geschäften Erwerbungen zu tätigen. »Leute, die später erzählten, Göring sei bei uns gewesen, wurden eingesperrt, und es wurde als gemeine Lüge bezeichnet (...).«[40]

Seit dem Novemberpogrom durfte Bernheimer sein Geschäft nicht mehr betreten, seine Söhne und er wurden 1938 nach Dachau gebracht.

»Während ich in Dachau war, begann die Gestapo unter der Führung des Kommissars Gerum und

*Bankhaus Aufhäuser in der Löwengrube, 20er Jahre*

verschiedener Museumsdirektoren unser ganzes Haus auszuräumen und alte wertvolle Sachen ins Nationalmuseum zu bringen (...) Nach vier Tagen kam ein Telegramm an die Lagerverwaltung in Dachau des Inhalts, daß, wenn ich nicht sofort frei käme, zwölf prominente Deutsche in Mexiko verhaftet werden würden. (...) Als ich aus Dachau zurückgekommen war, sagte mir mein Freund Sigl Aufhäuser, der Mitinhaber des Bankhauses Aufhäuser, daß in Berlin eine Dame sei, die eine Hazienda in Venezuela verkaufen wolle. (...) Die Dame war Görings Tante. Im Reichswirtschaftsministerium wurde mir ein Vertrag unterbreitet, den ich nicht unterschrieb, weil die Bedingungen unmöglich waren.«[41]

Bernheimer unterschrieb auf Anraten seines Studienfreundes dann doch den Vertrag, der verlangte, den jüdischen Onkel und die Tante Görings nach Venezuela mitzunehmen. »An Göring mußte ich für die Erlaubnis, die Hazienda überhaupt erwerben zu dürfen, 860.000 Mark aushändigen.«

Während des Exils war das Bernheimer-Palais in treuhänderischer Verwaltung der Kameradschaft der Künstler e.V., deren Präsident 1940 eine leitende Position in der »Arisierungsstelle« übernahm.

### *»Judenfreie Wirtschaft«*

Ende 1938 existierten noch 600 jüdische Firmen in München, die aber fast alle in Liquidierung begriffen waren. Das Gewerbeamt ging »mit äußerster Akribie« vor und erstellte im Dezember 1938 eine Liste der noch zu »arisierenden« Geschäfte, auf der auch schon die Namen der Übernahme-Interessenten aufgeführt waren. Ende 1939 existierten noch 27 jüdische Firmen, »davon war die weitaus größte Zahl Zimmervermietungen«, die Münchner Wirtschaft war somit nahezu »judenfrei«.

Juden wurden nicht nur aus ihren Geschäften, sondern auch aus ihren Häusern und Wohnungen vertrieben. »Entmietung« und Verwertung der freigewordenen Häuser und Grundstücke waren Aufgaben der »Arisierungsstelle«; mit der »Arisierung« von Grundstücken hatte bereits die »Vermögensverwertungs GmbH« begonnen. In deren Abschlußbericht sind die »Erfolge der Enteignung« zu lesen: »Die Vermögensverwertung München beabsichtigte, die rund 1.100 jüdischen Anwesen zu erwerben und zu Gunsten des Reiches zum höchst möglichen Verkehrswert zu veräußern. Deshalb ging man dazu über, sich durch die von der Gauleitung bestellten Rechtsanwälte (...) das Verfügungsrecht seitens der Juden übertragen zu lassen. Über 400 Juden sind diesem Ansinnen entgegengekommen und haben freiwillig das Verfügungsrecht abgetreten.«[42]

Als letztes »entjudete« die »Arisierungsstelle« die Gebäude der Israelitischen Kultusgemeinde, darunter das jüdische Alters- und das Kinderheim.

Ab September 1941 verfiel das Eigentum sämtlicher noch in Deutschland lebender Juden an den Staat.

Frau Leiter und ihr Sohn konnten im Februar 1939 in die USA emigrieren. Herr W. wanderte kurz vor seiner Geschäftsliquidierung nach London aus. Schülein flüchtete in die Schweiz und emigrierte 1936 in die USA. Herr Wallach fing nach seiner Emigration nach New York noch einmal ganz von vorne an und baute mit 60 Jahren einen neuen Betrieb auf. Martin und Siegfried Aufhäuser verließen Deutschland 1939. Herr Bernheimer kehrte nach München zurück.

### *»Wiedergutmachung«*

Herr Wallach schreibt in seiner Geschäftschronik: »1948 fuhr ich wegen Wiedergutmachung nach Deutschland, bzw. München. Witte mußte, nachdem ich (...) die Drohbriefe vorlegen konnte, die Fabrik, wenn auch im miserablen Zustand, und das Ladengeschäft wieder zurückgeben. Er hatte noch die Frechheit durch seinen Anwalt, um eine Unterredung mit mir zu bitten. Ich frug ihn, was wollen Sie: Witte: Ich dachte, ob es nicht doch eine Möglichkeit gäbe, weiter mit Ihnen zu arbeiten. Er hatte offenbar noch nicht genug gestohlen. Ich antwortete ihm: Wenn Sie damals, wie es Ihnen von Ihrer Naziregierung vorgeschrieben war, mich ordnungsgemäß bezahlt hätten, hätte ich meine Angehörigen retten können. So stand ich bettelarm in U.S.A. Ich betrachte Sie als ihren Mörder, und ließ ihn stehen.«

Wallach konnte einen »alten ihm ergebenen« Angestellten finden, der den Betrieb ab 1948 in seinem Auftrag leitete. Daß die jüdischen Geschäftsinhaber ihr Eigentum zurückbekamen, blieb die Ausnahme.

In den meisten Fällen wurde »Wiedergutmachung« von den Eigentümern selbst beantragt, wie z. B. von Herrn W.. Waren die jüdischen Geschäftsführer jedoch umgekommen, wußten oftmals deren Kinder zu wenig über den elterlichen Betrieb, z. B. über die Zahl der Angestellten oder den Jahresumsatz. Dies wäre für das Verfahren notwendig gewesen. Wer also keine Beweisunterlagen, wie Herr Wallach, vorlegen konnte, mußte genug Geld für einen Anwalt aufbringen, der von seinen Klienten, die meist im Ausland lebten, einen relativ hohen Vorschuß verlangte. Viele »Wiedergutmachungs«-Anträge wurden fallengelassen, da die Antragsteller zu arm waren.

Auch konnten und wollten viele das psychisch belastende Verfahren nicht auf sich nehmen.

Alle die »freiwilligen Arisierungen« sind sehr schwer nachzuweisen. Wenn kein Kläger aufzufinden war, fiel das jüdische Vermögen an den Staat.

### *»Es ist alles ganz legal zugegangen ...«*

Parallel zur wirtschaftlichen Ausschaltung der Juden entzog sich wohl auch die Tatsache, daß »arisiert« wurde, dem Gedächtnis der »Nachfolger«. So erinnerte sich der Geschäftsführer des Modehauses Hirmer noch sehr gut an die enormen Schwierigkeiten beim Wiederaufbau des »maroden Geschäfts«[43] nach dem Krieg, auch daß »alles ganz legal zugegangen ist« – sowohl bei der Geschäftsübernahme als auch bei den Zahlungen, die an Bamberger & Hertz in die USA gingen. Das Gebäude, das früher dem Juden Julius Basch gehörte, ist heute Eigentum der Allianzversicherung. Das Geld bekam vermutlich nicht Herr Basch. Was den Wiederaufbau betrifft, der wurde durch staatliche Rückerstattung der Geschäftsaufbaukosten kräftig unterstützt.

Geschichtsverdrängung ist meistens anzutreffen. »Die Familie Tietz muß durch einen ihnen aufgezwungenen Ausscheidungsvertrag die Warenhäuser abgeben, sie wandert später aus und Georg Karg übernimmt das sanierungsbedürftige Haus in München«[44], heißt es in der Festschrift »100 Jahre Hertie München«. Der Zustand der Fassade kann wohl nicht mit »sanierungsbedürftig« gemeint sein, denn die Festschrift beschreibt selbst, wie 1933 »der graue Krisenalltag durch die weiße Karnevalswoche bei Hermann Tietz erhellt« wird. Übrigens: Ausdrücke wie »sanierungsbedürftig« tauchen häufig in »Arisierungs«-verträgen auf und sollen klarstellen, daß der »arische« Käufer keineswegs bereit ist, für einen »jüdischen Saustall« einen »jüdischen Wucherpreis« zu bezahlen. 1933 war das Warenhaus mit 14,5 Millionen RM Reichshilfe saniert worden. Die Teil»arisierung« der Tietz-AG, die Übernahme von Anteilen der jüdischen Firma durch »arische« Banken wird nicht erwähnt.

Auskunftsbereit war außer der Firma Hirmer keiner der zur »Arisierung« befragten Betriebe.

## Anmerkungen

1 Vgl. »Der Stürmer«, August 1935, Nr.34.

2 Reichmann, Eva; Die Lage der Juden in der Weimarer Republik, 1959. In: Reichmann, Eva; Größe und Verhängnis deutsch-jüdischer Existenz, Heidelberg 1974, S. 186.

3 Vgl. dazu Lestschinsky, Jakob; Das wirtschaftliche Schicksal des deutschen Judentums, Berlin 1932, S. 42ff. Weiner-Odenheim, Paula; Die Berufe der Juden in Bayern, Berlin 1918, S. 45.

4 Reichmann, Eva; a. a. O., S. 189.

5 Hanke, Peter; Zur Geschichte der Juden in München zwischen 1933 und 1945, Neue Schriftenreihe des Stadtarchivs München, 1967, S. 186.

6 Selig, Wolfram; Richard Seligmann, München 1983, S. 15.

7 Ebenda.

8 Hanke, Peter; a. a. O., S. 82.

9 »Der Stürmer«, Januar 1932, Nr.5.

10 Rundschreiben des OB vom 24.3.1933, StadtAM, Personalamt 405/2.

11 Vgl. StadtAM, Personalamt 405/2.

12 Zitiert nach Hanke, Peter; a. a. O., S. 102.

13 Vgl. »Nationale Wirtschaft – keine Interessenpolitik«, in: Textilzeitung, 25.5.1933, Nr.124, StadtAM, Zeitungsausschnittesammlung.

14 StadtAM, Personalamt 405/2.

15 Schreiben des Reichswirtschaftsministeriums vom 8.10.1933, StadtAM, Personalamt 405/2.

16 Selig, Wolfram; a. a. O., S. 36.

17 Benz, Wolfgang; Die Juden in Deutschland 1933–45, München 1989, S. 275.

18 Selig, Wolfram; a. a. O., S. 26.

19 Uhlig, Heinrich; Die Warenhäuser im Dritten Reich, Köln 1956, S. 82.

20 Verdunkeltes München, hg. v. der LH München, München 1987, S. 59.

21 Ebenda.

22 Vgl. StadtAM, Gewerbeamt 177 a-d, Akt W.

23 Die IHK München sollte beispielsweise Sachverständige stellen, die die Eignung eines »arischen« Antragstellers überprüfen. In einer Veröffentlichung über die Geschichte der IHK wird jedoch später behauptet, die IHK hätte »auf den Prozeß der Arisierung keinen Einfluß« gehabt. Vgl. Winkel, Harald; Wirtschaft im Aufbruch, München 1990, S. 124.

24 Interview der Verfasserin mit dem Geschäftsführer des Modehauses Hirmer am 1. September 1991.

25 Ebenda.

26 Vgl. StadtAM, Gewerbeamt 177, Abgabe 7/12 a, Bund 12, Akt Leiter.

27 Vgl. Hanke, Peter; a. a. O., S. 229.

28 Vgl. dazu im folgenden StadtAM, Gewerbeamt 177, Abgabe 7/12 a, Akt W.

29 Hanke, Peter; a. a. O., S. 229.

30 Uhlig, Heinrich; a. a. O., S. 115f.

31 Benz, Wolfgang; a. a. O., S. 306. Die Münchner Stadtchronik von 1933 berichtet: »31.7.33, Fa. Tietz wird zu einer GmbH umgewandelt (...) Die Mitarbeit arischer Fachleute ist gesichert.«

32 Behringer, Wolfgang; Löwenbräu, München 1990, S. 113ff.

33 Ebenda.

34 Geschäftschronik des Volkskunsthauses Wallach, New York 1961, S. 21ff. Auch die folgenden Zitate sind dieser Chronik entnommen.

35 StadtAM, Gewerbeamt 177, Abgabe 7/12 a, Bund 26, Akt Wallach.

36 Hanko, Helmut; Kommunalpolitik in München 1933–35. In: Broszat, Martin u. a. (Hg.); Bayern in der NS-Zeit II, München 1979.

37 Festschrift 100 Jahre Bankhaus Aufhäuser, München 1970 (ohne Seitenangabe).

38 Interview der Verfasserin mit Frau Gertrude Rehbach vom 23. Januar 1991.

39 Ebenda.

40 Bernheimer, Otto; Erinnerung eines alten Münchners, München 1957, S. 81.

41 Ebenda.

42 StA München, Vermögensverwertungs GmbH, NSDAP 37.

43 Ebenda.

44 100 Jahre Hertie München, Ausgabe 2/90, März 1990.

Micaela Czisch

# Gertraud Sara Stahl 1909–1991

## Eine Lebensgeschichte in Ausschnitten

Im Herbst 1991 stirbt Traudl Stahl, geborene Ballin, im Alter von 82 Jahren im jüdischen Seniorenheim in der Kaulbachstraße. Ein paar Tage später sitze ich mit meiner Mutter in einem kleinen Münchner Theater, und wir erleben einen Vortrag jiddischer Lieder eines jungen Künstlerpaares. Bei einem von Traudls Lieblingsliedern schließlich laufen uns Tränen sturzbachartig über die roten Backen.

Tränen der Rührung, aus einer Mischung von Glück und Angst. Glück über die Gewißheit, Traudls lebensbejahende Kraft auch nach ihrem Tod in sich weiterzutragen, Angst über den Verlust ihres Beispiels und ihres Rates. Für mich ist es die erste Begegnung mit dem Tod eines geliebten Menschen, und ich erlebte ihn in Traudls Fall durchwegs positiv. Statt einem Gefühl des Verlustes breitet sich eine wachsende Freude über den Gewinn ihrer Bekanntschaft aus.

Ihre letzten zwei Lebensjahre verbrachte Traudl Stahl unterbrochen durch mehrere Krankenhausaufenthalte im jüdischen Seniorenheim in der Kaulbachstraße.

An einen dieser Klinikaufenthalte erinnere ich mich. Ich treffe sie in einem unglaublich leuchtend zitronengelben Morgenmantel im Garten.

*Gertraud Stahl im Alter von ca. 80 Jahren*

Nachdem sich zwei andere Besucher verabschiedet haben, fahre ich sie in ihrem Rollstuhl auf ihr Zimmer. Ich sitze an ihrem Bett und singe ihr Lieder aus aller Welt vor. Sie hat soviel Spaß daran, daß sie immer noch mehr hören will. Bei dem jiddischen Lied »Tumbalaleika«, das sie aus ihrer Kindheit kennt, summt sie schließlich mit. Strahlend über das ganze Gesicht liegt sie in ihrem Bett.

Ein Dreivierteljahr später halte ich ihre Hand und spreche zu ihr, aber sie ist in einen tiefen Schlaf der Erschöpfung gefallen. Es wird spürbar, wie ihre Kräfte jetzt immer schneller schwinden.

Zwischen diesen beiden Krankenhausbesuchen liegt noch ein bemerkenswertes Ereignis im jüdi-

Micaela Czisch
Geboren am 26.11.1965 in München. 1990–92 Schauspielausbildung, ab 1992 Theaterengagements, Rollen bei Film, Fernsehen und Hörfunk. 1993 Mitbegründerin der Theatergruppe Fisch & Lamas und Stipendium der Stadt München für Tanz und Theater. Seit 1991 Auftritte mit dem Gesangsprogramm »Es brennt« (Jiddische Lieder).

schen Seniorenheim. Im August 1991 mache ich endlich das Versprechen wahr, gemeinsam mit dem Gitarristen Karl Rellensmann ein Konzert jiddischer Lieder im Seniorenheim zu geben. Traudl Stahl hat alles zusammen mit der Heimleitung organisiert und hält eine frei gehaltene Einführungsrede an das Publikum. Sehr souverän und direkt leitet sie somit den Austausch zwischen Künstlern und Publikum ein.

Veranstaltungen und Bühnenauftritte hatte sie seit 1975 organisiert. Zehn Jahre lang bereitete sie Veranstaltungen für den jüdischen Seniorennachmittag in der Kultusgemeinde in der Reichenbachstraße vor. Ganze Tage verbrachte sie damit, durch die Stadt zu laufen, um Geschenke für eine Tombola zu sammeln oder zu Hause Plakate, Platzkarten oder kleine Päckchen zu basteln. Ganz ohne finanzielle Mittel schuf sie kleine Überraschungen und Freude für ihre Gäste. Besonders typisch für sie war die Weiterverwertung alter Tapetenmusterbücher. Andere Menschen eine Freude zu bereiten oder mit Rat und Tat bei Problemen beizustehen, war ihr das größte Glück.

Eigene Bühnenauftritte hatte sie seit 1982 im gemischten Programm des »Schwabinger Brettl« unter der Leitung von Herrn H.W. Kühn.

Sie bestritt ein zehnminütiges Soloprogramm mit bayerischen Mundartgedichten. Darunter waren z. B. »Das Glatteis« von B. Lingg oder »Prinz Luitpold« von Ludwig Thoma. In München und Umgebung hatte sie in den folgenden Jahren ca. 30 Aufführungen. Nach H.W. Kühn habe die sonst stets zurückhaltende und bescheidene Traudl Stahl auf der Bühne alle zur Verfügung stehende Kraft in die Darstellung gelegt. Traudl Stahl hatte einen großen Freundeskreis, der mehr junge als alte Menschen umfaßte. Wie sie trotz großer Verluste und schmerzhafter Erfahrungen zu einer durchaus positiven Lebenseinstellung kam, bleibt offen.

Am 21. April 1909 wird Gertraud Sara Ballin in München geboren. Die Eltern Robert Israel und Bella Sara Ballin führen ein finanziell gesichertes Leben und waren in der Gesellschaft verankert. Robert I. Ballin leitet mit seinem Bruder Martin Ballin das Möbelhaus M. Ballin in der Münchner Innenstadt. Darüber schreibt Werner J. Cahnmann:

»Das Möbelhaus M. Ballin mit Verkaufs- und Ausstellungsräumen am Promenadeplatz und einer Möbelfabrik in der Deisenhofenerstraße, war eine der führenden Firmen des Münchner Kunsthandwerks. Die Firma lieferte neben Wohnungseinrichtungen die Ausstattung von Geschäftshäusern, Hotels, Villen, Schlössern, Yachten und Ozeandampfern. Wie die Firma Isaria, die Detailgeschäfte auf dem Land belieferte, litt die Firma Ballin schon vor 1933 unter der anwachsenden antisemitischen Propaganda. Nach 1933 machte es der systematische Boykott einem Großteil der Kunden, insbesondere Beamten, unmöglich, das Geschäftslokal auch nur zu betreten. Die Fabrikation mußte wegen nachlassendem Umsatz aufgegeben werden. Schließlich kündigte die Bayerische Vereinsbank einen langjährig stehenden Kredit, um das Geschäftshaus enteignen zu können. Im Jahre 1936 wurde der Betrieb arisiert.«

Gertraud S. Ballin erlernt nach Abschluß der Mittleren Reife den Beruf der Kindergärtnerin an der St. Anna Schule. Als der aufsteigende Antisemitismus bereits zu spüren ist, gründet sie einen privaten jüdischen Kindergarten.

Am 10. November 1923 ereignet sich im Haus Ballin folgendes: Der beim »Hitlerputsch« am 9. November schwer verletzte Hermann Göring landet auf der Türschwelle der Ballins in der Residenzstraße. Bella S. Ballin weist ihn zuerst darauf hin, daß er sich in einem jüdischen Haus befindet. Dann versorgt sie ihn und ruft einen Arzt herbei. Als H. Göring das Haus verläßt, bietet er der Familie seine Hilfe an, wann immer sie diese benötigen würde. Tatsächlich legt er Robert I. Ballin später aus eigenem Antrieb nahe, das Möbelhaus zu verkaufen und Deutschland zu verlassen.

1937 wird das Möbelhaus M. Ballin »arisiert«. Robert I. Ballin arbeitet von nun an als Vertreter für Möbel und Stoffe.

Am 5. April 1939 emigriert Gertraud S. Ballin alleine nach London. In München zurück läßt sie ihren Verlobten, der später auf der Flucht über die Grenze von Nationalsozialisten erschossen wird. In London setzt sie ihre Arbeit als Kindergärtnerin fort. Sie meidet jeglichen Kontakt zu deutschsprachigen Menschen, um in der englischen Sprache eine neue Heimat zu finden.

Erst am 5. März 1942 fliehen Robert I. und Bella S. Ballin zusammen mit Roberts Bruder Martin und dessen Frau Thekla Ballin aus Deutschland. Die Flucht führt sie über die Schweiz und Portugal nach Brasilien. Bella S. Ballin stirbt auf der Schiffsüberfahrt vor Kummer und Schwäche. Robert I. Ballin erfährt erst bei der Ankunft im Hafen vom Tod seiner Frau, da sie gezwungen waren, getrennt zu reisen. Ihre Leiche ist bereits über Bord gegangen.

Von Brasilien aus gelingt es Robert I. Ballin, ein Einreisevisum für New York zu bekommen. Später folgt ihm auch seine Tochter Gertraud auf seinen Wunsch hin nach New York. Sie beginnt dort, in einem Heim für schwer erziehbare jüdische Kinder zu arbeiten.

1949 bewirbt sie sich zusätzlich auf eine Anzeige hin als Vorlesedame bei Peter Stahl. Sie ist die 13. Bewerberin. »Das muß ja Glück bringen!«, bemerkt der Auftraggeber.

Gertraud Ballin und Peter Stahl heiraten 1952 in New York. Sie pflegte über diese erste Begegnung zu sagen: »Es war Liebe auf den ersten Handschlag!«

Peter Stahl war über Shanghai nach New York gekommen. Er hatte sein Augenlicht durch medizinische Versuche der Nazis verloren und auch organische Schäden erlitten. In Shanghai hatte er auf der Straße Streichhölzer verkauft, um die Überfahrt finanzieren zu können.

Kurz nach der Heirat kehrten Traudl und Peter Stahl auf seinen Wunsch hin nach Deutschland zurück. Traudl, die lieber in Amerika geblieben wäre, möchte wieder nach München statt in seine Heimatstadt Berlin. So kommen Traudl und Peter Stahl etwa 1953 gemeinsam nach München. Sie wohnen kurze Zeit in der Tengstraße und dann bald in der Fliegenstraße 7. Traudl nimmt ihre Arbeit als Kindergärtnerin wieder auf. Das Paar führt ein kulturell und gesellschaftlich aufgeschlossenes Leben bis zum Tod von Peter Stahl im Jahr 1965. Er starb im Alter von 80 Jahren.

Traudl Stahl behält die Wohnung in der Fliegenstraße, bis sie sich selbst nicht mehr versorgen kann und im Alter von 80 Jahren in das jüdische Seniorenheim zieht.

*Im Speisesaal des Saul Eisenberg-Seniorenheimes der Israelitischen Kultusgemeinde München in der Kaulbachstraße, 25.7. 1991*

Anne Bauer

# Ein Lebensbild

Heinrich Emmerich, geboren in Bad Homburg am 25. 11. 1885, Jude.

Eltern: Moritz Emmerich, Kaufmann, und Johanna geborene Neu. Heinrich Emmerich wollte Tierarzt werden, mußte jedoch Kaufmann lernen. Von 1906 bis zur Abreise nach Paris, am 8. 10. 1907, lebte Heinrich in München. Während seines mehrjährigen Aufenthaltes in Paris lernte er seine Verlobte und spätere Ehefrau kennen: Franziska Rumpus, geboren am 1. 10. 1893 in Neunkirchen (Oberpfalz). Sie kam erst nach Kriegsbeginn, am 1. 10. 1914, von Paris nach München.

1914 – der Kaiser rief, und viele kamen freiwillig, auch Freund Heinrich. Er meldete sich zu den Pferden, überlebte den Balkan-Feldzug bei der Kavallerie. Er schlief oft auf freiem Feld, vertrauensvoll an den Hals seines Gauls gelehnt. 1918 wurde er als Offiziers-Aspirant mit Auszeichnung aus dem Dienst entlassen.

Sobald sich die Friedenswirtschaft mühsam eingerichtet hatte, konnte er in München seinen Kaufmannsberuf aufnehmen. Bei der Firma N. Stark & Cie., Tuchhaus, am Karlsplatz 5, wurde Heinrich als Verkäufer angestellt. Die Firma hatte insgesamt 28 Angestellte. Sie existierte bis zum 5. September 1938. Heinrich war dort beliebt. Die schweren Stoffballen heranschleppend, war er doch während des Verkaufsgespräches immer zu Späßen aufgelegt. Den kleinen Schneidermeistern kam er mit akzeptablem Zahlungsmodus entgegen. Das rechneten sie ihm hoch an.

1921, am 10. Februar, heiratete Heinrich seine Franziska. Sie bezogen eine Stadtwohnung am Bavariaring, Platenstraße 3. Heinrich züchtete Wellensittiche. Das Flughaus nahm eine ganze Wand der Küche ein.

Schon vor der Heirat hatten sie in Großhadern ein Doppelgrundstück erworben. Es war bebaut mit einem Holzhäuschen im Schweizer Stil, mit Veranda, unterkellert und winterfest. Auf dem Grundstück gab es auch einen Holzturm, der Ausblick zu den Alpen bot. Hier, am Stadtrand, konnte Heinrich seinem Hobby frönen, der Kleintierzucht. Ein älterer Mann half bei der Gartenpflege. Vom Frühjahr bis in den Herbst gab es reichlich Obst und Gemüse aus dem Garten. Heinrich und Franzi genossen diese Insel der Stille. Sie unternahmen keine Urlaubsreisen. Freunde – so auch ich – waren immer willkommen.

1935 – Mitte Januar am Bahnhof Bayerisch-Eisenstein zur tschechoslowakischen Grenze, auf der Flucht, wurden mein Mann und ich von der Gestapo verhaftet. Wir wurden in der Ettstraße interniert. Nach Verhören im Wittelsbacher Palais wurde ich am 28. Februar mit Schutzhaft-Befehl auf ein Jahr nach Stadelheim überstellt.

Mein Mann kam in U-Haft, dann nach Nürnberg in Strafhaft auf eineinhalb Jahre wegen Verbreitung von Untergrund-Literatur. Unmittelbar anschließend am 16. September 1936 wurde er in Schutzhaft genommen. Er kam ins KZ Dachau. Zu »Führers« 50. Geburtstag am 20. April 1939, kam mein Mann frei – mit der Auflage, sich neun Monate lang zu melden.

1936 – am 14. Januar war ich frei, allein verantwortlich für meine todkranke Schwiegermutter,

---

Anne Bauer
Geboren 1911 in Wien, aufgewachsen bei der Urahne in Trafoß. Nach deren Tod Umzug zur Mutter nach München. 1918 Besuch der Glockenbach- und Klenzeschule; ab der 4. Klasse Übertritt in das Internat der Armen Schulschwestern in der Au. 1927 Abschluß der Handelsschule und Beginn der Berufslaufbahn als Kontoristin/Buchhalterin. 1932 Heirat. 1944 und 1949 Geburt der beiden Kinder. Danach ca. 30 Jahre für verschiedene Steuerkanzleien in Heimarbeit tätig.

*Karlsplatz 3,4,5 ca. 1920*

die im Juli 1936 starb. Bei ihrer Beerdigung zog die Gestapo auf. Natürlich nicht, um ihr die letzte Ehre als Krieger-Witwe zu erweisen. Ein SA-Mann mit Familie bezog unsere Wohnung. So mußte ich fortan als »Leerzimmer-Fräulein« leben, suchte bei jedem Wetter die Peripherie des Münchner Ostens nach einer Wohnung ab. Vergeblich.

1938 – im Januar konnte ich nach drei bitteren Jahren mit Hilfe von zwei Bürgen eine kleine Neubauwohnung in Großhadern beziehen. So war ich den Freunden Heinrich und Franzi nah.

Am 5. September 1938 mußten die Firmeninhaber Joseph und Kurt Stark sowie Siegfried Bretzfelder das Tuchhaus an die Firma Hugo Pautsch »übergeben«. Heinrich wurde arbeitslos. Von nun an bestritt Franzi mit Übersetzungen und Zimmervermietung den Lebensunterhalt.

9./10. November 1938 – die Pogromnacht. Zusammen mit etwa Tausend Münchner Juden wurde Heinrich ins KZ Dachau verschleppt. Sein kleines Glück: Er traf Hans wieder, seinen Freund mit KZ-Erfahrung, in der Schreibstube eingesetzt. Er konnte ihm kleine Erleichterungen verschaffen, ein Paar dicke Socken, eine zweite Decke. Der Winter war nah. Einen Freund im Lager zu wissen, ließen Angst und Gefahr etwas leichter ertragen.

1939 – Frühjahr. Heinrichs Entlassung aus Dachau. Er rief mich sofort in meiner Arbeitsstelle, in der Buchhaltung der Bayerischen Radio-Zeitung, an. Ein kurzer Wortwechsel. Unter den üblichen Vorsichtsmaßnahmen ging ich am Abend auf Besuch zu den Wiedervereinten. Welch ein Wiedersehen! Die wenigen Stunden vergingen zu schnell. Heinrich und Franzi baten mich zu übernachten. Die holländische Untermieterin sei verreist. Ich blieb, erschüttert von Heinrichs KZ-Bericht. Frühmorgens auf dem Weg ins Bad, die Küchentüre war halb offen, ein Gezwitscher ohnegleichen. Die Vogelhausbewohner waren bereits wach und lebendig.

1939 – Herbst, Kriegsbeginn. Sofort wurde ich in die Verteilungsstelle 34, Canisius-Schule, dienstverpflichtet. Die Mittagszeit nutzte ich jetzt meist, den arbeitslosen Heinrich im Garten zu besuchen. Einmal, am Gartentor beim Abschied, rief er seinem großen, schwarzen, dickfelligen Hund zu: »Josef, die Hitlers kommen!« Josef, der Hund, sprang mit einem Satz an den Zaun, die Vorderpfoten drauf, das Fell gesträubt, zum Angriff bereit. Mir wurde ganz schwach. Ich dachte an den Ernstfall...

Monatlich einmal mußte ich zur Polizei in Großhadern, um mit Unterschrift zur Kenntnis zu nehmen, daß mein Gesuch um Entlassung meines Mannes aus dem KZ Dachau abgelehnt sei. Mit immer der gleichen Begründung: Er habe sich »noch nicht gebessert«. Dieses Mitwissen eines Polizisten dieses Reviers war Grund genug, meine sofortige Versetzung von der Verteilungsstelle 34 zu einer Verteilungsstelle in der Innenstadt zu veranlassen.

Mit dem Abenddienst für Berufstätige, den wachsenden Erschwernissen des Alltags, späterer Evakuierung an verschiedene Orte usw. war die Verbindung zu den Freunden abgebrochen.

1940, 1. April – die Emmerichs müssen ihre Wohnung, die sie seit fast 20 Jahren bewohnten, räumen und werden in sogenannte Judenhäuser Herzogstraße 65/Galeriestraße 30 eingewiesen. Das Flughaus mit den Wellensittichen wird an den Hellabrunner Zoo verschenkt.

Freunde von Heinrich, der Schneidermeister Baumgärtner und seine Schwester, an der Rumfordstraße, übernehmen wertvolle Stücke aus der Wohnungsauflösung zu treuen Händen.

Nach ihrer eigenen Ausbombung wurden die Baumgärtners nach Vorarlberg evakuiert, wo sie den Krieg überlebten. Was sie aus Emmerichs Besitz retten konnten, gaben sie nach Kriegsende zurück.

1941/42 – Heinrich und Franzi werden mehrmals »umgesiedelt«. Heinrich arbeitet »dienstverpflichtet« als Gärtner in Bogenhausen bei einem durch »Arisierung« zum Villenbesitzer Gewordenen.

1943 – Heinrich kommt in das »Sammellager« für Juden in Berg am Laim, Clemens-August-Straße 9. Dieses Lager war vor allem für »privilegierte Juden« bestimmt, die mit »Ariern« in einer Mischehe lebten. Dort konnte Franzi ihren Heinrich zu vorgeschriebenen Zeiten Samstag oder Sonntag Nachmittag besuchen.

Die ersten Deportationen waren schon 1941/42 nach Polen abgegangen. Deportationen nach Theresienstadt ab 5. Juli 1942 – in 50er Gruppen. An welchem Tag und in welchem Jahr genau Heinrich deportiert wurde, ist nicht mehr feststellbar.

1945 – am 9. Mai befreit die Sowjet-Armee das KZ-Theresienstadt, das bereits am 2. Mai ein Vertreter des Internationalen Roten Kreuzes übernommen hatte. Nach etlichen Wochen in Quarantäne kam Heinrich mit dem ersten Transport von Münchner Theresienstadt-Überlebenden, der aus 107 Menschen bestand, in seine Heimat zurück.

Franz wohnte seit dem 20. März 1942 in der Franz-Josef-Straße 46. Dorthin fand auch ein entkräfteter, schwer kranker Heinrich nach seiner Entlassung aus dem KZ.

1946 – am 15. März konnten beide in eine Wohnung an der Hermann-Lingg-Straße 16 ziehen.

Für das enteignete, dann rückerstattete Doppel-Grundstück in Großhadern setzte Heinrich später eine Nichte als Erbin ein. Diese Nichte hatte als Kind in einem katholischen Kloster in Frankreich als Jüdin überlebt.

Wir Davongekommenen – mein Mann (schwerkriegsversehrt) und ich, Heinrich und Franzi – fanden uns erst etwas später wieder.

1965 – am 12. Februar, brach Franzi bei Tisch tot zusammen. Die langjährige treue Haushaltshilfe umsorgte den Witwer bis zur Einweisung ins Krankenhaus an der Pappenheim Straße, wo Heinrich am 8. September 1967 starb. Seine Überführung nach Bad Homburg hatte er angeordnet.

Ein bescheidener Jude, von der Welt kaum bemerkt, von mir unvergessen...

Irma Putziger

# München – Palästina – Amerika – München

(Bearbeitetes Interview)

Geboren wurde ich in München, in der Rueckertstraße 7, am 13. Juni 1907, zwei Jahre nach der Geburt meines Bruders Kurt. Wenige Jahre nach meiner Geburt zog die Familie in die Preysingstraße 1, wo auch meine Großeltern wohnten. Mein Großvater war Weinhändler, und bis zum Ende des 1. Weltkriegs hatte mein Vater die Vertretung von Feist-Sekt. Danach eröffnete mein Vater in der Karmeliterstraße ein Geschäft für Schuhbedarfsartikel.

In der Familie war mein Vater zuständig für das Geschäftliche, meine Mutter kümmerte sich um die Erziehung von uns Kindern.

1913 zogen meine Eltern nach Schwabing in die Kaiserstraße 54 in eine Wohnung mit sechs Zimmern. Das Hausmeister-Ehepaar, die Kaunzingers, das mit seinen drei Kindern in der Kaiserstraße im Erdgeschoß wohnte, war sehr nett. Herr Kaunzinger war Schuster und im Haus der Mann für alles, Frau Kaunzinger half bei uns im Haushalt. Nachdem wir aus Haidhausen nach Schwabing umgezogen waren, ging ich in die Schule in der Wilhelmstraße. Nachdem der Krieg ausgebrochen war, wechselte ich häufig: Zuerst war ich in der Elisabethschule, dann in der Hohenzollernschule und schließlich zuletzt in der Simmernschule. Mit zehn Jahren kam ich in eine Privatschule, die ehemalige Kerschensteinerschule in der Franz-Joseph-Straße. Klavierunterricht nahm ich bei Frau Klee-Stumpf, der Frau des Malers Paul Klee. Bei Frau Tillmetz in der Maximilianstraße besuchte ich einen Nähkurs. In der Schule waren wir auch ganz normal mit den christlichen Schülern zusammen und wurden ganz normal behandelt. Nur den Religionsunterricht, den hatten wir getrennt, auch später in der höheren Töchterschule. Geschwänzt habe ich den Religionsunterricht nie, aber gelernt habe ich auch nicht viel. Unsere Lehrer waren Herr Oberlehrer Friedmann, Herr Mueller und zuletzt Herr Finkelscherer. Zu Hause waren wir sehr liberal. Mein Vater war aus einem frommen Haus; er ist sehr viel gereist und hat das alles sehr wenig beachtet. Er sah auch gar nicht jüdisch aus, hat nicht jüdisch gehandelt, und jüdische Ausdrücke

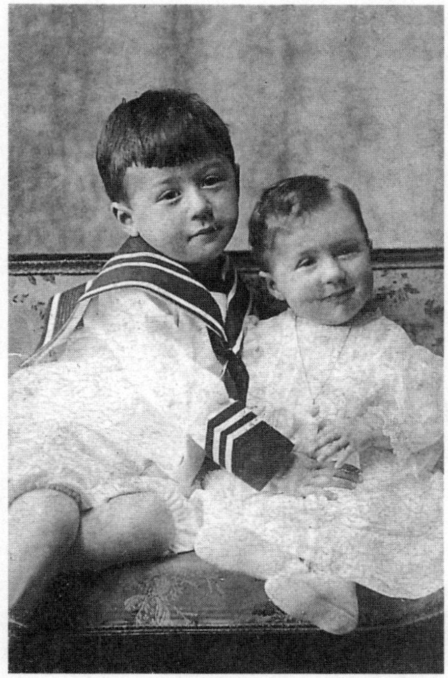

*Irma Putziger (geb. Hausmann) mit ihrem Bruder, 1908.*

---

Irma Putziger
Geboren 1907 am Bavariaring in München, Jugendjahre in Schwabing; 1933 Umzug mit der Familie nach Wiesbaden. Noch im selben Jahr Emigration nach Palästina (Haifa). 1951 Auswanderung nach Amerika. Bis zur Pensionierung Tätigkeit in einer Buchhandlung in New York. 1987 Rückkehr nach München, seitdem im Saul-Eisenberg-Altenheim.

sind bei uns nur sehr selten gefallen. Aber mein Vater hat z. B. nie erlaubt, daß wir an Ostern von der Schule daheim blieben. Nur zum jüdischen Neujahrsfest durften wir zu Hause bleiben. Wir sind also nie aufgefallen. Wir waren auch nie geächtet; die Deutschen waren ja damals nicht so.

Nach der Volksschule war ich auf der höheren Töchterschule, und eines Tages hat mich mein Vater auf dem Weg vom Kurfürstenplatz in die Kaiserstraße gefragt, ob ich gerne studieren würde. Mein Bruder hat nicht studiert. Er wäre ein guter Ingenieur geworden, aber weil dann die Inflationszeit kam, wollte er es nicht. Auch für mich kam also ein Studium nicht in Frage. Ich wurde nicht weiter gefragt und kam für zwei Jahre in die Vechionische Handelsschule in der Kaufingerstraße. Dort habe ich Bürokauffrau gelernt. Anschließend wurde ich Angestellte im Geschäft meines Vaters. Der Grund für die Anstellung in dem Geschäft war der Weggang meines Bruders. Mein Bruder Kurt hatte nach dem Besuch des »älteren Realgymnasiums« bei der Speditionsfirma Lutz und Bauer eine Lehre gemacht und war dann mit 18 Jahren von unserem Vater zu dessen Bruder nach Amerika geschickt worden. Mein Bruder hatte dort einen wunderbaren Posten, hielt es aber nur zweieinhalb Jahre in Amerika aus und kam dann wieder zurück. Danach kam auch er in das Geschäft für Schuhbedarfsartikel, und mein Vater bewarb sich beim Erdal-Konzern. Das Geschäft führte nun mein Bruder zusammen mit einem Sozius, und ich war weiterhin eine Büroangestellte mit Bezahlung und Urlaub wie alle anderen.

Als assimilierte Familie gehörten wir der Hauptsynagoge an. Unsere Gemeinde war sehr liberal und gut situiert, unsere Rabbiner, Dr. Baerwald und Dr. Elk, sehr nett und völlig anders als heutige Rabbiner. Dr. Baerwald wanderte in die Staaten aus und gründete in New York eine Gemeinde; Dr. Elk ging nach Palästina und gründete dort eine Schule. In München gab es noch eine weitere jüdische, eine sehr fromme Gemeinde, die ihre Gottesdienste in der Kanalstraße hatte.

*Irma Putziger in München, ca. 1929*

Unsere Familie war in sehr vielen Vereinen tätig. Mein Vater gehörte dem »Bund jüdischer Frontsoldaten« und der »Isar Loge« an, einem Zweig der »Odd Fellow Lodge«. Wir Kinder waren beim »Jüdischen Wanderbund«, der, wie meine Eltern bei einer Versammlung festgestellt hatten, kommunistisch orientiert war: So hieß z. B. die Mädchenriege »Olga Benario«. Als ich in das tanzfähige Alter kam, traten meine Eltern der »Jüdischen Gesellschaft Concordia« bei, und dort konnte ich dann an sehr schönen Bällen teilnehmen. Meinen Tanzkurs machte ich bei dem Ballettmeister Wellenberg, der zusammen mit seiner Frau am Nationaltheater arbeitete. Auch eine Tennisgruppe wurde gegründet, der ich angehörte. Ich dieser Zeit habe ich nicht darunter gelitten, daß ich Jüdin bin. Ich hatte zwar fast nur jüdische Freunde, kam aber in meiner Freizeit, z. B. in der Tanzstunde, auch mit christlichen Männern und Mädchen zusammen.

Da mein Vater sehr viel in Berlin arbeiten mußte, die Firma aber ihren Sitz in Mainz hatte, wollte die Firma Erdal nicht länger zwei Wohnungen bezahlen. Wir mußten also 1933 umziehen nach Wiesbaden. Da aber kurz darauf der

Hitler kam, konnte mein Vater die Villa in der Ittsteinerstraße, in die wir eingezogen waren, nicht kaufen. Dort haben auch noch andere Leute gewohnt, ein Herr und eine Dame, die waren große Antisemiten. Wir haben uns sehr in Acht nehmen müssen. Meine Mutter und ich waren auch einmal in der Stadt. Da fand ein Umzug statt, wir sind dann über Umwege nach Hause gegangen.

Mein Bruder wollte nach Palästina auswandern, und ich wollte mit. Mein Bruder hat dafür gesorgt, daß wir etwas Geld für das »Kapitalistenzertifikat« mitnehmen konnten, und so sind wir nach Palästina emigriert. Zu dieser Zeit ist ein Onkel gestorben, und wir haben etwas Geld geerbt, so daß wir uns in Haifa ein Haus bauen konnten. Das Haus war wunderschön mit fünf riesengroßen Zimmern oben, da wohnten wir, und drei Zimmern unten, die haben wir vermietet. In dem Haus lebten wir zusammen; ich führte meinem Bruder den Haushalt.

Mein Vater war jahrelang beim »Erdal-Konzern«; trotzdem hat 1938 der Manager zu ihm gesagt: »Herr Hausmann, ich kann sie jetzt nicht mehr halten.« Meine Eltern kamen also zu uns nach Palästina. Schon wenige Jahre später, 1942, starb mein Vater. Von der Verwandtschaft meiner Mutter, die vor allem im Raum Stuttgart lebte, sind fast alle umgekommen.

In Haifa lernte ich meinen Mann kennen, verliebte mich in ihn und heiratete 1939. Die Ehe hat aber nicht lange gehalten. Eigentlich hätte ich mich schon früher scheiden lassen sollen, aber ich dachte immer, es würde besser werden. 1948 kam es zur Scheidung. Mein Mann war manisch-depressiv; er starb 1975. Mein Bruder arbeitete in Palästina für die englische Regierung beim Zoll, ging aber dann 1948 nach Amerika. 1972 starb mein Bruder in Detroit. In Palästina konnte ich keine Stellung bekommen, denn ich habe nie richtig Hebräisch gelernt; Englisch aber konnte ich einigermaßen, mein Ziel war also ebenfalls Amerika. Außerdem hatte mir mein Zahnarzt einmal gesagt, ich sollte nach Amerika gehen, solange ich noch jung sei, denn später würde man dort keine Stellung mehr bekommen. Ich hatte gehört, daß man auf dem Konsulat ein Visum erhalten könnte, wenn man dort angibt, daß man in einen Haushalt gehen würde. Ich habe mich für diese Tätigkeit gemeldet und war dann ein Jahr in einem Haushalt. Danach habe ich gewechselt und bin zu einer Schweizer Firma, die in New York eine Buchhandlung hatte. Angefangen habe ich als »billing-clerk«, bekam dann aber später eine eigene Abteilung. Allerdings war das nicht die deutsche Abteilung, sondern die Abteilung Kanada und romanische Länder, ich hatte also mit Sprachen zu tun, die ich gar nicht konnte. Ich habe nie jemanden um Hilfe gebeten, sondern immer alles alleine gemacht. Die Firma ging nach dem Tod der alten »Bosse« in Konkurs, und wir wurden von einer anderen Firma aufgekauft. In dieser Firma habe ich bis zu meinem 65. Lebensjahr gearbeitet. Als erstes haben sie uns in der neuen Firma gleich den Urlaub gekürzt. Zuerst hatte ich nur ein paar Tage, später acht Tage, dann 14 und als ich etwa 15 Jahre bei der Firma war, hatte ich drei Wochen. Auch Feiertage gibt es dort weniger. Überstunden hatte ich sehr viele; die Überstunden konnte man nicht mit Freizeit ausgleichen, sondern die wurden dafür sehr gut bezahlt. Mit diesem Geld leistete ich mir dann meine Reisen. Ich war in Hawaii, in Alaska und in vielen anderen Gegenden der USA. Auch die Schweiz und Norwegen habe ich mir angeschaut.

Meine Mutter blieb zuerst alleine in Haifa, wollte aber immer nach Amerika zu »ihrer Tochter« ziehen. Also habe ich ihr geschrieben, wie das Leben in Amerika ist, und trotzdem kam sie. In Amerika hat sie dann 13 Jahre bei mir gewohnt. Tagsüber war sie allerdings immer alleine. Deswegen wollte sie schließlich zurück nach Deutschland, nach München. Die Schwester meiner Schwägerin war in einem Altenheim in der Kaulbachstraße, und dieses Heim nahm dann 1965 meine Mutter auf. In diesem Heim wohnten nur deutsche oder amerikanische Juden. Meine Mutter hatte keine sehr gute Rente, und so haben mein Bruder und ich die 400 Mark übernommen, die der Heimplatz damals kostete. Im gleichen Jahr noch habe ich meine Mutter in München besucht.

*Die Autorin während eines Aufenthaltes in Arosa (Schweiz), ca. 1982*

1987 habe ich mich ebenfalls entschlossen, nach Deutschland zurückzugehen. Viele meiner Bekannten hatten noch ihre eigene Wohnung und rieten mir, nichts zu überhasten, aber mir fiel die Arbeit immer schwerer. Meine Bekannten hatten teilweise noch ihre Familien, und ohne eine Person, die sich um einen kümmert, ist es in Amerika sehr schwer. Auch sind die Heime dort viel teurer. Ich habe mich dann dazu entschlossen, in ein jüdisches Heim in München zu gehen. Ich habe also an dieses Heim geschrieben und mitgeteilt, daß ich als Selbstzahlerin aufgenommen werden möchte und kein Pflegefall bin. In den ersten Jahren hatte ich viele Kontakte im Heim. Das Publikum war ein anderes als heute; heute wohnen hauptsächlich Osteuropäer hier. Wir trafen uns bei Ausflügen und haben uns gegenseitig besucht. In letzter Zeit brachen diese Kontakte alle ab, da viele meiner Bekannten starben. Auch im Heim sind schon viele weggestorben, mit denen ich mich immer gut unterhalten habe. Mit meinen Freunden in Amerika stehe ich noch in Kontakt, aber hier habe ich niemanden mehr, mit dem ich mich unterhalten könnte.

In Deutschland wird es jetzt mit den Rechtsextremisten zunehmend schwieriger. Daher möchte ich in der Öffentlichkeit auch auf keinen Fall auffallen. Früher war ich hier Deutsche jüdischen Glaubens, aber das gibt es nicht mehr; jetzt bin ich hier Jüdin. In Amerika gab es keine Amerikaner jüdischen Glaubens, nur Amerikaner. Nach dem Glauben fragt man da nicht, nicht so wie in Deutschland. Die Haßgefühle, die man nun spürt – da bekommt man schon Angst. Daher tut es mir auch leid, daß die amerikanischen Truppen nicht mehr hier sind, denn als die noch in Deutschland waren, fühlte ich mich sicherer. Manchmal denke ich mir: Ich habe ja noch immer meinen amerikanischen Paß, ich kann also immer noch zurück. Ich fühle mich eigentlich hier nicht so richtig daheim; Heimat – das ist nicht mehr München wie früher.

Katharina Voegelin

# Die Freundin

(Bearbeitetes Interview)

Mit meinen Eltern wohnte ich am St. Paul-Platz im Haus Nr. 7. In diesem Haus waren wir die einzige christliche Familie. Ganz leise kamen manchmal von unten am Freitag Abend Töne zu uns in die Wohnung herauf. Da fiel schon mal die Bemerkung: Die feiern jetzt *Schabbat*, aber etwa so, als ob man sagen würde, die haben heute eine Einladung. Besonders engen Kontakt hatte ich zur Familie Einstein: Lotte Einstein war meine beste Freundin, und Frau Einstein meine zweite Mutter. Meine eigene Mutter und ich, wir haben uns sehr geliebt; aber mit meiner Mutter umzugehen, war schwierig, da sie etwas übernervös war. Frau Einstein hat meine Mutter oft besänftigt und alles in Ordnung gebracht. Auch ich war sehr oft bei Frau Einstein, sooft es ging, ohne daß meine Mutter eifersüchtig geworden wäre. Frau Einstein war ein sehr kultivierter Mensch mit vielen geistigen Interessen. Sie war sehr musikalisch und spielte mir vor, vor allem Mahler, den sie sehr liebte. In mir erkannte sie meine musikalische Begabung, und ihr habe ich es zu verdanken, daß ich Klavierunterricht bekam.

Von dem allmählich aufkommenden Antisemitismus haben wir zuerst nichts bemerkt. Ich und meine Eltern, wir waren eigentlich ganz unpolitische Menschen. Mein Vater sagte zwar von Anfang an: »Herrgott noch mal, stellt das Radio ab! Dieses Gekreische, dieser Friseur mit seiner Schmalzlocke!« Aber es gab damals keine großen Diskussionen. Ich selbst war vollkommen

*Luise Einstein mit ihrer Tochter Lotte, ca. 1915*

*St. Paul-Platz 7, ca. 1920*

---

Katharina Voegelin

Geboren 1915 in München, 1939 Heirat, 1941 und 1944 Geburt der beiden Töchter. Bis 1949 Alleinversorgerin der Familie. Langjährige Mitarbeit in der Praxis des Mannes, seit 1975 im Ruhestand mit der Möglichkeit, den vielseitigen Interessen nachzugehen. Lebt nach wie vor in München.

unpolitisch, mich hat das alles überhaupt nicht interessiert. Nach der Arbeit war mir immer nur wichtig, ob ich Tanzen gehen konnte. Meine Hauptinteressen neben dem Tanzen waren Berge, Wandern, Skifahren, die Natur. Vielleicht habe ich mich in meiner Jugend abgekapselt. Nach der »Machtergreifung« war ich zuerst begeistert, denn im Betrieb der Eltern hatte man die schlechten Jahre vorher sehr gespürt. Plötzlich war der Hitler da, und es ging aufwärts. Leute, die noch nicht einmal gewußt hatten, daß es ein Meer gibt, konnten mit »Kraft durch Freude« nach Helgoland fahren. Und es gab wieder Arbeit. Es war mitreißend für einen Jugendlichen, der noch Ideale hatte. Meine »arische« Freundin war auch beim Arbeitsdienst, und ich besuchte sie auf dem Land bei ihrer Bauernfamilie. Es war wunderbar. Ich half bei der Arbeit mit, beim Heumachen, und die anderen paßten auf die Kinder auf. Die Bäuerinnen strahlten. Es war einfach schön, und ein wenig hatte man daher auch die Hoffnung, daß es jetzt wieder aufwärts gehen könnte in unserem Deutschland. Ich war nie sehr national eingestellt gewesen, trotzdem aber gab es auch bei mir eine gewisse Freude an Deutschland.

Die ersten negativen Erlebnisse hatte ich beim Tanzen, so um 1935. Ich hab' sehr gern gesteppt, und wir hatten abends in der Augustenstraße einen Stepp-Kurs. Junge Mädchen waren da und dazu Jazz-Musik, es war herrlich. Einmal kam die Gestapo, weil uns der Hausmeister verpfiffen hatte. Wir wurden vorgeladen, und man hat uns sehr ernst ins Gewissen geredet, daß »arische« Mädchen doch nicht auf so eine »Negermusik« tanzen sollten. Es war widerlich. Bei dieser wie auch bei anderen Gelegenheiten gab es so gut wie nie ein politisches Gespräch.

In meinem Verhältnis zu den Hausbewohnern änderte sich nach 1933 nichts. Frau Einstein sagte sogar selbst, daß es jetzt mit Deutschland wieder aufwärts ginge. Richtig begriffen haben wir alles erst nach der »Kristallnacht«. Man war natürlich empört. Aber man sagte sich, daß das einfach nur Rowdies waren und: »Ach, wenn das der Hitler wüßte!« Diese Redewendung gab es oft – »Ach, wenn das der Hitler wüßte!«

*Die Autorin mit ihrer Mutter, ca. 1934*

Mein Vater sagte schon sehr früh zur Familie Einstein: »Hören Sie, mir gefällt das nicht. Der Antisemitismus wird jetzt so künstlich hochgeschürt, und wir brauchen Sündenböcke. Also denken Sie einmal darüber nach, was auf Sie zukommen könnte. An Ihrer Stelle würde ich Verbindung aufnehmen mit Ihren Verwandten in England und den USA und auch darüber nachdenken, wo Sie hinkönnten, wenn es hier noch schlimmer wird.« Darauf sagte Herr Einstein – und das höre ich heute noch – : »Wissen Sie, der Hitler will uns deutschen Juden doch nichts. Außerdem habe ich das Eiserne Kreuz 1. Klasse, und als deutscher Kriegsteilnehmer ein amputiertes Bein. Also, spinnen'S doch net so.« Meine Freundin Lotte allerdings faßte schon 1933 einen Entschluß: »Ich will nicht als Mensch zweiter Klasse behandelt werden. Geld haben wir nicht so viel, daß ich aus Deutschland wegkönnte. In Palästina können nur die einreisen, die einen Beruf haben. Ich lerne jetzt Schneiderin.« Und dann legte sie nach zwei Jahren, 1936, bei Schneidermeister Dotzwald die Meisterprüfung ab. Sie war sehr begabt. Dann meinte sie: »So, jetzt krieg' ich die Einreisegenehmigung, ich habe einen Beruf.« Für mich war die Vorstellung, sie zu verlieren, sehr schmerzlich: »Lotte, das mußt Du Dir überlegen, Du gehst doch ins Ungewisse.« Sie aber entgegnete: »Das ist doch nicht so schlimm. Mein Vetter, der Arzt aus Hamburg, ist ja drüben, und da weiß ich schon vorher, wo ich hinkomme und kann mich bei ihm auch ein bißchen nützlich machen.« Ihr Vetter hatte bei seiner Ausreise noch all seinen Besitz, also z. B. seine ganze Bibliothek, mitnehmen können. Kaum war er aber ein Jahr in Palästina, starb seine Frau und hinterließ einen Säugling und ein Kleinkind. Als Lotte wirklich im Dezember 1935 nach Palästina ging, hatte sie sofort eine Aufgabe und konnte dort Fuß fassen. Später haben sie geheiratet.

Auch die Familie Ackermann, die bei uns im Haus wohnte, emigrierte 1935 mit zwei Kindern nach England, wo sie Freunde hatten. Sie verabschiedeten sich nicht von uns, weil sie sich Sorgen um uns machten.

Als ich noch mit meiner Lotte jeden Tag in der Früh' aus dem Haus ging, fragte sie mich einmal: »Gehst du mit mir? Traust du Dich denn mit mir zu gehen?« Worauf ich sagte: »Du spinnst ja wohl, warum sollte ich denn nicht mit Dir gehen? Aber ich kann mir schon vorstellen, daß du jetzt auch einen Tick gekriegt hast.«

Viele, besonders die, die etwas dümmer waren, konnten das anfangs gar nicht richtig einschätzen. Dann aber kam die gezielte Propaganda. Tag für Tag wurde man in den Medien überschüttet mit Greuelgeschichten, der »Schändung arischer Kinder« und der »sexuellen Gewalt an arischem Hauspersonal durch jüdische Arbeitgeber«. Ich habe davon nicht viel mitgekriegt, sondern hörte nur meinen Vater darüber sprechen. In unserem Verhältnis zu den Einsteins hat sich dadurch jedoch nichts geändert.

Unter dem Weggang von Lotte, ihrer einzigen Tochter, hat Frau Einstein natürlich sehr gelitten. Sie hat oft deswegen geweint. Meine Mutter tröstete sie dann mit den Worten: »Das ist doch das Beste für die Lotte, und die ist jetzt da drüben glücklich. Und ewig geht das mit dem Hitler auch nicht. Zuerst können Sie sie besuchen und vielleicht kann sie ja dann später auch wieder zurück.« 1936 besuchte Frau Einstein ihre Tochter tatsächlich. Lotte bat sie immer wieder, doch bei ihr in Palästina zu bleiben. Aber Herr Einstein wollte nicht nach Palästina gehen; er wollte nicht einmal zu Besuch hinfahren. Frau Einstein wollte ihren Mann nicht alleine lassen, und so fuhr sie wieder zurück nach Deutschland. Erst 1939, als dann ihr Mann gestorben war, wollte sie zu ihrer Tochter, aber da war es schon zu spät. Sie bekam kein Visum mehr. In dieser Zeit wurde der Kontakt zu Frau Einstein weniger. Es kam das, was ich als meine ewige Schuld bezeichne.

*Lotte Einstein in Palästina, ca. 1937*

Das war die Zeit, in der ich mich in meinen späteren Mann verliebte. Die »erste Liebe«! Wir haben uns im Fasching kennengelernt, und im Juni, also kurz vor Kriegsausbruch, haben wir geheiratet. Danach zog ich in meine eigene Wohnung. Dadurch habe ich Frau Einstein etwas aus den Augen verloren. Das hätte nicht sein dürfen, und dafür gibt es keine Entschuldigung. Meine Mutter hatte noch weiterhin mit ihr Kontakt und wollte sie einmal zu mir in meine Wohnung mitnehmen. Diese Einladung lehnte Frau Einstein ganz brüsk ab, da sie mich nicht in Schwierigkeiten bringen wollte. Danach habe ich sie ganz aus den Augen verloren. Mein Mann wurde gleich im Dezember 1939 eingezogen. Das erste Kind kam. Es war Krieg, und ich hatte andere Dinge im Kopf. Das alles ist keine Entschuldigung, ich war dumm! Heute frage ich mich immer wieder: »Wie kann man nur so dumm sein?«

Frau Einstein mußte sehr bald ihre große Wohnung verlassen und zog zu Verwandten, wie mir meine Mutter erzählte. Anfang 1940 wollte ich wissen, was aus Frau Einstein geworden war und ging auf das Einwohnermeldeamt, um zu erfahren, wo sie jetzt lebte. Die schauten mich sehr komisch an. Der Mann im Einwohnermeldeamt sagte: »Sie, ja das ist doch eine Jüdin – mit dem Namen.« Worauf ich entgegnete: »Ja sicher, wir haben im selben Haus gewohnt, und jetzt wollte ich wissen, wo sie hingekommen ist.« Der hat mich behandelt! Ich solle sofort gehen, was ich mir denn denken würde, ich sei wohl judenfreundlich. Ob ich nicht wisse, was man mit solchen Volksgenossen mache: die kämen nach Dachau. Da endlich ist bei mir der Groschen gefallen, der Denkapparat hat endlich gearbeitet. Ich habe umgedacht. Da wurde plötzlich der Retter Deutschlands, der Hitler, für mich der letzte Dreck. Gott sei Dank hat mein Vater das nicht mehr alles miterlebt, da er schon 1938 gestorben ist.

Nach meiner ergebnislosen Nachfrage im Einwohnermeldeamt gab es keine weitere Möglichkeit mehr, etwas über Frau Einstein in Erfahrung zu bringen. Ich hatte auch Angst. Ich würde mir wirklich wünschen, ich wäre nicht so dumm gewesen, hätte politischer gedacht und hätte helfen können. Aber wahrscheinlich hätte ich das nicht überlebt. Wenn ich Frau Einstein wirklich gefunden hätte, würde ich alles versucht haben, sie rauszuholen. Denn es war schon immer eine

*Luise Einstein im Alter von ca. 50 Jahren*

Gabe von mir gewesen zu organisieren, und ich hätte es ganz sicher geschafft. Vielleicht hätte ich sie ins Gebirge reingebracht oder auf einen Speicher versteckt.

Durch die Kriegssituation geriet dann alles allmählich in Vergessenheit. Ich war nach Bayrischzell evakuiert, wartete auf meinen Mann, hatte also andere Probleme. 1945 kam dann ein Anruf, der mich sofort nach München zurückkehren ließ. Man hatte mir nämlich gesagt, ich würde meine Wohnung verlieren.

Die Jahre nach dem Krieg bis zur Währungsreform waren hart. Mein Mann war vermißt und kam erst Anfang 1949 aus Rußland zurück. Bis dahin hatte ich die Familie, meine Töchter, meine Mutter und den alten Onkel zu ernähren. Ich war die einzige, die Essen beschaffen konnte. Dreimal in der Woche fuhr ich zum Hamstern auf's Land, zuerst tauschte ich Waren, bis ich nichts mehr hatte. Danach gaben mir Bekannte Sachen mit, von denen ich dann zehn Prozent behalten konnte.

In den ersten Nachkriegsjahren war der Gedanke an die Familie Einstein bei mir etwas in den Hintergrund geraten. Später aber machte ich mich wieder auf die Suche. Ich mußte Lotte und Frau Einstein finden! Aber wo sollte ich anfangen. Die Juden waren alle weg, das Haus und der ganze St. Paul-Platz ein Trümmerhaufen. Ich ging also zuerst zu der jüdischen Suchorganisation nach Bogenhausen, und da sagte man mir: »Was suchen Sie, Einstein in Israel? Ja, dann suchen Sie doch mal Meier in Deutschland.« Danach habe ich nach Israel geschrieben.

1953 bin ich dann mit einem Auftrag eines befreundeten Architekten in die Ainmillerstraße gegangen. Dort gab es ein Appartementhaus mit sehr vielen Klingelschildern. Aus lauter Langeweile schaute ich mir die Schilder an. Und da las ich den Namen »Diespecker«. Diespecker? Ja, meine geliebte Frau Einstein war doch eine geborene Diespecker! Da muß ich rein! Ich habe also geläutet, und dann ist mir das Herz doch in die Hose gefallen. Die Türe ging auf und ich sagte: »Entschuldigen Sie vielmals, kennen Sie eine Luise Einstein?« Die Frau schaute mich ganz groß an und sagte: »Ja, warum? Das ist meine Cousine. Treten Sie ein.« Frau Diespecker hatte schwere Schäden von ihrem Aufenthalt in Auschwitz davongetragen. Sie war wegen ihres Wiedergutmachungsantrags gerade in Deutschland. Frau Diespecker ist kurze Zeit später an den Folgen von Auschwitz gestorben. Bei unserem Treffen erzählte sie mir, daß Frau Einstein deportiert worden ist und schrecklich ums Leben gekommen ist. Lotte sei verheiratet und hieße nun Bargebuhr. Sie gab mir noch Lottes Adresse. Ich ging nach Hause und schrieb Lotte einen vielen Seiten langen Brief, voller Furcht, Angst und auch Liebe. In erster Linie war es ein Schuldbekenntnis; aber auch von der Sehnsucht, sie wieder zu sehen, habe ich ihr geschrieben. Meine Freundin erzählte mir später, was passierte, als der Brief ankam. Sie las den Brief und meinte: »Ich will von Deutschland und von München, ich will von dem St. Paul-Platz nichts mehr wissen. Damit ist Schluß, das interessiert mich alles nicht mehr.« Meine Freundin war schon immer ein eher rational denkender Mensch, während ich dagegen emotional bin. Meinen Brief las aber auch ihr Mann, und der konnte sie schließlich dazu bewegen, mir zu antworten, mit dem Argument: »Wenn Dir ein Mensch so einen Brief schreibt, hast Du die verdammte Pflicht, auf diesen Brief zu antworten!« In ihrer ersten Wut antwortete sie mir sehr sachlich: »Mir geht es gut, wir sind verheiratet, und jedes Jahr machen wir eine Reise in die Schweiz.«

Im Jahre 1957 trafen wir uns dann in der Schweiz. Zu diesem Treffen nahm ich meine Tochter mit, weil ich alleine Angst hatte. Als Treffpunkt hatte mir Lotte ein kleines Gasthaus angegeben. Ich war sehr aufgeregt! Und auf einmal höre ich im Treppenhaus Schritte. Ich gehe raus, und da kommt sie, wie sie schon immer gewesen war, klein und rundlich. Wir schauen uns an. Sie sagt: »Käthl«, im schlimmsten Münchnerisch, »ja mei, Käthl« und fällt mir um den Hals, und ich falle ihr um den Hals. Wir heulen beide, drücken uns und busseln uns ab. Das war unser Wiedersehen. Dann kam die zweite Hürde: ihr Mann. Spuckt er mich an oder sagt er einfach, »raus«? Gerade als er runterkam zum Essen, gab es ein fürchterliches Gewitter mit Blitz und Donner. Das Licht fiel aus; das passiert ja in den Bergen öfters. Es war stockdunkel. Wir hatten nur eine kleine Kerze, die uns die Wirtin gebracht hatte. Da hab' ich gleich den Stier bei den Hörnern gepackt und alles rausgeredet. Es ist eine innige Freundschaft entstanden. Jedes Jahr haben wir uns in der Schweiz getroffen, nur einmal kam Lotte nach München, und beide hatten wir fürchterliche Angst. Wir wohnten damals in der Romanstraße. Zuerst fuhren wir zum jüdischen Friedhof. Dort führte uns eine Dame, und wir lasen auf den Grabsteinen Namen, die wir eigentlich alle kannten. Dann fuhren wir in die Innenstadt. Sie sagte: »Komisch, das ist eigentlich nimmer mein München, das ist eine ganz fremde Stadt.« Den St. Paul-Platz haben wir natürlich gemieden.

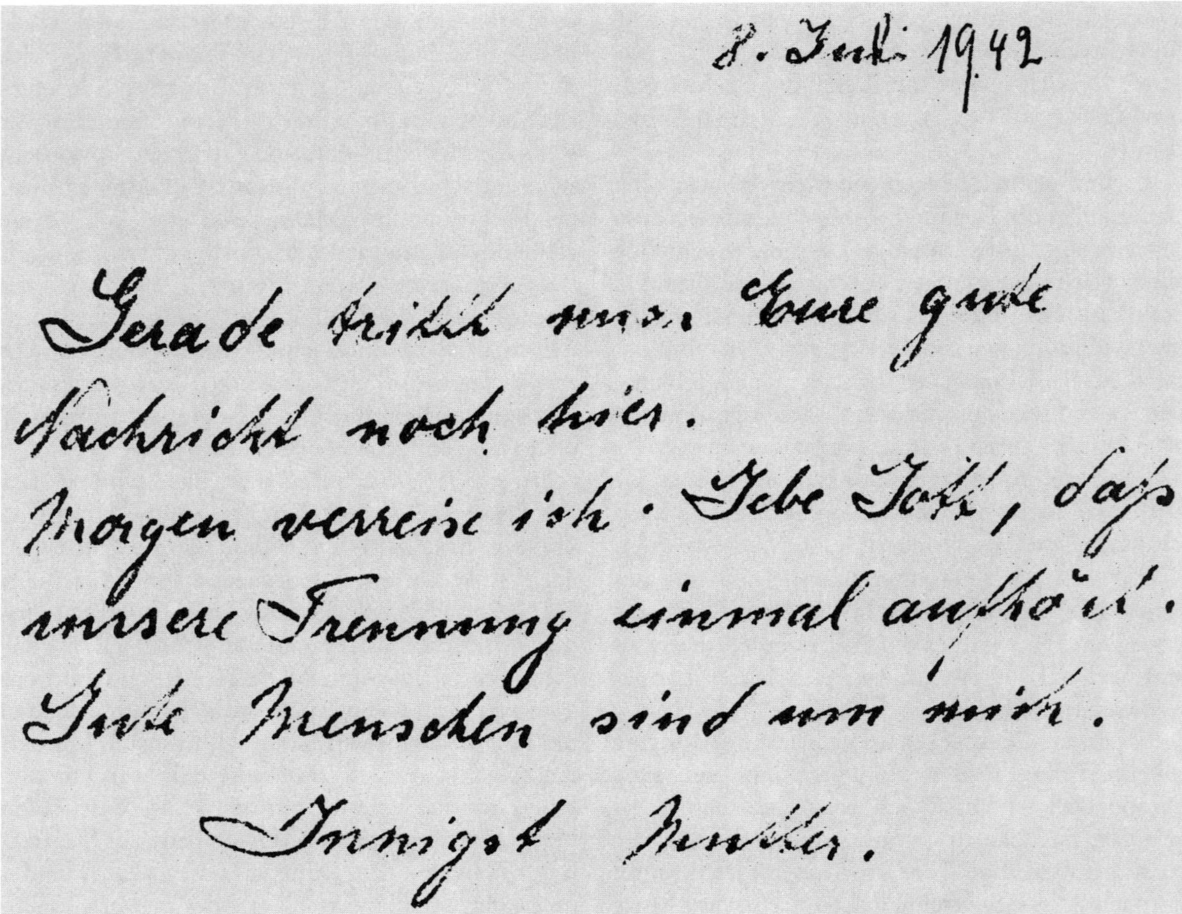

8. Juli 1942

Gerade trifft nun Eure gute Nachricht noch hier.
Morgen verreise ich. Gebe Gott, daß unsere Trennung einmal aufhört.
Gute Menschen sind um mich.

Innigst Mutter.

*Letztes Lebenszeichen von Luise Einstein kurz vor ihrer Deportation.*

Nach dem Tod ihres Mannes traf ich mich mit Lotte und ihren Freunden weiterhin in der Schweiz, manchmal fuhr auch mein Mann mit. Bei diesen Gelegenheiten sprachen wir immer nur über das eine Thema: die Ermordung der Juden im »Dritten Reich«. Ich hatte immer das Bedürfnis, ihr mitzuteilen, das ich vielleicht ein Zeichen setzen kann, wenn ich zeige, wie sehr ich diese Vergangenheit verabscheue. Daß es Menschen gibt, die sich auseinandersetzen mit der Vergangenheit und versuchen, ein bißchen gut zu machen. Daß sie, und vor allem meine Freundin Lotte, sehen, daß es auch Menschen gibt, die das nicht vom Tisch wischen, was geschehen ist, nicht sagen: »Ach, laß' mich doch in Ruhe mit der Nazi-Zeit«. Mit Lottes Freunden konnte ich darüber sprechen, und die hatten auch selbst das Bedürfnis. Lotte aber ging bei diesen Gelegenheiten oft aus dem Zimmer. Wenn wir über ihre Mutter reden, und ich sage: »Weißt Du, man denkt schon nach. Wie hat sie das ertragen, ihre Reise?« Lotte sagt: »Ich will darüber nicht nachdenken, ich will auch nichts mehr wissen und mir nichts mehr ausmalen. Ich möchte es einfach nicht wissen.« Bei jedem Gespräch muß ich sehr zurückhaltend sein, ich darf nicht bohren, ich muß sie jedesmal fragen, ob ich ihr eine Frage stellen darf. Wenn wir zusammen sind, frischen wir unsere Jugenderinnerungen auf: Als die Räterepublik ausgerufen war, München beschossen wurde und wir im Keller auf den Wasserschäffeln geritten sind. Im Keller waren noch die großen Holzbottiche, in denen die Wäsche mit der Hand gewaschen wurde. Wir tauschen unsere Erlebnisse beim Skifahren aus, tausend Kindheitserinnerungen. Aber von ihrer Mutter spricht sie nur ganz selten.

Menschen, die glauben, damit nichts mehr zu tun zu haben, die sind mir einfach zu dumm, mit denen möchte ich nichts zu tun haben. Da ist zu viel Gleichgültigkeit. Das Übel der Menschen ist die mangelnde Intelligenz. Darum sehe ich auch das, was wir heute erleben, dieses Anwachsen der rechtsradikalen Gruppen, sehr ernst. Mir drängen sich immer wieder Vergleiche auf. Jetzt haben wir also die Rezession. Bisher waren die Menschen an den Wohlstand gewöhnt, waren behäbig. Jetzt geht das Geld aus. Da wirft man die Frage auf, wer daran Schuld hat, daß das Geld ausgeht. Da muß es doch einen Schuldigen geben. Man braucht immer einen Sündenbock, und da wir die Juden als Sündenbock nicht mehr haben, sucht man einen andern. Natürlich – die Ausländer. Ich bin kein Pessimist, mein ganzes Leben war ich ein Optimist, aber jetzt im Alter spüre ich wirklich eine ernste Besorgnis.

Willi Waldhier

# Der Mischling

Das Nazi-Regime war entschlossen, planmäßig und kaltblütig alle Juden zu ermorden, und seit Kriegsbeginn waren auch »Mischlinge« von der Verfolgung nicht mehr ausgenommen. In meinem Bekanntenkreis waren drei Menschen von der »Mischlingsfrage« betroffen. Einer von ihnen, der uneheliche Sohn eines englischen Diplomaten und einer Deutschen, starb bereits 1940 im KZ Mauthausen. Der zweite wurde als »Mischling 2. Grades« zur Wehrmacht eingezogen und fiel in Stalingrad. Nur der dritte überlebte. Von ihm soll im folgenden die Rede sein.

Mir ist klar, daß das, was M. widerfahren ist, längst nicht so grauenvoll ist wie das, was anderen Juden angetan worden ist – immerhin blieb er am Leben. Dennoch ist seine Geschichte wert, erzählt zu werden, beweist doch gerade ein solches Einzelschicksal Irrsinn und Willkür der NS-Rassenideologie: Bis zu seinem 23. Lebensjahr galt M. als ganz normaler Deutscher, aber dann wurde er von einem Tag auf den anderen durch einen Behördenakt zum Mischling.

M. und ich gehörten zu der Generation, die man im Falle eines Krieges sofort einziehen würde. Im Frühjahr 1939 machten wir Abitur. Manche, die vorhatten zu studieren, rückten gleich anschließend zu Arbeits- oder Wehrdienst ein.

Andere, wie auch M., suchten sich einen Ausbildungsplatz. Er bewarb sich als Beamtenanwärter und wurde genommen.

Trotz aller Vorahnungen traf uns der Kriegsbeginn wie ein Schicksalsschlag. Die meisten zogen bestürzt und niedergeschlagen in den Krieg. M. wurde zur Artillerie eingezogen. Im August 1942 trafen wir uns zufällig in der Stadt. Wir hatten beide Heimaturlaub. M. war guter Dinge. Er hoffte, in nächster Zeit zu einem Lehrgang nach München zu kommen. Seine Freude war verständlich, denn jeder Tag, den man nicht an der Front verbringen mußte, war ein gewonnener Tag. Wir verabredeten, uns nach dem Krieg wiederzutreffen, und ahnten nicht, daß noch Jahre vergehen sollten, bis wir unser Versprechen einlösen konnten.

Im Herbst 1945 klingelte es an der Wohnungstür. Ich öffnete und sah zu meiner großen Freude M. vor mir stehen. Er war dünn geworden wie wir alle, doch sein Gesicht schien besonders gezeichnet zu sein. Es fehlte ihm das jungenhafte Lächeln. Zunächst sprachen wir über die Freunde, die draußen geblieben waren und von denen, über deren Schicksal wir nichts wußten. Erst auf meine Frage, wie es ihm denn zwischenzeitlich ergangen sei, begann er zu erzählen.

Es war irgendwo in Rußland gewesen. Eines Tages war er zum Stab bestellt und sofort zum Chef vorgelassen worden. Der eröffnete ihm in seiner direkten Art, daß es ihm leid täte, ihm mitteilen zu müssen, daß er als Halbjude nicht Offizier werden könne. Er habe Auftrag, ihn unverzüglich zur Ersatzabteilung nach München in Marsch zu setzen. Der Oberst klopfte ihm kameradschaftlich auf die Schulter und wünschte ihm weiterhin Soldatenglück. In der Schreibstube erhielt er gleich darauf seinen Marschbefehl und auf der Kammer Tornister und Wäschebeutel. Den Karabiner durfte er behalten.

Es war, als hätte ihn der Schlag getroffen. Erst im Lkw, auf dem Weg zur nächsten Bahnstation, konnte er sich wieder sammeln. Er war ahnungs-

---

Willi Waldhier
Geboren am 2. August 1919 in München. 1939 Abitur und Arbeitsdienst. Im Herbst 1939 Eintritt in die Finanzverwaltung. 1940/41 Ausbildung zum Steuerinspektor. 1942 Einberufung zum Wehrdienst. 1942/43 Einsatz in Rußland. Im Herbst 1944 Entlassung wegen Krankheit. Wiederaufnahme der Berufstätigkeit. 1949 Versetzung in die Betriebsprüfung, Tätigkeit als Prüfer und Sachgebietsleiter. 1981 Pensionierung als Obersteuerrat. Seit 1956 verheiratet, eine Tochter. Lebt in München.

los gewesen. Seine Mutter hatte ihn vor mehr als zwanzig Jahren als lediges Kind in die Ehe mitgebracht. Der Mann seiner Mutter hatte ihn adoptiert, und so galt er als eheliches Kind der beiden Eheleute. Sein leiblicher Vater war, noch vor M.'s Geburt an einer Kriegsverletzung gestorben. Soviel hatte er gewußt, doch durch den Oberst hatte er nun erstmals erfahren, daß sein Vater Jude war. Ein Gegenbeweis war nicht möglich. Er mußte die Feststellung einer anonymen Behörde als zutreffend hinnehmen.

M. war katholisch getauft und von seinen Eltern auch so erzogen worden. Zu seinem Adoptivvater hatte er ein gutes Vater-Sohn-Verhältnis. Er war das einzige Kind der Eheleute. Die Eltern liebten ihn. Sie schickten ihn auf das Gymnasium. Er war Pfadfinder und nach dem Verbot der konfessionellen Jugendgruppen Hiltlerjunge. Nach dem Abitur bewarb er sich als Beamtenanwärter. Eine Voraussetzung hierzu war die Mitgliedschaft in der Partei oder einer ihrer Gliederungen. Also trat er der NSDAP bei. Als Beamtenanwärter hatte er außerdem einen »Abstammungsnachweis« mit den Geburts- und Heiratsurkunden der Eltern und Großeltern vorzulegen. Der verstorbene Vater, der mit M. nach bürgerlichem Recht nicht verwandt war, erschien damit auch nicht in seiner eigenen Geburtsurkunde. Die außereheliche Geburt des Bewerbers war nach einem Runderlaß vom 5. 9. 1936 für den Dienstvorgesetzten kein Anlaß, M.'s »Abstammungsbescheid« von der »Reichsstelle für Sippenforschung« einzuholen. Die »deutschblütige« Abstammung des Dienstbewerbers galt als erbracht. Seiner Einstellung in den öffentlichen Dienst stand nichts mehr im Wege.

Warum der Fall nach Jahren wieder aufgerollt wurde, ist nicht bekannt. Die befaßten Behörden schwiegen sich ihm gegenüber aus. Es ist durchaus möglich, daß seine Einheit den Stein ins Rollen brachte, als sie ihn als Reserveoffiziersanwärter meldete. 1935 wurde in der Wehrmacht der »Arierparagraph« eingeführt, und eine Reihe von Offizieren mit jüdischen Großeltern mußten daraufhin den Dienst quittieren. Das Heerespersonalamt war seitdem angewiesen, die Abstammungsnachweise von Offiziersbewerbern besonders gründlich zu überprüfen. Dabei stieß man wohl auf M.'s uneheliche Geburt. All das ist eine Vermutung, die naheliegt, aber nicht bewiesen werden kann.

M. war damals nicht in der Stimmung, lange darüber nachzugrübeln. Er mußte sich mit der neuen Situation abfinden. Noch schützte ihn die Uniform. Er hatte als Soldat gelernt, in der Gegenwart zu leben. Von der Zukunft zu träumen oder der Vergangenheit nachzuhängen, schläferte nur die Wachsamkeit ein. Er mußte wach bleiben, um sich der Zukunft stellen zu können.

Wie die meisten im Osten eingesetzten Wehrmachtsangehörigen wußte er, wie grausam Einsatzgruppen, einheimische Milizen und »Hilfswillige« die Juden in den rückwärtigen Heeresgebieten ausrotteten. Er mußte also mit allem rechnen, auch wenn er nicht wußte, was ihn in der Heimat erwartete.

In München meldete er sich beim Ersatztruppenteil, wo man ihn in die Rechnungskanzlei abkommandierte. Zu seiner Überraschung sprach ihn niemand auf seine besondere Situation an. Nach Wochen wurde er zur Heeresentlassungsstelle versetzt. Man gewährte ihm Arbeitsurlaub bei seiner zivilen Behörde. Es dauerte einige Wochen, bis ihm der Entlassungsschein der Wehrmacht ausgehändigt wurde, doch dann kam es Schlag auf Schlag. Bald, nachdem man ihn aus der Partei ausgeschlossen hatte, wurde er zum Amtsvorsteher gerufen, dem es sichtlich peinlich war, ihm die Entlassungsurkunde aus dem Staatsdienst aushändigen zu müssen.

Von jetzt an unterstand er der Polizei. Er wurde dem Sanitätshilfsdienst zugeteilt. Er durfte weiterhin zu Hause wohnen und erhielt Lebensmittelkarten. Die neuen Kameraden behandelten ihn freundlich, obwohl sie seinen Status kannten.

M. glaubte schon, dem Terror entronnen zu sein, als eines Morgens die Häscher doch kamen und ihn nach Dachau brachten. Dort wurde er einem Häftlingstransport zugeteilt, der zum Arbeitseinsatz in Holland bestimmt war. Sie wurden wie Vieh in die Güterwagen getrieben.

Das Lager unterstand disziplinär der SS, arbeitsmäßig aber der »Organisation Todt« (O.T.). Diese Organisation, eine paramilitärische Bautruppe, hatte den Auftrag, gemeinsam mit Festungspionieren des Heeres den sogenannten Atlantikwall in den Niederlanden zu errichten. Die Häftlinge hatten Erz-, Transport- und Bauarbeiten auszuführen. Die Arbeit war schwer, denn auch hier galt der Grundsatz: Vernichtung durch Arbeit. Die knappen Termine für die einzelnen Baulose mußten ohne Rücksicht auf Menschenleben eingehalten werden, und die Ausfallquoten waren entsprechend hoch. Das technische Personal der O.T. versuchte, durch Arbeitspausen und Schonung der Schwachen und Kranken die Leistungsnormen dem allgemeinen Gesundheitszustand der Arbeiter anzupassen. Das gelang nicht immer; denn die Bauleitung und das Wachpersonal ahndeten diese eigenmächtigen Arbeitserleichterungen als Sabotageakte.

M. hatte Glück. Ein Bauleiter wurde auf seine technischen und mathematischen Fähigkeiten aufmerksam und forderte ihn als Bauschreiber an. Mit der Zeit entwickelte er sich zum Faktotum, das man vielseitig einsetzen konnte. Das brachte natürlich Vorteile mit sich. So lernte er dienstverpflichtete Holländer und Holländerinnen kennen, die ihn als ihresgleichen anerkannten. Mit ihrer Solidarität konnte er rechnen, als er sich später zur Flucht entschloß. Sie alle hofften auf das Gelingen der Invasion der Alliierten, denn deren zügiger Vormarsch bedeutet für sie möglicherweise die Befreiung. Diese Hoffnungen schlugen in Resignation um, wenn der Vormarsch der Amerikaner vorübergehend zum Stehen kam. Sie mußten nun täglich mit Luftangriffen rechnen und bei Alarm die Splittergräben aufsuchen, während sich ihre Bewacher in den Bunkern verkrochen. M. hörte den Wehrmachtsbericht des Rundfunks, wenn er mittags in der Speisebaracke in der Küche half. So erfuhr er auch vom Attentat auf Hitler, nach dem der Terror im »Reich« und in den besetzten Gebieten einen neuen Höhepunkt erreichte.

Unter den Gefangenen verbreitete sich Wochen später das Gerücht, daß sie in das »Reich« zurückgeführt werden sollten. M. trug sich schon lange mit Fluchtgedanken, aber jetzt schien es an der Zeit, den Plan zu konkretisieren. Das Unternehmen war riskant, aber es war ebenso riskant, hier zu bleiben, um womöglich auf dem Rückmarsch erschossen oder in einem KZ liquidiert zu werden. Er hatte keine andere Wahl. Nachts lag er stundenlang wach, überlegte hin und her, wann, wie und wohin er fliehen sollte. Nach München konnte er nicht, solange dort die Nazis waren. Also suchte er nach einer Lösung, die es ihm erlaubte, zunächst unterzutauchen und zu einem geeigneten Zeitpunkt die Flucht fortzusetzen. Die Frontlage änderte sich täglich, und er mußte mit längeren Umwegen rechnen. Erschwerend kam hinzu, daß der Winter vor der Tür stand und er winterfeste Kleidung und Stiefel benötigte, um den langen Marsch durchzustehen. Je länger er überlegte, desto höher türmten sich die Schwierigkeiten, die er zu überwinden hatte.

Zunächst galt es, aus dem Lager zu fliehen. Die Flucht konnte aber nur dann gelingen, wenn sie nicht überstürzt erfolgte. M. wußte, daß er das Unternehmen nur in Etappen durchziehen konnte. Dazu benötigte er Hilfe von außen und vor allem auch eine Anlaufstelle, von der aus er zur gegebenen Zeit den langen Marsch nach Hause antreten konnte. Er ging in Gedanken die Personen durch, denen er sich anvertrauen durfte, ohne Gefahr zu laufen, verraten zu werden. Da fiel ihm die junge Holländerin ein, der er jeden Mittag in der O.T.-Küche zur Hand ging. Die beiden kannten sich, seit er im Lager war. M. liebte sie und er spürte, daß er auch ihr nicht gleichgültig war. Als sie einmal allein in der Küche waren, erzählte er ihr von seinen Fluchtabsichten. Das Mädchen überlegte nicht lange und erklärte sich bereit, ihm zu helfen. Sie würde sich vorsichtig umhören und sich mit Freunden beraten. M. vermutete, daß sie wie viele Holländer, die für deutsche Dienststellen arbeiteten, Verbindung zum Widerstand hatte. Die Sache lief gut an, und der Plan gewann immer mehr an Gestalt.

Er ging von folgender Situation aus: Ein Fahrer brachte auf einem Lkw täglich Gemüse und Kartoffeln in die Stadt. Gegen Abend kam er mit Genehmigung der Kommandantur ins Lager, um die Küchenabfälle zu Bauern in der Umgebung zu bringen, die sie an die Schweine verfütterten. Dieser Fahrer hatte sich bereit erklärt, M. auf der Rückfahrt mitzunehmen. Während eines Fliegeralarms sollte er dann nicht den Splittergraben aufsuchen, sondern zu einem nahe gelegenen, verfallenen Bauernhof laufen und sich dort im ehemaligen Schweinestall verstecken. Dort würde er vom Lkw aufgelesen werden. Man rechnete mit der Nachlässigkeit der Wachen und vertraute darauf, daß M. als Faktotum gewisse Freiheiten genoß, so daß sein Fehlen nicht sogleich bemerkt werden würde.

Am Vorabend der Flucht nannte ihm das Mädchen das Stichwort, und am nächsten Tag verlief das Unternehmen wie geplant.

M. lag, mit Planen und Decken zugedeckt, zwischen den Abfallkübeln und schlief ein. Die Aufregung und die körperliche Erschöpfung forderten ihren Tribut. Er hatte wohl geschlafen, bis sie nach kilometerlanger Fahrt über holprige Landstraßen endlich ihr Ziel, einen kleinen Hof am Rande eines Dorfes in einer heideartigen Landschaft, erreichten. Ein altes Ehepaar empfing ihn freundlich, und nachdem er sich in der Waschstube gebadet hatte und in die bereitgelegten Wäsche- und Kleidungsstücke geschlüpft war, fühlte er sich wie neugeboren.

In diesen schrecklichen Zeiten gab es also noch Menschen, die ihm, dem Feind, dem Deutschen und entflohenen Häftling, Zuflucht gewähren wollten. Er half den alten Leuten in Haus und Hof und wenn es da nichts mehr zu tun gab, besserte er die Dächer und Zäune der Nachbarn aus. Ihnen wurde er als weitschichtiger Verwandter vorgestellt, der aus deutscher Kriegsgefangenschaft geflohen war. Da er holländisches Platt sprechen und verstehen konnte, schöpfte niemand Verdacht. Die deutschen Worte, die er mitunter in das Platt mischte, erklärten die Hausleute damit, daß er in einem kleinen Ort an der deutschen Grenze aufgewachsen sei und auch drüben gearbeitet habe. Die Dörfler schätzten seine Arbeitskraft und Findigkeit und entlohnten ihn mit Naturalien. Im Frühjahr 1945 besuchte ihn unerwartet seine holländische Freundin. Im Lager hatten hochnotpeinliche Verhöre stattgefunden, und er war zur Fahndung ausgeschrieben worden. Da hatte es sich bewährt, daß er keinen seiner Mithäftlinge in seinen Fluchtplan eingeweiht hatte. Die sich überstürzenden Kriegsereignisse machten seinen Fall ohnehin bald vergessen: Die O.T.-Einheit war Hals-über-Kopf abgezogen worden, und die SS war mit ihren Gefangenen schon seit Wochen auf dem Weg ins »Reich«.

Die Freundin brachte ihm Wäsche und einen auf seinen Namen ausgestellten, unterschriebenen und gestempelten Sonderausweis mit. Der Marschbefehl wies ihn als Zivilangestellten der O.T. aus, den man aus dienstlichen Gründen nach München versetzt hatte. Sie steckte ihm deutsches Geld zu, und seine Wirtsleute gaben ihm noch eine alte, ehemals blaue Schifferjacke und etwas Reiseproviant für die ersten Tage. Auf einem alten Lkw brachte man ihn in die Nähe der deutschen Grenze. Den letzten Kilometer ging er zu Fuß und bei Nacht wechselte er über die grüne Grenze.

Die ersten Tage waren besonders schwer. Er mußte sich erst an die Freiheit gewöhnen und an das stundenlange Marschieren. Vorsichtig näherte er sich den Dörfern, größere Orte und Städte umging er. Den Menschen wich er aus, so gut es eben ging, aber die Straßen waren voll von Militärfahrzeugen, Soldaten auf der Suche nach ihren Einheiten und Flüchtlingen. Das Durcheinander kündigte den Rückzug der Deutschen und Vormarsch der Amerikaner an. Dazu kamen die Tiefflieger.

Straßensperren der Feldgendarmerie sammelten die versprengten Soldaten, hielten aber auch Zivilisten zurück. Sie wurden zu »Alarmeinheiten« zusammengefaßt und umgehend an die Front geschickt.

Noch gefährlicher wäre trotz der gefälschten Papiere eine Begegnung mit der SS oder der Polizei gewesen. Es gab überall Standgerichte, die kurzen Prozeß mit Deserteuren oder verdächtigen Zivilisten machten.

M. war extrem vorsichtig. Meist ging er allein. Untertags versteckte er sich, wartete die Dämmerung ab, um dann weiterzuziehen. Jetzt kam ihm die Ausbildung beim Militär zustatten. Dort hatte er gelernt, wie man sich getarnt und den Bodenverhältnisssen angepaßt, in unbekanntem Gelände bewegt.

Es gab Tage, da war ihm alles egal. Sterbensmüde suchte er Zuflucht im Dickicht eines Waldes, in Hausruinen oder in einem zugigen Heuschober. Er schlief stundenlang, bis er vor Kälte schlotternd aufwachte und wieder weiterzog. Zum Glück war er bisher nicht ernstlich krank geworden. Wann immer er Gelegenheit hatte, wusch und rasierte er sich. Manchmal ekelte er sich vor sich selber. Seine Kleidung war schmutzig und stank. Statt der zerrissenen Socken hatte er Lumpen um die Füße gewickelt, die in beinharten Stiefeln steckten. Die Notdurft mußte er meistens im Freien verrichten. Die Kälte stieg ihm dabei die Eingeweide hoch, und es dauerte Stunden, bis er wieder warm wurde. Gegen die Kälte stopfte er altes Zeitungspapier in Stiefel und Hosen.

Ohne die Hilfe mitleidiger Menschen, die ihm Essensreste zusteckten und ihm zu trinken gaben, wäre er nicht durchgekommen. Die Tage vergingen. Er kam sich vor wie ein wildes Tier, das immer auf Nahrungssuche ist. So wie dieses witterte er die Gefahr und war stets bereit zur Flucht. Er hatte kein Zeitgefühl mehr. Lediglich an den Kirchenuhren konnte er die Stunden ablesen.

Irgendwo in einem kleinen Ort auf der Fränkischen Alp nahm ihn eine Bäuerin auf und gewährte ihm für mehrere Tage und Nächte Unterschlupf. Den neugierigen Nachbarn wurde er als Sohn einer Münchner Freundin vorgestellt. Der Ortsgruppenleiter hatte sich schon vor Tagen abgesetzt. Die Männer waren an der Front und die jüngeren Frauen im Kriegseinsatz in der Kreisstadt. Nach einer Woche trieb es ihn wieder weiter. Die Frau gab ihm ein frisches Hemd und ein paar warme Unterhosen und für die zerschundenen Füße Flanellappen.

Zum Abschied steckte sie ihm noch Lebensmittel für unterwegs zu und als sie sah, daß sein Blick sehnsüchtig an einem der alten Fahrräder hing, die offenbar selten benutzt wurden und an der Scheunenwand lehnten, durfte er eines davon nehmen. M. war so glücklich wie schon lange nicht mehr. Es war wie Weihnachten!

Die wenigen Tage hatten genügt, seine Lebensgeister wieder zu wecken.

M. fuhr auf holperigen Feldwegen nach Süden. Die Hochfläche senkte sich sanft zur Donauniederung hin. Plötzlich sah er Strom und Brücke vor sich liegen. Er schob das Rad einen Steig hinunter, der zur Brücke führte. An beiden Ufern herrschte Chaos. Die Wehrmacht war auf dem Rückzug; Kraftwagen, Panzer und Infanterie wollten über den Fluß und behinderten sich gegenseitig. Alle hatten es eilig und niemand schien die Feldgendarme zu bemerken, die den Verkehr zur und auf der Brücke zu ordnen versuchten. Glückte es ihnen, eine Fahrzeugkolonne anzuhalten, wurden Soldaten und Flüchtende hinüber geschleust.

M. schloß sich den wartenden Zivilisten an. Niemand achtete auf ihn, als seine Gruppe über die Brücke gelotst wurde. Weit und breit waren weder Polizei oder SS noch irgendein Greifkommando zu sehen.

Der Morgen war noch jung, und die milde Luft kündigte schon das Ende des Winters an. Er trug aber weiterhin die dicke Joppe, die Wollmütze und den grobgestrickten Schal, alles Geschenke seiner holländischen Wirtsleute. Er war in Gedanken oft bei diesen alten Leuten und er wünschte sich, ihnen einmal vergelten zu können, was sie für ihn getan hatten. Auch an diesem Tag fuhr er Stunde um Stunde. Nur wenige Menschen begegneten ihm nach wie vor in der sich kilometerweit hinziehenden Ackerlandschaft südlich der Donau. Dörfer umfuhr er in weiten Bögen, um unangenehme Begegnungen zu vermeiden. Er war so in Gedanken versunken, daß er aufschreckte, als nach einer Bodenwelle ein größerer Ort zum Greifen nahe vor ihm lag, davor im Halbrund auseinandergezogen eine Gruppe amerikanischer Panzer. Er stieg vom Rad, da peitschten schon warnend Gewehrschüsse über ihn hinweg. M. blieb stehen, warf das Rad zur Seite und hob die Arme. Ein Jeep raste auf ihn zu. Noch im Fahren sprang ein GI heraus und durchsuchte ihn nach Waffen. Man rief ihm zu, in das Fahrzeug zu steigen. Das Rad durfte er mitnehmen. In halsbrecherischer Fahrt ging es an den Panzern vorbei zurück ins Dorf. Vor dem Gefechtsstand im ehemaligen Schulgebäude hielt der Jeep. Hier herrschte jene große Betriebsamkeit, die er noch von der Front her kannte. M. wurde zum Abwehroffizier gebracht. Er mußte seine Taschen leeren. Der Leutnant, der ihn vernahm, sprach akzentfrei deutsch und machte sich Notizen. Beim Durchlesen des Wehrmachtsentlassungsscheins wurde der Offizier stutzig und fragte M., warum er als junger, offensichtlich gesunder Mann entlassen worden war. M. antwortete, daß er Halbjude sei, worauf ihn der Leutnant aufforderte, seine Geschichte zu erzählen.

Ich nehme an, daß M. ihm zum Beweis die im linken Unterarm eintätowierte Häftlingsnummer zeigte. Damals, 1945, hatten wir nicht darüber gesprochen. Ich habe erst später erfahren, daß die SS auf diese Weise ihre Lagerhäftlinge »kennzeichnete«.

M. berichtete zuerst stockend und heiser vor Aufregung, nach einer Weile ruhig und fließend. Als er geendet hatte, konnte er die Tränen nicht länger zurückhalten. Das, was sich in Jahren in ihm an Demütigungen, Kränkungen und Ängsten aufgestaut hatte, war er in seinem Bericht losgeworden. Er fühlte sich von einer schweren Last befreit und M. war dem Offizier dankbar, daß er so geduldig zugehört hatte. Der Leutnant begann nun über sich selbst zu sprechen. Er stammte aus einer jüdischen Familie, die aus Frankfurt am Main stammte und Mitte der dreißiger Jahre in die Vereinigten Staaten ausgewandert war. Er durfte dort studieren, erhielt die amerikanische Staatsbürgerschaft und meldete sich 1941 zur Armee. 1944 kam er nach Europa und tat nun in einer Panzereinheit Dienst als Nachrichtenoffizier.

M. war jetzt in der Obhut der Amerikaner. In den nächsten Tagen wurde die Befragung fortgesetzt. M. mußte einen Lebenslauf schreiben und einen Fragebogen ausfüllen. Seine ehemalige Zugehörigkeit in der Nazi-Partei wurde nicht gewertet, da er ja nach relativ kurzer Zeit schon ausgeschlossen worden war. Bis zu seiner Ausgrenzung als Mischling glich M.'s Lebenslauf dem vieler seiner Altersgenossen. Diese Generation hatte Hitler nicht gewählt, war aber vom Regime vereinnahmt und im Krieg verheizt worden. Darüber und über vieles mehr sprach M. mit diesem etwa gleichaltrigen Offizier. Mit der Zeit kamen sich die beiden näher.

In den ersten Maitagen des Jahres 1945 fuhr M. im Jeep seines Betreuers nach München. Seine Eltern schlossen ihn überglücklich in die Arme. Für sie war ein Wunder geschehen; sie hatten angenommen, er sei nicht mehr am Leben.

Seit damals ist ein halbes Jahrhundert vergangen. Wir haben nie wieder über seine Erlebnisse gesprochen. In mir sind einige Bilder haften geblieben. Ich habe nun versucht, seinen Bericht aufgrund dieser Bilder nachzuzeichnen, bevor sie mir aus dem Gedächtnis entschwinden. Meine Nacherzählung mag da und dort Lücken und Brüche aufweisen, wenn mich mein Erinnerungsvermögen im Stich läßt, aber sie gibt im wesentlichen das wieder, was M. und mit ihm viele andere in dunkler Zeit durchleiden mußten.

Ingeborg Schluckebier

# Feiern wollten sie

*Die Belegschaft der Abteilung Flugzeugschlosser. Der Vater der Autorin ist links neben der Frau mit weißer Schürze zu sehen, 1908*

»Hast du das gewußt? Das mit den Juden, daß man sie eingesperrt hat in Konzentrationslagern, gequält und umgebracht?«, diese Frage stellte ich, sechzehnjährig, meinem Vater. Ja, er hat es gewußt, nicht das ganze Ausmaß, aber einiges. Die, die es wissen wollten, haben es gewußt, sagte er. Und dann erzählte er die Geschichte von Wassil, und daß er noch lange nach dem Krieg gehofft hat, von ihm ein Lebenszeichen zu erhalten.

---

Ingeborg Schluckebier
Geboren 1935 in München, Kindheit und Schulzeit in Neuhausen. Nach Abschluß der kaufmännischen Lehre Tätigkeit bei mehreren Firmen. 1964 Heirat, 1966 und 1967 Geburt der beiden Söhne. Seit 1970 teilzeitbeschäftigt als Sachbearbeiterin bei einer Bundesbehörde.

Wenn alle Stricke reißen, meinte Wassil damals, würde er noch auf dem Transport ins Konzentrationslager fliehen mit seiner Frau; die gezeichnete Landkarte von Polen – im Saum seines Mantels eingenäht – würde ihm dabei gute Dienste erweisen und natürlich, daß er so gut polnisch sprach.

Mich hat an der ganzen Sache nur das Verhalten meines Vaters interessiert, die Geschichte von Wassil habe ich in meinem Gedächtnis begraben, bis ich im Mai 1994 die Ausstellung »Versagte Heimat« besuchte.

Von 1943 bis 1945 arbeitete mein Vater Hanne als Flugzeugschlosser und Werkzeugmacher im Kupfer- und Messingwerk in Moosach, er galt als

»nicht kriegsverwendungsfähig«. In der Fabrik wurden nur noch wenige deutsche Büroangestellte beschäftigt, die deutschen Betriebsangehörigen waren im Krieg. Als Arbeiter standen Kriegsgefangene aus Rußland und Polen zur Verfügung. Dreißig Menschen sollten, unter Aufsicht meines Vaters, Flugzeugteile herstellen – und das möglichst schnell und perfekt. Als Dolmetscher unterstützte ihn der aus Polen stammende deutsche Jude Herr Wassil. Dieser lebte mit seiner Frau in einem Lager. Morgens um sechs Uhr kam Wassil in die Fabrik und am Abend fuhr er wieder zurück, bei Fliegerangriffen blieb er oft für mehrere Tage dort.

Mit Wassil verstand sich Hanne besonders gut. Mit seiner Hilfe gelang es ihm, die Gefangenen zu überzeugen, daß die Chancen den Krieg zu überleben steigen, je schneller und besser sie arbeiteten. Die Baracken der Gefangenen standen auf dem Fabrikgelände, statt der bisher fünfstündigen Schlafpause, ließ er sie sechs Stunden ausruhen. Das Büchsenfleisch, Zigaretten und Brot – das in Kisten ankam – wurden für den Produktionsanstieg der kriegswichtigen Flugzeugteile an die Gefangenen verteilt. Hanne war Tag und Nacht in der Fabrik, frei hatte er nur alle vier Wochen, oder wenn meine Mutter und ich – von unserem Evakuierungsort Söchtenau – nach München kamen, um nach dem Rechten zu schauen.

Anfang 1944 war Wassil sehr niedergeschlagen: »Ich hab' erfahren«, sagte er zu Hanne, »beim nächsten Transport ins Konzentrationslager nach Polen sind wir dabei.« Einen Brief schrieb Hanne daraufhin an seinen Vorgesetzten und das Flugzeugamt Erding: Daß er es nicht gut findet, in dieser Zeit den Dolmetscher für Polnisch und Russisch wegzuschicken. Wie soll er denn den Gefangenen die Arbeit erklären? Ob da jemand das bis jetzt Geleistete sabotieren will? Ein gefährlicher Brief. Einer seiner ihm wohlgesonnenen Vorgesetzten hat ihm den Rat gegeben: »Stell' so viel her, wie du kannst, dann kann dir keiner so schnell etwas anhaben. Wie du das mit den Gefangenen machst, ist deine Sache.« Und er machte es, human, so wie es seine Art war. Wassil und seine Frau wurden vom Transport nach Polen zurückgestellt. Die beiden Männer waren Freunde.

*Die Belegschaft des Kupfer- und Messingwerkes Moosach, hauptsächlich Kriegsgefangene. Der Vater der Autorin ist in der ersten Reihe (3. v. links) zu sehen. Sein Freund Wassil steht neben ihm (4. v. links), ca. 1943/44*

Über Flucht wurde gesprochen, doch ohne seine Frau wollte Wassil nicht weg. Hanne wollte er nicht gefährden, und wo sollte er hin? Unsere Wohnung, die sich anbot, weil sie leer stand, wäre sicher als erste kontrolliert worden.

Nach dem Krieg wollten sie sich treffen, in München oder irgendwo anders. Feiern wollten sie – mit Wurst und Käse, für jeden einen ganzen Wecken Brot, mit Bier, kein Dünnbier, nein dunkles würziges Bier wollten sie trinken – nach dem Krieg. Und diese traurigen, schwermütigen Lieder würden sie singen, die die Gefangenen leise gesungen haben, nachts im Freien, während die Bomben fielen. Und frei würden sie sein, frei und glücklich.

Wassil war immer hungrig, Was Juden als Lebensmittel erhielten, war zum Sterben zu viel und zum Leben zu wenig. So überließ meine Mutter meinem Vater ihre Lebensmittelkarten, damit er davon einiges den Gefangenen und Wassil zustecken konnte, manches Stück Brot – in der Kleidung versteckt – brachte dieser seiner Frau ins Lager.

Für unseren Lebensunterhalt arbeitete Mama bei den Bauern. Täglich den Kuhstall ausmisten und beim Melken helfen, für einen halben Liter Milch, einen Kanten Brot und jede Woche ein Ei und ein Stück Butter.

Während der Fliegerangriffe mußten die Gefangenen weiter arbeiten, in den Fabrikhallen. Die wenigen Zivilangestellten verließen bei Voralarm die Fabrik, gingen nach Hause oder in einen ca. 15 Minuten entfernten Luftschutzbunker. Das große Fabriktor – »Nieder mit den Verrätern! Kampf bis zum Endsieg!« – wurde verschlossen. Hanne hatte den Schlüssel für eine kleine Tür im Stacheldrahtzaun, ihm war erlaubt, sich während der Angriffe im Freien aufzuhalten. Er schloß, wenn er allein mit Wassil und den Gefangenen war, die Tür auf und überließ es jedem, in der Fabrik zu bleiben oder mit ihm auf freiem Feld das Ende des Angriffs abzuwarten. Es war wieder Wassil, der ihnen klar machte, daß sie bei einer Flucht nicht weit kämen.

Unter freiem Himmel lagen sie, auf der Erde, die je nach Jahreszeit duftend warm, naß und matschig oder eisig gefroren war. Nur bei verräterischem Schnee blieben sie in der Fabrik. Sie hörten das Dröhnen der schweren Bomber näherkommen, beobachteten die unzähligen bunten Leuchtkugeln am Himmel, die die Stadt erhellten, bevor die Flugzeuge ihre Bomben ausklinkten. »Köpfe runter«, schrie einer. Sie spürten die Detonation, der Luftdruck schleuderte sie weg, Mauer und Metallteile prasselten auf sie herab. Die Halle, in der sie noch vor wenigen Minuten gearbeitet hatten, stand nicht mehr. Es gab eine Untersuchung. Hanne, Wassil und die Gefangenen sagten aus: Er hätte sie kurz vorher alle in das Hauptgebäude gerufen, um einen neuen Arbeitsvorgang zu erklären, die Firmenleitung gab sich zufrieden.

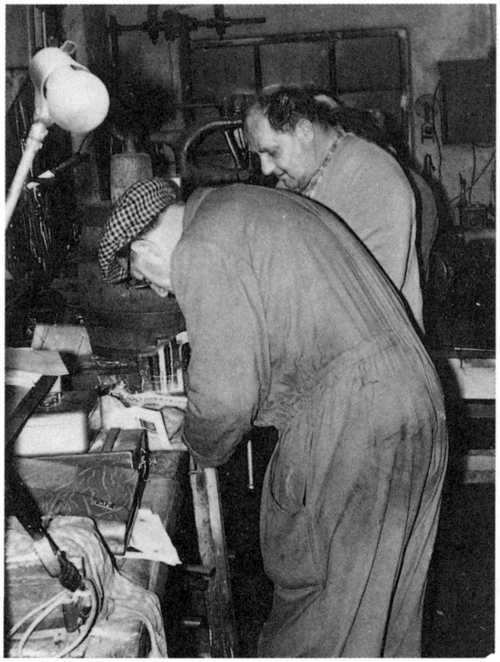

*Der Vater der Autorin gebeugt im Vordergrund, daneben ein Kriegsgefangener, ca.1943/44*

Ende 1944 berichtete Wassil verstört von einem weiteren Judentransport, noch einmal versuchte es Hanne mit Briefen. Wassil kam nicht mehr. Erkundigungen ergaben: Sein Name stand nicht auf der Transportliste ins Konzentrationslager, aber der seiner Frau.

Wollte er ohne sie nicht zurückbleiben?

Erich Frauenberger

# Der Maler Ernst Maria Fischer 1907–1939

Eine Hommage

Als »Halbjude« geboren –
gelebt in München –
Gestorben in Deutschland –
Verschollen, vergessen als Künstler.

Mit meinem Beitrag möchte ich an den Maler und Radierer Ernst Maria Fischer erinnern, der am 9. Mai 1907 in München als Sohn des Universitätsprofessors Aloys und von Paula Fischer (geb. Thalmann) geboren wurde. Er besuchte das Wilhelmsgymnasium. Auf väterlichen Wunsch studierte Ernst Maria zunächst verschiedene Fächer an der Münchner Universität, belegte aber gleichzeitig Zeichenkurse an der Technischen Universität. Später, als auch der Vater von der Berufung seines Sohnes überzeugt war, konnte der angehende Maler an der Kunstakademie in München studieren und nebenbei eine Ausbildung im Radieren und Drucken machen. Ernst Maria Fischer starb Mitte November 1939 in einem Feldlazarett in der Pfalz an einem Lungenschuß.

## *Die Entdeckung*

Meine Frau und ich – wir standen auf einer Nachlaßausstellung mit Fischers Werken vor einem Bild gleich über der Eingangstür, das uns wie ein Gruß berührt hat. Wir betrachteten es staunend, und ich sagte: »Daß man so etwas für Geld kaufen kann!« Irgendwie waren wir sehr traurig, aber nicht wegen des Bildes, sondern über das Schicksal des Künstlers, dem wir nachgegangen sind. Das Bild selbst ist nicht traurig, im Gegenteil, es ist heiter und fröhlich, ein Symbol des Lebens sozusagen: Ein Blütenzweig vor leuchtendem Himmelsblau. Der Preis war günstig, wir kauften es sofort. Wir gingen weiter durch die Ausstellung, unser Interesse wurde immer größer, und soweit es unsere Mittel erlaubten, kauften wir weitere Werke.

Wer war dieser wundervolle Maler? Literatur über ihn gab es keine zu kaufen, aber in der Staatsbibliothek fand ich einen Band von Dr. Karl Kreitmair: »Ernst Maria Fischer. Leben und Werk eines Frühvollendeten mit vielen Selbstzeugnissen und 77 Abbildungen.« (Die biographischen Angaben zu Leben und Werk Fischers gehen auf dieses Buch zurück.) Bald hatte ich das Buch in den Händen und schlug es auf. Eigentlich schlug es sich selber auf, in der Mitte, wie es oft mit Büchern geschieht. Aber diesmal war es wie eine Fügung, denn die doppelseitige Abbildung zeigte das »Abendleuchten«, eines der Bilder, das wir gekauft hatten. Was für ein Glück, wir hatten diesen Farbenzauber als Original in unserem Besitz! Wenn wir »unser« Bild betrachteten, war es, als würden wir mit dem Maler im Abendlicht stehen und fühlen, wie der See vor den Bergen den blauen Himmel trinkt im Gold der Abendsonne. Wir blätterten weiter und fanden viele unserer Bilder in dem Band wiedergegeben. Wir lernten den Maler kennen und lieben, er wurde quasi unser Freund, und wir fühlten uns im Nachhinein als Mitglieder des Ernst Maria Fischer-Kreises.

Wie heißt es doch im Gauguin-Roman von William Somerset Maugham? »Wie sollte man annehmen, daß Schönheit, das Kostbare auf dieser Erde, wie ein Stein am Strand liegt, damit der gleichgültig Vorübergehende so nebenbei danach greife? Schönheit ist etwas Wunderbares und

---

Erich Frauenberger
Geboren 1924 in München. Autodidaktische Studienaufenthalte in Essen (Folkwangschule), Hamburg, Paris und London. Lebt und arbeitet in München. Ausstellungen im In- und Ausland.

*Blühender Kirschzweig auf Blau, ohne Jahresangabe*

Fremdes, das der Künstler in der Qual seiner Seele aus dem Chaos der Welt formt. Und wenn er es geschaffen hat, ist es nicht allen vergönnt, es zu erkennen. Um es zu erkennen, muß man das Abenteuer des Künstlers wiederholen. Es ist eine Melodie, die er dir singt, und um sie in deinem Herzen zu hören, bedarfst du des Wissens, der Empfindsamkeit und der Phantasie.«

Wir hörten »diese Melodie« aus Fischers Bildern, forschten nach und fühlten uns verpflichtet, an sein Schaffen zu erinnern und es, wenn möglich, einer breiteren Öffentlichkeit bekannt zu machen – gerade, weil das Ernst Maria Fischer-Museum in Brannenburg nicht mehr existiert und das Werk bereits in alle Winde zerstreut ist. Ein Teil der Werke, darunter die hier abgebildeten, befindet sich in meinem Besitz, ebenso einige Alben mit Zeichnungen, Entwürfen, Studien zu Kirchen- und Altarbildern. Zu erinnern ist auch an die Tatsache, daß Ernst Maria Fischer nicht nur Maler war, sondern auch Gedichte schrieb. Ich möchte darüber hinaus auf einen Brief verweisen, der ein besonderes Licht auf den Soldatentod Fischers wirft, geschrieben bereits 1932.

Ernst Maria Fischer war »Halbjude«. Das war für die Nationalsozialisten Grund genug, ihm Malverbot zu erteilen. 1938 erhielt er ein Arbeitsverbot durch die Kunstkammer. Er hatte symbolische Darstellungen der kommenden Katastrophe – in Spritztechnik – realisiert, z. B. seinen Zyklus von Radierungen zur Geheimen Offenbarung des Apostel Johannes.

Das erste Bild aus diesem Zyklus war auch auf den Einladungskarten wiedergegeben, mit denen 1941 Mitglieder für den Ernst Maria Fischer-Förderkreis gewonnen werden sollten. Fischer selbst war bereits 1939 an einer Kriegsverletzung gestorben. Der Förderkreis kümmerte sich bis Juli 1942 um

*Liebe Ella!* *(Aug. 32)*

*Wenn ich Dir länger, als ich selbst dachte, nicht geschrieben habe – Dank für Deine liebe Karte! – so geschah's, weil mir seit zwei Tagen der Schreibstift wieder ganz zum Zeichenstift wurde – und damit ist über mich eigentlich alles gesagt, der Arzt zufrieden, nächsten Donnerstag neue Besichtigung und Durchleuchtung, und ich ruhig und sicher in der Arbeit mit meinem Modell.*

*Wenn ich mich nach Deiner heutigen Nachricht zu Dir versetze – und daß ich es tue, nicht nur jetzt gerade, weißt Du selbst – so weiß ich nicht, was Dir sagen. Von der uns allen bewußten und erwarteten Notwendigkeit reden, bedeutet nicht leichter tragen, kaum mehr, an erspartes Leid sich erinnern und sich für den andern des freuen. Wenn Sterben jeweils das Äußerste für den Andern bedeutet, so ist Tod das uns allein und zutiefst Betreffende. Und ich glaube, das hat irgendwo etwas für sich: mir scheint als hätte dieses zutiefst egozentrische Auffassen für uns eine der größten Offenbarungen allem Leben gegenüber: gewiß nicht, als könnte oder gar sollte es dies in irgendeinen Rosenschimmer hüllen, auch nicht, als wär dauernd ein schwarzer Flor darübergebreitet, aber mir ist, als spürte man nachher am unabweislich stärksten das Dasein des Lebens als solches, das ungeheure Strömen, unwiderbringliche und unausbleibliche Variationen, ich möcht' fast sagen, das Leben als Objekt. Gewiß nicht, als ob dies irgendwelchen realen Einfluß auf unser eigenes Dasein hätte, aber mir wenigstens gab's den festen Punkt, von dem aus alles ohne eigenen Schmerz, lediglich nur den des einfühlenden Betrachters, aufgefaßt und auch wieder abgelegt werden kann. Und ich glaub', Du merkst schon, was ich Dir daraus wünschen würde: nicht den fühllos gewordenen Menschen, der ist ein Ungeheuer, auch nicht den forschenden Betrachter, der nicht ganz zu Dir paßt, aber den gelassenen Liebhaber des Seins, das für ihn selbst nichts bringend, seiner Seele „Freude" gibt als stets vollendet wandelndes Kaleidoskopbild, wo Abschluß eines Bildes Beginn andrer Sehmöglichkeiten ist. Du siehst schon, daß das nicht Fühllosigkeit ist: die Schönheit der gesehenen Bilder in uns bleibt vielleicht für uns die liebste und größte, durch die Sicherheit* unsere *Auffassung nie mehr durch Korrektur am Objekt allenfalls zerstören zu müssen – und neues sehen können: wenn's schon möglich ist, es mag die lebendigere Möglichkeit sein gegenüber der, in Zukunft nur in sich zu starren. Unsere Arbeit dabei, gleichzeitig unser Lohn: sich hineinfinden in die neuen Bilder.*

*Ich kenne keinen schlimmeren –* und heute deutlicheren *– Eindruck, als das Verschwinden einer ganzen Kulturwelt, deren Ehrlichkeit, treue, verlässige Rechtlichkeit und deren gefestigte Lebenstüchtigkeit und Güte im kleinen Bürgertum gerade die sonst nicht zu verkennenden Schattenseiten kaum aufzeigte. Und mit jedem solchen Menschen dieser Zeit geht gerade die hier Wirklichkeit gewordene Nuance dieser Eigenschaften unwiederbringlich dahin und Du, dem zeitlich und persönlich noch benachbarter, magst es noch persönlicher spüren als ich, dem's schon fast Traumbild ist. Aber, was mir schlimmer, ich selbst, dem Kommenden so wenig nah als dem Sterbenden, hab nicht die Fähigkeit, Dir die gleichen anders gefärbten Werte in unsrem Werden zu zeigen, da ich sie noch zu vereinzelt und subjektiv gebunden sehe; das ist mir am meisten leid, denn dazu sollte ich Dir eigentlich nach Maß Deiner Spannweite helfen. Und das ist mir die tiefe Trauer, wenn Du mit mir bist, mit gutem Gewissen nichts Positives glauben machen zu dürfen und somit ist's fast, als seien die toten Bilder lebensberechtigter als der jetzige Aspekt. Heißt das Romantik? Im letzten, auch negative Erinnerung mit einbeziehend, vielleicht. Aber ob sie Kraft gibt zum Weitersein? Sicher nicht, um Vergangenes nach Maß weiterzuschleppen, aber vielleicht ganz egozentrisch, um uns in eine letzte Luftschicht zu hüllen, in der allein wir noch atmen können,* dank *unsern Toten. Und diese Freude mag uns das Loch ausfüllen, das Bittere des Geschehnisses nehmen, wenn wir alles Leben als Nehmen leben, um Geben zu können, das Leben von ihnen zu nehmen, um es weiter zu geben in unsrer Abart. Und wenn dieses Nehmen und Geben Liebe ist, so hat sie als ihre Krone den Tod geschaffen. –*

*Brief an die Freundin – Gedanken über den Tod, 1932*

*Fischer-Haus in Brannenburg, Öl auf Leinen, ohne Jahresangabe*

Fischers Mutter; Frau Paula Fischer wurde nach Theresienstadt deportiert, wo sie im Dezember 1944 an Entkräftung gestorben ist. Aloys Fischer – der Vater – war wegen seiner Ehe mit einer Jüdin und aufgrund der »Nürnberger Gesetze« seines Lehrstuhls enthoben worden und im November 1937 an einer Lungenblutung gestorben. Der Bruder, Peter Paul, lebte bereits seit 1928 nicht mehr.

Initiator des Förderkreises war Fischers späterer Biograph Karl Kreitmair, ein langjähriger Freund der Familie Fischer; zu den Gründungsmitgliedern zählten einige weitere Menschen, die der Familie in der NS-Zeit die Treue gehalten hatten. Erstaunlich genug zählte der Förderkreis rasch knapp 100 Mitglieder, »darunter eine Anzahl prominenter Namen; Universitätsprofessoren, Studienräte, Volksschullehrer, Kunsterzieher, Künstler und Theologen, aber auch Menschen aus einfachen Ständen«, wie Kreitmair schreibt.

Dieser Kreis hatte sich zum Ziel gesetzt, das Lebenswerk Fischers zu erhalten, seine Kunst durch Drucke, Aufsätze und Ausstellungen zu verbreiten und nach dem Ende der Hitlerdiktatur eine Monographie über den Künstler herauszugeben. Tatsächlich gelang es dem Kreis, ab 1947 bis in die sechziger Jahre Ausstellungen in durchaus angesehenen Galerien, wie beispielsweise der Städtischen Galerie in München, zu organisieren.

*Vorahnungen – zerstörte Städte, 1937*

*Das Tier aus der Tiefe, ohne Jahresangabe*

*Das Feuer vom Himmel, ohne Jahresangabe*

*Der Geyer, ohne Jahresangabe*

Im Juli 1939 hatte Fischer die Einberufung zum Militär erhalten. Kreitmair berichtet, die Tage zuvor sei er herum gegangen wie einer, der mit seinem Leben abgeschlossen habe. Bevor er in eine Münchner Kaserne einrückte, verfaßte er ein Testament, in dem er sich bei Kreitmair, dessen Schwestern und bei seiner Mutter für alle Liebe und Güte bedankte, die er von ihnen erfahren hatte.

Im August 1939 spitzte sich die politische Lage zu, Hitler hielt seine Hetzreden gegen Polen und das »Weltjudentum«, und Fischer fürchtete, daß seine Mutter schutzlos den grausamen Mächten preisgegeben wäre. In diesen Tagen überbrachte ihm Kreitmairs Schwester einen Brief seiner Mutter, in dem es unter anderem heißt:

»Ein Extrablatt verkündete neue, strengere Gesetze; sollten sich diese Gesetze in einschneidender Weise gegen uns Nichtarier wenden, so daß ich morgen nicht mehr frei wäre, Dich nicht mehr sehen könnte – dann, mein geliebter, geliebtester Ernst, schickt Dir (...) Frl. K. diese Zeilen (...) Ich werde auch versuchen, Deine Wehrpflicht und meine arische Ehe geltend zu machen, um noch in Deiner Nähe sein zu können. Wenn es nicht geht, mein Segen über Dich, mein Kind, Du warst mein Glück vom ersten Moment Deines Daseins an, Du bist es und bleibst es bis zu meinem letzten Atemzug. Wir haben es so wunderwunderschön gehabt, mein Bub, sei dankbar! Leb Du Deine Tage auch in Dankbarkeit, mein Kind, schau nicht mit Bitterkeit auf mein Schicksal (...) Sei Du tapfer, hoffe auf Tage, die Deiner Kunst und einer großen Liebe gehören sollen und spüre, wie ich Dich segne. Denke niemals an Vergeltung für mein Los, mir ist ein schön Erbteil geworden. Ich küsse Dich in Gedanken an Vater und Peterle, ich danke Dir immer und immer wieder, Du warst der beste, beste Sohn.«

Bevor Fischers Kompanie an die Westfront abkommandiert wurde, hatte er noch ein paar Urlaubstage, die er mit seiner Mutter und einigen Freunden in Brannenburg verbrachte. Fischers Kompaniechef war übrigens ein Schüler und Verehrer seines Vaters. Zwischen beiden entstand ein herzliches Verhältnis, und Mayr, so der Name des Kommandanten, wurde später Mitglied im Förderkreis. So oft er konnte, schrieb Ernst an seine Mutter. Die Briefe klingen zuversichtlich, manchmal sogar humorvoll. Er sandte auch Zeichnungen aus dem Feld. Wegen seiner Hilfsbereitschaft und seines großen Wissens und Könnens ist Fischer in der Kompanie sehr beliebt gewesen. Bis Anfang November schien alles relativ ruhig gewesen zu sein. Über das, was dann passierte, schreibt Kreitmair: »Und dann an einem Abend Mitte November kommt plötzlich die alarmierende Nachricht, Ernst sei verwundet und befinde sich im Feldlazarett Landstuhl in der Pfalz. Der Mutter schreibt er, er habe immer ›ein Sauglück‹ gehabt und sei nur leicht verwundet. Er freue sich, wenn sie komme. Paula Fischer fährt in die Pfalz und trifft Fischer dort nicht leicht, sondern schwer verwundet an: Ein Granatsplitter hat den rechten Arm zerfetzt, ein zweiter ist durch die Brust in die Lunge gedrungen (...) Sein Arm, obwohl stark verletzt, wird wieder geflickt, und so hofft er in guten Stunden, wieder malen zu können. Andernfalls möchte er Dichter werden. Aber das Schicksal hat es anders bestimmt. Ein Blutpropfen löst sich aus seinen Wunden und gerät in die Blutbahn – in wenigen Minuten ist das Leben eines großen Malers und eines begnadeten Künstlers erloschen. Offiziere und Kameraden trauern über ihren unvergeßlichen Ernst Maria Fischer (...)

Zu früh von uns gegangen? Angesichts dessen, was er im Alter von 32 Jahren als sein Lebenswerk hinterlassen hat, fühlt man sich immer wieder gedrängt zu fragen: Was hätte er noch alles schaffen können, wenn er länger gelebt hätte? Aber sind solche Fragen nicht eigentlich töricht? Ich möchte im Falle Fischer doch eher von einer frühen Vollendung sprechen. Wer mit Verständnis die (...) Briefe liest, oder seine Verse spricht, der wird sich immer wieder darüber wundern, daß solch tiefe Einblicke in das Menschenherz, solch große Gedanken in der Seele eines so jungen Mannes reifen konnten. Schon seit langer Zeit hatte Fischer das Gefühl, daß seine Zeit abgelaufen sei. Manche Verse der letzten Zeit deuten darauf hin.«

# Lilli Hagelberg 1895–1943

*Lilli Hagelberg als Studentin*

Lilli Hagelberg zog es immer wieder nach München. Schon als junges Mädchen besuchte sie mehrmals München und seine Umgebung, studierte einige Zeit hier, fand Unterstützung ihrer Doktorarbeit in Prof. Emil Sulger-Gebing (TH) und dem Ehepaar Schmuilow-Claaßen. Endgültig ließ sie sich erst 1934 in München nieder, zuerst in der Blütenstraße, ab 1937 in der Heßstraße. Was sie an München besonders anzog, waren die Begegnungen mit Künstlern, das Kulturleben, der Münchner Fasching – schließlich auch der Föhnblick auf die verschneiten Bergketten beim Alpenglühen oder der Heuduft über der Stadt im Juni.

»Tante Lilli« war eine Studienfreundin meiner Mutter, eine Nenntante, die wir als Kinder sehr liebten, denn sie spielte mit uns, sang mit uns und erzählte uns auf Ausflügen mit unerschöpflicher Ausdauer Geschichten. Als wir älter wurden, verstand sie es, uns für Kunstwerke zu begeistern. So ist es vor allem ein Gefühl der Dankbarkeit, das mich antrieb, über Lilli Hagelberg zu schreiben. Doch ist, was ich ihr verdanke, von einem Schuldgefühl belastet, da ich ihr bei unserer letzten Begegnung 1942 auf ihre eindringliche Frage, ob ich das glaube, was über die Juden in der Propaganda damals verbreitet wurde, eine überzeugende Antwort schuldig geblieben bin. Als ich kürzlich im Keller unseres Hauses einen Karton mit Manuskripten, Tagebuchnotizen, Traumaufzeichnungen und Briefen von Lilli fand, fühlte ich mich zu dem Versuch gedrängt, über sie zu schreiben, um Persönlichkeit und Schicksal dieser außergewöhnlichen Frau vor dem Vergessen zu bewahren. Die Liebe zu Kindern und ihre mitreißende Erzählkunst – war es das, was Lilli vielleicht dafür bestimmt hatte, den jüdischen Kindern auf dem Transport nach Auschwitz in ihren Ängsten beizustehen? Eine Jüdin, die die von München am 14. März 1943 erfolgte Deportation mitgemacht hat, aber den Holocaust überlebt hat, brachte meiner Mutter Lillis letzte Grüße und berichtete, wie es ihr gelungen sei, die jüdischen Kinder mit dem Erzählen von Märchen und Sagen abzulenken und zu erfreuen.

---

Renate Jutz
Geboren 1923 in Freiburg/Breisgau als Tochter von Marie Roos und dem Kunstmaler Adolf Jutz. 1924 Umzug mit der Familie nach München. Nach der Reifeprüfung 1942 Studium für das Lehramt an höheren Schulen, Staatsexamen 1948/50. Langjährige Lehrtätigkeit, unter anderem in England. Von 1956 bis 1959 Zusatzausbildung zur analytischen Kinder- und Jugendlichenpsychotherapeutin in Heidelberg. In diesem Beruf bis zur Pensionierung an der Münchner Heckscher Klinik tätig.

*»Und wenn uns auch Leben nicht gelingt ...«*

Als Motto meines Beitrages habe ich eine Zeile aus einem der letzten Gedichte Lilli Hagelbergs ausgewählt, das sie mir 1942 selbst vorlas. Es handelt von einem der mächtigen Münchner Kastanienbäume und seinen Früchten. Auf ihrem Weg zur Fabrikarbeit hatte sie ihn täglich bewundert.

*»Heute, wo das Leben jeden schleift*
*und ihm eben noch den Atem läßt,*
*daß er bebend in die Zügel greift,*
*ist das Dasein doch wie je ein Fest.*

*Und wenn uns auch Leben nicht gelingt,*
*weil der Druck von außen es verschließt:*
*In der unberührten Tiefe springt,*
*was als Saft in die Kastanie schießt.*

*Was sie treibt und schwellt und kuglig ballt*
*und im Lichte hinhält in den Raum!*
*Und in unvergänglicher Gestalt*
*steht in uns der Tempel – wie ein Baum.«*

Von außen gesehen könnte man Lillis Leben als tragisch, als »mißlungen« bezeichnen. Zu groß, fast unvereinbar erscheinen die Gegensätze, denen es ausgesetzt war: Sie liebte ihre deutsche Heimat, ihre deutschen Freunde, die deutsche Kunst (z. B. die Musik von J.S. Bach: »Es war so großartig, wie man es nicht beschreiben kann. Und das ist deutsch, – das Deutschland, das ich liebe!«, Dezember 1940). Doch der deutsche Staat, das deutsche Volk schloß sie aus, weil sie jüdischer Abstammung war. Durch ihre christliche Konfession gehörte sie jedoch nicht mehr zur jüdischen Gemeinschaft.

In Lillis Leben schien nichts zusammenzupassen, vieles war, wie sie es nennt, »inkongruent«: z. B. ihre protestantische Erziehung zu Selbstverleugnung, Opfer, Sublimation auf der einen Seite, und ihr leidenschaftliches Temperament auf der anderen. Dann der Zwiespalt zwischen ihren in der Pubertät – während des Krieges – sich ausprägenden lesbischen Neigung und ihrer gleichzeitigen heterosexuellen erotischen Sehnsucht. Auch in der Wahl ihres Therapeuten ergab sich ein Zwiespalt: Lilli brach die Freud'sche Psychoanalyse ab (»... der Weg, den ich ungern nenne, weil er allen fremd oder verhaßt ist ...«, schreibt sie im Dezember 1925) und fühlte sich zur analytischen Psychotherapie bei Dr. G.R. Heyer hingezogen, obwohl sie wußte, daß er eine nationalsozialistisch beeinflußte »deutsche Seelenheilkunde« vertrat. So träumte sie, daß Heyer in einer Broschüre mit spitzen Buchstaben immer wieder »Jud« schrieb. Ihr Kommentar: »Es tat zwar sehr weh. Aber wenn ich jemand liebe, ist kein Kraut dagegen gewachsen!« (Januar 1942). Zu den Spannungen in Lillis Leben gehörte auch der Gegensatz zwischen ihrer zwangsweisen Tätigkeit als Lager- und Fabrikarbeiterin und ihrer theoretischen, musischen Begabung. Erscheint es schließlich nicht, von außen gesehen, auch sehr widersprüchlich, daß sie jüdischen Kindern ausgerechnet deutsche Heldensagen auf ihrem Transport in die Gaskammern erzählte?

Die aus diesen Spannungen erwachsenden Ängste trieben Lilli immer wieder an den Rand der Verzweiflung. Doch gab sie den Kampf gegen die Resignation nicht auf. So schreibt sie im November 1936: »Trotzdem – mein Wille, über das alles hinweg zu leben und bis auf den Grund jede, aber auch jede Sentimentalität zu bekämpfen, – soweit das ein Mensch überhaupt kann, – ist immer da. Mein Lebens-Ja ist so ursprünglich und stark, daß es immer wieder durchbricht, wie ein Kind in meinem Traum, das zum Tode verurteilt war und dieses auch wußte, und doch hingegeben spielte (...)«

Wer genau war nun Lilli, wie verlief ihr Leben? Leider liegen darüber nur spärliche Unterlagen vor. Aus dem ihrer Dissertation vorangestellten Lebenslauf erfährt man lediglich, daß sie am 25. April 1895 in Wien als Tochter des Kaufmanns Willy Hagelberg und seiner Ehefrau Irma, geb. Pollack, geboren wurde. Wann die Familie, zu der noch drei Kinder – Hans, Grete und die nachgeborene Maria – gehörten, nach Berlin übersiedelte, und in welchem Bereich der Vater als Kaufmann arbeitete, ist nicht bekannt. Sämtliche Akten darüber scheinen abhanden gekommen zu sein. Vermutlich handelte es sich um eine gutbürgerliche, nicht unvermögende Familie. Lilli Hagelberg schreibt in ihrem Lebenslauf: »In Berlin wurde ich erzogen. Hier besuchte ich eine zehnklassige private Mädchenschule und danach einen privaten Gymnasialkursus. Die Reifeprüfung legte ich im Herbst 1915 an einem humanistischen Gymnasium ab.« Lilli war ein sehr temperamentvolles und phantasiebegabtes Kind. Ihr Talent lag im sprachlich-musikalischen Bereich. Schon früh konnte sie amüsant erzählen, schrieb Verse und führte Tagebuch. Sie war hoch emotional und psychisch wohl nicht allzu stabil. Auch scheint sie nicht sehr selbstsicher gewesen zu sein, fand sich selber häßlich und ungeschickt in praktischen Dingen. Außerdem neigte sie zur Eifersucht. Ihr Temperament lehnte sie zeitweise ab: »Wer befreit mich von der Folter meines Temperaments?«, schreibt sie am 31. Mai 1916 in ihr Tagebuch. Und Jahrzehnte später, am 21. Juni 1937, äußert sie sich in einem Brief an meine Mutter sehr kritisch über ihre Phantasiebegabung: »Mein ganzes Verhängnis ist, daß ich die Wirklichkeit nicht sehen kann, nur sekundenweise, und dann ist sie wieder fort.«

Lilli war jüdischer Abstammung, doch waren ihre Eltern, vielleicht auch schon ihre Großeltern, zum christlich-lutherischen Glauben konvertiert. Die Mutter muß eine sehr fromme Frau gewesen sein. Ihre Erziehung hat Lilli von früh an geprägt. Lilli und die jüngste Tochter Maria hingen besonders stark an der kränkelnden Frau. Erst als Studentin begann Lilli, sich dann von ihr zu lösen. Vom Vater dagegen ist wenig bekannt. Es scheint, daß Lilli als Kind ein sehr gutes Verhältnis zu ihm hatte, sich in der Pubertät jedoch mehr zur Mutter hin orientierte und die Nüchternheit und Ungeduld des Vaters als Lieblosigkeit heftig ablehnte. Seine Kritik an ihrer wirklichkeitsfernen Gefühlswelt empfand sie als »Lebensnegation«.

Nach dem Abitur studierte Lilli Hagelberg Germanistik, klassische Philologie und Archäologie in Berlin, München, Freiburg und Heidelberg. Daher rührt auch die Bekanntschaft und Freundschaft zu meinen Eltern. Meine Mutter und sie waren Kommilitoninnen und kannten sich seit 1920, als beide in Freiburg ein Archäologie-Seminar bei Prof. Buschor besuchten. Lilli hat wohl nicht immer sehr zielstrebig studiert. In Folge einer ernsten Krise unterbrach sie um 1917 sogar einmal ihr Studium für eineinhalb Jahre. Ihr Therapeut hatte damals zu einer praktischen Tätigkeit geraten, und Lilli leistete eineinhalb Jahre soziale Arbeit in der Berliner Kinder- und Jugendfürsorge. Schließlich promovierte sie 1922 bei Professor J. Horowitz, dem Dekan der philosophischen Fakultät in Frankfurt, über »Hofmannsthal und die Antike«. Ihr Doktorvater war Prof. Franz Schultz, Lehrer für deutsche Literaturgeschichte. Als junge Studentin schwebte ihr ein künstlerischer Beruf vor, sie schwärmte für Musik und schrieb Novellen und Gedichte. Im Tagebuch heißt es am 28. Februar 1919 schließlich: »Ich muß studieren. Niemals als Ersatz, (...) sondern als Gegengewicht. Ich brauche nicht nur in Zeiten der Leere und des Zerrinnens ein geistiges Gerüst, das mich hält. Ich werde dieses Gerüst (...) noch viel nötiger brauchen, wenn mein ›Herz bebt‹.« Das Studium sollte ihr jedoch nicht nur ein »geistiges Gerüst« liefern, sie erkannte, daß auch sie »eine sachliche Lebensgrundlage, (...) eine irdische Behausung für (ihre) Seele« brauchte. Nach der Promotion begann sie als Dozentin für Literaturgeschichte in Berlin zu arbeiten und unternahm erste Schritte als Schriftstellerin. 1935 traf sie das Berufsverbot des Naziregimes. Sie arbeitete zwar weiter an Aufsätzen, schrieb Novellen oder Gedichte, die sie in ihrem Münchner Freundeskreis vortrug. Schließlich wurde ihr auch die materielle Lebensgrundlage, das vom Vater geerbte Vermögen, vom Nazistaat entzogen, nachdem sie vorher wochenlang bürokratische Inventarlisten über den Wert ihrer Wohnungseinrichtung hatte anfertigen müssen. Aufgrund eines »Führer«-Erlasses vom Mai 1941 »über die Verwertung des eingezogenen Vermögens von Reichsfeinden zugunsten des Dt. Reiches« wurde sie enteignet. Sehr, sehr hart muß sie vorher schon der Tod ihrer Schwester Maria getroffen haben, die 1935 durch Gift aus dem Leben geschieden war.

Bereits Mitte der dreißiger Jahre legten Lilli Hagelbergs Freunde ihr nahe, ins Exil zu gehen.

*Lilli Hagelberg, ca. 1934*

Sie hing jedoch so sehr an ihren Freunden und auch an Deutschland und der deutschen Kultur, daß sie sich zu diesem Schritt nicht entschließen konnte.

Sie fühlte sich jedoch schon lange aus der Gesellschaft ausgeschlossen. Bereits 1936 hatte sie an eine Freundin geschrieben: »Im Fegefeuer (...) kann man nicht leben, man kann nur ausharren und versuchen, es zu überdauern. (...) Es ist unausgesetzte Qual mit aller Pein um die verlorenen Güter.« Sie trauert dem Leben nach, »das man damals noch mit den anderen mitleben durfte und das unerschöpflich an Möglichkeiten schien, und das mich jetzt als Jüdin ausschließt. Alles – ein Fahrplan der Umgebung Münchens, ein Hinweis auf Weihnachten, eine Ankündigung eines Tanztees, das Vorbeigehen an einem vertrauten Lokal – was ist hier in München nicht mit Erinnerungen tausendfach durchtränkt? Überall starrt mich mein Unglück, mein wirklich bis in die Tiefe reichendes Lebensunglück an, das der völligen Ausgeschlossenheit und Unzugehörigkeit. (...) Wie man es aushalten soll, lieber Gott, das weiß ich nicht« (11. November 1936).

Ab 1940 wurde sie zur Zwangsarbeit verpflichtet, zunächst bei der Firma Oldenbourg, und später, ab September 1941, vermutlich bei der Firma Kammerer, einem Galvanisierbetrieb in der Nähe des Ostbahnhofs, wo sie sofort zu Nachtschichten eingeteilt wurde. Mittlerweile ging es ihr körperlich sehr schlecht, sie litt an Schlafstörungen, Appetitlosigkeit und nahm stark ab. Wäre nicht ihre Berliner Freundin G. gekommen und hätte sie in den drei Wochen, in denen sie krank geschrieben war, gepflegt, wäre sie vermutlich schon damals gestorben. Zwar erholte sie sich noch einmal, mußte aber jetzt befürchten, ihre Wohnung zu verlieren, denn zwei jüdische Arbeitskolleginnen waren bereits ins Lager Milbertshofen gekommen. Sie selbst wurde im April 1942 in die »Heimanlage« nach Berg am Laim eingewiesen.

Wie eingangs schon erwähnt, wurde Lilli Hagelberg am 14. März 1943 nach Auschwitz deportiert, wo sie knapp einen Monat später, vermutlich am 13. April, ermordet wurde.

*Lilli Hagelberg, Zeichnung von Adolf Jutz, ca. 1942*

Wovor ängstigte sich Lilli Hagelberg ein Leben lang, wonach sehnte sie sich, was hatte sie sich schon als junges Mädchen erhofft? Voller Temperament schreibt sie im Herbst 1917 in ihr Tagebuch: »Ich will Glück, mein Glück!« Und schon vorher: »Die unbeschreiblich schönen Stunden rinnen wieder ab, und nichts Festes bleibt in meiner Hand. (...) Ich will ja gar keine Ewigkeit. Ich will – und wenn es sechs Wochen wären – nur einmal Frau sein, endlich, endlich einmal erlöst.« Neben Erfolg und Anerkennung in der Arbeit sehnte sie sich wohl vor allem nach Geborgenheit in einer Lebensgemeinschaft. Allerdings waren ihre Beziehungen nie von langer Dauer. Immer wieder entbrannte sie in leidenschaftlichen Gefühlen, doch letztlich blieben ihre Liebesbeziehungen unglücklich.

Neben einer glücklichen Partnerschaft wünschte Lilli sich wohl am meisten innere Klarheit, Ausgeglichenheit und Harmonie. Immer wieder taucht bei ihr die Sehnsucht nach einem Licht im Dunklen, nach seelischer Erleuchtung in Stunden der Verzweiflung auf. Genau das kommt im Gedicht über den Kastanienbaum zum Ausdruck. Der Druck von außen, die äußeren Umstände machen ein gelungenes Leben unmöglich. Ungestört von der unheilvollen Realität sprudelt im Inneren des Menschen dennoch etwas wie ein Lebensquell, der vor Resignation und Verzweiflung bewahrt.

Schon früh hatte das »Erleuchtungserlebnis« Martin Luthers auf sie nachhaltigen Eindruck gemacht. Beim Studium des Paulusbriefes an die Römer war Luther zur Erkenntnis gelangt, daß der Mensch nicht aus eigener Kraft gerettet wird, indem er etwa alle Gebote erfüllt. Retten kann allein der Glaube in der Gnade Gottes. Lilli Hagelberg notierte dazu: »Mich hat nie ein Wunder mehr erschüttert als das Luthers. In dem Grauen der Verzweiflung bricht es auf wie ein Tor zu himmlischem Glanz. (...) Daß sich in der äußersten Finsternis ein Licht gebären kann, daß so etwas möglich ist, ist so groß, daß ich Größeres nicht weiß.« Mit schwärmerischen Pathos fährt sie fort: »Gott kann doch alles. Es ist kein Jammer denkbar, den Gott nicht in Süße verwandeln kann (...) Der Gedanke, ich leide, weil Gott mich läutern will, (...) oder der Gedanke, mir kann nichts geschehen, ist imstande, alles in ein Meer von Wonne zu verwandeln (...) Nur um dieses Wunder sollten wir beten!« Das war im November 1917. Lilli konnte nicht ahnen, was ihr alles bevorstand. Dieses Ringen um Gott mutet uns aus der Glaubensgeschichte der frommen Juden vertraut an. Sollte Lilli ihre Gedanken nur aus jugendlichem Idealismus niedergeschrieben haben, – der »Unnennbare«, wie sie Gott auch nennt, scheint sie offenbar beim Wort genommen zu haben. Doch der Weg dahin war steinig. So schreibt sie im Februar 1937 an meine Mutter: »Mein sehr Liebes, (...) Ich bin so voll Angst, so ausgeliefert, wie man schlimmer es nicht sein kann, – ebenso zerrissen von Wünschen und Hoffnungen wie von Ängsten (...) Daß es ›Schuld‹ sei, nicht zu glauben, dagegen wehre ich mich immer; das wäre wohl eine mehr als grausame Gottheit, die einen für das größte Unglück (der Gottferne) noch bestraft. (...) Wäre nicht Dein Beispiel, ich würde es für schlechterdings unmöglich halten, daß ein Mensch (...) diesen Frieden findet (...) Du kannst mir nur Deinen Glauben leihen und mir beten helfen.«

Was sie psychisch so oft aus der Bahn zu werfen drohte, waren – noch vor jeder Nazi-Tyrannei – ihre Liebesbeziehungen, und zwar zu Männern wie Frauen gleichermaßen.

So schwärmte sie als 13jähriges Mädchen für einen um 17 Jahre älteren Bekannten der Familie, der sie eines Tages unversehens küßte. Zuerst war sie empört, dann aber sagte sie sich: »Was wäre bei einem Kuß dabei? Wenn es nur die Gesetze der Schicklichkeit nicht gäbe!« Sie erkannte einerseits, daß das, was sie sich über mehrere Monate hin ausgedacht hatte, »ein kleiner Roman (ist), verrückte Backfischideen«, andererseits gestand sie, das alles sei ein himmlisches Gefühl, »eine süße Wunde«, und: »Ich will sie behalten, (...) ihr Schmerz würde mir sehr fehlen«. Dieser letzte Satz ist vielleicht ein Schlüssel zum Wesen von Lilli Hagelberg. Instinktiv spürte sie, daß ein Leben ohne Liebe öde, kalt und reizlos sein müsse, ein Leben mit Liebe jedoch Leiden und

Schmerz mit sich bringen kann. Zeitlebens und wohl auch damals schon litt sie unter der Sehnsucht nach mehr – mehr Nähe, mehr Zuwendung. Diese Sehnsucht – das Wort taucht in ihren Tagebüchern und Briefen sehr oft auf – blieb unerfüllt. Ihre Beziehungen erwiesen sich immer wieder als aussichtslos.

Wahrscheinlich hatte Lilli Hagelberg wirklich eine selbstquälerische Ader – möglicherweise wurde ihr die jahrelange Gewohnheit, an den Schmerzen der kranken Mutter Anteil zu nehmen, zur zweiten Natur. Mitzuleiden für den Kummer anderer, »Schale, Gefäß, Stütze« (Tagebuch vom September 1917) zu werden – vielleicht sah sie darin unbewußt den Sinn ihres Daseins.

In eine erste schwere Krise geriet Lilli als Folge der Beziehung zu der Sängerin Anna Bahr-Mildenburg. Sie hatte sie mit 16 Jahren, wahrscheinlich anläßlich eines Opernbesuchs, kennengelernt. Die Sopranistin war eine bedeutende Wagner-Interpretin und trat oft in Berlin und München auf. Diese Frau verkörperte für Lilli Hagelberg etwas ganz Neues, Unbekanntes: die Welt der Kunst und Schönheit ebenso wie das Leben in Künstlerkreisen. Die Verehrung eines Idols in Gestalt einer älteren, erfahreneren Frau, wie sie in der Pubertät junger Mädchen häufig vorkommt, fand bei Lilli ihren Höhepunkt erst 1917, als sie bereits 22 Jahre alt war. Als die Sängerin nach ihrer Abreise zu einem Gastspiel lange nichts mehr von sich hören ließ, verzehrte sich Lilli in Sehnsucht und steigerte sich so in ihre Gefühle hinein, daß sie ihr Studium ganz vernachlässigte. Sie war ihren Stimmungen völlig ausgeliefert: »Mit dieser Flut von unerlösten Kräften, diesem Meer von Gefühl – und alles zurückgedrängt, unfähig, ein Bett zu finden, in das es sich ergießen kann – nein, so kann man nicht leben. (...)«

Aus dieser kritischen Situation fand sie mit Hilfe von Professor Cassirer, einem Facharzt für Neurologie und Psychiatrie in Berlin. Lilli faßte sehr schnell Vertrauen zu ihm, verliebte sich in ihn. Von ihm stammte auch die Idee, das Studium für eine Weile zu unterbrechen und vorübergehend praktisch zu arbeiten. Lilli entschloß sich zur sozialen Jugendarbeit, die gerade zum Kriegsende hin sehr gefragt war. Sie äußerte sich begeistert: »Cassirer war mir heute, was mir noch nie ein Mensch war. Er hat mir einen Weg gezeigt, zwar nicht den Weg, aber einen. Ich bin grenzenlos dankbar.« Was er sagte, »waren bittere, aber so gute Pillen«, notiert sie im September 1917.

Die eineinhalb Jahre Sozialarbeit haben Lilli sehr geholfen. Sie interessierte sich mehr und mehr für ihre Tätigkeit und entwickelte Verständnis für Kinder und Jugendliche. Lilli schreibt froh über diese Entwicklung: »Meine Arbeit hat mich ganz gesund gemacht. Sie reagiert allen Kräfteüberschuß ab. (...) Ich habe mich sehr geändert. Ich bin sehr dankbar.« (19. Dezember 1917). Lilli hatte sich über das »coming out« ihrer lesbischen Neigung stark beunruhigt. »Habe ich eine Schuld an meinem Schicksal? Warum ist es anders als das aller anderen? (...) Wenn meine Existenz irgendeinen Haken hat, den ich nicht kenne, so wird es eben ein bißchen schwerer sein. Ich glaube, Gott hat Dinge in mich gelegt, die erfüllt werden sollen (...) Ich habe ja nie, nicht eine Sekunde meines Lebens, eine Wahl gehabt!« schreibt sie 1917 in ihr Tagebuch. Vielleicht hat sie auf dem Umweg über die Sängerin Mildenburg eine Ahnung vom Geheimnis der Liebe zwischen Mann und Frau erhalten. Sie beneidete glühend den Mann, dem die Seele dieser charmanten Frau gehörte, dem »diese Seele ihre ganze Schönheit zu Füßen wirft.« (1917)

Allmählich löste sie sich von der Sängerin; realistischerweise mußte sie zugeben, daß es keine Erfüllung gab. Nach Kriegsende nahm sie auch ihr Studium wieder auf.

In der Studentenzeit in Freiburg lernte Lilli Hagelberg allerdings auch G. kennen, eine Schulfreundin meiner Mutter aus Berlin. Sehr bald verliebten sich die beiden ineinander. Diese intensive Beziehung dauerte drei Jahre mit schönen gemeinsamen Stunden. Lillis Briefe geben die Höhen und Tiefen, die Erwartungen und Enttäuschungen einer Liebe wieder, die doch keine Erfüllung fand. Eine Lebensgemeinschaft kam nicht zustande. Beide Seiten litten an der Trennung. Doch eine Freundschaft blieb lebenslänglich bestehen.

Lilli Hagelberg war zeitweise an der jüdischen Auerbachschule als Deutschlehrerin in Berlin beschäftigt und hielt außerdem literarische Vorträge, die recht gut besucht waren. Sie dachte daran, in Paris zu arbeiten, faßte jedoch auch München ernsthafter ins Auge. Endgültig scheint sie erst 1934 nach München gezogen zu sein. In dieser Zeit entstanden Novellen, Gedichte und Aufsätze, nicht selten mit autobiographischen Zügen.

Auf Empfehlung suchte Lilli 1934 in München den angesehenen, etwa gleichaltrigen Dr. Gustav R. Heyer auf. Sie begann eine Analyse, brach sie aber wieder ab und reiste ins Ausland. Heyer machte sie darauf aufmerksam, daß »Briefeschreiben und Analysen anzufangen, um dann, wenn es ernst wird, zu wechseln, abzureisen oder sonst wie auszuweichen, ein nutzloser Kompromiß« sei (6. September 1935). Auch ihm gegenüber entwickelte sie Gefühle, die über Sympathie weit hinausgingen. Heyer mußte die Therapie 1936 vorübergehend unterbrechen und riet ihr, sich zwischenzeitlich an seinen Kollegen und Freund Kees Veening in Berlin zu wenden.

Heyers Art des Vorgehens, Mythen und Märchen zur Deutung der Träume heranzuziehen, sprachen Lilli an. Und er wußte ihre Persönlichkeit zu nehmen. 1938 arbeitete Lilli Hagelberg zeitweise sogar für Heyer – in London stellte sie Material für ihn zusammen, das er für einen Vortrag zum Thema der »Magna Mater«, der »Großen Mutter«, verwendete (1939).

Trotz der Sympathien, die Lilli für ihren Therapeuten empfand, verliebte sie sich gleich zu Beginn der Analyse in einen Maler des Freundeskreises. Am Anfang war die Freundschaft »schön wie im Märchen«, doch dann tauchten Probleme und Ängste auf, denn dieser Maler war verheiratet.

Auch das Ende der Therapie 1940 war für Lilli sehr schwierig. Heyer hatte die therapeutische Beziehung als ein »überpersönliches Amt« verstanden, sie aber setzte sich dafür ein, eine freundschaftliche Beziehung unter Gleichgestellten daraus zu machen. Heyer konnte oder wollte sich darauf nicht einlassen: »Ich meine, wir haben den Versuch der Gestaltung einer solchen privaten Beziehung zu oft vergeblich gemacht, als daß sie Chancen hätte«, schrieb er 1940.

Die Bindung an Heyer, der Freundeskreis in München waren es, deretwegen sie nicht ins Exil gehen wollte, solange es bis in die Mitte der dreißiger Jahre noch möglich gewesen wäre. Zu diesem Kreis zählten neben meinen Eltern weitere Maler, eine junge jüdische Buchhändlerin, die in Berlin Lillis Schülerin gewesen war, ihrerseits aber Deutschland verließ, als sie ihren Laden schließen mußte, ein Numismatiker und eine Reihe weiterer Personen.

Auch die Jahre 1936/37 waren für Lilli Hagelberg produktive Jahre. Sie schrieb zahlreiche Märchen, die in Zusammenhang mit der Traumarbeit bei Dr. Heyer entstanden, von Mythologien beeinflußte Erzählungen, hielt im Freundeskreis Vorträge über literarische Themen. Sie verfaßte auch ein kleines Lustspiel, »Fasching«, wobei manche reale Personen des Freundeskreises Vorbild für die Personen im Stück waren.

1940 kam für sie die Zeit der Zwangsarbeit. Selbst aus diesen Jahren existieren noch Skizzen und Entwürfe. Vielleicht hoffte sie, sie nach dem Krieg als Material beispielsweise für ein Theaterstück verwenden zu können. Trotz der schwierigen Umstände hörte sie nicht auf, an sich weiterzuarbeiten. Offensichtlich glaubte sie, die Früchte dieser Bemühungen in einem erfüllteren Leben ernten zu können. Selbst der Zwangsarbeit in den Fabriken versuchte sie dadurch etwas Positives abzugewinnen, daß sie sie als Bewährung für ihre Kraft wertete. Sie versuchte mit Atemübungen und Übungen zur Selbstentspannung ein Gegengewicht zur Arbeit in der Fabrik zu schaffen. Die Ergebnisse waren jedoch alles andere als positiv, sie bekam Herzjagen und litt unter Schlaflosigkeit. Dennoch übte sie zwanghaft weiter. Seit der Versetzung in einen anderen Betrieb lebte sie wieder ständig in Angst. Maschinen bestimmten die Arbeit. »Das erste, was ich beim Eintritt sah, war das Bild einer jungen Jüdin an der Stanzmaschine. Es erschien mir als ein Höllenbild. Ich sah ein Rad, ein ewig getretenes Rad, unaufhaltsam, ohne Pause, (...) und die

Platten der Vernichtung traten daraus hervor.« Auf die Warnungen, die sich nun häuften, konnte sie allerdings nicht mehr reagieren, eine Flucht schien jetzt unmöglich.

Daß sie Ende 1941 krank wurde, wurde eingangs schon erwähnt, auch, daß sie sich wieder erholte. Danach, bis Februar 1942, gelang es ihr, eine längere Arbeit über Shakespeares »Macbeth« zu vollenden. Am 15. April 1942 wurde sie dann aus ihrer Wohnung verjagt. Von diesem Zeitpunkt an hören jegliche Tagebucheintragungen auf.

Selbst in diesen Zeiten äußerte sich ihr Lebenswille in ihren Träumen. So erfährt sie Zärtlichkeiten von ihrem Analytiker oder sie träumt von einem wundervollen Laden, in dem es all das gab, was sie nicht mehr kaufen konnte, wie Orangen, Grapefruit oder Himbeersaft. Doch auch hier meldet sich die Angst: Sie trägt plötzlich einen Mantel mit dem Judenstern.

Dann der Traum, daß in ihrer Fabrik eine Masseuse angestellt sei, die durch schmerzhaftes Drücken und Pressen Lillis Nase in eine »arische« Nase verwandelt...

Auch träumt sie mehrmals davon, einen »Arier« zu heiraten, um so eine besiegelte Verbindung mit dem »deutschen Volk« einzugehen. Im Traum erlebt sie allerdings auch zahlreiche Hindernisse, was ihre Niedergeschlagenheit nur noch steigert. Zuletzt häufen sich die Angstträume.

Lilli Hagelberg hat, wie mir berichtet worden ist, in ihrem letzten Lebensjahr noch eine angesehene Graphologin und Chirologin aufgesucht, die aus ihren Handlinien las, daß der erlösende Wendepunkt in ihrem Leben kurz bevorstehe. Dieser Wendepunkt war der Tod.

Es war ihr nicht mehr vergönnt, den Tag der Befreiung von der nationalsozialistischen Herrschaft mitzuerleben.

# Erinnerungsbilder

Rita Veras

## »Bet Olam«, das »Haus der Ewigkeit«

### Gedanken nach einem Besuch auf dem Neuen Israelitischen Friedhof in München

31. Oktober 1993

Meine liebe Mama!

Am 24. Oktober wäre Vaters 86. Geburtstag gewesen. Dieses Jahr mußte ich allein zu seinem Grab gehen, da der Weg für Dich zu beschwerlich war.

Der Tag der Beerdigung im März 1947 kam mir wieder in den Sinn. Damals war ich noch keine fünf Jahre alt. Vater starb mit 39 Jahren an Folgen der KZ-Haft.

Nach all den Dir zugefügten Grausamkeiten während der NS- und Kriegszeit war dies der schlimmste Schicksalsschlag in Deinem Leben. Du bist nie mehr richtig gesund geworden.

Ich kann mich noch an die Beerdigung und den langen Weg von der Bethalle zum Grab erinnern. Mich hast Du an der Hand gehabt, und die Tränen liefen unaufhörlich über Dein Gesicht. Ich fühlte mich so hilflos damals!

Bei der Beerdigung war niemand aus der *Mischpoche* anwesend. Es war ja auch nicht möglich, denn die, deren Namen Du kanntest, hatten keine Chance gehabt, dem »Wartesaal des Grauens« zu entrinnen.

Einige Jahre nach Vaters Tod hast Du uns bei der jüdischen Gemeinde abgemeldet. Schon lange wollte ich Dir sagen, wie gut ich Deine Zweifel an den Vertretern der Kirchen verstehen kann. Wegen Vaters frühen Tod ist Dir die jüdische Religion im Grunde fremdgeblieben. Und die Christen in unserer Verwandtschaft haben versagt, als es darauf ankam. So blieben wir in der katholischen Kirche zahlende Randfiguren.

Mit dem Austritt aus der jüdischen Gemeinde war der Kontakt zum Jüdischen bis auf weiteres abgebrochen. Erst 30 Jahre später begann ich, den väterlichen Spuren nachzugehen, und jetzt erinnere ich mich wieder, daß ich als Schulkind versucht hatte, Hebräisch zu lernen. Zwar wurde nicht mehr aus dem Versuch, aber die Fragen nach meiner Familie väterlicherseits blieben.

Wenn ich Euer Verlobungsbild betrachte, fällt mir die Geschichte mit Deinem Vetter Franz ein. Dieser Rassenideologe war anno 1930 ganz entsetzt, daß Papa so blond und »germanisch« aussah, und Du, die »Arierin«, dunkelhaarig bist und eine große Nase hast! Welch eine herrliche Empörung! Ich weiß nicht, vielleicht finde ich großnasige Menschen deshalb besonders sympathisch.

Ob Franz Dich gut gekannt hat? Deine Liebe und Fürsorge, vor allem aber Dein Löwenmut haben uns Kinder geschützt und vor Nazi-Terror und Tod bewahrt.

Wie hast Du das damals nur geschafft? Vater hielt sich in einem nur Dir bekannten Unterschlupf versteckt, und wir wohnten im »Judenhaus«. Man hatte Dir dafür die »Aufsichtspflicht« übertragen, weil Du die einzige Nichtjüdin im Haus warst. Eines Tages kamen Männer in ihren

---

Rita Veras

Geboren 1942 als viertes Kind deutscher Eltern (Vater jüdischen Glaubens, Mutter Christin) in Breslau. 1946 mit der Familie nach München gekommen. Ab 1989 für drei Jahre in Hamburg, derzeit wohnhaft in Essen. Verheiratet, eine Tochter.

*Eingang zum Neuen Jüdischen Friedhof, ca. 1993*

hohen schwarzen Schaftstiefeln und braunen Uniformen. Sie erklärten Dir, es sei das Beste, die Kinder in ein Kinderheim zu bringen. Myriam, die damals 13 Jahre alt war und noch heute davon träumt, erzählte später, Du hättest laut und deutlich geantwortet: »Meine Kinder erziehe ich allein, die bringt niemand in ein Heim«. Die Männer zogen unverrichteter Dinge wieder ab.

Damals hast Du uns zum zweiten Mal das Leben geschenkt. Du hast wohl geahnt, daß wir dieses »Heim« nicht mehr lebendig verlassen hätten.

Der Tag auf dem Friedhof erinnerte mich auch an unsere gemeinsamen Besuche an Vaters Grab. Oft plagten mich dort große Ängste, ich bekam schlecht Luft, und die psychosomatischen Beschwerden nach dem Friedhofsgang klangen nur langsam ab. Du und ich, wir konnten es nicht verstehen. Erst nach einer Analyse und nach der Erkenntnis, daß selbst die Kinder der *Schoa*-Opfer noch am Martyrium der Eltern leiden, kam mein Leben einigermaßen ins Lot.

Denk nur, Mama, heute ist der jüdische Friedhof für mich ein Ort der inneren Ruhe. Der Geruch von Tannengrün und Koniferen stärkt mich, und in Gedanken verweile ich am vorgestellten Grab meiner im KZ Auschwitz ermordeten Großeltern.

Gegenüber der Aussegnungshalle befindet sich das Denkmal zur Erinnerung an die im Ersten Weltkrieg gefallenen Juden. Als ich daran vorbeiging, kam mir Deine Erzählung über Großvater in den Sinn.

»Nebbich«, sagte er zu Großmutter, als die Aufforderung zur Deportation kam, »uns passiert nichts, hab' ich doch im Ersten Weltkrieg gekämpft und das Eiserne Kreuz bekommen.«

Großvater irrte sich. Das EK rettete wohl keinem Juden das Leben.

Was glaubst Du, Mama, wer hat es ihm abgenommen, damals am Ziel seiner Reise? Was hat der Mensch gedacht, der den alten Mann in die Gaskammer schickte?

Wir werden es nie erfahren. Aber jüdische Friedhöfe werden dafür sorgen, daß es keine »Entsorgung« dieser Vergangenheit gibt. Jüdische Friedhöfe werden für die Ewigkeit angelegt. Manche Hinterbliebenen ließen für die in Auschwitz Ermordeten deren Namen auf einen Grabstein meißeln.

Weißt Du noch, daß ich als Kind auf dem Weg zum Grab immer viele Fragen hatte? »Mama, warum legen wir Blumen auf das Grab und andere Gräber sind nur braune Erdhügel?« »Mama, warum legen wir den kleinen Stein auf das Grab?« »Mama, was bedeuten die Bilder auf den Grabsteinen?« »Mama, warum weinst Du denn immer?« Du mußt froh gewesen sein, wenn wir endlich an Vaters Grab standen, und ich wenigstens für eine Weile still war. Warum, warum, warum: Manchmal konntest Du mir etwas erklären aus der Welt, die uns Kindern fremd geblieben ist.

Ich erfuhr, daß jüdische Gräber traditionell schlicht gestaltet werden, da alle Menschen nach dem Tod gleich sind. Blumen als Symbol für das Leben schmücken das Grab nur bei der Beerdigung. Juden legen stattdessen kleine Steinchen darauf, die Erinnerung an die Toten soll so unvergänglich wie ein Stein sein.

Wir legten immer Blumen und »Ich war da«-Steinchen auf Vaters Grab. Später las ich auch über die Zeichen auf den Grabsteinen nach. Segnende Hände, Schüssel und Kanne bedeuten Ruhestätten von Angehörigen aus dem Priestergeschlecht der Cohen und Leviten.

Ich weiß, meine liebe Mama, wegen Deiner Schmerzen kannst Du seit langem nicht mehr selbst zum Friedhof gehen. Deshalb will ich Dir noch mehr von dort erzählen.

Der Friedhof wird derzeit saniert, die Leichen- und Bethalle renoviert, Grabsteine befestigt und gefährdete Sektionen begehbar gemacht. Bald wird man wieder auf früher abgesperrten Wegen gehen dürfen.

Am Tag meines Friedhofbesuches habe ich mich mit dem Verwalter Eduard Nißl unterhalten. Seit 1979 wohnt er mit seiner Frau und zwei Töchtern in dem kleinen weißen Häuschen am Friedhofseingang. Er weiß viel über den für Juden heiligen Ort und achtet darauf, daß die religiösen Vorschriften eingehalten werden. So kommt es schon mal vor, daß er einem Besucher wortlos die Kipa in die Hand drückt, wenn er ohne Kopfbedeckung den Friedhofsbesuch antritt.

Es ist doch traurig, wenn man hört, daß schon bald nach dem Krieg einzelne Friedhofsschändungen vorgekommen sind. Doch Eduard Nißl ist ein Mann mit Zivilcourage, der sich auch nicht durch einen Zettel im Briefkasten verunsichern läßt, auf dem stand: »Wir sind wieder da, Heil Hitler.« Solch anonymen Schmierereien begegnet er mit den Worten. »Wir werden nicht mehr schweigen«.

Der Neue Israelitische Friedhof an der Garchinger Straße wurde zwischen 1906 und 1908 angelegt, jetzt Mitte der neunziger Jahre gibt es dort rund 6.700 Gräber. Auf manchen Grabsteinen stehen berühmte Namen. Der Kunsthändler Bernheimer, der Schriftsteller Gustav Landauer und der bayerische Ministerpräsident Kurt Eisner sind dort beerdigt. Auch Philipp Auerbach, der erste Nachkriegs-Präsident des Bayerischen Landesentschädigungsamtes hat dort seine letzte Ruhestätte gefunden. Während seiner Amtszeit war er vielen Anfeindungen ausgesetzt. Dir hat er mit Care-Paketen geholfen, während andere, zuständigere Stellen nichts unternahmen.

Als er 1959 starb, war in der Öffentlichkeit wenig Gutes über ihn zu hören, und auch Du konntest nicht für ihn eintreten. Du hast aber immer gesagt, Philipp Auerbach sei ein warmherziger und gerechter Mensch.

Stefan Zweig schrieb: »Man kann die Menschen töten, aber nicht den Geist, der in ihnen lebt.« Wie oft denke ich auf dem Friedhof an diese Zeilen!

Schließen möchte ich mit dem Wunsch, daß Du doch wieder kräftig genug wirst, um mit mir über den Friedhof zu Vaters Grab zu gehen.

Vieles ist schwer auszudrücken und bleibt ungesagt. Ich hoffe, daß sich Dein Wunsch erfüllt, und ich will gerne dazu beitragen, die Erinnerung an die NS-Vergangenheit wachzuhalten.

Mit der Hoffnung, daß ähnliches Unrecht nie wieder geschehen darf und deshalb schon in den Anfängen erkannt werden muß, umarmt Dich

in Liebe
Deine Tochter

# Münchner Synagogenorgeln

In der katholischen Pfarrkirche St. Korbinian in München befand sich bis zur Zerstörung im Krieg 1944 eine Orgel, die ursprünglich nicht für dieses Gotteshaus gebaut worden war.

Einen Hinweis auf die Herkunft des Instruments geben die Erinnerungen der Münchner Jüdin Charlotte Stein-Pick, in denen sie erzählt, wie sie die Orgel wiederentdeckte, nachdem ihr zunächst über deren Verbleib nach dem Abbruch der Münchner Synagoge durch die Nationalsozialisten 1938 nichts mehr bekannt war. Sie schildert auch, wie sie auf Grund eines Hinweises des katholischen Dienstmädchens ihrer Familie erst mit gemischten Gefühlen die katholische Messe in der Korbinianskirche besucht und dann mit großer Ergriffenheit, Schmerz und Trauer die brausenden Orgeltöne vernimmt und Erinnerungen an den letzten kurzen Gottesdienst in der Synagoge vor deren Abbruch in ihr wach werden.

Bei der von Charlotte Stein-Pick genannten Orgel handelte es sich um die Orgel der ehemaligen Hauptsynagoge an der Herzog-Max-Straße.

Sie war jedoch nicht die erste Synagogenorgel Münchens.

Bereits am 9. April 1876 erklang zur Feier des fünfzigjährigen Jubiläums der Synagoge an der Westenriederstraße eine Orgel in dem Gotteshaus, die von der Münchner Orgelbaufirma Max März und Söhne errichtet worden war. Sie besaß 16 Register, verteilt auf 2 Manuale und Pedale. Die offizielle Abnahme des Werkes erfolgte erst am 17. Januar 1877 durch die als Gutachter fungierenden Professoren Rheinberger, Riegel und Schafhäutl.

*Synagogenorgeln in der Hauptsynagoge, ohne Jahresangabe*

Bald wurde die alte Synagoge an der Westenriederstraße für die rasch wachsende Gemeinde zu klein, und man legte 1884 den Grundstein für die neue Synagoge an der Herzog-Max-Straße.

Auch diese neue Hauptsynagoge, die zur Zeit ihrer Erbauung die drittgrößte Synagoge Deutschlands war, erhielt wieder eine Orgel. Erbauer des Instruments war wiederum die Firma Max März und Söhne, die den Neubau unter Verwendung des alten Pfeifenmaterials aus der

Heinrich Jocher
Geboren 1938 in München, 1952 Beginn einer Handwerkslehre. Danach Tätigkeit im erlernten Beruf als Heizungsbauer sowie in verschiedenen anderen Sparten. Ab Anfang der 70er Jahre Angehöriger der Berufsfeuerwehr München. Seit der Schulzeit Beschäftigung mit der bayerischen Geschichte, speziell mit der Münchner Stadtgeschichte.

Westenriederstraße und Hinzufügung von mehreren neuen Registern 1887 erstellte.

Vorausgegangen war die Klärung der Frage, ob die Orgel aus der Synagoge an der Westenriederstraße übernommen werden könnte. Dies wurde in einem Gutachten des Orgelsachverständigen Professor Schafhäutl verneint. »Durch die ungünstigen Lokalitäten« sei dies nicht möglich. Zu gebrauchen wären lediglich Pfeifenmaterial und Gebläse, während alles andere: Spieltisch, Gehäuse, Windladen, Regierwerk usw. neu geschaffen werden müßten.

Das neue Gehäuse besaß, wie uns eine Handskizze bei den Aufzeichnungen Steinmeyers zeigt, wegen eines dahinter liegenden Rosettenfensters ein niedrigeres Mittelteil.

Am 16. September 1887, kurz vor dem jüdischen Neujahrsfest, wurde die neue Synagoge und damit auch die Orgel eingeweiht.

Schon 1925 entstanden erste Überlegungen, ein neues Instrument für die Synagoge anzuschaffen, jedoch konnte dieser Plan erst 1929 in die Tat umgesetzt werden.

Die Orgelbaufirma Steinmeyer in Oettingen reichte nach Abschluß von Vorverhandlungen einen ersten Vorschlag ein, der eine dreimanualige Orgel mit 49 Registern vorsah. Die Disposition war in Zusammenarbeit zwischen Professor Sagerer und Hans Steinmeyer entstanden. Nach weiteren Entwürfen entschied man sich für ein Instrument mit drei Manualen und 32 bzw. 35 Registern.

Am 19. April 1929 konnte nach viereinhalb Wochen Verhandlungsdauer der Vertrag über den Neubau einer Orgel zwischen dem Vorstand der jüdischen Kultusgemeinde und der Firma Steinmeyer abgeschlossen werden.

Im Juni 1929 begann der Abbruch der alten Orgel und im Anschluß die Montage und Fertigstellung des neuen Werkes.

1937 wurde die 50. Wiederkehr des Tages der Einweihung der Münchner Hauptsynagoge begangen. Dies war jedoch für die jüdische Gemeinde nicht die Zeit großer Feierlichkeiten und Feste, »denn allzusehr treibt das Schiff des Einzelnen, wie der Gemeinde auf den Wellenkämmen

Sämtliche Bilder Stürmer-Archiv

Ein Schandfleck verschwindet

Aus verkehrstechnischen Gründen muß die Synagoge in München abgebrochen werden

*»Der Stürmer« vom 26. 6. 1938*

einer riesenhaften Umwälzung, als daß man es unternehmen könne, über das Woher und Wozu Gültiges auszusagen«, heißt es in der Festschrift »Fünfzig Jahre Hauptsynagoge München 1887–1937«. »Nur in feierlicher Stunde im Gotteshaus« wollte man die Bedeutung des Tages würdigen. Vor der Festansprache sang man den 84. Psalm »Wie lieblich sind deine Wohnungen« in der Vertonung von Lewandowsky. Darauf ertönte die Orgel. Nach der Ansprache des Vorsitzenden der Kultusgemeinde schloß die Feier mit dem Psalm 150 in der Vertonung von Emanuel Kirschner, der ein halbes Jahrhundert als Kantor der Münchner Gemeinde gewirkt und über hundert Kompositionen für den Gottesdienst geschrieben hatte.

Wenig später schon, im Juli 1938, mußte die Orgel in der Synagoge abgebaut und danach an die katholische Pfarrkirche St. Korbinian verkauft werden. Die Gemeinde hatte keine andere Möglichkeit, da ihr von den Nationalsozialisten eröffnet worden war, daß das Gotteshaus kurzfristig »aus verkehrstechnischen Gründen« abgerissen werden müßte. Zur gleichen Zeit und aus demselben Grund fiel auch die evangelische St.-Mathäuskirche in der Sonnenstraße der Spitzhacke zum Opfer.

Deutlicher konnte man es allerdings in dem Naziblatt »Der Stürmer« nachlesen, der ganz offen vom »Verschwinden eines Schandflecks aus dem Stadtbild« sprach. Auch hielt man es hier für eine Schande, daß die »Judenorgel« nun einer christlichen Kirche dienen sollte.

Durch die Übertragung in die St. Korbinianskirche wurde die Synagogenorgel zwar fürs erste gerettet; auch bei den Ausschreitungen während der »Reichskristallnacht« 1938 konnte ihr nichts geschehen. Nicht gesichert war sie aber vor den Einwirkungen des Krieges, denen sie bei der Bombardierung der St. Korbinianskirche am Vormittag des 16. Juli 1944 zum Opfer fiel. Sie wurde restlos zerstört.

Johannes Goldner

# Der Kommunionanzug

Ich bin in den zwanziger Jahren im Westend aufgewachsen, bei den Eltern meiner Mutter. Wir wohnten in der Westendstraße 149, einem Mietshaus, in einer verhältnismäßig günstigen Dreizimmerwohnung. Meine Großmutter arbeitete im Reservelazarett D, das sich damals in der Zollhalle an der Landsberger Straße befand. Das Westend, ebenso wie die angrenzende Schwanthaler Höh', waren Arbeitersiedlungen, in denen viele arme, kinderreiche Familien lebten.

Als katholisch getaufter Bub besuchte ich natürlich die Knaben-Konfessionsschule an der Guldeinstraße. Aus dem westlichen Bereich kommend überquerte ich auf meinem Schulweg täglich die Astallerstraße. An der Kreuzung West- end- und Astallerstraße befanden sich an drei der vier Ecken Bierwirtschaften. Am vierten Straßeneck, auf der Südostseite, gab es jedoch einen Laden mit zwei Schaufenstern. Der Inhaber Aaron Moskowitz, ein Jude, verkaufte dort Kurzwaren, Posamenten, Bekleidung, Bett- und Tischwäsche sowie Fabrik-Stoffreste. Auf Wunsch besorgte er auch alle anderen Haushaltswaren und Verbrauchsgüter zu günstigen Preisen.

Aaron Moskowitz war ein anerkannter und geschätzter Kaufmann, er galt als seriös und reell, und wegen seiner Erfolge wurde er sogar bewundert. Bereits vor dem Ersten Weltkrieg war er aus Rumänien eingewandert. Das Textilgeschäft im Westend war nicht seine erste Unternehmung, zuvor hatte er bereits einen gut gehenden Buchladen gehabt.

---

Johannes Goldner
Geboren 1923 in München, zeit seines Lebens eng mit seiner Heimat verbunden. Eine Vielzahl an Publikationen zur bayerischen und Münchner Geschichte belegt dies anschaulich. Als Professor in Regensburg und Gründungsdekan der Hochschule Kempten war er lange Jahre in der Ausbildung junger Menschen tätig.
Herr Goldner starb am 8. Juli 1994.

*Johannes Goldner im Kommunionanzug, März 1933*

Als Kriegsteilnehmer des Ersten Weltkriegs in einem bayerischen Regiment war er mehrmals verwundet und später zum Feldwebel befördert worden. Stolz trug er an seinem schwarzen Cutaway das Silberne Verwundetenabzeichen, eine bayerische Tapferkeitsmedaille und das Eiserne Kreuz II. Klasse.

Somit gehörte Aaron Moskowitz ganz selbstverständlich zu den Menschen im Westend. Moskowitz' Hauptkundschaft waren die Arbeiterfamilien aus dem Viertel, die fast durchwegs Kredit eingeräumt bekamen. Bei ihm kauften alle ein, egal welcher politischen, weltanschaulichen oder religiösen Richtung sie anhingen. Seinerseits war auch er zu jedem Kunden – ob Sozi oder Nazi – gleich freundlich, liebenswürdig und zuvorkommend.

Tolerant wie er war, störten ihn auch die vielen unterschiedlichen Wahlplakate nicht, die 1932, wegen der Reichstagswahlen nahe bei seinem

*St. Rupertkirche am Gollierplatz im Westend, ca. 1930*

Laden hingen und standen. In dem Nebenzimmer der Eckwirtschaften hatten nämlich die Bayerische Volkspartei, die Sozialdemokraten, die Nationalsozialisten und die Kommunisten ihre Wahlkampfbüros. Aaron Moskowitz' Laden war über die Jahre zu einem selbstverständlichen Bestandteil des Viertels geworden.

Von 1930 bis 1933 kam ich nahezu jede Woche dorthin. Ich kaufte für fast alle vierzehn Mietparteien in unserem Haus ein: verschiedenfarbige Stopfgarne, Näh- und Stecknadeln, Faden und Zwirne, Wäscheknöpfe und Hosengummi, ja sogar die seit 1906 patentierten und sehr beliebten Metall-Reißverschlüsse. Von meinen Auftraggebern bekam ich als Lohn meist einen Pfennig oder einen »Zwoaring«, das heißt ein Zwei-Pfennig-Stück. Aaron Moskowitz revanchierte sich jedes Mal für meinen »Großeinkauf«, der meist unter einer Reichsmark lag, mit einer kleinen Rolle »Bärendreck«, schwarz-gerillte Lakritze, die

**Feier der 1. hl. Kommunion**
**Sonntag den 26. März 1933**
**¾ 8 Uhr in St. Rupert**
**ELTERN-KARTE**
**(Gültig für 2 Personen)**
**Eingang rechtes Seitenportal**

herbsüß schmeckte und so schöne dunkle Spuren auf den Zähnen hinterließ.

Früher gingen die katholischen Viertklässler immer am »Weißen Sonntag«, daß heißt am Sonntag nach Ostern, das erste Mal zum »Tisch des Herrn«. Ich hatte am 26. März 1933 in der St. Rupert-Kirche am Gollierplatz Erstkommunion. Die Mädchen trugen bei dieser Feier ein weißes Kommunionkleid und die Knaben einen dunklen Kommunionanzug. Die Anschaffung der »Kommunion-Ausstattung« war für viele der kinderreichen Westend-Familien, in denen so mancher Vater arbeitslos war, ein sehr schwieriges, kaum lösbares Problem. Deshalb sprangen große Kaufhäuser, der Brauereibesitzer und Kommerzienrat Joseph Schülein, einige Banken und Versicherungen sowie weitere Einzelunternehmer ein. Sie übernahmen jährlich – so auch im Frühjahr 1933 – die Patenschaft für die Kommunion-Ausstattung von Hunderten Münchner Kinder. Besonders bemerkenswert ist, daß sich fast ausschließlich jüdische Unternehmen an dieser einzigartigen Kommunion-Aktion beteiligten.

Es war meine Großmutter, die, als es so weit war, unumstößlich beschloß: »Das Kommunionzeug für unseren Hansi wird beim Moskowitz besorgt!« Also fanden sich im engen Verkaufsraum des Konfektionsgeschäftes ein: meine Großmutter, mein Großvater, meine Mutter und ich. Mit den beiden Verkäuferinnen, dem Ladenbesitzer und uns war der Laden, in dem sich Kartons, Schachteln und vieles mehr bis unter den Plafond stapelten, restlos überfüllt.

Ich mußte mich jetzt der schrecklichen Prozedur des Anprobierens von Anzügen unterziehen. Der Kommunionanzug war der erste Anzug in meinem Leben. Schon das vierte Modell paßte nach Auffassung meines sehr bestimmt auftretenden Großvaters »wie angegossen«. Daß mir der Anzug erheblich zu groß war, kommentierte er mit der Bemerkung: »Da kann unser Buberl noch gut hineinwachsen!« Auf den Kopf bekam ich eine modische krempen- und schirmlose »Davoser«- oder »Basken-Mütze«, die mir aber überhaupt nicht gefiel. Moskowitz bot darüber hinaus an, bei einem Geschäftsfreund preisgünstige schwarze Stiefel zu besorgen. Einen schwarzen Binder und ein Paar lange schwarze Strümpfe legte er noch kostenlos drauf.

Dann rechnete er alles zusammen und kam auf den stolzen Betrag von 68,85 Reichsmark. Daraus machte er für meine Großmutter, die ja in der jüdischen Klinik als Berufspflegerin arbeitete, einen Sonder-Pauschalpreis von 60 Reichsmark. Meine Großmutter gab Moskowitz einen braunen Zwanzigmarkschein, ansonsten stimmte sie gerne seinem Vorschlag zu, die restlichen vierzig Reichsmark in vier Monatsraten zu je zehn Reichsmark zu tilgen. Alle Beteiligten waren glücklich und hoch zufrieden mit dem Kauf der Kommunion-Ausstattung.

Wie wir später erfahren haben, unterstützte Aaron Moskowitz in diesem Jahr insgesamt zehn bitterarme Kinder arbeitsloser Eltern. Drei von ihnen stammten aus Kommunisten-Familien, vier aus NSDAP-Familien, und in drei Haushalten wählte man die Bayerische Volkspartei.

Ende 1933 zogen meine Eltern vom Westend in die Innenstadt; ich kam auf die nationalsozialistisch ausgerichtete Luitpold-Oberrealschule. Dadurch verlor ich das Geschäft des Aaron Moskowitz aus den Augen.

Später hörte ich von meiner Großmutter, daß er sich als Weltkriegs-Teilnehmer vor den Nazis sicher gefühlt hatte. 1933, nach der politischen Gleichschaltung in Bayern, verkaufte er sogar Braunhemden und HJ-Uniformteile. Die Nationalsozialisten des Westends ließen ihn zunächst weitgehend in Ruhe, weil sie seine Menschlichkeit kannten.

Doch die »Reichskristallnacht« bedeutete das Ende auch für Aaron Moskowitz' Laden. Die Schaufenster wurden eingeschlagen, die meiste Ware wurde geplündert. Er kam mit seiner Frau zuerst nach Buchenwald und dann nach Auschwitz, wo beide in den Gaskammern umgebracht wurden.

Mit diesem Beitrag möchte ich heute, mehr als sechs Jahrzehnte später, Aaron Moskowitz ein ehrendes Denkmal setzen. Er hat mir damals, in einer Zeit großer wirtschaftlicher Not, zu einem preisgünstigen Kommunionanzug verholfen.

Ich werde ihn mein Leben lang nicht vergessen. Um die Erinnerung an diesen einfachen, aber doch so großherzigen Mitbürger zu bewahren, habe ich diese unbedeutende und dennoch bemerkenswerte Geschichte aufgeschrieben.

Ernst Gärtner

# Der Hase, die Feuchtwanger und die Gärtner

Im Lehel ist am Haus, St.-Anna-Platz 2, eine Gedenktafel angebracht: *»Zum Andenken an Lion Feuchtwanger, geb. 7. 7. 1884 in München, gest. 21. 12. 1959 in Los Angeles. Der Schriftsteller und Literaturpreisträger der Landeshauptstadt München verlebte seine Kindheit vom 28. 5. 1889 bis 11. 9. 1900 in diesem Hause.«*

*Steintafel am Wohnhaus St.-Anna-Platz 2, 1995*

Maurer sind im allgemeinen grob, roh, tonangebend. Mein Großvater Georg Gärtner war ein Maurer. Der Umgang mit den unbelebten Medien, Ziegelstein und Mörtel, der immerwährende Durst, der Aufenthalt im Freien und der rauhe Ton unter den Baubeflissenen beeinflussen Charakter, Wesen, Gemüt und Seele. Auch der Lebenspartner eines Maurers bleibt von diesen Einflüssen nicht verschont. Als Bauingenieur, geboren 1929, weiß ich, wovon ich schreibe.

Wie so viele Taglöhnerkinder und die Nachgeborenen in den Bauernhöfen der Oberpfalz fand Großvater Georg aus Keilberg bei Regensburg in den achtziger Jahren des 19. Jahrhunderts zu Hause keine Arbeit, um die angetraute Bauerntochter Kreszentia Dirrigl, die entstandenen Kinder und sich zu ernähren und zu kleiden. Er wanderte wie so viele Oberpfälzer aus und fand in der Residenz- und Hauptstadt München Arbeit.

Für meine Feuchtwanger-Geschichte benötige ich – neben meinem Großvater – seinen Sohn, Stephan Gärtner, meinen Vater (1884–1942), geboren in Rheinhausen, der sich im zarten Alter von zwei Jahren mit Schwester Fanny und Bruder Sepp dem Treck der Eltern nach München anschloß. Im Bäcker-Karl-Haus am Platzl gegenüber dem Hofbräuhaus fand die junge Familie Unterkunft.

In den dreißiger Jahren führte mich mein Vater in den kleinen Laubenhof des Bäcker-Karl-Hauses und zeigte mir die Holzaltanen und das Mauerwerk das seine Lausbubenzeit umschloß.

Der Standort »Hofbräuhaus« dürfte im Hinblick auf die Naherholungsbedürfnisse eines Maurers gewählt worden sein und weniger den Erholungsbedürfnissen meiner Großmutter Rechnung getragen haben. In der Schwemme – ein Münchner weiß, was das ist – soll es wegen des großväterlichen Bierkonsums wiederholt zu herzergreifenden Szenen zwischen den großelterlichen Ehegatten gekommen sein.

Wenn der Herbst zum Winter wurde, und am Morgen der Schnee in den Straßen lag, pflegte

Ernst Gärtner
Dipl.-Ing. Regierungsbaumeister, Leitender Baudirektor i.R., geboren am 6. August 1929 im Mütterheim an der Taxisstraße, aufgewachsen im Lehel, Besuch der Herrnschule, der Luitpold-Oberrealschule und der Technischen Hochschule München. Berufstätig als Angehöriger der bayer. Staatsbauverwaltung in Regensburg, Passau und München. Lebt in Trudering

*Platzl 1,2,3 / Pfisterstr. 6, ca. 1900*

Georg Gärtner gotteslästerlich zu fluchen, weil er wußte, daß ihn jetzt der Schnee aus Arbeit und Brot drängte. Im Nationalmuseum stehen von ihm gemauerte Wände. Großvater Georg starb noch keine vierzig Jahre alt, an einem Nagel, den er sich durch Stiefelsohle und Fuß trat – an einer Blutvergiftung.

Sein Sohn Stephan Gärtner, mein nachmaliger Vater, lernte Lesen und Schreiben in der St.-Anna-Volksschule im Lehel. Daß Stephan ein rechtschaffener Bub gewesen war, erhellt die Tatsache, daß er zum Ministranten in der St.-Anna-Kloster-Kirche berufen wurde. Zu solchem Ehrenamt habe ich es nie gebracht, obwohl ich in der St.-Anna-Pfarrkirche kommuniziert und gefirmt wurde.

Und jetzt benötige ich zu meiner Geschichte den Lion Feuchtwanger. Die Familie Feuchtwanger ist im Mai 1889 in das Haus St.-Anna-Platz 2 eingezogen, so steht es auf der Gedenktafel. Lion und Stephan, beide Jahrgang 1884, wurden wohl an Ostern 1891 eingeschult, sechsdreiviertel Jahre alt, und gingen in die gleiche Klasse. Das Schuljahr begann damals nicht im September, sondern an Ostern.

Kinder aus ärmlichen Kreisen haben oft bei wohlhabenden Familien mitessen dürfen. Bald nach dem ersten Schultag trat der Lehrer vor seine Buben und sagte, die Familie Feuchtwanger biete einem bedürftigen Schüler kostenfreien Mittagstisch. Ungläubiges Staunen, keine Antwort. Als Beweis, daß es damit seine Richtigkeit habe, stand neben ihm Vater Feuchtwanger und wiederholte sein Angebot. Er war in die Schule gekommen, um den Bedürftigen selbst in Augenschein zu

*St.-Anna-Platz 2 im Lehel, 1909*

nehmen und um zu prüfen, ob der kleine Kostgänger zu seinem Lion paßte. Eine Freundschaft mit Lion hätte dem Erwählten – bei entsprechendem Wohlverhalten und im Bedarfsfalle – sicherlich eine durch die Familie Feuchtwanger geförderte, berufliche Zukunft eröffnet. Vielleicht war Vater Feuchtwanger Bankier.

Der Lehrer wiederholte seine Frage. Keine Meldung. – Vermutlich wurde gar nicht verstanden, was ein freier Mittagstisch ist. Als Gegenleistung war verlangt, daß der Kostgänger dem ältesten Feuchtwanger Buben am Samstag, am *Schabbat*, die Schultasche vom St.-Anna-Platz zum Wilhelmsgymnasium am Max-II-Denkmal trug.

Wie prüft man die Bedürftigkeit Siebenjähriger, die meisten barfuß, mit dem speziellen Anti-Kopflaus-Haarschnitt: Halbglatze zwischen Schädeldach und Genick, spärlich belassenem, zündholzlangem Haar bis zum Stirnansatz? – In dieser Haartracht ließ man mich in den dreißiger Jahren auf den Isartorplatz hinaus.

Lions und Stephans Lehrer zeigte Geschick. Er änderte die Taktik und Frage: »Wer von euch hat heute noch nichts gegessen?« – Stephan Gärtner fragte sich ab und fand, daß er heute – und an den vorangegangen Tagen – seit dem Erwachen, nichts hinter die Zähne gebracht hatte. Er hob zaghaft den rechten Zeigefinger.

Gärtner entsprach den Anforderungen und wurde auf einen der nächsten Tage zum Essen mit der Weisung eingeladen, er solle zu Hause Bescheid geben, daß er wegen des Mittagessens später heimkäme. Ich bezweifle sehr, ob Mutter Kreszentia sein Fehlen bemerkt hätte. Ihr – so

*Die Kinder Feuchtwanger: Ludwig (Ludschi), Martin, Bella, Lion, Martha, Maedi, Fritz, Franziska, Berthold (Bubi), Henny (v. l.) Das Foto wurde zwei Jahre nach Lions Abitur, 1905 aufgenommen.*

wurde berichtet – genügte es, wenn sich zur Dämmerung alle Gärtner im Bäcker-Karl-Haus einfanden.

Am besagten Tag stemmten Stephan und Lion das Haustor St.-Anna-Platz 2 auf. Die Buben schlichen über die nach Treppenöl duftenden Stufen hinauf in den ersten Stock. Mit jeder überwundenen Treppenstufe vergrößerte sich Stephans Abstand zur Erdoberfläche und damit sein Abstand zur gewohnten Gärtnerischen Lebenssphäre. Seinem physischen Aufstieg entgegenwirkend sank sein Mut in den Magen. Befangenheit, Hemmung und Scheu stiegen mit und trockneten ihm die Stimmbänder aus. Vor der Wohnungstür angelangt, hätte ihm nicht feierlicher zumute sein können als in den sonntäglichen Engelämtern beim »Pange, lingua, gloriosi Corporis mysterium«. Der Lion klopfte, das Dienstmädchen öffnete: »Ah, da ist ja der kleine Gärtner, kommt herein. Ihr werdet erwartet!«

Psychisch befand er sich noch im Stiegenhaus, da stand er schon im Eßzimmer. Vater Feuchtwanger gab ihm die Hand, der Lion stellte ihn der Familie vor. Stephan fand sich auf hohem Stuhl wieder. Neben ihm der Lion, Vater Feuchtwanger auf der einen Seite der Tafel, ihm gegenüber auf der anderen Tischseite Mutter Feuchtwanger, dazwischen die Kinder, Tischgäste, weißgedeckter Tisch, Geschirr, Eßgeräte. – Wohin mit den Händen, wohin mit den Augen?

Wir dürfen davon ausgehen, daß im Haushalt des Maurers Georg Gärtner der Pflege der Umgangsformen und der Tischsitten wenig Aufmerksamkeit gewidmet wurde. Die Worte »Bitte« und »Danke«, erforderlich für die Entgegennahme von Tafelzubehör oder für die Verausfolgung

*Stiege zu der Holzaltane im 1. Stock, 1995*

eines Bratenstücks auf dargereichter Platte, kamen im Wortschatz eines Maurerkindes der Prinzregentenzeit nicht vor. Mein nachmaliger Vater dürfte allenfalls Kenntnisse im Umgang mit Löffel und blecherner Schüssel gehabt haben. Auf der Feuchtwanger-Tafel prangten Messer, Gabel, kleine, große Löffel, viel zu groß, viel zu schwer, viel zu silbern. Unterschiedliche Teller für Suppe, Hauptgericht, Nachspeise, die aufgetragenen Speisen in besonderen Behältnissen, nicht in den Töpfen, in denen sie die Mama zu Hause kochte.

In welche Hand die Gabel, das Messer, den Löffel? Was macht man mit dem weißen Tuch, zu dem sie Serviette sagen? An den Mienen, nachdem er hineingeschneuzt hatte, erkannte er Mißbilligung und Fehlverhalten. Der ohnehin nicht sehr kühne Stephan war verunsichert.

Ich habe in den Ohren, wie mein Vater seinen unkomfortablen Zustand beschrieb. Der schwere Löffel platschte in die Suppe. Seine Befangenheit fiel auf. Sie hatten ein Einsehen und entließen ihn mit dem Angebot, er dürfe das nächste Mal in der Küche zusammen mit der Köchin essen.

Die Familie Feuchtwanger hatte einen weiteren Kostgänger, der in einem Verschlag auf dem Balkon gehalten wurde und den Stephan mit Millidisteln, den Blättern des gemeinen Löwenzahns, versorgte, ob freiwillig oder einen Auftrag erfüllend, sei dahingestellt. Stallhase und Steffi freundeten sich an. – Für einige Zeit war Stephan Gärtner neben der Schule, mit dem Ministrieren, Mittagessen, Hasenversorgung und samstäglichem Schultaschetragen zum Wilhelmsgymnasium vollauf beschäftigt. Ich denke mir, daß er das Mittagessen weniger als Möglichkeit zum Stillen seines Hungers, sondern als Erledigung einer Aufgabe betrachtete. Daß er dabei gesättigt den St.-Anna-Platz verließ, nahm er billigend in Kauf.

Es wurde Sommer, es kamen die Ferien, und die Familie Feuchtwanger schickte sich an, in die Sommerfrische zu fahren. Da Gärtners Umgang mit dem Hasen zu Beanstandungen keinen Anlaß gab, lag es nahe, ihm die Sorge um das Tier während der sommerlichen Abwesenheit zu übertragen. So geschah es auch. Zum Gaudium seiner drei Brüder und zwei Schwestern (Stand: 1891) erschien er mit dem Hasen im Bäcker-Karl-Haus und gedachte, dem Tier weiterhin bewährte Pflege und Versorgung angedeihen zu lassen. Der Hase fand Unterkunft unter den Holzaltanen im Hof.

An einem Sonntagvormittag, als Stephan nach Erledigung seiner ministrantlichen Amtstätigkeiten die steile Treppe zu den väterlichen Gemächern hinaufstieg, drang würziger Bratenduft aus der ärmlichen Wohnung mit den vielen Kindern und erzeugte im Eintretenden mundwässernde Eßlust. Es gab Kartoffelsalat, Knödel und – anstelle des selten aufgetischten Schweinsbratens – einen Kalbsbraten.

Der Sonntag wäre ein Sonntag wie jeder andere gewesen, wenn Hasenpfleger Gärtner seinen Schutzbefohlenen am Abend für die Übergabe der Millidisteln in seinem Verschlag vorgefunden hätte. Der Stall war leer, der Hase verschwunden, und Mutter Kreszentia Gärtner, geborene Dirrigl aus Schwarzenthonhausen bei Beratzhausen, beantwortete die Fragen ihres Drittgeborenen ausweichend. Man ließ ihn in dem Glauben, er habe nach seiner letzten Hasenfütterung möglicherweise nicht die nötige Sorgfalt beim Schließen des Käfigs obwalten lassen, und der Hase sei entkommen. Trotz eingehender Suche, der Hase zeigte sich nicht. Stephans Umfragen in der Nachbarschaft erbrachten keine brauchbaren Hinweise über den Verbleib des Tieres.

Georg Gärtner, ein grober, gefühlloser Maurer – eingedenk seiner nicht an Überernährung leidenden Angehörigen –, hatte den Hasen einer küchentechnischen Würdigung unterzogen und erkannte in den unter dem Fell sich stattlich wölbenden Rundungen Himmelsgabe und Bereicherung zu Kartoffelsalat und Knödeln. Erreichen den Bedürftigen unverhofft Wohltaten, pflegt er – im allgemeinen – dem ärgsten Mangel unverzüglich abzuhelfen und dann vielleicht noch dem Wohltäter nachzufragen. Georg Gärtner fehlten für derlei Betrachtungen innere Einstellung und Veranlagung. In welches Ansehen er durch seine eigenmächtige, zwar väterlich besorgte, aber von Skrupel ungetrübte Ernährungspolitik geriet, war für ihn ohne Belang. Ein unschuldiges Hasenleben fand am Platzl unvermutete, für seinen Sohn aber höchst peinliche und bloßstellende Vollendung.

Es spricht für das Einfühlungsvermögen meiner Großeltern in die kindliche Empfindungswelt, daß sie ihren Steffi dem Anblick der Bratreine mit dem spaßigen, vierbeinigen Kalbsbraten nicht aussetzten, die Geschwister über Art und Herkunft des Kalbsbratens ebenfalls im Unklaren ließen, den Tatort Holzlege aufgeräumt und das Brett mit dem darauf genagelten Hasenfell versteckt hatten. Damit war der Möglichkeit kein Vorschub geleistet, daß im Stephan durch eigene Wahrnehmungen schlimmer Verdacht und grausiges Verstehen aufkeimten.

Stephan sehnte das Ende der Feuchtwangerschen Sommerfrische nicht herbei. Die Aussicht, seine sättigenden Gastspiele wiederaufzunehmen, war nicht verlockend im Vergleich zu der Tatsache, der Familie Feuchtwanger ohne den Hasen unter die Augen treten zu müssen. Wen läßt gerechtfertigter Vorwurf, man habe es an Sorgfalt fehlen lassen, schon gleichgültig? – Stephan legte sich seine schärfste Waffe zurecht und beschloß, nach den Ferien die Feuchtwanger, den Mittagstisch und den Hasen einfach zu vergessen.

Die Sommerferien gingen zu Ende, die Familie Feuchtwanger kam zurück und mit ihnen die Hasenfrage. Die dem Lion gegebene Antwort, »Woaß i net!«, ließ den Hasen keinesfalls in Vergessenheit geraten, begünstigte stattdessen das Entstehen von Argwohn. Auf Dauer konnte sich Stephan den bohrenden Fragen Lions nach dem Hasen nicht verschließen. Vielleicht ahnte er, daß das rätselhafte Verschwinden ihm nicht angelastet werden konnte. Er beschloß nochmalige Rücksprache mit seiner Mama.

Seine Mutter – eine mit den Gaben des Gemütes, der Wärme, des Mitempfindens, des Seelenfriedens unterdurchschnittlich ausgestattete Gattin eines Maurers – verbat sich lautstark jegliche weitere Fragerei nach dem blöden Hasen. Sie kleidete das Schicksal seines Schutzbefohlenen in die wenig trostreichen Worte: »Den hamma g'fress'n! – Du host'n aa g'fress'n, und g'schmeckt hod a dir aa!« – Wie kann der Hinweis auf selbsterlebten Bratengenuß dem tragisch hierin Verstrickten Trost und Genugtuung sein?

In abgeschwächter Fassung, dadurch aber nicht weniger grausam in der Wahrheit, gelangte die Mitteilung an die Familie Feuchtwanger. Der Satz: »Gärtner hat unseren Hasen gegessen!« ist authentisch. – In der Schule wies man auf ihn. Auf ihm lastete der Makel der Unzuverlässigkeit, der Unberechenbarkeit, ja der Untreue. Gärtner zeigte Mängel. Er genügte nicht den Anforderungen. Er hatte sich an der Beseitigung eines ihm anvertrauten Gutes – zwar ahnungslos – aber immerhin beteiligt. Das ist der Stoff, aus dem die griechischen Tragödien gewoben sind: »Ihr laßt den Menschen schuldlos schuldig werden, dann übergebt ihr ihn der Pein!« – oder so ähnlich.

Daß es mit dem Mittagessen vorbei war, bedarf keiner Erwähnung. Die Tat seines Vaters hatte ihn »gesellschaftlich beschädigt«, geächtet. Daß er darunter litt, daß seine mißlungene Hasenbetreuung, sein gebrochenes Wort, sein Nichtverhindernkönnen – wie hätte er auch? – ihn traurig machten, nehme ich ihm posthum ab.

Er hat die Feuchtwangersche Hasengeschichte oft erzählt. Sie bildete den bedrückenden Bestandteil seiner von Unbekümmertheit wenig erhellten Lausbubenzeit. Ich war dreizehn Jahre alt, als mein Vater 1942 im Alter von achtundfünfzig Jahren am Herzinfarkt starb.

# »Rassenschändung«!?

## Ein Foto und seine Geschichte

*Paßfoto Max Traub, 1935*

In der »Bayerischen Israelitischen Gemeindezeitung« vom September 1931 gab Willy Traub bekannt, daß sein Sohn »Max« am 26. September 1931 seine *Bar Mizwa*-Feier haben wird. Neben Geburts-, Ehe- und Sterbedaten der Mitglieder der jüdischen Gemeinde in München war es in dieser Gemeindezeitung auch üblich, das Datum der Feierlichkeiten für *Bar Mizwa* bekanntzugeben. Da neben dem Datum auch eine Neuhauser Adresse der Familie Traub, die Jutastraße 14, angegeben war, interessierte sich die Geschichtswerkstatt Neuhausen für diesen Hinweis. Die Mitglieder dieses Geschichtsvereins recherchierten nämlich gerade zum Thema »Spuren jüdischen Lebens in Neuhausen«, u. a. im Staatsarchiv München.

Tatsächlich tauchte im Findbuch zum Bestand »Polizeidirektion München« auch der Name »Max Traub« auf. Die vom Archiv stichwortartig verfaßte Inhaltsangabe der Akte nannte ein »Verfahren wegen Rassenschändung« gegen Max Traub. Auch Fotos sollten in der Akte enthalten sein. Die Neugierde war geweckt, die Akte wurde bestellt und ohne rechtliche Bedenken wegen des existierenden Datenschutzes zur Einsicht ausgehändigt.

Neben einem Paßfoto von Max Traub heftete ein kleines Foto, etwa 7x7 cm, quasi als Beweisstück, auf der Rückseite eines Vorladungsschreibens.

Auf diesem Formular vom 9. September 1935 standen u. a. folgende Angaben zur Person: »Traub Maximilian, geboren am 16. 9. 1918 in München, ledig, Kaufmannslehrling, Wohnung am Einlaß 1/III bei den Eltern (die Familie Traub wohnte zu dieser Zeit also nicht mehr in Neuhausen, d. V.), Jude, erschien auf Vorladung wegen Verdachts der Rassenschändung und Prüfung der Schutzhaftfrage.«

Auf dem angehefteten Foto, ein Gruppenbild, waren neun junge Leute, sieben Frauen und zwei Männer zu sehen – ganz links Max Traub. Dies war also das »Corpus delicti« – eine Aufnahme, auf der Juden und »Arier« gemeinsam zu sehen waren – für die Nazis »ein Akt der Rassenschande«.

Folgende Fragen stellten sich nun: Wie kam dieses Foto zustande? Warum gelangte es in diese Polizeiakte?

Max Traub war seit April 1933 bei der jüdischen Firma Steppacher in der Landwehrstraße 37 als Kaufmannslehrling beschäftigt. In diesem Geschäft arbeiteten auch 12–14 weibliche nicht-

Geschichtswerkstatt Neuhausen
Gegründet am 9. November 1992, seitdem Durchführung mehrerer Geschichtsprojekte in Neuhausen. Teamarbeit stand von Anfang an im Vordergrund und wird als Arbeitsform bevorzugt.

*Das fragliche Foto mit Max Traub, aufgenommen im August 1935*

jüdische Angestellte, die in einer Mittagspause die Idee hatten, sich von einem Lageristen der Firma fotografieren zu lassen. Die Mädchen hatten bereits Aufstellung genommen, als in diesem Augenblick auch der Jude Max Traub hinzukam. Die »arischen« Mädchen wollten ihn zuerst nicht auf dem Foto haben; doch der Lagerist konnte ihn dann überreden, mit auf dem Gruppenbild zu postieren.

Niemand hätte sich wohl bei diesem Foto irgend etwas Schlimmes gedacht, wenn nicht der Scharführer des SA-Sturmes 7/B, der im Nachbarhaus der Firma Steppacher in der Landwehrstraße 35 wohnte, dieses Ereignis »zufällig« von einem Fenster seiner Wohnung aus beobachtet hätte. Dieser Scharführer legte sofort den zu jener Zeit geforderten »nationalsozialistischen Charakter« an den Tag und erstattete am 22. August 1935 Anzeige bei der politischen Polizei gegen den Juden Max Traub »wegen Rassenschande«.

Diese Anzeige hatte zur Folge, daß sowohl der Fotografierte, der Jude Max Traub, wie der Fotograf, ein »arischer« Lagerist, von der Polizei vorgeladen wurden, um zu den »Vorfällen« Stellung zu nehmen.

Bei der Vernehmung gab Max Traub die Erklärungen ab, die verdeutlichen, in welche mißliche Lage ein 17jähriger Teenager zu jener Zeit gebracht werden konnte, wenn ihm eine verklemmte, nicht wohl gesinnte, antisemitische Umwelt entgegenschlug. Er erklärte völlig verschüchtert, daß er wegen seines Verhaltens bereits von seinem Vater geschlagen worden sei. »Mit einer Angestellten unterhalte ich weder ein Liebes- noch ein Freundschaftsverhältnis. Mit Mädchen habe ich überhaupt noch kein Verhältnis gehabt (...) Ich versichere, daß ich überhaupt noch nicht geschlechtlich verkehrt habe. Auch werde ich mich in jeder Weise von arischen Mädchen in dieser Hinsicht zurückhalten. Wegen meines Verhaltens wurde ich ernstlich verwarnt. Ich weiß, daß ich bei der geringsten Beanstandung, gleich welcher Art, mit meiner Inschutzhaftnahme zu rechnen habe«, gab der junge Max Traub, kleinlaut geworden, zu Protokoll. Nach der Vernehmung wurde Max Traub schließlich doch von der Polizei entlassen, nachdem er wegen seines Verhaltens nochmals »ernstlich verwarnt« und auf die Folgen im Wiederholungsfalle hingewiesen worden war. »Ein rassenschänderisches Verhalten konnte ihm nicht nachgewiesen werden«, lautete ganz lapidar der Abschlußsatz im Entlassungsprotokoll.

Am selben Tag wurde auch der Fotograf und Lagerarbeiter vorgeladen und vernommen. Er erklärte u. a., ebenfalls sehr eingeschüchtert: »(...) Ich sehe ein, daß ich durch diese Aufforderung an Max Traub, sich doch mitfotografieren zu lassen, eine große Dummheit gemacht habe und werde mich in Zukunft jeder judenfreundlichen Gesinnung enthalten (...) Wegen meines judenfreundlichen Verhaltens wurde ich ernstlich verwarnt und auf die Folgen im Wiederholungsfalle hingewiesen. Ich versichere, daß ich in dieser Beziehung zu keiner Klage mehr Anlaß geben werde.«

Sowohl der Jude Max Traub wie der »arische« Lagerarbeiter als auch die Mädchen auf dem Foto hatten nach ihrer Vernehmung durch die Polizei noch ein Rundschreiben des Betriebszellenobmanns zu lesen und zu unterschreiben. Dieses Rundschreiben hatte folgenden Inhalt:

»Es besteht Veranlassung darauf hinzuweisen, daß Beziehungen zwischen arischen und nichtarischen Gefolgschaftsmitgliedern, weder seitens des Betriebszellenobmanns, noch des Vertrauensrats, oder der Geschäftsleitung in irgendeiner Form geduldet werden können.

Selbstverständlich wird von jedem Volksgenossen erwartet, daß er einen rein nationalsozialistischen Charakter an den Tag legt. Sollten irgendwelche Verfehlungen der genannten Art bekannt werden, so ist dem Betriebszellenobmann, oder dessen Stellvertreter, sowie der Geschäftsleitung sofort Mitteilung zu machen. Es wird darauf aufmerksam gemacht, daß jede Verfehlung sofortige Entlassung zur Folge haben kann.«

Das Foto, das Max Traub für 12 Pfennig bei dem Lagerarbeiter und Fotografen erstanden hatte, mußte er abgeben – es wurde der Polizeiakte beigelegt. Es liegt noch heute im Staatsarchiv München und erzählt uns diese schier unfaßbare Geschichte.

Sechs Tage nachdem dieser »Fall von Rassenschande« für die Angeklagten noch ohne größere Folgen relativ glimpflich ausging, wurden am 15. September 1935 in Nürnberg auf dem Reichsparteitag der NSDAP die sogenannten Nürnberger Gesetze verabschiedet. Das »Reichsbürgergesetz« und das »Gesetz zum Schutze des deutschen Blutes und der deutschen Ehre« nahm den deutschen Juden praktisch alle staatsbürgerlichen Rechte. Eheschließung »zwischen Juden und Staatsangehörigen deutschen und artverwandten

Blutes« wurden verboten, ebenso außereheliche Beziehungen zwischen »Ariern« und Juden.

Das Foto vom August 1935 hätte jetzt mit Sicherheit gereicht, Max Traub sofort in ein Konzentrationslager zu bringen. Mit dem KZ Dachau machte er drei Jahre später, im Rahmen der Verhaftungen während des Novemberpogroms, kurz Bekanntschaft. All diese Erfahrungen veranlaßten Max Traub schließlich, im Jahre 1939 in die USA auszuwandern. Dieser Entschluß rettete ihm das Leben. Seine Eltern, Rosa und Willy Traub, wurden am 20. November 1941 nach Riga deportiert. Beide Elternteile wurden bereits am 25. November in Kowno, dem litauischen Kaunus, mit etwa 1.000 anderen Münchner Juden, erschossen. Laut Beschluß des Amtsgerichts München vom April 1958 wurde als Zeitpunkt des Todes, ganz bürokratisch, jeweils der 31. Dezember 1945, 24 Uhr, festgestellt.

Quellen:

Staatsarchiv München, Pol.Dir. München Nr.15198/15199

Yad-Vashem-Archiv in Jerusalem

# Nach dem Holocaust

Irmtraud Bohn

## Hanna Mandel

Von den über 9.000 Juden, die vor dem 2. Weltkrieg in München lebten, sind nur 84 sogenannte Sternträger bei der Befreiung durch die Amerikaner im Jahre 1945 »übriggeblieben«. Die anderen sind Opfer des Völkermordes geworden, wenn sie nicht vorher emigriert waren. Viele haben ihrem Leben aus Verzweiflung auch selbst ein Ende gesetzt.

Es ist sehr schwierig, 50 Jahre nach Kriegsende noch Spuren dieser Menschen im heutigen München zu finden.

Ich wendete mich bei meiner Suche telefonisch an Ellen Presser, die Leiterin des Jugend- und Kulturzentrums der Israelitischen Kultusgemeinde. Sie sagte mir ihre Hilfe zu und lud mich zu einem Gespräch in die Prinzregentenstraße ein. Ich ging an einem Sonntagnachmittag zu ihr.

Wie alle jüdischen Einrichtungen in Deutschland ist auch diese Begegnungsstätte durch Sicherheitsvorkehrungen geschützt. Im Haus herrschte reges Treiben, Kinder spielten und lärmten.

Ich spreche mit Ellen Presser in ihrem Büro, ständig unterbrochen durch das Telefon oder Besucher, die bei ihr an die Tür klopfen. Sie versucht, möglichst viele Dinge gleichzeitig zu machen und bleibt dabei ruhig und gelassen. Endlich finden wir ein paar ungestörte Minuten.

Ellen Presser bestätigt mir, daß es sehr schwierig ist, jüdische Menschen zu finden, die hier geboren oder aufgewachsen sind und noch oder wieder in München leben. Darüber hinaus müßten sie bereit sein, über sich zu erzählen, und das wollen oder können aus vielen Gründen die wenigsten von ihnen.

Ich sage Ellen Presser, daß ich besonders gern mit jemandem über sein Leben und seine Erfahrungen sprechen würde, der weder durch Herkunft noch Beruf privilegiert ist – einfach mit einem »ganz normalen« Menschen. Sie gibt mir nach kurzem Überlegen die Zusage, Hanna Mandel zu fragen, die seit vielen Jahren hier lebt.

Ellen Presser vermittelt ein Gespräch mit Hanna Mandel, und ich treffe sie am 28. Februar 1993 zum ersten Mal in der Prinzregentenstraße. Am Telefon hat sie mir gesagt, sie wolle mich zuerst kennenlernen und dann entscheiden, ob sie zu weiteren Gesprächen bereit ist.

Ein bißchen unsicher bin ich schon: Wie soll ich beginnen, wie die Fragen formulieren? Von Ellen Presser weiß ich, daß Hanna Mandel in Auschwitz war. Noch nie bin ich jemandem begegnet, der in einem Konzentrationslager war.

Meine Bedenken sind unbegründet, denn Hanna Mandel begegnet mir aufgeschlossen und interessiert. Ich spreche über den Geschichtswettbewerb und sein Thema. Sie sagt zu mir, daß ich sie alles fragen kann. Sie will versuchen, mir Antwort zu geben, so gut es geht.

In Abständen treffen wir uns zu Gesprächen. Hanna macht mir den Kontakt zu ihr leicht, denn sie ist eine ausgesprochen lebhafte Erzählerin und eine sehr kluge Frau.

---

Irmtraud Bohn
Geboren am 8. April 1947 in Stuttgart. Lebt seit 25 Jahren in München; verheiratet, zwei Kinder im Alter von 19 und 11 Jahren; von Beruf Verlagsbuchhändlerin. Derzeit tätig als freiberufliche Lokaljournalistin.
Preisträgerin des Geschichtswettbewerbs 1993/94.

Hanna wurde 1927 in einem ungarischen Dorf mit ungefähr 4.000 Einwohnern nahe der russischen Grenze als Älteste von acht Kindern geboren. Der Vater hatte einen Eisenwarenhandel, und der Familie ging es wirtschaftlich gut. Sie wuchs behütet und streng religiös auf.

Anfang April 1944 brach die Katastrophe herein. Die gesamte Familie wurde zunächst ins Ghetto verschleppt und Anfang Juni 1944 ins Konzentrationslager Auschwitz. Hanna hatte »Glück« und kam nach fünf Monaten in ein Arbeitslager nach Fallersleben, wo sie das Kriegsende erlebte. Nach weiteren drei Monaten in einem amerikanischen Lager kehrte sie zurück in ihre Heimat.

Im April 1946 ging Hanna nach Siebenbürgen, wo nach Verwandte von ihr überlebt hatten. Sie heiratete dort. Anschließend übernahm sie zusammen mit ihrem Mann eine Ziegelfabrik in Ungarn, die noch von ihren Schwiegereltern war. Im kommunistischen Ungarn sahen sie jedoch keine Zukunft für sich und übersiedelten daher im Januar 1949 nach Wien, wo sie ein Geschäft eröffneten.

1952 bekamen sie das Angebot, in Fürth eine Firma zu übernehmen, die mit großen finanziellen Verlusten und im wirtschaftlichen Ruin endete. Danach fingen sie an, eine Wäschefabrikation aufzuziehen. Hanna lernte nähen und schnitt mit einer großen schweren Schere Stoffe in mehreren Lagen zu, die dann zu Schürzen genäht werden mußten. Das Ganze spielte sich in der Wohnung ab und war eine sehr mühsame Arbeit, mit der sich die Familie notdürftig über Wasser hielt. 1956 gingen sie – inzwischen mit einer Tochter – nach München, weil viele Kunden nicht bis nach Fürth kamen. Hier mußten sie wieder neu anfangen und sich einleben. Der Erfolg des Geschäfts war schwankend.

Eine Zeitlang arbeitete Hanna bei der »Gesellschaft für christlich-jüdische Zusammenarbeit« mit. Sie wurde dort von einer Lehrerin angesprochen, ob sie nicht Aufklärungsarbeit in Schulen machen und über ihre Erfahrungen während der KZ- und Arbeitslagerzeit berichten könnte. Hanna sagte mir dazu:

»Niemand wollte es machen, deswegen habe ich mich bereiterklärt. Wer soll es erzählen, wenn nicht wir, die Überlebenden? Aber die meisten wollen nicht darüber sprechen oder können es nicht.«

Am 5. Oktober begleitete ich Hanna nach Dachau. Sie soll dort vor gewerkschaftlich organisierten Jugendlichen der IG-Chemie aus Hessen sprechen, die einen politischen Bildungsurlaub machen. Wir treffen uns am Ostbahnhof. In der S-Bahn sagt Hanna plötzlich: »Ich bin froh, daß Sie heute mitgehen. Auf der Fahrt nach Dachau oder in Schulen habe ich immer ein bißchen Angst, was mich erwartet. Ich kehre mein Innerstes nach außen, deswegen kann ich auch nicht zu oft diese Gespräche führen.«

Mit dem Bus fahren wir vom S-Bahnhof ins ehemalige Konzentrationslager. Das Gespräch findet in einem Raum der Versöhnungskirche auf dem Lagergelände statt. Die Gruppe trennt sich. Ein Teil spricht mit einem ehemaligen Häftling des KZ Dachau, der als Gewerkschafter verfolgt wurde, der andere Teil mit Hanna Mandel als einer jüdischen Überlebenden des KZs Auschwitz.

Sie beginnt: »Wichtig ist das Gespräch, man kann dadurch Vertrauen zueinander finden, ich bringe es euch entgegen. Die Hoffnung auf eine bessere Zukunft soll auch der Sinn dieses Gespräches sein.«

Die Jugendlichen sind aufgeschlossen, und Hanna fordert sie auf, alles zu fragen, was sie interessiert. Sie will versuchen, Antwort zu geben.

Zunächst wird sie über den jüdischen Glauben befragt. Es herrscht ein erstaunliches Unwissen. Als Hanna erzählt, daß das Alte Testament der Inhalt und die Wurzel des jüdischen Glaubens ist, hören das fast alle Anwesenden das erste Mal und sind sehr überrascht.

Hanna erklärt den Unterschied zwischen *Schabbat* und Sonntag, sie spricht über die jüdischen Speisen und die strenge Speisenfolge.

»Das Judentum ist eine der schwierigsten Religionen. Als wir in Fürth wohnten, kaufte ich für meine Familie einmal wöchentlich *koscheres*

*Jugendliche in der KZ-Gedenkstätte Dachau, Sommer 1994*

Fleisch, das gekühlt aus München angeliefert wurde. Damals wäre kein Fleisch aus einer normalen Metzgerei bei uns auf den Tisch gekommen.«

Sie erklärt die besondere jüdische Art des Schlachtens, das sogenannte Schächten, bei dem die Tiere durch einen gezielten, raschen Schnitt in den Hals getötet werden und ausbluten müssen, ehe sie als *koscher* gegessen werden können. Milch und Fleisch müssen immer in verschiedenen Töpfen gekocht werden. Zwischen dem Verzehr beider Nahrungsmittel müssen mehrere Stunden liegen, so will es das religiöse Gesetz.

Lange hat sich Hanna an die Gebote und Verbote gehalten, sie sagt aber auch, daß sie immer mehr nach dem »Wozu« solcher Vorschriften gefragt hat. Sie ist aus der jüdisch-orthodoxen Gesellschaft, in die sie hineingeboren wurde, ausgebrochen: »Meine Mutter trug noch eine Perücke, die dazu diente, daß kein fremder Mann, außer dem Ehemann, ihre Haare anschauen konnte. Ich hätte sie auch getragen, wenn sich mein Leben nicht so radikal verändert hätte. Aber ich habe meinen Glauben in Scheiben abgelegt, mir hat er nichts gebracht, vielmehr hat er mich in ein Korsett gezwängt. Mir ist mein Menschsein jetzt und heute wichtig, nicht der Ritus. Meine Frage ist: Was ist mit mir, wie lebe ich, was vermittle ich, und wie ist der Welt noch zu helfen? Aber trotzdem – mein Judentum gehört zu mir. Ich stehe voll und ganz dazu. Nur den Ritus halte ich nicht mehr ein.«

Eindringlich schildert Hanna die Tragik der gemeinsamen Geschichte von Juden und Christen, die für sie selbst besonders schmerzlich ist, weil beide gemeinsame Wurzeln haben und sich so lange fast feindlich gegenüberstanden und dadurch kaum näher gekommen sind. Hanna beginnt dann von ihrer Zeit in Auschwitz und im Arbeitslager, einer Tellerminenfabrik in Fallersleben, zu berichten:

»Im April 1944 wurde unsere Familie in ein Ghetto verschleppt. Nach etwa sechs Wochen, es war an meinem 17. Geburtstag – ich war also ungefähr so alt wie ihr jetzt seid – kamen wir ins KZ Auschwitz. Meine Eltern und Geschwister wurden sofort von mir getrennt. Mütter mit jungen Kindern kamen auf eine Seite, mein Vater kam irgendwo anders hin. Mich zählte man zu den Arbeitsfähigen, und so kam ich mit ungefähr 1.000 Frauen in eine Baracke, zehn bis zwölf teilten sich immer eine Pritsche. Wir lagen wie die Heringe in der Dose. Schrecklicher Hunger und Durst hat uns alle gequält. Außerdem mußten wir stundenlange Zählappelle über uns ergehen lassen. Ständig gab es Morde und auch viele Selbstmorde. Hinzu kamen die Selektionen, bei denen die nicht mehr Arbeitsfähigen ausgesondert und ins Gas geschickt wurden.«

Man könnte eine Stecknadel fallen hören, so aufmerksam und angespannt sind die Zuhörer und Zuhörerinnen. Beim Erzählen kämpft Hanna immer wieder mit den Tränen, ich auch. Man spürt, daß die Narben der schrecklichen Vergangenheit aufbrechen, und die Bilder des Grauens wieder in ihr hochsteigen. Jetzt erst verstehe ich richtig, warum sie diese Gespräche nicht zu oft führen kann und warum sie auch eine gewisse Angst davor hat. Es kostet sie eine enorme Kraft.

Hanna erzählt von ihrem Glück im Unglück: »Nach fünf Monaten im KZ Auschwitz kam für mich die Rettung. Ich wurde in eine Tellerminenfabrik nach Fallersleben verlegt. Dort mußten wir 12 Stunden im Wechsel schwer arbeiten. Die Verpflegung war allerdings besser als in anderen Lagern. Wir hatten auch Waschbecken und Duschen mit warmem Wasser, das war keine Selbstverständlichkeit. Die letzten vier Wochen meiner Lagerzeit wurde ich schwer krank. Die schrecklichen Erlebnisse, die schwere Arbeit und der Hunger haben mich entkräftet (...)

Große Angst hatten wir alle noch einmal kurz vor Kriegsende. Als die SS merkte, daß der Krieg verloren war und die Alliierten immer näherrückten, gab es Gerüchte, daß die Bewacher, um Spuren zu verwischen, die Lager mitsamt den Insassen anzünden würden. Wir waren auf der Hut und bildeten eine Lagerwache. Heimlich lockerten wir Bretter aus der Wand, um bei Gefahr fliehen zu können. Unser Wille war es, nicht noch kurz vor dem Ende sterben zu müssen.«

Nach der Befreiung durch die Amerikaner kam Hanna für drei Monate in ein amerikanisches Lager. Über das Schicksal ihrer Familie machte sie sich keine Illusionen. Eigentlich konnte sie sich nur vorstellen, daß der Vater das KZ überstanden haben könnte, denn er war kräftig und damit arbeitsfähig.

Wegen allem, was sie miterleben mußte, war sie von tiefem Haß auf die Deutschen erfüllt und hatte sich vorgenommen, ihre kleinste Schwester zu rächen, die fünf Jahre alt gewesen war, als Hanna sie das letzte Mal gesehen hat. An diesem Kind hatte sie mit ganz besonderer Liebe gehangen. Sie hatte schon ein wenig die Mutterrolle für das kleine Schwesterchen übernommen.

Die Gelegenheit zur Rache schien gekommen, als ihr einmal eine Mutter mit einem etwa dreijährigen Kind zufällig auf der Straße entgegenkam. Hanna war fest entschlossen, das kleine Kind umzubringen, um ihr Schwesterchen zu rächen. Plötzlich ließ sie etwas in ihrem Inneren stocken. Sie spürte, daß sie ganz kraftlos wurde und diese Art von Rache nicht ausführen konnte.

»Ich habe Glück gehabt. Seit diesem Erlebnis weiß ich, daß ich mich auf mein Gefühl verlassen kann. Ich führe diese Zeitzeugen-Gespräche, um den jungen Menschen sagen zu können, wie wichtig es ist, auf das eigene Gefühl zu hören. Ich möchte mit den Menschen nicht tauschen, die auf Befehl gemordet haben.«

Drei Monate nach Kriegsende ging Hanna wieder in ihre Heimat nach Ungarn zurück. Dort lebten noch ein paar Verwandte. Von ihrer zahlreichen Verwandtschaft waren 113 verschleppt worden, nur fünf hatten überlebt, darunter sie selbst!

Hanna wartete sehnlich auf die Rückkehr oder ein Lebenszeichen des Vaters und erfuhr, daß in einem Nachbardorf ein Mithäftling ihres Vaters zurückgekommen war. Erst nach langem Drängen erzählte ihr der Mann vom Tod des Vaters:

»Dein Vater war besonders hilfsbereit im Lager. Immer hat er andere getröstet und aufgerichtet, nie hat er die Hoffnung verloren. Er ist bei seiner Arbeit ein wenig im Lager herumgekommen. Dabei muß er mitbekommen haben, was mit den Frauen und Kindern passierte. Von dem Moment an hat er alle Lebenskraft aufgegeben, hat nichts mehr gegessen und mit niemandem mehr gesprochen. Er hat mit seinem Leben abgeschlossen und ist erloschen wie eine Kerze.«

Hanna war zutiefst erschüttert, und auch jetzt fällt ihr das Sprechen darüber sehr schwer. Ein wenig tröstet sie nur der Gedanke, daß ihr Vater nicht ermordet wurde.

»Nach dem Erfahren, daß auch mein Vater nicht mehr zurückkommen würde, weicht alles Leben aus mir. Ich war wie ein Hund, der am Grab seines Herrn ausharrt. Ich ging nicht mehr auf die Straße und verlor jegliches Interesse an der realen Welt. Alle sagten mir, ich solle mich ablenken. Mein Onkel strich mir immer wieder über den Kopf, und ich glaube, daß mir das geholfen hat, wieder in ein normales Leben zurückzufinden, denn für Worte war ich nicht mehr zugänglich.«

Auf dem Heimweg frage ich Hanna, ob sie in der Zwischenzeit einmal in Auschwitz war. Sie sagt mir, daß sie dazu noch keine Kraft gefunden habe und auch nicht wisse, ob sie sie jemals finden wird. Eine ihrer Töchter war dort, hat es aber nicht geschafft, hinein zu gehen. Sie hatte plötzlich das Gefühl, daß ihr von überallher die dort ermordeten Menschen entgegenkommen.

Mir ist es unbegreiflich, wie es Hanna gelungen ist weiterzuleben, ohne zu hassen und auch ihre Kinder ohne Verachtung und Haß auf Menschen zu erziehen. Sie sagt mir dazu:

»Nach all den schrecklichen Erlebnissen und dem Verlust der gesamten Familie war über viele Jahre ein großer Haß in mir. Aber ich habe ein liebevolles Elternhaus gehabt. Die Eltern lebten ein gutes Zusammenleben. Der Grund für menschliches Zusammenleben liegt für mich in einer liebevollen Kindheit (...)

Ich bin davon überzeugt, daß eine menschlichere Erziehung selbständigeres Denken hervorbringt und damit mehr Humanität. Denn, wenn die Blätter am Baum gelb sind, dann ist meistens die Wurzel krank.

Auch die Gespräche in den Schulen haben mir sehr geholfen, besser mit der Vergangenheit zurechtzukommen. Durch das Sprechen darüber konnte ich viel aufgestauten Haß abbauen.«

Es kommt – wenn auch selten – vor, daß Hanna auf polemische Fragen antworten muß. Ein Jugendlicher hat ihr einmal bei einem Gespräch, das sie in einer Schule geführt hat, an den Kopf geworfen:

»Was wollen Sie denn, schließlich bekommen Sie doch auch eine Menge Entschädigungsgeld!«

Hanna hat ihn gefragt: »Wieviel glaubst du denn, daß ich kriege?«

Antwort: »Mindestens 2.000 Mark im Monat!«

Als Hanna ihm sagt, daß es noch nicht einmal die Hälfte ist, will er das nicht glauben. Sie hat ihm dann ganz ruhig erklärt, welche körperlichen und psychischen Schäden sie durch die KZ- und Arbeitslagerzeit davongetragen hat: eine Rückgratverkrümmung, immer wiederkehrende Schmerzen in Armen und Händen, entsetzliche Alpträume; den Verlust von Eltern und Geschwistern, deren schrecklicher Tod selbst durch eine noch so hohe »Entschädigung« nicht wiedergutzumachen oder ungeschehen zu machen wäre. Dafür würde Hanna auch kein Geld nehmen!

Der junge Mann hat sich daraufhin bei ihr entschuldigt.

Hanna dazu: »Ich muß immer wieder verbessern und vorsichtig korrigieren. Dadurch, daß ich ehrlich bin, entsteht aber Glaubwürdigkeit bei meinem Gegenüber. Hätte ich den jungen Mann barsch angefahren und zurechtgewiesen, er hätte sicher anders reagiert.«

Hanna lebt jetzt seit 37 Jahren in München. Nach dem Krieg wollte sie wieder ein möglichst »normales« Leben führen. Dazu gehörte für sie eine Familie, nachdem Eltern und Geschwister tot waren. Eine Familie erschien ihr die einzige Möglichkeit zu einem Neuanfang. Ganz besonders groß war ihr Wunsch nach Kindern.

Im Laufe der Ehe wurde ihr immer klarer, daß das Leben, das sie führte, nicht alles für sie sein konnte. Durch die allmähliche Distanzierung von der Religion fiel es ihr zudem immer schwerer, ihrem Mann zu gehorchen, der sich in diesen Dingen allein zuständig fühlte, besonders im Hinblick auf die religiöse Erziehung der Töchter. Sie stellte auch seine Autorität in Frage.

Hanna hat sich 1975 von ihrem Mann getrennt. Als fast Fünfzigjährige hat sie noch eine Ausbildung zur Bürokauffrau erfolgreich abgeschlossen. Sie war dann bis zur Rente berufstätig und hat ihre vier Töchter allein großgezogen. Durch die Scheidung hat sie es auf sich genommen, daß sie in materieller Hinsicht nicht auf Rosen gebettet war. Die freie Entfaltung der Kinder war ihr das alles aber wert.

Ich frage Hanna einmal, ob es für sie nicht besonders problematisch war und ist, ausgerechnet in Deutschland bzw. in München zu leben. Dazu meint sie lakonisch:

»Es ist wie beim Herbstlaub, wohin der Wind es eben treibt. Im übrigen habe ich schon gewisse Vorbehalte und Bedenken, ja. Ich bin auch nicht an einen bestimmten Platz gebunden, ich bin mehr eine Weltbürgerin. In München sind mir meine Freunde wichtig, meine Bekannten, die Kultur. Außerdem ist mir das Pflaster vertraut.

Wenn ich zum Beispiel nach Frankfurt oder Stuttgart gehe, bin ich überall fremd. Hier bin ich nicht fremd. Aber damit ist Ende. Überall, wo ich zwei anständige Menschen finde, kann ich mich wohlfühlen. Im Grunde bin ich eine Einzelgängerin. Ich brauche die Menschen und Freunde, aber ich bin nicht von ihnen abhängig. Ich lebe hier und jetzt und für mich – alles andere kommt dazu. Wenn ich Menschen nicht kenne, stehe ich ihnen zunächst immer ein wenig distanziert gegenüber.«

Ich will von Hanna wissen, inwieweit sie sich zugehörig fühlt in Deutschland. Ihre Antwort:

»Viele von uns spüren jetzt: Wir können uns noch so zugehörig fühlen, wir werden nicht als zugehörig angenommen, das gibt man uns deutlich zu verstehen. Wir sind eben Juden oder Ausländer – im besten Fall ›Mitbürger‹ – doch nie wirkliche Bürger dieses Landes.

Ich habe das meinen Töchtern nicht oder nur selten erzählt, weil ich wußte, daß ich sie damit nicht belasten kann. Sie haben es schwerer als andere Kinder, denn auch auf der zweiten Generation lastet die Vergangenheit, das kann man nicht einfach wegwischen.«

Ich frage Hanna, ob ihre Töchter auch so denken. »Sie spüren haargenau die Stimmung, und allen jugendlichen Optimismus, den sie hatten, haben sie mittlerweile abgelegt.«

Hanna spricht davon, daß es nicht leicht für sie war, ihren Töchtern so behutsam wie möglich beizubringen, was mit den Großeltern, Onkeln und Tanten passiert ist. Natürlich haben sie eines Tages nach den Verwandten gefragt, schließlich haben sie andere Kinder und deren Familien kennengelernt und gemerkt, daß bei ihnen selbst keine Verwandten da waren. »Es war mir aber sehr wichtig, daß sie es nicht zu früh erfahren, damit kein Haß in ihnen entsteht.«

Hanna sagt mir dazu noch:

»Ich war zum Beispiel immer ängstlicher um meine Kinder als andere Mütter, ich habe immer mehr um sie gefürchtet. Sie waren mir alles. Durch meine Furcht habe ich sie oft erdrückt.«

Ich frage Hanna nach ihrem Verhältnis zu Israel:

»Ich wäre sehr gern nach Israel gegangen, aber es gab immer irgendwelche Gründe, die mit unserem Geschäft zusammenhingen, daß es nicht geklappt hat. Immer hat es geheißen: Wir müssen noch dies und jenes erreichen, dann (...) Darüber sind die Jahre vergangen. Inzwischen fühle ich mich heimisch hier, könnte mir aber vorstellen, mit einem Koffer oder einem Kleid zu gehen. Meine Priorität für Israel: Eine Ohrfeige, nur weil ich Jüdin bin, würde es dort für mich nicht geben.«

Ihre Töchter haben die Schule in Israel beendet und dort das Abitur gemacht. Anschließend sind sie wieder nach Deutschland gekommen zur Berufsausbildung und zum Studium.

Zum Thema »Vergangenheitsbewältigung« mußte und muß Hanna immer wieder hören: »Schließlich ist es lang genug zurück, man kann damit aufhören, man braucht darüber nicht mehr zu reden.« Hanna sagt auch, daß es selbst unter Juden nicht immer leicht ist, über die Vergangenheit zu sprechen, allerdings aus ganz anderen Gründen. Viele der Überlebenden haben ihre Erinnerungen an die Zeit der Verfolgung verdrängt, um überhaupt weiterleben zu können und wollen nach Möglichkeit nicht gern daran erinnert werden. Viele sind gar nicht in der Lage, sich darüber mitzuteilen.

Für Hanna ist die Vergangenheit nicht vorbei. »(...) Die Leute, die so gern das ›Dritte Reich‹ zu den Akten legen wollen, vergessen, daß sie ihre eigene Geschichte auch nicht vergessen können, aber wir sollen es. Es fehlt die Sensibilität. Die Menschen sind nicht fähig, sich in andere hineinzudenken. Junge Leute fragen wenigstens, ältere nicht. Sie haben ihre festen Ansichten, die sie vertreten, und damit ist für sie die Sache erledigt (...).

Über die intensive Beschäftigung mit der Psychologie habe ich gelernt, das Handeln und Denken von Menschen zu verstehen, und ich habe vor allem auch für mich selbst Antwort auf viele Fragen gefunden.

Ich stelle mir immer die Frage nach dem ›Warum‹ bei der Handlung eines Menschen, auch bei meinem eigenen Handeln. Ich komme wieder auf die Kindheit zurück, die der Schlüssel zum Verständnis eines Menschen ist.

Die Bewacher der Konzentrationslager z. B. wurden zum Gehorsam und gefühlskalt erzogen. Das hatte zur Folge, daß sie ihre ›Arbeit‹ ohne Skrupel durchführten. Sie hatten schon als Kinder gelernt, Befehle auszuführen, das hat man ihnen früh beigebracht. Die KZ-Wärterinnen waren darüber hinaus noch dazu erzogen worden, den Männern zu gehorchen (...).

Ich ertrage es überhaupt nicht mehr, wenn man Kinder schlägt oder roh behandelt. Sie neigen dann als Erwachsene wieder zur Gewalt, und so pflanzt sie sich ständig fort, und der Kreislauf hört nicht auf.«

Hanna verfolgt die politische Entwicklung in Deutschland kritisch und mit wachem Interesse. Sie ist entsetzt über das Wiederaufflammen des Rechtsradikalismus und die Stimmung gegen Ausländer, Asylsuchende und wieder einmal gegen die jüdische Minderheit. In ihren Augen ist es eine gefährliche Suche nach Sündenböcken und Feindbildern. Auch die Demokratie ist für sie leider keine Garantie für ein Leben in Sicherheit als gleichwertige Staatsbürgerin: »Ich bin ein gebranntes Kind. Aus Erfahrung und Menschenkenntnis weiß ich, wie so etwas zustandekommt. Ich fühle seit Jahren, daß Anschläge aus dem Hinterhalt drohen. Die derzeitige Gefahr war unterschwellig immer vorhanden. Früher hat man sich nicht getraut, jetzt kann man wieder sagen, was vielleicht früher nicht gesagt worden wäre. Es ist wie ein Vulkan, der jetzt an die Oberfläche kommt. Ich habe noch viel mehr erwartet.

Es gibt keine vernünftige Balance zwischen Zukunft und Vergangenheit. Durch das ›Dritte Reich‹ ist Deutschland in seiner demokratischen Entwicklung um viele Jahre zurückgeworfen worden.«

Hanna besucht viele Vorträge, Diskussionen und Lesungen und setzt sich mit dem Gehörten kritisch auseinander. Mit großem Engagement demonstriert sie für Menschenrechte und gegen Gewalt und Unterdrückung.

Trotz ihres Schicksals ist Hanna keineswegs eine ältere Frau, die über die »Schlechtigkeit« der Welt jammert oder gar resigniert hat, wie man es sonst oft bei älteren Menschen erlebt. Sie macht es sich nicht bequem, indem sie an keine Veränderung mehr glaubt. Vielmehr ist sie davon überzeugt, daß jeder Mensch einen Beitrag für eine bessere Welt leisten kann, und sei er auch noch so klein. »Ich versuche, aus jeder Situation etwas herauszuholen oder es zu verbessern, wenn es nötig ist und es mir möglich erscheint.«

Stets mahnt Hanna die Menschlichkeit in unserem Land an. Zornig reagiert sie auf so manche Gedankenlosigkeit der Politiker. An konkreten Beispielen macht sie klar, worauf es ihr ankommt und nach welchen Gesichtspunkten sie Politiker beurteilt. Das Einsetzen von Angst und Panikmache, z. B. vor »Überfremdung«, zu politischen Zwecken, verurteilt sie scharf. Denn niemand weiß besser als sie, wozu es kommen kann, wenn diskriminierende Äußerungen zu Gewalttaten verführen und als politisches Mittel eingesetzt werden. Ihr eigener Lebensweg zeugt davon.

Im Lauf ihrer fast 40 Jahre in München ist Hanna sehr vorsichtig geworden. Wie ein Seismograph registriert sie die zunehmende Gefahr von rechts. Aufgrund ihrer Erfahrung versucht sie immer wieder, daran zu erinnern, wie politische Entwicklungen beginnen und in welcher Katastrophe sie enden.

Bei meiner Suche nach einem »ganz normalen« Menschen, der als Jude oder Jüdin in München lebt, habe ich eine »ganz normale« und trotzdem außergewöhnliche Frau gefunden. Hanna Mandel ist es gelungen, nach unvorstellbar großem persönlichen Leid, das ihr von Deutschen zugefügt wurde, in Deutschland weiterzuleben.

Bei unseren Gesprächen hat mich nicht nur Hannas Lebensgeschichte tief bewegt. Mir wurde bewußt, daß ihr Schicksal stellvertretend für viele andere jüdische Schicksale steht.

Das Besondere an Hanna ist für mich, daß sie ohne Haß im Land der Mörder ihrer Familie leben kann. Durch ihre Gespräche mit Jugendlichen versucht sie, darüber aufzuklären, wozu Menschen fähig sind, wenn sie zu Haß und blindem Gehorsam erzogen werden.

Sie hat nicht den Glauben daran aufgegeben, daß ein menschliches Miteinander möglich sein kann und muß. Dazu gibt sie mir einmal einige Zeilen zu lesen, die sie immer wieder kopiert und weitergibt. Sie haben für sie eine besondere und sehr wichtige Bedeutung:

*»Willst Du die Welt ändern,*
*mußt Du erst das Land ändern.*
*Willst Du das Land ändern,*
*mußt Du erst die Stadt ändern.*
*Willst Du die Stadt ändern,*
*mußt Du erst die Familie ändern.*
*Willst Du die Familie ändern,*
*mußt Du erst Dich selbst ändern.«*

(Indische Weisheit)

Ellen Presser

# In München geboren. Aus München vertrieben. In München zu Hause?*

## Erinnerungen und Erfahrungen der Münchner Jüdin Charlotte Knobloch

In ganz Deutschland leben heute – in rund siebzig Gemeinden registiert – etwa 42.000 Juden. Davon etwa 5.000 in München, der drittgrößten Gemeinde nach Berlin und Frankfurt am Main. 1933, im Jahr der nationalsozialistischen Machtergreifung, waren es hierzulande noch rund 500.000 gewesen. In München zählte man im Juni 1933 9.005 Juden, was einem Anteil von 1,2 Prozent an der Münchner Bevölkerung entsprach. Als die amerikanischen Truppen Ende April 1945 München erreichten, waren nur mehr 84 übrig.[1] Ein paar hatten in Verstecken überlebt, andere wurden aus Arbeitslagern befreit. Nur wenige ehemalige Münchner kehrten aus den Konzentrationslagern im Osten zurück, von 3.991 Deportierten gerade noch 297 Menschen. Und wem bis Ende der 30er Jahre noch die Emigration geglückt war, wartete vergeblich darauf, in die alte Heimat zurückgerufen zu werden.

Eine, die in München geboren, aus München vertrieben wurde und hier wieder Fuß gefaßt hat, ist Charlotte Knobloch. Die Erfahrungen in und mit ihrer Geburtsstadt, die Gefahren ihrer Kindheit, Entbehrungen ihrer Jugendzeit, Wiederaufbau, Familie und soziales Engagement in der Israelitischen Kultusgemeinde München, der sie seit 1985 als Präsidentin vorsteht, spiegeln ein deutsch-jüdisches Schicksal und das Selbstverständnis einer Jüdin in Deutschland beispielhaft wider.

### *Bedrohte Kindheit*

Drei Monate vor der Machtergreifung Hitlers wurde Charlotte Knobloch am 29. Oktober 1932 als einziges Kind einer gutbürgerlichen jüdischen Familie in München geboren. Ihr Vater Fritz Neuland war Rechtsanwalt und hatte eine florierende Kanzlei direkt am Stachus. Einer seiner Kanzleipartner war damals der spätere Ministerpräsident Wilhelm Hoegner. Da die Ehe der Eltern bald scheiterte, übernahm die Großmutter die Erziehung der kleinen Charlotte. »Sie war eine Dame«, erinnert sich die Enkelin, »trug ein schwarzes Samtband um den Hals. Ich sehe sie noch heute vor mir mit dem grauen hochgesteckten Haar und Hut.« Als die Transporte zur Deportation bereits liefen, kam 1942 aus der Gemeindeverwaltung in der Lindwurmstraße, wo diese Listen zusammengestellt werden mußten, eines Tages der Hinweis, daß nun jemand aus dieser Familie dran sei. Die alte Dame ging. Sohn und Enkeltochter sollten sie nie wieder sehen.

Doch die harmonische Kindheit, die in der jüdischen Tradition einen festen Platz hatte, war schon vorher dramatisch bedroht. Es kam des öfteren vor, daß die Gestapo oder die Ortsgruppenleitung frühmorgens und unangemeldet stürmisch klingelte und sich Zutritt zur Wohnung verschaffte. Immer fragten sie nach dem Vater, ob er schon in der Kanzlei sei. Frühmorgens war er meist noch da, konnte sich aber durch den Dienstboteneingang zurückziehen und beim Hausmeister Unterschlupf nehmen. Von der Polizeizentrale in der Ettstraße aus wurden laufend Razzien durchgeführt, Juden auf der Straße eingefangen:

---

Ellen Presser
Leiterin des Jugend- und Kulturzentrums der Israelitischen Kultusgemeinde München, dort tätig seit 1983. Daneben freie Autorin für jüdische Presseorgane und Publikationen, u. a. Herausgabe der Dokumentation »Junge Juden in Deutschland« (1991) gemeinsam mit Bernhard Schoßig; Mitarbeit am »Jüdischen Kalender«, jährlich herausgegeben von Henryk M. Broder und Hilde Recher (Ölbaum-Verlag).

»Einmal passierte es auch uns auf einem Spaziergang. Als ein Wagen vorfuhr, sagte mein Vater, geh weg. Man kontrollierte ihn und stellte fest, daß er Jude ist. Da kam gerade ein Ehepaar mit Kinderwagen vorbei. Die nahmen in der Sekunde meine Hand und zogen mich einfach mit als ihr eigenes Kind. Dieses Paar hatte die Situation mit einem Blick erfaßt. Es war das erste Mal, daß ich von Nichtjuden beschützt wurde«, erinnert sich die Zeitzeugin, freilich auch an so viele andere Situationen des Ausgestoßenseins.

Schon als kleines Mädchen hatte sie die Veränderungen sehr bewußt erlebt: die Uniformen, die Verbote, die Beleidigungen der Kinder aus der Nachbarschaft, die von einem Tag auf den anderen nicht mehr mit dem »Judenkind« spielen durften, aber es auch gar nicht wollten.

### *Das Jahr 1938*

Die große Hauptsynagoge in der Herzog-Max-Straße, in der die Familie Neuland ihren angestammten Platz gehabt hatte, war im Juni 1938 auf Hitlers ausdrücklichen Wunsch innerhalb von Tagesfrist geschleift worden zugunsten eines Parkplatzes. Auch die Erinnerungen an den 9. November 1938, an die Ausschreitungen in der sogenannten Reichskristallnacht ist unauslöschlich geblieben.

Eine anonyme telefonische Warnung am Abend hatte den Anwalt veranlaßt, sofort die Wohnung am Bavariaring zu verlassen. An der Hand des Vaters hastete die Sechsjährige durch die Stadt: »Man wußte ja nicht, wie die Dinge weitergehen. Man wußte ja nur, daß jüdische Geschäfte zerstört wurden, die Ohel-Jakob-Synagoge in der Herzog-Rudolf-Straße in Brand gesteckt und die Synagoge in der Reichenbachstraße verwüstet wurde. Ich kann mich auch noch sehr gut erinnern, wie wir an der Kanzlei eines sehr guten Freundes meines Vaters, Justizrat Rothschild, vorbeikamen. Da zog man ihn gerade aus dem Hauseingang und warf ihn auf einen Wagen. Sein Kopf war total zerschlagen. Die Juden, die in dieser Nacht gefangen wurden, kamen ins Konzentrationslager Dachau.« Schließlich fanden Vater und Tochter nach einem stundenlangen Fußmarsch vorbei an den zerstörten Schaufenstern und geplünderten Geschäften jüdischer Besitzer hinaus in stille Vorstadtstraßen Aufnahme bei nichtjüdischen Freunden in Gauting.

### *Auf sich allein gestellt*

Mit der Gründung des »Centralvereins deutscher Staatsbürger jüdischen Glaubens« 1893 hatte die selbstbewußte Inanspruchnahme der bürgerlichen Rechte für Juden im Deutschen Reich konkrete Gestalt angenommen. Man beanspruchte gleiche Rechte, akzeptierte gleiche Pflichten. Erst diente man dem deutschen Kaiser, kämpfte für Volk und Vaterland, dann trug man bei zum Wiederaufbau in der Weimarer Zeit. Wie muß sich der angesehene Jurist Fritz Neuland, Jahrgang 1889, gefühlt haben, als er ab dem 1. Januar 1938 den für Juden als Stigma gedachten zweiten Namen »Israel« tragen mußte. Man zwang ihn sogar, den eigenen Vornamen Fritz abzulegen und sich stattdessen Siegfried zu nennen. Doch damit war für den ehemaligen ausgezeichneten Weltkriegsteilnehmer der Tiefpunkt noch lange nicht erreicht. Er wurde in einer Batterienfabrik bei München als Zwangsarbeiter verpflichtet und konnte sich erst kurz vor der Auflösung des Arbeitslagers und der letzten Deportation absetzen. Die Tochter fand ihn nach der Befreiung wieder in einem Krankenhaus, mit nahezu ruiniertem Augenlicht.

1940 aber war es ihm noch gelungen, die damals Achtjährige in Sicherheit zu bringen. Eine einfache Frau, die er im Dienst bei seinem Bruder, einem Kinderarzt in Nürnberg kennengelernt hatte, hatte sich bereiterklärt, das Kind für eine gewisse Zeit bei sich zu Hause auf einem Bauernhof in Mittelfranken aufzunehmen. Wenn Charlotte Knobloch heute darüber spricht, empfindet sie ihre damalige Rettung noch immer als eine Aneinanderreihung von Wundern. Angefangen von der geglückten langen Bahnfahrt, die Juden streng verboten war. Die Familie, gläubige Katholiken, nahmen die Gefahr, das Mädchen schließlich bis Kriegsende bei sich zu beherbergen, auf sich in der Hoffnung, daß ihre Söhne dafür aus dem Feld zurückkommen würden. Ausgegeben als uneheliches Kind des ehemaligen Dienstmädchens aus ihrer Zeit in der Stadt war Charlotte plötzlich »ein Bauernkind mit allen Nachteilen, die es damals für ein Stadtkind bedeutete. Es war keine Heizung da und kein warmes Wasser. Eiskaltes Wasser lief an den Wänden hinunter. Im Rückblick war es natürlich ein reines Vergnügen im Vergleich zu einem KZ.« Sie lebte zurückgezogen, ging im Winter zur Schule, arbeitete im Sommer wie alle anderen auf den Feldern und war sich dabei die ganze Zeit bewußt, welches Schicksal sie bei Entdeckung erwartete. Freilich noch mehr Sorgen machte sie sich um jene, die sie verbargen, und um den Vater, von dem sie bis zum Zusammenbruch des NS-Regimes nichts mehr hörte.

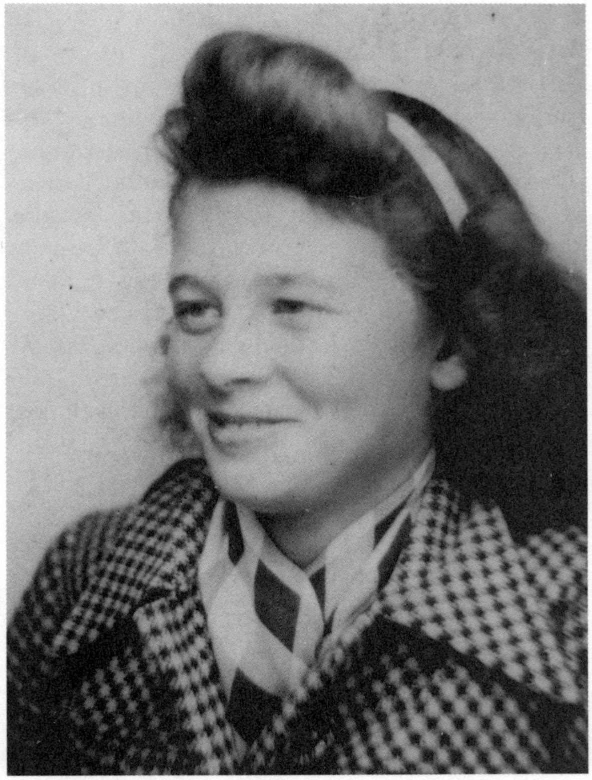

*Charlotte Neuland, 1946*

### *Wieder frei und in der Schwebe*

1945 kehrte Charlotte nach München zurück, wo sie die abgebrochene und rudimentäre Schulbildung durch den Besuch einer Handelsschule wettzumachen versuchte. Dann arbeitete sie für das Bayerische Hilfswerk. Sie lernte Samuel Knobloch kennen, einen gebürtigen Krakauer, den es nach der Befreiung wie so viele Überlebende der Schoah, so der hebräische Ausdruck für die Verfolgung und Ermordung während der Nazi-Zeit, nach Westen in die amerikanische Zone gezogen hatte. Von hier in Bayern aus wollte er wie die Mehrzahl der Displaced Persons – so wurden die entwurzelten, heimatlosen Flüchtlinge genannt, die nicht mehr in ihre Herkunftsländer zurückkonnten – auswandern. Im Juni 1951 heirateten Samuel und Charlotte Knobloch, fest entschlossen, Deutschland so bald als möglich zu verlassen. Für Siegfried (Fritz) Neuland dagegen kam das nicht mehr in Betracht: »Er war ja Anwalt und hätte in seinem Alter in einem anderen Land keine Zukunft mehr gehabt.« Außerdem hatte er sich, wie so charakteristisch für die wenigen übriggebliebenen deutschen Juden, gleich wieder für die Israelitische Kultusgemeinde engagiert. In der konstituierenden Sit-

*Charlotte Neuland und Samuel Knobloch während der Verlobungszeit, 1948/49*

zung vom 19. Juli 1945, abgehalten im jüdischen Altersheim in der Kaulbachstraße, wurde er zum Vizepräsidenten gewählt.[2] 1951 übernahm Neuland von seinem Vorgänger Dr. Julius Spanier das Amt des Gemeindepräsidenten. Den Auswanderungsplänen des jungen Paares Knobloch nach St. Louis/USA stand bald ein bedeutendes, wenngleich erfreuliches Hindernis im Weg. Es kam das erste Kind, ein Sohn. Bis der Säugling aus dem Gröbsten heraus war, die beschwerliche Überfahrt riskiert werden konnte, hatte sich die kleine Familie etabliert, ein Auskommen gefunden, und das zweite Kind kündigte sich auch schon an. Die Koffer blieben im übertragenen Sinne gepackt, das Ausreisevisum lag bereit.

Manch andere mußten auf den Traum vom Auswandern gleich verzichten, weil ihre ramponierte Gesundheit bedingt durch die jahrelangen Entbehrungen und Leiden, den medizinischen Anforderungen der Einwanderungskommissionen etwa in die Vereinigten Staaten oder Kanada, nicht entsprach; die Einwanderungsquoten – etwa bis zur Gründung des Staates Israel – zu knapp waren oder man kein Affidavit, eine Art Bürgschaftserklärung, wie sie für die meisten überseeischen Länder verlangt wurde, beschaffen konnte.

### *Leben in der jüdischen Gemeinschaft*

Deportation und Vernichtungslager hatten für jeden Überlebenden Verlust der Familienangehörigen, Heimatlosigkeit und Einbuße aller Besitztümer zur Folge gehabt. So sammelten sich in den DP-Lagern entwurzelte Menschen aus allen möglichen von Hitler vereinnahmten Ländern, vorwiegend aber aus dem osteuropäischen Raum. Und die wenigen deutschen Remigranten suchten die Überreste ihrer Heimatgemeinden. In dieser chaotischen Situation nach Kriegsende konnte man auf keine vorhandenen Orientierungshilfen zurückgreifen. Die gesamte jüdische Infrastruktur in Deutschland mit Gemeindezentren, religiösen und kulturellen Einrichtungen und wohltätigen Organisationen war seit 1933 systematisch abgebaut und schließlich restlos zerschlagen worden. So entstanden nach 1945 ganz neue jüdische Versorgungs- und Betreuungseinrichtungen (vor allem in den Camps selbst) in erster Linie, um die größte Not zu lindern, Familien (soweit noch möglich) zusammenzuführen und den Auswanderungswilligen (und das waren damals die meisten) bei den Formalitäten zu helfen. Kaum jemand dachte damals an eine jüdische Zukunft in Deutschland, in weiten Kreisen galten diesbezügliche Erwägungen geradezu als frevelhaft. Dennoch fielen den örtlich geschaffenen provisorischen Gemeindeverwaltungen immer mehr konsolidierende Aufgaben zu. So waren die jüdischen Gemeinden im Nachkriegsdeutschland oft wiedergegründet von deutsch-jüdischen Remigranten und den wenigen Rückkehrern aus den Konzentrationslagern, jedoch bevölkert und geprägt von KZ-Überlebenden und Flüchtlingen aus ganz Osteuropa.

Reibungslos gestaltete sich das Zusammenwachsen zwischen der kleinen Zahl alteingesessener Juden in München und den hier verbliebenen DPs zunächst nicht. Aber schließlich wurden die »Neuen« doch als Potential begriffen, das den Bestand der Gemeinde sicherte. Im März 1946 zählte man bereits rund 2.800 Juden in München, von denen einst 796 der jüdischen Gemeinde angehört hatten. Die aus Osteuropa stammenden Juden brachten auch eine orthodoxere religiöse Tradition mit, die das Gemeindeleben, insbesondere den religiösen Ritus, auf längere Sicht hin prägen sollten.

Obgleich Deutschland sich in den folgenden Jahrzehnten als Ein- und Durchwanderungsland erwies, zeigte es sich in den 60er Jahren, daß etwa 80 Prozent der Gemeindemitglieder in München ehemalige DPs waren, und noch heute ist der Anteil derjenigen, die aus Osteuropa stammen, entsprechend hoch.

Charlotte Knobloch war in den 50er und 60er Jahren ganz von ihrer Familie, vor allem den drei Kindern in Anspruch genommen. Dennoch bekam sie »täglich Gemeindearbeit« mit, denn ihr Vater widmete sich der Gemeindepolitik bis zu seinem Tod 1969. Damals waren die Weichen noch nicht auf ein langfristiges aktives Gemeindeleben ausgerichtet, man betrachtete die Gemeinden letztendlich als Provisorien, betrieb also auch nicht vehement den Wiederaufbau der zerstörten baulichen Einrichtungen.

So konnte Charlotte Knobloch 1990, damals schon selbst fünf Jahre im Amt der Gemeindepräsidentin, nicht umhin, an die Münchner Stadtspitze zu appellieren: »Wir bieten heute wieder den in München lebenden Juden Raum für Lehre und Gebet, für Freudenfeste und Gottesdienst. Doch der große leere Platz, an dem einst die drittgrößte Synagoge Deutschlands gestanden hat, stimmt mich stets traurig, wenn ich daran vorübergehen muß. Wir würden es sehr begrüßen, wenn ein jüdisches Gemeindezentrum an dieser – oder einer anderen Stelle – entstehen könnte.«[3]

## *Engagement in der Gemeinde*

In der Gemeindepolitik aktiv zu werden, hatte Charlotte Knobloch nach dem Tod des Vaters noch abgelehnt, aber sie widmete sich schon damals der Betreuung älterer Gemeindemitglieder, war aktiv im jüdischen Frauenverein »Ruth«, gehörte zu den Mitbegründerinnen der WIZO (Women's International Zionist Organization) in Deutschland in den 60er Jahren und sammelte Erfahrungen als langjährige Schatzmeisterin des Jüdischen Frauenbundes in Deutschland. Nachdem der Sohn Bernd in den 70er Jahren eine Zeitlang im Vorstand aktiv gewesen war, kandidierte Charlotte Knobloch zum ersten Mal 1982 und erwarb sich Vertrauen durch ihre Tätigkeit insbesondere in der Sozialkommission.

1985 nach dem Tod des langjährigen Gemeindepräsidenten, Dr. Hans Lamm, erlangte sie bei den nachfolgenden Wahlen zum neuen Vorstand der Israelitischen Kultusgemeinde München das höchste Wahlergebnis und nahm die Berufung zur Präsidentin an, als erste Frau auf solchem Posten in einer Großgemeinde nach 1945. Sie wurde damit Vorsitzende »einer sehr orthodoxen, wenn nicht der orthodoxesten Gemeinde in Deutschland.« Ihrer Ansicht nach ist »eine orthodox geführte Gemeinde die Voraussetzung für das Fortbestehen des Judentums. Die Betonung liegt dabei auf ›geführt‹, denn ohne die unaufhörliche Betonung der religiösen Gesetzestreue seitens der Gemeinde könnten wir den Assimilationsprozeß nicht aufhalten. Eine religiöse Laxheit unsererseits würde die ohnedies vorhandene Aufweichung noch mehr beschleunigen.«[4] Solche Erkenntnis gewann sie an der Nahtstelle zwischen deutschem Judentum, wie sie es zu Hause erfahren hatte, und osteuropäischem Judentum, wie sie es an der Seite ihres Mannes kennenlernte. Von ihm lernte sie auch »Mameloschen«, das heißt Jiddisch, und ein wenig Polnisch, zwei Sprachen, die ihr im Laufe der langjährigen Arbeit an der Gemeindebasis sehr hilfreich waren.

Charlotte Knobloch weiß, daß es in Deutschland inzwischen Gemeinden gibt, die manche Dinge lockerer sehen. In München werde alles so gehalten, daß man ein religiöses Leben führen könne. Der Großteil der Gemeindemitglieder sei unter dieser Maßgabe integrierbar: »Wir sind nicht so eine homogene Gemeinschaft, die Religion aber als solches hält die Gemeinde im großen und ganzen zusammen.«[5]

## *Zu Hause und in der Fremde in München*

Seit dem zu frühen Verlust des Mannes 1990 engagiert sich Charlotte Knobloch mit noch größerer Vehemenz in ihrer vielfältigen ehrenamtlichen Tätigkeit. Ihr Traum von einem neuen Gemeindezentrum nimmt seit einem Votum des Münchner Stadtrates im März 1995 für den Standort St.-Jakobs-Platz, verbunden mit einer zusätzlichen angemessenen Dependance für ein größeres jüdisches Museum in München, langsam Gestalt an. Sie sieht »es als wichtig an, daß man präsent ist.« Vielleicht wird diese späte Einbeziehung jüdischen Lebens für die Kultur dieser Stadt ihr schließlich das Gefühl nehmen, hier doch nur ein »geduldeter Gast« zu sein. Juden lebten hier seit mehr als tausend Jahren, sie hätten ein Anrecht hier zu sein, und doch gäbe es auch immer wieder Rückschläge, weiß sie. Charlotte Knobloch engagiert sich auch außerhalb der

Gemeinde, sitzt in deren Auftrag in der Arbeitsgemeinschaft der freien und öffentlichen Wohlfahrtspflege und diversen sozialen Ausschüssen des Münchner Stadtrats, ist Schöffin gewesen und beteiligte sich an der »Aktion für Ausländer«. Was sie unbeschreiblich nervt, ist das Wort »Mitbürger«. Denn »es wird nur für Juden und Ausländer gebraucht. Dieses Wort diffamiert, dieses Wort grenzt aus«.

Auf die Frage, ob sie sich in München zu Hause fühlt, hat die gebürtige Münchnerin eine verhalten positive Antwort: »Ich lebe so lange hier, habe meine Kinder hier großgezogen, einen riesigen Bekanntenkreis gewonnen und habe meine Tätigkeit hier, in diesem Sinne fühle ich mich zu Hause.« Sie trinkt auch gerne mal ein Weißbier und genießt, seit die jüdische Metzgerei in München das anbietet, auch *koschere* Weißwürste. Die Erinnerungen an die Verfolgungszeit, als das Gartentor zum Spiel im Nachbarhof für sie verschlossen war, als es Juden verboten war, Parkanlagen zu betreten, sich auf einer Sitzbank niederzulassen, wo jeder Straßenwinkel ihr ein anderes bitteres Erlebnis ins Gedächtnis ruft, überschatten indes jedes Wohlbefinden.

### *Erfahrungen*

Ihr positivsten Erfahrungen seit der Rückkehr nach München machte Charlotte Knobloch nach so vielen Jahren 1991 in der Zeit des Golfkrieges: »Wir hatten damals einen Aufruf in allen Zeitungen publizieren können und um Spenden gebeten, um unseren Brüdern und Schwestern in Israel zu helfen. Man wußte ja nicht, wie es weitergehen würde. Und wir waren überwältigt von der Resonanz, die aus der Bevölkerung kam. Nicht nur in Geldspenden, sondern auch in persönlichen Anrufen, in der Bereitstellung von Quartieren, wenn Kinder kommen sollten.« Die inzwischen sechsfache Großmutter hatte damals auch berechtigten Anlaß, um die ältere Tochter, die mit ihrer Familie in Israel lebt, zu bangen.

Der Blick zurück auf die letzten eineinhalb Jahrzehnte, in denen Charlotte Knobloch auch aktiv wurde in der jüdischen Gemeindepolitik, zeigt ein sich veränderndes Bild der jüdischen Gemeinden, aber auch des Umgangs von Juden und Nichtjuden. Längst ist aus der ehemaligen Liquidationsgemeinde eine dauerhafte jüdische Gemeinschaft mit dem Status einer Körperschaft des öffentlichen Rechts geworden. Seit Anfang der 80er Jahre offenbart sich eine langsame Öffnung der Gemeinden, in anderen Städten wie Frankfurt a. M., Mannheim oder auch Freiburg manifestiert in neu errichteten Gemeindezentren mit offenen Kulturprogrammen. Die Generation der Schoah-Überlebenden, denen der Dialog mit der nichtjüdischen Seite aus nachvollziehbaren Gründen schwer fiel, wird nach und nach durch die sogenannte zweite und auch schon dritte Generation überholt.

Seit dem Streit um die Aufführung des Fassbinder-Stücks in Frankfurt und dem Skandal um den Gang des amerikanischen Präsidenten und deutschen Bundeskanzlers über einen Soldatenfriedhof vorbei an Gräbern von SS-Angehörigen in Bitburg greift jedoch eine Gefühl- und Geschichtslosigkeit um sich, die im Historikerstreit einen weiteren konkreten Ausdruck fand. Als Präsidentin der drittgrößten jüdischen Gemeinde in Deutschland wird Charlotte Knobloch es nicht müde, bei konkreten Anlässen zu protesieren, sei es gegen den Verkauf von NS-Devotionalien durch ein Auktionshaus, sei es gegen offiziell geduldete Auftritte alter und neuer Nazis, sei es zur Zeit der massierten Übergriffe auf Unterkünfte asylsuchender Flüchtlinge. Jedes Jahr appelliert sie auf der gemeinsam mit der Stadt München ausgerichteten Gedenkfeier zur Erinnerung an die Novemberpogrome 1938: »Wir müssen offensiv die Grundrechte von Demokratie und Menschlichkeit gegen diejenigen verteidigen, die es erneut wagen, verbrecherische Ideen zu predigen«, fordert sie 1992 und betont: »Humanität und Demokratie gibt es nicht zum Nulltarif – was heute so mancher vergißt. Ihr Preis ist das aktive Eintreten für alle Menschen und die kompromißlose Bekämpfung von Feinden der Menschlichkeit.«[6]

Und auch im Jahr danach wird sie nicht müde darauf hinzuweisen, man müsse »entschlossen

*Charlotte Knobloch im Gespräch mit dem Journalisten Giovanni di Lorenzo, 26.10. 1993*

allen Feinden der Menschlichkeit, Toleranz und Demokratie entgegentreten, sonst könnte wieder die Freiheit und Menschenwürde verloren werden.«[7]

Dabei »heißt historische Verantwortung in meinen Augen nicht folgenloses Bejammern einer Vergangenheit, die man herbeigeführt hat, sondern den Versuch zu wagen, die Probleme der Gegenwart nach bestem Wissen und Können zu bewältigen«.[8]

In diesem Sinne versteht Charlotte Knobloch auch die Aufnahme einer größeren Anzahl von Juden aus der ehemaligen Sowjetunion als eine historische Chance, »endlich dem jüdischen Volk helfen zu können (...) Wir deutschen Juden wollen heraus aus dem Ghetto des heuchlerischen Wohlwollens. Wir wollen Anteil nehmen an dem Schicksal dieses Landes, wie wir es seit Jahrhunderten gewohnt waren – trotz der furchtbaren Vergangenheit. Aber dazu bedarf es auch des guten Willens der Nichtjuden Deutschlands.«[9] Seit 1990 haben der latente Antisemitismus und der in den Nachfolgestaaten der ehemaligen UdSSR aufflammende Nationalismus viele jüdische Flüchtlinge nach Deutschland gebracht. Die Gesamtzahl stieg in den letzten fünf Jahren von rund 30.000 auf etwa 45.000 in den Gemeinden Gemeldete. Ein paar Hundert versuchten, mit Hilfe der Münchner jüdischen Gemeinde und der städtischen Stellen hier ein neues Zuhause zu finden. Die Aufgabe, einerseits die religiöse und kulturelle, andererseits die soziale und berufliche Integration zu bewerkstelligen, ist groß. Gemeindeintern tragen dazu Einrichtungen bei wie Synagoge, Kindergarten und Sinai-Grundschule, Jugend- und Kulturzentrum mit Jüdischer Volkshochschule, das Saul-Eisenberg-Seniorenheim, unabhängige jüdische wohltätige Organisationen, vor allem aber die Sozialabteilung der IKG München, die Charlotte Knobloch seit Beginn ihrer Tätigkeit neben dem Schul- und Erziehungsbereich besonders am Herzen liegt. Die jüngste Zuwanderung ist als Indiz für die Vergrößerung der Gemeinde und als Zeichen dafür anzusehen, daß Deutschland wieder als Zufluchtsort für verfolgte Juden angesehen wird. Ein Vertrauensbeweis, der nicht enttäuscht werden sollte.

* Der Text basiert auf einem öffentlichen Gespräch, das der Journalist Giovanni di Lorenzo mit Charlotte Knobloch führte am 26. Oktober 1993 im Rahmen der Veranstaltungsreihe »Jüdisches Leben in München« im Kulturzentrum der Israelitischen Kultusgemeinde München.

Anmerkungen

1 Vgl. Schoßig, Bernhard; Jüdisches Leben in München. Teil I, Münchner Stadtanzeiger Nr. 19 v. 13. 5. 1993, S. 14; Teil II, Münchner Stadtanzeiger Nr. 20 v. 19. 5. 1993, S. 14.

2 Vgl. Wetzel, Juliane; Lebensmut im Wartesaal. Der Wiederaufbau der Israelitischen Kultusgemeinde und des jüdischen Lebens in München 1945–1949. In: Trümmerzeit in München. Kultur und Gesellschaft einer deutschen Großstadt im Aufbrauch 1945–1949. Hg. v. Friedrich Prinz, München 1984, S. 142.

3 Knobloch, Charlotte; Daß dieser Gedanke auch Nichtjuden bewegt. Geleitwort in: München Mosaik, Sonderheft 1990, S. 10.

4 Knobloch, Charlotte; Ich bin stolz auf meine orthodoxe Gemeinde. Gespräch mit Peter Stiegnitz, in: Illustrierte Neue Welt, Wien, März 1989, S. 3.

5 Charlotte Knobloch zit. in: Integriert, aber nicht zugehörig – Besuch bei der Münchner Gemeinde, v. Ellen Presser. In: Deutsche Juden – Juden in Deutschland, hg. v. der Bundeszentrale für politische Bildung, Bonn, o. J.

6 Knobloch, Charlotte; Kein Kompromiß zwischen Menschlichkeit und Unmenschlichkeit. Rede am 8. 11. 1992. In: Sonderdruck der Landeshauptstadt München.

7 Knobloch, Charlotte; Ansprache zum Gedenken an die Reichspogromnacht vom 9. 11. 1938, gehalten am 9. 11. 1993, unveröffentlicht.

8 Knobloch, Charlotte; Zur Lage der jüdischen Minderheit in der Bundesrepublik. In: Zwischen Antisemitismus und Philosemitismus. Juden in der Bundesrepublik. Hg. v. Wolfgang Benz, Berlin 1991, S. 27.

9 Ebenda, S. 27.

Tanja Mancinelli

# Jüdische Kultur in München

## Neubeginn und Wiederaufbau nach 1945

Die jüdische Gemeinde in München war zahlenmäßig nie besonders umfangreich gewesen, mehr als etwa 11.000 Juden (1910) hatten nie in der Stadt gelebt. Umso größer war dafür ihr Beitrag zum kulturellen und geistigen Leben der Stadt, man denke nur an die Vielzahl jüdischer Maler, Musiker, Schauspieler, Schriftsteller oder Ärzte. Erstaunlich vielfältig war auch das jüdische Vereinswesen. So gab es bis Anfang der dreißiger Jahre 38 religiöse und soziale sowie sechs studentische und wissenschaftliche Vereinigungen, neun Jugend- und Sportvereine, zwei Logen, vier Gesellschaftsclubs und neun Ableger größerer jüdischer Organisationen. Nach den Greueln der Nazi-Zeit existierte nichts mehr davon, die Münchner jüdische Gemeinde war praktisch ausgelöscht. Doch bereits im Frühjahr 1945 trafen neben den Überlebenden der KZs deutschstämmige und nicht-deutsche Juden in der Stadt ein. Wie und mit welch erstaunlicher Kraft dieser Personenkreis zum Wiederaufbau jüdischen Lebens in München beitrug, ist Gegenstand dieser Arbeit. Nicht alle Einrichtungen, die damals (wieder) entstanden, gibt es auch heute noch. Manche existierten nur bis in die fünfziger Jahre, als die große Auswanderungswelle einsetzte.

### *Der Wiederaufbau der Israelitischen Kultusgemeinde*

Die Versammlung für die Wiedergründung der »Israelitischen Kultusgemeinde« (IKG) fand mit Genehmigung der amerikanischen Besatzungsmacht am 19. Juli 1945 im Jüdischen Altersheim in der Kaulbachstraße statt. Aufgabe der IKG sollte es sein, den nur noch 430 Münchner Juden ein Gefühl der Gemeinschaft zu geben, ein Bezugspunkt in ihrem Leben zu werden. Später wurden Dr. Julius Spanier zum Präsidenten, Siegfried Neuland und David Holzer zu Vizepräsidenten gewählt. Ihren Sitz nahm die IKG in der Herzog-Max-Straße 7, ganz in der Nähe der 1938 zerstörten Hauptsynagoge. Man richtete einen Betsaal ein, in dem bereits am 7. September, dem jüdischen Neujahrsfest *Rosch Haschana,* der erste Gottesdienst gefeiert wurde. Dieser Gottesdienst wurde sogar im Radio übertragen. Einblicke in das jüdische Kulturleben erhielten die Zuhörer aber nicht nur durch die Übertragung von Gottesdiensten. Gesendet wurden auch Konzerte mit Werken jüdischer Komponisten oder Hörspiele zur jüdischen Geschichte. Regelmäßige Sendungen am Freitagabend, das heißt zu Beginn des *Schabbat*, sollten christliche ZuhörerInnen mit jüdischen Glaubensinhalten vertraut machen und mit zum Abbau des Antisemitismus beitragen.

Am 23. Oktober 1945 wurde Dr. Aaron Ohrenstein zum Rabbiner der Gemeinde bestellt. Ohrenstein hatte von 1935 bis 1939 in Berlin als Rabbiner gewirkt und während des Krieges mehrere Jahre in SS-Arbeitslagern zugebracht. Zwei Jahre nach seiner Berufung nach München wurde er dann zum Landesrabbiner für Bayern bestellt. Ohrensteins Aufgaben gingen weit über den rein geistlichen Bereich hinaus. Er nahm soziale Aufgaben wahr, bemühte sich um das kulturelle Leben in der Gemeinde und er hatte vor allem für die Integration der im Vergleich zu den deutschen Juden wenig assimilierten und eher orthodoxen Ostjuden zu sorgen. Der überwiegende Teil der Münchner jüdischen Gemeinde bestand aus Dis-

---

Tanja Mancinelli
Geboren 1976 in München. Noch im selben Jahr Umzug nach Rom, wo die Familie bis 1991 lebte. Nach der Rückkehr nach München Besuch des Sophie-Scholl-Gymnasiums, Abitur 1995.

*Bei der Einweihung der Synagoge in der Reichenbachstraße am 20. 5. 1947*

placed persons[1], meist Ostjuden. Mit ihren Traditionen prägten sie das Gemeindeleben nachhaltig; noch heute gilt die Münchner IKG als die vielleicht orthodoxeste Kultusgemeinde in Deutschland.

Bevor nachstehend einige jüdische Einrichtungen vorgestellt werden, die die IKG betreut, noch einige Anmerkungen zu einer der herausragendsten Persönlichkeiten der frühen Münchner jüdischen Gemeinde.

Man kann nicht über die ersten Jahre der IKG sprechen, ohne auch über Dr. Julius Spanier (geb. 1880 in Krumbach, gest. 1959 in München) zu berichten. Als Begründer der Säuglingsfürsorge, Sanitätsoffizier im Ersten Weltkrieg und Schularzt in der Zeit von 1919 bis 1933 erwarb er sich einen Ruf als hervorragender Arzt und opferbereiter Menschenfreund. Nach der »Machtergreifung« der Nazis und den Nürnberger Gesetzen durfte er nicht mehr praktizieren. Verbotenerweise suchte er aber weiterhin seine Patienten auf, für die Behandlung und Medikamente verlangte er in vielen Fällen kein Geld. Ab 1939 war Spanier dann im Israelitischen Krankenhaus in der Hermann-Schmid-Straße, in der »Heimanlage« Berg am Laim und im Arbeitslager Lohhof tätig.

Im Juni 1942 kam dann der Befehl, das jüdische Schwestern- und Krankenheim in der Hermann-Schmid-Straße zu räumen. Etwa 50 zum Teil schwer kranke Menschen, drei Krankenschwestern und Dr. Spanier wurden nach Theresienstadt deportiert. Dr. Spanier war der einzige Überlebende. Selbst im KZ versuchte er noch zu helfen, bis er selbst an Flecktyphus erkrankte. Auch als Tröster und Seelsorger setzte sich Spanier ein.

Spanier überlebte Theresienstadt und kehrte 1945 nach München zurück. Er arbeitete wieder in seinem Beruf, wurde Chefarzt des Säuglingskrankenhauses, Vorsitzender der Münchner Gesellschaft für Kinderheilkunde, Präsident der IKG, ab 1947 Vertreter der bayerischen Juden in der Bayerischen Landesversammlung und ab

*Einweihung der Synagoge in der Reichenbachstraße am 20. 5. 1947 mit General Lucius D. Clay (Chef der amerikanischen Militärregierung)*

1948 bis zu seinem Tod Vorsitzender der Gesellschaft für christlich-jüdische Zusammenarbeit. Seine Liebe zu den Menschen und die Leidenschaft für seinen Beruf ließen ihn über alle Grausamkeiten, die er sehen und am eigenen Leib erleben mußte, hinwegkommen.

## *Die Synagoge in der Reichenbachstraße*

1945 beschloß die IKG, die ehemalige Synagoge der Orthodoxen in der Reichenbachstraße zur neuen Münchner Hauptsynagoge zu machen. Das Gebäude hatte die »Reichskristallnacht« einigermaßen unbeschädigt überstanden, weil die Nationalsozialisten damals die Nachbargebäude nicht gefährden wollten. Die Einrichtung und die Kultusgegenstände waren dagegen zerstört worden. Am 20. Mai 1947 wurde die Synagoge in Anwesenheit des amerikanischen Militärgouverneurs Lucius D. Clay feierlich eingeweiht. In seiner Ansprache äußerte er die Hoffnung, daß von der Synagoge ein neues Gefühl der Toleranz und des gegenseitigen Verständnisses ausgehen möge.

Das Ereignis fand weltweite Beachtung. Ausgerechnet München, die »Hauptstadt der Bewegung« von einst, erhielt als erste deutsche Stadt wieder eine Synagoge. Eine Gedenktafel im Inneren des Gebäudes erinnert an die sechs Millionen Juden, die Opfer des Nationalsozialismus wurden.

Das Gebäude in der Reichenbachstraße ist nicht ohne weiteres als jüdisches Gotteshaus zu erkennen, zumal es sich in einem Hinterhof befindet. Sie bietet Platz für etwa 300 Männer und 200 Frauen. Im selben Komplex ist ein Ritualbad, die *Mikwe*, untergebracht, ferner ein Veranstaltungssaal für 150 Menschen und ein *koscheres* Restaurant. Außerdem befinden sich die Bibliothek und die Verwaltung der Israelitischen Kultusgemeinde in der Reichenbachstraße.

## *Die Pflege der jüdischen Friedhöfe*

Zu den wichtigsten Aufgaben der IKG in den Nachkriegsjahren gehörte die Pflege der zwei jüdischen Friedhöfe. Der ältere, der sich nach dem Krieg in einem sehr schlechten Zustand befand, liegt an der Thalkirchner Straße. Auf diesem Friedhof, der der Gemeinde seit 1816 zur Verfügung stand, gibt es ungefähr 6.000 Grabstätten. 1945 schätzte man die Instandsetzungskosten auf knapp 130.000 Mark. Der zweite, 1908 eingeweihte Friedhof befindet sich an der Garchinger Straße. Nach dem Krieg befand er sich in einem wesentlich besseren Zustand, so daß die Sanierungskosten nur 9.000 Mark betragen sollten. In beiden Friedhöfen war besonders die Restaurierung der alten Grabsteine problematisch und kostspielig. In den allerseltensten Fällen gab es noch lebende Angehörige, die sich um die Pflege der Familiengräber kümmern konnten. So war es Aufgabe der IKG, die Schäden auf den Friedhöfen zu beseitigen – nach jüdischem Gesetz ist es nicht zulässig, Gräber, egal in welchem Zustand sie sich befinden oder wie alt sie sind, aufzulassen.

Das Grab ist persönlicher Besitz des Toten bis zum Ende aller Tage.

Auch auf dem Friedhof findet sich ein Mahnmal zum Gedenken an die jüdischen Opfer des Nationalsozialismus.

*Das Altersheim*

Schon vor 1945 hatte es in der Kaulbachstraße ein jüdisches Altersheim gegeben, das Gebäude selbst hatte den Krieg einigermaßen unbeschädigt überstanden. Nach dem Krieg wurde es wiedereröffnet, da die IKG eine ihrer Hauptaufgaben in der Betreuung alter Menschen sah. Es erwies sich sehr bald als zu klein, und 1949 wurde deshalb mit dem Bau eines neuen Altersheims in der Reichenbachstraße, neben der Synagoge, begonnen. Am 25. Februar 1952 wurde es eingeweiht. Die Betreuung der BewohnerInnen übernahmen ein Arzt und eine Schwester.

Man feierte die jüdischen Feste und Feiertage wie *Chanukka*, das Neujahrsfest *Rosch Haschana*, *Sukkot*, *Jom Kippur*, *Pessach* und andere Feste. Jüdische Traditionen sollten aufrechterhalten bzw. mit Leben erfüllt werden. Vor allem aber wollte man die alten Leute aus ihrer Einsamkeit herausholen, sie sollten den Sinn des Lebens als Leben in der Gemeinschaft erfahren.

1970 wurde auf dieses Altersheim in der Reichenbachstraße ein Brandanschlag verübt, bei dem sieben Menschen ums Leben kamen. Daraufhin wurde es geschlossen. Eine Gedenktafel in der Nähe des Eingangs zur Synagoge erinnert an die Opfer dieses Terrorakts.

*Das Jugend- und Kulturzentrum*

Das Jugend- und Kulturzentrum des IKG entstand 1957, es hieß damals jedoch Maon Honoar bzw. »Heim der jüdischen Jugend«. Seinen Sitz hatte es in der Möhlstraße. Mit seinem Bastel- und Tischtennisraum, dem Fotolabor, einem Jazzkeller und einem Saal mit einer Bühne unterschied es sich nicht wesentlich von ähnlichen Jugendheimen der Landeshauptstadt. Die Laienspielgruppe, die dort ihr Zuhause hatte, setzte sich zu zwei

*Neuer Jüdischer Friedhof – Grab von Julius Spanier, 1995*

*Neuer Jüdischer Friedhof – Gedenkstein für die jüdischen Opfer des Nationalsozialismus, 1995*

*Neuer Jüdischer Friedhof – Aussegnungshalle, 1995*

Dritteln aus Juden und zu einem Drittel aus Christen zusammen. Die Gruppe probte regelmäßig und wagte sich an durchaus anspruchsvolle Stücke wie beispielsweise Max Frischs »Andorra«.

Nach dem Attentat auf die israelische Olympiamannschaft vom 5. September 1972 schien die Sicherheit in der Möhlstraße nicht mehr gewährleistet zu sein und das »Heim« wurde in die Prinzregentenstraße 91 verlegt. Gleichzeitig änderte man den Namen in »Jugend- und Kulturzentrum der IKG München«. Der neue Name war äußeres Zeichen für das Programm des Zentrums: Einerseits ging es der IKG um Kinder- und Jugendbetreuung – die Prinzregentenstraße beherbergte jetzt auch eine jüdische Volksschule –, andererseits um Erwachsenenbildung. Kulturprogramme sollten die Generationen untereinander ebenso wie die jüdische Gemeinde mit ihrer christlichen Umgebung verbinden. Die Leitung übernahm Ellen Presser. Auf dem Programm standen die unterschiedlichsten Kurse vom *koscheren* Kochen bis zum Folkloretanz. Den Dialog zwischen den Religionen wollte man vor allem durch Vorträge und Diskussionsveranstaltungen zu allen Fragen der Zeitgeschichte fördern. Dazu kamen Ausstellungen, Filmvorführungen, Lesungen, Tagungen und anderes mehr. So organisierte man im Januar 1994 die Ausstellung »Verehrt – Verfolgt – Vergessen. Schauspieler als Naziopfer«, in der an die rund 50 Schauspieler erinnert wurde, die ab 1933 von den Nationalsozialisten drangsaliert worden waren, weil sie Juden, homosexuell oder politisch mißliebig waren.

Ein weiteres Beispiel für die Kulturarbeit des Zentrums ist die Vortragsreihe »Jüdisches Leben in München« vom Oktober 1993 mit Redebeiträgen namhafter Persönlichkeiten wie Grete Weil, Prof. Dr. Wolfgang Benz, Charlotte Knobloch u. a.

Im Haus in der Prinzregentenstraße haben eine ganze Reihe weiterer Organisationen und Vereinigungen ihren Sitz. Zu nennen wären beispielsweise der jüdische Studentenverband, die *Talmud-Torah*-Religionsschule, eine Frauen-Wohltätigkeitsorganisation, die Münchner Ortsgruppe der zionistischen Jugend und die Women's International Zionist Organization (WIZO).

*Gedenkfeier für Theodor Herzl (1860–1904) »Hinenu wealenu!«. Theateraufführung jüdischer Jugendlicher, München 1949*

## *Die Gesellschaft für christlich-jüdische Zusammenarbeit*

Neben der IKG kommt auch der »Gesellschaft für christlich-jüdische Zusammenarbeit« beim Wiedererstehen jüdisch-kulturellen Lebens größte Bedeutung zu. Gesellschaften für christlich-jüdische Zusammenarbeit gab es schon seit vielen Jahrzehnten unter dem Dach des amerikanischen »National Council of Christians and Jews«. Er initiierte 1948 die Gründung solcher Gesellschaften auch auf deutschem Boden. Ein amerikanischer Pfarrer, Carl F. Zietlow, erhielt von der Militärregierung offiziell den Auftrag, in allen größeren Städten der amerikanischen Besatzungszone »Gesellschaften« ins Leben zu rufen, um auf diesem Wege Intoleranz und Antisemitismus zu überwinden.

Die Münchner »Gesellschaft für christlich-jüdische Zusammenarbeit« ging aus dem schon 1947 gegründeten »Komitee zur Bekämpfung des Antisemitismus« hervor. Auf der Gründungsversammlung am 9. Juli 1948 wählte man, dem Beispiel der amerikanischen Mutterorganisation folgend, einen katholischen, protestantischen und jüdischen Vorsitzenden.

Als Ziele der »Gesellschaft« nennt die Satzungspräambel die Förderung der Brüderlichkeit ohne Unterschied der Rasse, des Glaubens oder der Herkunft, die aktive Kooperation zwischen

*Hebräisch-Unterricht in der jüdischen Volkshochschule München im Jugend- und Kulturzentrum der Israelitischen Kultusgemeinde München, Juli 1988*

Juden und Christen und die Herstellung freundschaftlicher Beziehungen zu Israel. Gerade die jüngere Generation sei davon zu überzeugen, daß es für Diskriminierung und Intoleranz in einer zivilisierten und kultivierten Gesellschaft keinen Platz gebe. Natürlich war die Gründung der »Gesellschaft« ein wichtiger Bestandteil der amerikanischen Umerziehungsmaßnahmen. Dabei ging es um ein Umdenken in der Bevölkerung, um eine Umwertung geistiger und kultureller Werte und um die Rückführung der Deutschen in die Gemeinschaft zivilisierter Nationen. Daß München die erste deutsche Stadt war, in der eine »Gesellschaft für christlich-jüdische Zusammenarbeit« gegründet wurde, war kein Zufall. Zum einen war München »Hauptstadt der Bewegung« gewesen. Zum anderen kam es im Zusammenhang mit den zahlreichen, in und um München untergebrachten jüdischen Displaced persons gelegentlich immer noch zu antisemitischen Äußerungen.

Eine alljährlich stattfindende und von der »Gesellschaft« organisierte Veranstaltung hat ganz sicher ihren Platz im Bewußtsein der Öffentlichkeit gefunden: die »Woche der Brüderlichkeit«, die mit Filmveranstaltungen, Konzerten und Vorträgen für die Ziele der »Gesellschaft« eintritt.

Ein Kurzportrait der derzeitigen jüdischen Vorsitzenden der »Gesellschaft«, Henny Seidemann, soll diesen Abschnitt abschließen.

Henny Seidemann wurde 1922 in Berlin geboren. Sie stammt aus einer angesehenen und in religiösen Fragen liberalen Arztfamilie. Bei Hitlers »Machtergreifung« war sie zwar erst elf Jahre alt. Schikanen, hauptsächlich in der Schule, blieben jedoch auch ihr nicht erspart. 1935, nur ein Jahr vor Ausbruch des Spanischen Bürgerkrieges, emigrierte die Familie nach Barcelona zu Verwandten. Als eines Tages die Aufforderung erging, Kinder, Jugendliche und Alte hätten nach Deutschland zurückzukehren, da man sie den Gefahren des Krieges nicht länger aussetzen könne, fuhr Henny zunächst nach München. Noch am Bahnhof wurde sie als potentielle kommunistische Spionin verhaftet, verhört und schließlich in einem jüdischen Heim interniert. Mit Mühe und Not gelang es der Familie, sie wieder nach Spanien zurückzuholen. Weniger Glück hatte ihr Vater. Er war Arzt bei den Volksfront-Truppen, flüchtete vor den Falangisten in Richtung Paris, wurde aber von Gestapo-Einheiten gefaßt und nach Auschwitz deportiert. Dort wurde er ermordet, ebenso wie fast alle anderen Verwandten von Henny Seidemann. Dies wurde jedoch erst nach dem Krieg bekannt.

In Barcelona begann Henny Seidemann eine Ausbildung als Krankenschwester. Später eröffnete sie mit ihrer Mutter ein Modegeschäft. Erst als die Mutter 1957 schwer krank wurde, kehrte man gezwungenermaßen, der besseren medizinischen Versorgung wegen, ins verhaßte Deutschland zurück – jedoch nicht ins geteilte Berlin, sondern nach München. Erst hier und jetzt wurde Henny Seidemann allmählich klar, daß auch viele Deutsche unter Hitler gelitten hatten. So kam sie zu der Überzeugung, man dürfe die Deutschen nicht in Bausch und Bogen verurteilen.

In Deutschland begann Henny Seidemann, sich innerhalb verschiedener jüdischer und interkonfessioneller Organisationen sozial zu engagieren. Für dieses Engagement erhielt sie unter anderem 1993 aus der Hand des Münchner Oberbürgermeisters Christian Ude die Medaille »München leuchtet«. Im selben Jahr wurde sie mit dem Bundesverdienstkreuz ausgezeichnet.

Als Ehrenvorsitzende der »Gesellschaft für christlich-jüdische Zusammenarbeit« geht es ihr in erster Linie um die Aussöhnung zwischen den Religionen. Im Gespräch für diesen Aufsatz meinte sie, sie wolle wie eine Brücke sein und gegenseitiges Kennen- und Verstehenlernen möglich machen. Ihr gehe es um den Weg, der Christen und Juden wieder zueinander führe.

*Henny Seidemann, Ehrenvorsitzende der Gesellschaft für christlich-jüdische Zusammenarbeit, 1993*

## *Vereinigungen in der Möhlstraße*

In der Möhlstraße in Bogenhausen, einem Münchner Nobelviertel, hatten vor dem Krieg sehr viele der wohlhabenden jüdischen Familien gelebt. Ihre Villen wurden 1938 »arisiert«, das heißt, den Besitzern weggenommen und hochrangigen Nationalsozialisten für Bruchteile des tatsächlichen Werts überlassen. Nach dem Krieg wurden viele Häuser von der amerikanischen Militärverwaltung beschlagnahmt und jüdischen Organisationen übergeben. Durch die Möhlstraße fuhr der Palestine Express, wie die Anwohner die Straßenbahnlinie 18 nannten. Durch die Organisationen, die hier Sitz und Adresse erhielten, entwickelte sich ein aktiver und attraktiver kultureller Mittelpunkt der jüdischen Gemeinde. Die meisten der ursprünglich in der Möhlstraße ansässigen Vereinigungen und Institutionen gibt

*Solidaritätskundgebung für Israel vor dem Zentralkomitee in München (1948)*

es nicht mehr. Viele dieser Einrichtungen sind deshalb bedauerlicherweise in Vergessenheit geraten.

Besondere Bedeutung für das jüdische Kulturleben der Nachkriegszeit erlangte das »Zentralkomitee der befreiten Juden in Bayern«, das im Juli 1945 entstand und dessen erste Büroräume im Deutschen Museum untergebracht waren, bevor es in der Möhlstraße 43 seinen Sitz erhielt. Maßgebliche Initiatoren waren der amerikanische Militärrabbiner Abraham J. Klausner, der Feldafinger Kommandant Irving Smith und der Rabbiner Max Braude. Das »Zentralkomitee« hatte die Aufgabe, ratsuchenden Juden jegliche Art der Unterstützung zu geben. Das »Zentralkomitee« war in einzelne Abteilungen gegliedert. So gab es z. B. ein Erziehungsamt, ein Rabbinat, den Suchdienst und v.a.m. Wichtig im Zusammenhang mit der Möhlstraße sind das Kulturamt, das Gesundheitsamt und das »Münchner Komitee der befreiten Juden«.

»Das Kulturamt« erhielt seinen Sitz in der Möhlstraße 12a. Es hatte die schwierige Aufgabe, das jüdische Kultur- und Geistesleben wieder erstehen zu lassen. In Zusammenarbeit mit anderen Organisationen entstanden Fachschulen und Ausbildungsstätten. Bibliotheken wurden eingerichtet, Kurse zu den unterschiedlichsten Themen abgehalten. Das Angebot konnte der Nachfrage kaum gerecht werden. Die Versorgung der Büchereien in den verschiedenen DP-Lagern mit Literatur, war weder der Situation noch den Bedürfnissen der *Scherit Hapleita* angemessen. Auch die Unterstützung durch amerikanische Hilfsorganisationen änderte zunächst nur wenig. Erst durch die Initiative des Beauftragten für jüdische Fragen bei der amerikanischen Militärregierung, Simon M. Rifkind, konnten den Büchereien im April 1946 etwa 20.000 Bände zur Verfügung gestellt werden. Den größten Teil dieser Bücher hatte das amerikanische Militär als Kriegsbeute beschlagnahmt.

In dieser Zeit formierten sich mit Unterstützung des Kulturamtes auch etliche Theatergruppen, die für kurze Zeit eine gewisse lokale Berühmtheit erlangten. Eine dieser Gruppen war das »Münchner Jüdische Theater«. Es war ursprünglich in Schlesien entstanden, und als immer mehr Juden Richtung München zogen, verlegte 1946 auch das Theater seinen Sitz. Die Truppe wollte insbesondere Theater machen für die *Scherit Hapleita*; jüdische Kultur und die Perlen jüdischen Theaters sollten in alle Ecken Deutschlands gebracht werden, damit die Zuschauer das Leid der Vergangenheit leichter überwinden und hoffnungsvoller in die Zukunft blicken konnten. Die Truppe betrachtete sich auch selbst als Teil der *Scherit Hapleita*. Gespielt wurde im Prinzregententheater ebenso wie in den Kammerspielen oder im Bayerischen Hof, und man erhielt überwiegend zustimmende Kritiken. 1947 unternahm das Theater eine Tournee durch die DP-Lager Süddeutschlands und spielte dabei vor fast 40.000 Zuschauern. Anfang 1949 löste sich die Truppe auf.

Zur Münchner jüdischen Theaterszene zählte damals außerdem das Kleinkunsttheater »Di goldene Pawe«, das russisch-jüdische Theater »Promethey«, die »Münchner Jidisze Naj-Bine« und das »Jidisz Theater«. Das »Jüdische Scala Theater« hatte regelmäßig internationales Kabarett auf dem Programm stehen.

Zumindest das nicht-jüdische Publikum dürfte einige Male von dem Gebotenen sehr überrascht gewesen sein, wenn man dem Kritiker der Süddeutschen Zeitung glaubt. Am 12. November 1946 schrieb Heinz Stroh, die Personen auf der Bühne seien nicht nur Darsteller, sondern zugleich auch Sänger und Tänzer. Auf der Bühne entstehe eine Wunderwelt aus Realität und Phantasie, in der Träume Gestalt annähmen. Die Stilvielfalt wirke auf einen durchschnittlichen Zuschauer zunächst verwirrend, wer aber das Theater liebe und »bereit ist, sich entführen und verführen zu lassen, wird begeistert sein, wird hingezogen werden und aufgehen in dieser Welt verspiegelter Träume«.

»Die Vereinigung der jüdischen Berufsschauspieler«, ebenfalls mit Sitz in der Möhlstraße, entstand im Mai 1947. Grundsätzliches Ziel der »Jidisze profesionele aktiorn der amerikanischen Zone« war es, alle gesellschaftlichen und politischen Kräfte und Einrichtungen der *Scherit Hapleita* zum Kampf gegen die Gleichgültigkeit im kulturellen Bereich aufzurufen. Konkret wollte man professionelle Schauspieler, die in der NS-Zeit ihre Engagements verloren hatten, wieder engagieren und jüdischen Theatergruppen Auftrittsmöglichkeiten verschaffen. Außerdem gründete man eine Schauspielschule, um den Nachwuchs zu fördern. Die ersten Aufnahmeprüfungen im Dezember bestanden dann jedoch nur zwei von 14 Bewerbern. Das allgemeine Niveau hatte in den Jahren der Verfolgung sehr gelitten. Im Lauf der Jahre gelang es aber dennoch, einen gewissen Stamm talentierter Nachwuchskräfte heranzuziehen. Nach Beendigung ihrer Ausbildung fanden wohl die meisten Engagements in den jüdischen Theatertruppen von München und Umgebung.

Der Verband löste sich auf, als mehr und mehr Juden nach der Gründung des Staates Israel dorthin auswanderten.

»Die historische Kommission« wurde im November 1945 vom Kulturamt ins Leben gerufen. Ihre Aufgabe war die Sammlung und Archivierung von Material über die Zeit vor und während des Holocaust. Unter der Leitung von Samuel Glaube und Dr. Rudolf Valsonokauf versuchte man, die Lebensbedingungen in den Ghettos und Konzentrationslagern zu dokumentieren. Man sammelte literarische und künstlerische Dokumente aller Art, zum Beispiel Augenzeugenberichte, Filme, Fotos, Tagebücher, aber auch Gedichte und Lieder. Das Archiv wurde zu einer wertvollen Informationsquelle für Privatpersonen wie für die Medien. Die Tätigkeit der Kommission beschränkte sich keineswegs auf bloße Sammelarbeit. So wurde 1948 eine Ausstellung organisiert. Gezeigt wurden die verschiedenen

Formen der Diskriminierung der Juden durch die Nationalsozialisten, dann das Umschlagen der Hetze in Verfolgung und Gewalt bis hin zur »Endlösung«. Aus diesem Anlaß erschien ein Katalog, in dem sich die Initiatoren zu den mit der Ausstellung verknüpften Hoffnungen und Absichten äußerten. Die Schau sei ein »Ruf an die am Leben gebliebenen Juden, für alle Zeiten dessen zu gedenken, was der Feind uns angetan hat, und würdiger Nachfolger unserer ermordeten Brüder und Schwestern zu sein«.

Auch die zwischen August 1946 und Dezember 1948 erschienenen zehn Ausgaben der Zeitschrift »Fun letztn Churban« gehen auf die Initiative der historischen Kommission zurück. Unter der Leitung von Israel Kaplan und Moses Feigenbaum dokumentierte die Zeitschrift, die Vernichtung des europäischen Judentums. Die Aufsätze und Reportagen behandelten die Ausrottung der jüdischen Gemeinden, den Alltag und die Überlebensversuche in KZs und in den Ghettos. Kulturelle und religiöse Aktivitäten sollten dabei als eine mögliche Form des Widerstandes verstanden werden. Ende 1948 wurde die Arbeit abgeschlossen. Die gesammelten Materialien befinden sich heute im Archiv der Yad Vashem-Gesellschaft in Jerusalem.

Das »Münchner Komitee der befreiten Juden« war dem »Zentralkomitee« unterstellt und hatte München-spezifische Aufgaben. Die dem »Münchner Komitee« untergeordneten Abteilungen Wirtschaft, Verpflegung und Bekleidung, die Wirtschafts- und Rechtsberatung oder die Kulturabteilung sollten verstärkt die Belange der Bevölkerung vor Ort wahrnehmen. Es gab Zweigstellen der Kulturabteilung in verschiedenen Stadtteilen (Moosach, Borstei, Pasing), in denen Sprachkurse und verschiedenste Veranstaltungen stattfanden. Außerdem unterhielt die Kulturabteilung zwei Kindergärten, eine Volks- und Mittelschule und ein Gymnasium.

Gerade die Schulen waren umso wichtiger, als den Kindern während der NS-Zeit ja jeglicher Schulbesuch verboten war. Der Wissensdrang der Kinder war im allgemeinen sehr groß, allerdings mußten sie, die häufig nur das Leben in Konzentrationslagern kannten, erst psychisch auf den Schulalltag vorbereitet werden. Dazu kam ein ganz großes Problem: Da es nicht genügend Bücher gab, mußten die SchülerInnen den Stoff anfangs auswendig lernen. Deshalb gründete man im Frühling 1947 einen eigenen Verlag, damit der Bedarf an Publikationen ausreichend gedeckt werden konnte.

Ende September 1950 wurde das »Münchner Komitee der befreiten Juden« durch die amerikanische Militärregierung aufgelöst.

In der Möhlstraße 43 öffnete am 21. Februar 1946 die Jüdische Poliklinik, die sich vornehmlich um die ambulante Pflege der Kranken kümmerte. Das Krankenhaus wurde ebenso wie die zentrale Apotheke bald wegen der vorhandenen Raumnot in das Bogenhausener Krankenhaus verlegt. Daß die Stadt München diese Räumlichkeiten zur Verfügung stellte, ist hauptsächlich Dr. Wulf Peisachowicz, dem Leiter des Gesundheitsamtes, zu verdanken. Die Notwendigkeit eines ausschließlich jüdischen Krankenhauses sah man darin begründet, daß man den Patienten, die vielfach schlimme Erfahrungen mit gehässigen und feindlich gesinnten Menschen gehabt hatten, den nahen Kontakt mit Nicht-Juden, wie er sich im Krankenhaus zwangsläufig einstellt, nicht zumuten wollte.

Es gab eine Zeitlang in der Möhlstraße auch eine »orthodoxe Synagoge«. Ende 1946 konnten dank des Einsatzes des Oberrabbiners im Zentralkomitee, Dr. Samuel Snieg, die Räume eines ehemaligen Schwesternheims an der Ecke Neuberghauser-/Möhlstraße zu diesem Zweck eingerichtet werden. Dieser Standort schien dem Oberrabbiner deshalb so geeignet, weil sich im Stadtteil Bogenhausen ein Großteil der jüdischen Hilfsorganisationen niedergelassen hatte.

Ebenfalls zeitweise in der Möhlstraße beheimatet waren der jüdische Sportclub Makkabi, die Merkaz la Golah, eine Vereinigung zur Betreuung von Juden in der Diaspora, und seit 1946 auch die Münchner Zweigstelle des »Jüdischen Nationalfonds« (Keren Kajemet Lejisroel).

*Die Vaad Hatzala*

Von großer Bedeutung auch für das Münchner kulturell-religiöse Leben der Juden war die Vaad Hatzala, der Weltverband der *Torah*-treuen Juden, der bereits 1939 in den USA entstanden war.[2] Ziel war damals die Rettung der Juden vor der Verfolgung durch den Nationalsozialismus. Nach dem Krieg machte es sich die Vaad Hatzala zur Aufgabe, jüdische displaced persons nicht nur materiell zu unterstützen, sondern vor allem orthodoxe Juden mit den Gegenständen zu versorgen, die für ihre Religionsausübung notwendig waren. Dazu gehörten *Torah*-Rollen ebenso wie Messer für jüdische Schlachter. Die größte Leistung der Vaad Hatzala war jedoch die Versorgung der Gläubigen mit religiösen Büchern, nachdem fast alle jüdischen Bibliotheken und auch ein Großteil der Bücher aus Privathaushalten in der NS-Zeit vernichtet worden waren. Insgesamt verteilte die Vaad Hatzala mehr als 30.000 religiöse Publikationen in Deutschland. Hervorzuheben ist der Nachdruck des *Talmuds*, der von Vaad Hatzala veranlaßt wurde.

Anmerkungen

1 DPs oder Displaced persons: Personen, die im Krieg ihre angestammte Heimat verlassen mußten. Zu ihnen zählen zum Beispiel ZwangsarbeiterInnen oder Kriegsgefangene, aber auch die Überlebenden der KZs. Viele ehemalige KZ-Häftlinge lebten bis zu ihrer endgültigen Aussiedlung oder auch Ausreise in Lagern.

2 Anm.d.Hg.: Die Vaad Hatzala eröffnete 1946 ein Büro in München-Pasing, das zum Hauptquartier der Vaad Hatzala in Deutschland wurde.

Monika Joseph

# Der jüdische Frauenverein »Ruth«

Zu jeder lebendigen jüdischen Gemeinde gehört ein umfangreiches Wohlfahrtsprogramm, das auf der alten jüdischen Tradition beruht, die armen Gemeindemitglieder zu unterstützen.

Bereits 1806 wurde der älteste Verein gegründet, die *Chewra Kaddischa*, der nicht nur für eine würdige Beerdigung der Mitglieder sorgte, sondern auch in der Krankenpflege tätig war. In der Folgezeit wurden auf Grund privater Initiativen weitere zahlreiche Vereine mit jeweils begrenzten Aufgaben ins Leben gerufen. Bereits 1830 kam es zur Gründung des »Israelitischen Frauenvereins«. Er hatte die Aufgabe, arme kinderreiche Familien zu unterstützen. Die privaten Vereine arbeiteten schon damals vollkommen selbständig, standen aber in engem Kontakt zur jüdischen Gemeinde.

Um die Jahrhundertwende wurde die Wohlfahrtsarbeit dieser privaten Vereine mehr und mehr modernisiert. Nach dem 1. Weltkrieg wurde die Gemeindearbeit den modernen Zeiterfordernissen angepaßt. 1921 kam es zur Gründung des Wohlfahrts- und Jugendamtes der Israelitischen Kultusgemeinde in München. Durch dieses straff organisierte übergeordnete Amt waren die Voraussetzungen für eine effektive Tätigkeit gegeben. Die Arbeit des jüdischen Wohlfahrtsamtes wurde ganz im Geiste der jüdischen Traditionen verrichtet und war geprägt von persönlicher Zuwendung für jeden Hilfsbedürftigen.

Viele jüdische Frauen der Mittelschicht traten den jüdischen Wohlfahrtsverbänden bei. Die Frauen leisteten dort freiwillige Sozialarbeit, fühlten sich ihrer Religion und ihren Traditionen verpflichtet und hatten eine starke Bindung an die Gemeinde.

1904 schlossen sich die progressiven Mitglieder dieser Vereine, die die Ziele der deutschen Frauenvereine verfolgten, im »Jüdischen Frauenbund« (JFB) zusammen. Die von ihnen ins Leben gerufene Organisation sollte die Lebensbedingungen verbessern und das Leben in den jüdischen Gemeinden beleben.

Die Frauen waren auf karitativem Gebiet tätig, hatten aber gleichzeitig feministische Ziele vor Augen. Dies war der Anfang der organisierten deutsch-jüdischen Frauenbewegung.

Ende der 20er Jahre zählte der »Jüdische Frauenbund« bereits 50.000 Mitglieder in 450 Ortsverbänden, und die Frauen spielten fortan auch eine entscheidende Rolle im Gemeindeleben. Der JFB wurde in den folgenden Jahren die größte jüdische Frauenorganisation mit hervorragenden Führungspersönlichkeiten. Seine Mitglieder waren gläubige Jüdinnen. Sie verstanden sich als Kulturträgerinnen und waren stets bemüht, das Judentum zu fördern unter Wahrung der jüdischen Identität.

Um das gemeinsame Bewußtsein der Juden zu stärken, schuf der JFB einen seiner ersten überregionalen Wohlfahrtsverbände, und zwar 1917 die Zentralwohlfahrtstelle der deutschen Juden mit Bertha Pappenheim als stellvertretende Vorsitzende. Damit wurde die Sozialarbeit der Frauenverbände zentralisiert.

Bertha Pappenheim, eine starke Persönlichkeit voller Energie, Klugheit und Mut, auch eine überzeugte Feministin und tief gläubige Jüdin, konnte bis 1936 ihren Einfluß als Vorstandsmitglied geltend machen. 1938 wurde der JFB zwangsweise aufgelöst.

Nach dem Krieg wurde als Folge des langsam neu erblühenden Gemeindelebens in den deut-

Monika Joseph
Geboren am 12. März 1940 in Hamburg. Nach Abitur Ausbildung zur Diplom-Bibliothekarin, danach Volontariat im Hamburger Kunsthandel. Ab 1965 selbständige Tätigkeit im Kunst- und Antiquitätenhandel. Seit dreißig Jahren verheiratet, eine Tochter. Seit zehn Jahren wohnhaft in München.

schen Großstädten 1953 der »Jüdische Frauenbund« auf Initiative des kurz vorher in Düsseldorf ins Leben gerufenen Verbands der jüdischen Frauenvereine Nordwestdeutschlands neu gegründet. Es waren etwa 50 Frauen erschienen. Sie vertraten insgesamt 16 jüdische Frauenvereine mit ca. 1.500 Mitgliedern.

Die Israelitische Kultusgemeinde München hatte zwar noch keinen eigenen Frauenverein, entsandte aber Vertreterinnen zur Beobachtung, denn es galt als wahrscheinlich, daß sich ein Frauenverein in naher Zukunft auch in München etablieren würde. Es dauerte noch einige Jahre, aber im November 1957 war es endlich so weit, es kam in München zur Gründung des jüdischen Frauenvereins »Ruth«. (Die Namensgeberin »Ruth« aus dem Alten Testament gilt als Stammutter des Hauses David.) Die Vereinssatzung umschreibt in § 2 den genauen Zweck des Vereins:

1. Soziale Arbeit unter den jüdischen Frauen für die jüdischen Bedürftigen in München in engster Zusammenarbeit mit der jüdischen Bevölkerung.
2. Durchführung kultureller Arbeit unter den jüdischen Frauen.
3. Betreuung jüdischer alleinstehender Kranker in den Krankenhäusern.

Das Gründungsprotokoll wurde von elf Mitgliedern unterzeichnet, unter ihnen hervorragende spätere Leiterinnen des jüdischen Frauenvereins, von denen ich nur stellvertretend für alle anderen Vorstandsmitglieder Frau Rosel Lessner nennen möchte, die ihre Energie und Schaffenskraft fast zwei Jahrzehnte – natürlich ehrenamtlich – in den Dienst der guten Sache gestellt hat.

Ein Höhepunkt der Vereinsarbeit war die Vorbereitung und Durchführung der 8. Arbeitstagung des »Jüdischen Frauenbundes« 1966 in München.

Der jüdische Frauenverein »Ruth« ist Mitglied im Deutschen Frauenrat, der zur Zeit ca. neun Millionen Frauen vertritt; ebenso ist er im bayerischen Landesfrauenausschuß durch eines seiner langjährigen Mitglieder vertreten.

Auch auf internationaler Ebene ist es gelungen, dem »Jüdischen Frauenbund« durch seine Mitgliedschaft im »International Council of Jewish Women« (ICJW) die Anerkennung seiner Tätigkeit und den Anschluß an internationale jüdische Frauenarbeit zu vermitteln.

Darüber hinaus ist der »Jüdische Frauenbund« Mitglied in der Unicef und Unesco.

In der Publikation »Stadtbund Münchner Frauenverbände« ist der jüdische Frauenverein »Ruth« seit vielen Jahren mit einer Selbstdarstellung vertreten.

*Die Vereinsarbeit*

Jeden Montag hält der jüdische Frauenverein »Ruth« eine Arbeitssitzung in seinem Büro im jüdischen Gemeindehaus ab. Ich hatte Gelegenheit, an einer dieser regelmäßigen Sitzungen teilzunehmen.

Als ich das kleine, zweckmäßig möblierte Büro betrat, wurde ich von den anwesenden Damen sehr freundlich aufgenommen. Es hatte sich ein Kreis von selbstbewußten, fröhlichen älteren Frauen zwischen 60 und 70 Jahren eingefunden, die eine erstaunliche Lebhaftigkeit, Offenheit und Bereitwilligkeit zeigten, mir meine Fragen zu beantworten. Sie wirkten allesamt ausgeglichen, lebenserfahren, waren voller Aktivität und Elan. Jede hatte ihre bestimmte Aufgabe während der Arbeitssitzung zu erfüllen. Eine Dame bediente gewandt und flüssig die mechanische Uralt-Schreibmaschine Marke »Olympia« und tippte für die in der vergangenen Woche eingegangenen Spenden die Bescheinigungen.

Meine Nachbarin zur Linken stempelte die Quittungen, die Dame zu meiner Rechten bereitete die Couverts vor und frankierte sie.

Die Vorsitzende – Frau Eva K. – ist wesentlich jünger als ihre Mitstreiterinnen, eine charmante und resolute Fünfzigerin, der man anmerkt, daß sie noch voll im Berufsleben steht und gewohnt ist, nicht nur eigenständige Entscheidungen zu treffen, sondern auch weiß, wie man diese durchsetzt. Sehr flink verteilt sie die wöchentlichen Aufgaben an die einzelnen Damen, koordiniert die Aktivitäten und bestimmt, welche Damen jeweils wohin gehen.

Seit 1987 ist sie 1. Vorsitzende. Unter ihrer Führung ist der jüdische Frauenverein »Ruth« immer aktiver, größer und bedeutungsvoller geworden. Sie versteht es, die Mitglieder zu motivieren.

Wohltätigkeit ist für diese Damen Pflicht, doch die Nächstenliebe kostet Geld. Die Arbeit des Vereins finanziert sich ausschließlich durch Spenden und die freiwilligen Mitgliedsbeiträge. Mögliche oder aber bereits bekannte Spender aus Wirtschaft, Politik und dem öffentlichen Leben werden im Abstand von sechs Monaten angeschrieben und um Unterstützung gebeten. Auch Sachspenden werden gern angenommen. Man erzählte mir z. B. von einer hochherzigen Sachspende in Form von immerhin 60 Sommerkleidern – keine Ladenhüter –, die ein großzügiger Fabrikant zur Verfügung gestellt hatte. Die so beschenkten Damen des jüdischen Altersheims haben die neuen Kleider sofort ausgeführt.

Alle Mitarbeiterinnen – einschließlich der Vorsitzenden – arbeiten ehrenamtlich. Mehr noch: Durch Eigeninitiative werden die festen Kosten so gering wie möglich gehalten.

Die Vorsitzende berichtete mir: Die verschämte und versteckte Armut sei so unvorstellbar groß in München, der Kreis der Hilfsbedürftigen wachse von Jahr zu Jahr. Viele alte Menschen schämten sich, ihr Recht beim Sozialamt in Anspruch zu nehmen. Andere müßten unterstützt werden, weil sie nicht mehr in der Lage seien, ihren Haushalt zu versorgen. Langfristig müßte dann dafür Sorge getragen werden, daß sie einen Platz im Pflegeheim oder im jüdischen Altersheim in der Kaulbachstraße bekommen. Der Verein nütze dann seine guten Kontakte zur Sozialarbeiterin der Kultusgemeinde, zu den kommunalen Behörden und anderen örtlichen Frauenvereinigungen. Immer häufiger allerdings geschähe es, daß sich auch junge Menschen mit der Bitte um Hilfe an den Verein wenden. Arbeitslosigkeit oder Krankheit, Schulden und soziale Problem ließen die Familien zerbrechen. Vor der drohenden Obdachlosigkeit versuche der Verein das Schlimmste zu verhüten, vor allem im Interesse der Kinder. So würden mittlerweile 200 jüdische Familien mit Kindern, Ehepaare und Einzelpersonen durch den Verein betreut; Vereinsmitglieder besuchten außerdem jüdische Patienten im Bezirkskrankenhaus Haar oder auch im Tuberkuloseheim in Gauting, besonders an den jüdischen Feiertagen.

Besonders ans Herz gewachsen seien dem Verein die Bewohnerinnen und Bewohner des jüdischen Altersheims. Sie würden wöchentlich von jeweils zwei Damen besucht, die dann auch Zeit für persönliche Gespräche hätten, Beschwerden oder Wünsche entgegennehmen und Kranken Mut zusprechen.

Zu den Feiertagen würden die Bedürftigen mit Geldbeträgen unterstützt, auch gesellige Nachmittage würden vom Verein mit viel Liebe und Sorgfalt veranstaltet.

Die meisten BewohnerInnen des jüdischen Altersheims sind Überlebende des Holocaust, sie haben das Schlimmste erlebt, was Menschen je widerfahren kann.

Sie kamen seinerzeit aus den DP-Camps in der Umgebung von München und sind dann hier seßhaft geworden. Heute sind sie allein, oft ohne Familienangehörige und Freunde.

Keiner kann diese Lebensumstände mehr verstehen als die Mitglieder des jüdischen Frauenvereins »Ruth«. Alle Damen, die ich dort kennenlernte, waren nicht in München geboren, sondern 1945 nach München verschlagen worden und hier hängengeblieben. Die Dame, die die Schreibmaschine so geschickt bearbeitete, gebürtig in Magdeburg, verschleppt nach Theresienstadt und in einem DP-Camp in München auf ihre Papiere nach Palästina wartend, lernte hier ihren späteren Ehemann kennen, um sich dann in München niederzulassen. Ich traf eine Berlinerin, eine Österreicherin und andere Damen aus Polen stammend. Alle Frauen eint heute ein Ziel: ihre sozial-caritative Arbeit am Mitmenschen! Ihr Arbeitsmotto lautet: Miteinander nicht nebeneinander!

Sie alle haben die Schreckensherrschaft des Nazi-Regimes durchlitten und überlebt, sie alle wissen, wie weh es tut, allein und verlassen zu sein. Sie können sich in die Situation eines Menschen versetzen, der alt, einsam und krank ist. Leidgeprüft und lebenserfahren handeln sie nach dem Grundsatz der jüdischen Religion, daß gelebte Humanität das höchste Ziel des Menschen ist.

Der Besuch der Arbeitssitzung machte mich nachdenklich und beschämte mich; zeigte er doch, daß unsere leistungsorientierte Gesellschaft auf Einrichtungen wie den Verein »Ruth« nicht verzichten kann.

Literaturauswahl

Lamm, Hans (Hg.); Vergangene Tage. Jüdische Kultur in München, München 1982.

Wetzel, Juliane; Jüdisches Leben in München 1945–1951, Neue Schriftenreihe des Stadtarchivs München, 1987.

Kaplan, Marion A.; Die jüdische Frauenbewegung in Deutschland, Hamburg 1981.

Manuela Gruber-Goldbaum

# Geschichte einer Tochter

Ich, Manuela Gruber-Goldbaum, erzähle hier die Geschichte meines Vaters Peter Goldbaum, der 1932 Berlin als Sechzehnjähriger verließ und im April 1953 nach Frankfurt zurückkehrte. Ich erzähle diese Geschichte, weil ich sie nicht vergessen möchte, und weil sie ein Stück weit meine eigene Geschichte ist, derer ich mich nicht mehr schämen möchte.

Mein Vater hörte nie auf Emigrant zu sein, der Fluchtgedanke war ihm stets gegenwärtig, so vermute ich. Dennoch gab es in seinem Leben eine längere Phase, in der er einen Hafen gefunden zu haben schien. Dies waren unsere Münchner Jahre, an die ich mit Wehmut und Freude zurückdenke. Der Erinnerung an diese Jahre und meinen beiden Söhnen Wenzel und Peter möchte ich diesen bescheidenen Bericht widmen, damit sie ein würdiges Angedenken an ihren Großvater haben.

Mein Vater, Peter Goldbaum, wurde am 19. Februar 1916 als dritter Sohn von Wenzel Goldbaum und Marie Alexander Katz in Berlin geboren.

Eine der ersten Erinnerungen, die mein Vater als etwa Dreijähriger hatte, war die Heimkehr seines Vaters aus dem Krieg. Er und seine Brüder spielten gerade Krieg in Spielzeuguniformen mit Spielzeuggewehren. Mein Großvater befahl den Kindern, diese sofort auszuziehen und warf darauf den »ganzen Krempel« ins Feuer. Dieser Krieg hatte wohl zum Ende seines patriotischen Denkens geführt.

*Peter Goldbaum, 1924*

Als sich die Zeiten wieder beruhigt hatten, setzte mein Großvater seine Tätigkeit als Rechtsanwalt fort und spezialisierte sich auf dem Gebiet des Urheberrechts. Er war bald sehr erfolgreich und vertrat die Rechte bekannter Autoren.

Meine Großmutter widmete sich liebevoll der Erziehung ihrer Kinder.

Die Familie bekannte sich zum Judentum, pflegte jedoch keine jüdischen Traditionen.

Aus Erzählungen meines Vaters erfuhr ich, daß Weihnachten und Ostern gefeiert wurden, wie

Manuela Gruber-Goldbaum
Geboren am 3. Mai 1957 in Berlin als Tochter von Elvira und Peter Goldbaum-Schalcher. 1963 Umzug der Familie nach München, Besuch des Gymnasiums. 1976 Studium der Theaterwissenschaften. 1977–81 Schauspielausbildung an der Neuen Münchner Schauspielschule. Reisen durch Nord- und Südamerika. Umzug in die Schweiz. 1985–88 Ausbildung als Übersetzerin und Lehrerin für Deutsch und Spanisch.
Verheiratet, Mutter zweier Kinder. Lebt in der Schweiz.

das in einer guten deutschen Familie so üblich war. So vergingen die Jahre, und die Kinder wuchsen heran. Die politischen Unruhen wurden stärker, eine Welle des Antisemitismus machte sich breit. Mein Vater und seine Geschwister, es waren inzwischen fünf, bemerkten dies vor allem in der Schule. Mein Großvater schickte seine Söhne in Selbstverteidigungskurse und empfahl ihnen, sich bei »dreckigen Bemerkungen« physisch zu wehren.

1933 wurde der älteste Sohn Heinz nach Frankreich geschickt, nachdem das Stubenmädchen der Köchin ins Ohr geflüstert hatte, daß Herr Heinz und seine Freunde den Reichstag angezündet hätten. Kurz darauf folgten die anderen beiden Söhne: Fritz mußte auch nach Frankreich gehen, und Peter, mein Vater, reiste mit kaum sechzehn Jahren allein nach England. Die Idee meiner Großeltern war, die Kinder »zu verteilen », damit sie sich in Krisensituationen gegenseitig helfen konnten. Meine Großeltern emigrierten mit den beiden jüngeren Geschwistern unter erheblichen Schwierigkeiten, wobei sie einen großen Teil ihres Vermögens verloren, nach Frankreich.

Es war wohl nicht so einfach, mit sechzehn Jahren allein, mittellos und ohne Visum in England anzukommen. Als mein Vater sich bei den englischen Behörden meldete, wollte man ihn einfach nach Deutschland zurückschicken. Mein Vater riß damals alle Türen jener Verwaltung auf und erklärte den Beamten ganz laut und deutlich, daß er keine Lust habe, im Konzentrationslager zu enden. So erhielt er sein Visum und verbrachte ein Jahr in England. Er war kein Mensch, der über schlechte Zeiten sprach und sich beklagte, aber aus Andeutungen anderer weiß ich, daß er sehr arm gewesen sein muß. 1935 besuchte Peter seine Eltern und Geschwister in Frankreich, wo sich die politische Lage inzwischen zugespitzt hatte. Meine Großeltern beschlossen, nach Südamerika auszuwandern, denn mein Großvater wollte nur noch in dem Land leben, das am weitesten von Deutschland entfernt war und in dem die Eier am billigsten waren.

Heinz, der älteste Sohn, floh nach Israel, wo er heute noch lebt. Fritz, der zweite, meldete sich bei

*Peter Goldbaum in den USA, 1941*

der Fremdenlegion. Auf abenteuerlichen Wegen erreichte er Südamerika, wo es ihm gelang, eine neue Existenz aufzubauen.

Mein Vater kehrte nach England zurück und arbeitete von 1937 bis 1938 bei Harry Sokal in der Filmbranche. 1939 besuchte er seine Familie in Ecuador und 1941 erreichte er die Vereinigten Staaten. Er wurde amerikanischer Soldat und Kameramann. 1944 landete er mit den Alliierten in der Normandie und arbeitete bis 1945 für die Kriegsberichterstattung in England, Frankreich, Belgien und Holland.

Aus seinen Erzählungen über den Krieg kann ich schließen, daß er damals eine sehr gefährliche Aufgabe hatte. Furcht schien er keine zu kennen. 1945, nach Kriegsende, kehrte er in die Vereinigten Staaten zurück. In den Jahren 1946 bis 1948 arbeitete er als Drehbuchautor in Hollywood, wo er an sechs Drehbüchern mitarbeitete. Dort lernte er namhafte Filmgrößen der damaligen Zeit kennen. 1948 bereiste er nochmals Südamerika als Tourneeleiter.

Aus Erzählungen eines Onkels weiß ich, daß er damals eine große seelische Krise gehabt haben muß. Ruhelosigkeit und finanzielle Unsicherheit waren wohl die Hauptgründe für schwere Depressionen. 1951 kehrte er in die USA zurück. Dort erhielt er 1951 vom State Department den Auftrag, in geheimer Mission nach Berlin zurückzugehen, um die dortige instabile Lage zu beobachten. Offiziell betrieb er eine Theateragentur, über die er 1954 meine Mutter, Elvira Schalcher, die damals als Schauspielerin am Schillertheater engagiert war, kennenlernte. 1956 heirateten meine Eltern, und 1957 kam ich auf die Welt. Mein Vater hatte inzwischen seine Tätigkeit für das State Department aus Sicherheitsgründen aufgegeben und unternahm jede Anstrengung, um in Deutschland wieder Fuß zu fassen.

Wenn man ihn fragte, ob es für ihn nicht schwierig sei, als Jude in Deutschland zu leben, so antwortete er, daß sich die Deutschen geändert hätten. Der Rest der Familie glaubte wohl nicht so sehr daran. Dies entnahm ich aus Gesprächen, die ich später mit meinen Onkels und meiner Tante führte. Für sie war die Geschichte stehengeblieben. Sie konnten nicht vergessen, was geschehen war. Ich glaube nicht, daß mein Vater vergessen hatte. Er hatte einfach andere Sorgen: Er wollte für sich und seine Familie ein gesichertes Dasein aufbauen und das erste Mal seit undenklichen Zeiten in seinem Leben eine gewisse Ruhe finden. Sie sollte ihm nicht gegönnt sein.

Mit großem Einsatz gelang es ihm, den Film »Helden« auf die Beine zu stellen, wofür er 1959 den Bundesfilmpreis erhielt. Da er diesen Film bei der Bavaria in München drehte, zogen wir nach München in ein Reihenhäuschen an der Sappelstraße.

Es folgten die Filme: »Und das am Montagmorgen«, »Ich schwöre und gelobe«, »Der Lügner und die Nonne« und »Gustav Adolfs Page«. Es war eine erfolgreiche Zeit für meine Eltern. Aus steuerlichen Gründen beschlossen sie, 1961 in die Schweiz zu ziehen. Kurz darauf folgte die deutsche Filmpleite, durch die mein Vater finanziell sehr geschädigt wurde. Wieder stand er vor dem Nichts. Meine Mutter erzählte mir später, daß er vor lauter Sorgen nicht mehr schreiben konnte. Wir kehrten 1964 nach München zurück, weil es dort einfacher war, eine neue Existenz

*Peter Goldbaum erfährt, daß er den Bundesfilmpreis erhält, 1959*

aufzubauen. Mein Vater nahm Kontakt mit der Leiterin des Privattheaters »Die Tribüne« am Karlstor, Isebill Sturm auf. Gleichzeitig vertiefte er seinen Kontakt zur Vertriebsstelle und zum Verlag Deutscher Bühnenschriftsteller und Bühnenkomponisten in Hamburg. Diese Zusammenarbeit erwies sich im Laufe der Jahre als sehr fruchtbar.

Es ist mir gar nicht möglich, die zahlreichen Übersetzungen, Bearbeitungen, Theaterstücke und Inszenierungen einzeln aufzuzählen, die zwischen 1964 und 1975 entstanden. In dieser Zeit schrieb er mehr als 50 Theaterstücke, von denen er viele selbst inszenierte. Unvergeßlich sind mir die Inszenierungen im Theater am Karlstor, das mein Vater später als Neue Bühne am Karlstor weiterführte. Ich erinnere mich an die Aufführung »Warte bis es dunkel wird« (1968), in der meine Mutter die Hauptrolle spielte und auch ich mitwirken durfte. Das Musical »Alfie« (1976) mit Harald Juhnke in der Hauptrolle wird mir unvergeßlich bleiben. »Frau Warrens Gewerbe« (1975) mit Helen Vita in der Hauptrolle gefiel mir besonders.

Wir lebten damals in einem Reihenhäuschen im Riezlerweg 16 in Untermenzing. Als mein Vater zum ersten Mal dieses Häuschen besichtigte, bemerkte der Taxifahrer, daß die jüdischen Häusermakler die Preise so hoch treiben würden. »Jetzt bin ich ja wohl wieder zu Hause«, antwortete mein Vater trocken.

Ich kam damals in die erste Klasse der Volksschule an der Haldenbergerstraße. Meine jüdische Herkunft war mir nicht bewußt. Ich fand es seltsam, daß man mir freistellte, welchen Religionsunterricht ich besuchen wollte. Ich entschied mich für den katholischen, da der Religionslehrer so spannende Geschichten über die Mission in Afrika zu erzählen wußte. Aus Neugierde besuchte ich abwechslungsweise die katholische und die evangelische Kirche und eines Tages suchte ich meinen Vater in seinem Arbeitszimmer auf und fragte ihn, was wir denn nun eigentlich für eine Religion hätten. Ich hörte zum ersten Mal, daß wir Juden waren, und er versprach mir, einmal mit mir in eine Synagoge zu gehen.

Wie viele Male bin ich mit meinem Vater am Frühstückstisch gesessen und habe über Gott und die Welt diskutiert. Es waren wunderbare, unvergeßliche Stunden. Ich habe nie wieder einen Menschen getroffen, der in seiner ganzen Gesinnung so tolerant und versöhnlich war. Er hatte keinerlei Ressentiments oder Vorurteile und interessierte sich aufrichtig für die Schicksale der Menschen. Seine große Liebe galt seiner Familie und dem Theater.

Inzwischen besuchte ich das Louise Schroeder-Gymnasium in Neuhausen, wo ich mich zum ersten Mal mit der deutschen Geschichte vor 1945 auseinandersetzen mußte. Damals wurde mein jüdisches Bewußtsein zum ersten Mal geweckt. Der katholische Religionslehrer war bereit, mit uns ehrlich über die deutsche Vergangenheit zu sprechen und zeigte uns Filme über die Konzentrationslager in Deutschland und Polen. Es traf mich damals wie ein Blitz, und ich glaubte, unter den vielen bleichen Gesichtern und gekrümmten Gestalten mich selbst zu erkennen. Damals vertiefte sich mein Interesse für den jüdischen Glauben und die jüdischen Traditionen. Ich gewann Freundinnen und Freunde aus anderen jüdischen Familien und wurde zu jüdischen Feiertagen eingeladen. Auch besuchte ich regelmäßig das jüdische Kulturzentrum und nahm an den Jugendgruppen teil. Einmal verbrachte ich meine Ferien in einem von der Zionistischen Jugend Deutschland (ZJD) organisierten Lager und hatte zum ersten Mal das Gefühl, meine Identität gefunden zu haben. Mein Vater holte mich damals vom Hauptbahnhof ab. Ich trug einen blauen Pullover mit einem großen Davidstern. Wir riefen laut aus dem Zugfenster immer wieder ZJD. Ich vergesse nie den Blick meines Vaters. Zu Hause erklärte er mir, daß er für Nationalismus in keiner Form etwas übrig habe. Und wieder dachte ich, daß mir jeder Boden entzogen würde. Da war also keine Religion, keine Nationalität, kein Land, mit dem ich mich identifizieren durfte. In Deutschland fühlte ich mich plötzlich fremd, weil ich den Gedanken an den »blutdurchtränkten« Boden nicht abschütteln konnte. Unbewußt übertrug sich die Haltung meines Vaters, nirgends wirklich zu Hause zu sein, auf mich, und im Ausland schämte ich mich zu erzählen, daß wir in Deutschland wohnten. Ich sagte dann immer München und nicht Deutschland. Meine Cousins, die alle im Ausland lebten, stellten mir dann auch immer jene teuflische Frage: »Wie ist es für einen Juden, in Deutschland zu leben?« Ja, wie war es? Beinahe alle meine Freundinnen und Freunde waren Deutsche, meine Lehrer, Klassenkameradinnen, der Verkäufer an der Ecke. Ich war doch eigentlich glücklich in München. Die Menschen waren freundlich zu mir. Antisemitismus war ich schon begegnet, in der Schule und im Alltag. Glücklicherweise überwogen die vielen positiven Erlebnisse, die ich mit den Münchnern hatte. Viele verurteilten und bedauerten all das Schreckliche. Dennoch hatte ich oft Alpträume und Verfolgungsängste, die stärker wurden, als mein Vater 1976 plötzlich erkrankte.

Seine Krankheit hatte ihre Vorboten. Er war oft überarbeitet und müde. Die Geschäfte liefen nicht mehr gut, seit er das Theater am Karlstor übernommen hatte. Dann kam die Hitzeperiode, die Leute gingen nicht ins Theater. Es folgte der Pressestreik, die Leute gingen nicht ins Theater. Er geriet mehr und mehr in eine Sackgasse. Was dann folgte, ist die Geschichte einer zweiten Emigration. Wir erlebten alles noch einmal: Verachtung, Demütigung, Verzweiflung, Armut und tiefe Trauer. Es blieb für uns alle nur der Gedanke an Flucht.

Damals wußte ich nichts davon, worüber mich meine israelische Schwägerin später aufklärte. Die Jahre des Leidens können zurückkehren. Unbewußt schafft sich der Mensch, der früher so viel durchmachen mußte, zwischen sechzig und siebzig Jahren die gleiche Situation wie damals. In Israel ist das ein bekanntes Phänomen. Es gibt Möglichkeiten der Heilung des Patienten, indem man ihm künstlich die gleichen Bedingungen schafft wie damals, unter Beobachtung eines Psychiaters.

Wir waren damals ahnungslos, als alles zusammenbrach.

Es war, als habe er seinen physischen und psychischen Zusammenbruch selbst herbeigeführt. Er verließ uns Ende September 1976.

Es folgten fünf für uns alle sehr traurige Jahre, bis er am 4. September 1981 von seinem schweren Leiden in München erlöst wurde.

Er war noch einmal zurückgekommen, fand aber nie wieder zu sich selbst. Er litt an grausamen Depressionen. Er hatte Angst, auf die Straße zu gehen, weil er glaubte, verfolgt zu werden. Er konnte nicht mehr schreiben, nicht mehr denken, nicht mehr schlafen, nicht mehr glücklich sein. Er erzählte viel aus der Vergangenheit, dabei konnte er sich für kurze Augenblicke vergessen.

Ich wäre am liebsten mit ihm gegangen, damals. Er hätte das nicht gewollt, darum lebte ich weiter und versuchte, unsere traurige Geschichte zu vergessen.

*Vater und Tochter, zwei Jahre vor seinem Tod, 1979*

Ich will diese Geschichte nicht mehr vergessen, weil sie zu mir gehört und weil ich so gerne an meinen Vater zurückdenke. Dies wurde mir bewußt, als ich am 15. Dezember mit meinen Söhnen in die Kirche an der Senftenauerstraße in München ging, um die Krippe anzusehen. Da fand ich unter vielen Prospekten das Faltblatt »Jüdisches Leben in zwei Jahrhunderten« und beschloß teilzunehmen. Ich hatte nicht viel Zeit, um diesen Bericht zu schreiben, aber ich habe versucht, alles so wahrheitsgetreu und detailliert wie möglich wiederzugeben. Ich versuchte mich zu erinnern, stöberte zwischen alten Dokumenten, betrachtete alte Photographien und sprach mit meiner Mutter.

Conny Heuberger

# Schalom Ben-Chorin

Schalom Ben-Chorin wurde 1913 als Fritz Rosenthal in München geboren. Er wohnte in der Oettingenstraße. Sein Leben in München beschreibt er in seinem Buch »Jugend an der Isar«.

Darin erzählt er, daß die Weihnachtsnacht 1928 zu einem Wendepunkt in seinem Leben wurde. Ihm gefiel nicht, daß man bei ihm zu Hause das Weihnachtsfest nicht nach jüdischem Brauchtum feierte. Seine Mutter meinte, wenn er nicht mit ihnen feiern wollte, hätte er keinen Platz mehr. Er nahm es wörtlich, und so ging er und wanderte am Weihnachtsabend allein durch die Stadt; überall sah man Kerzen durch die Fenster leuchten. Es war 1/2 8 Uhr abends; er wußte nicht wohin. Ihm fiel ein, zu einer jüdischen Familie zu gehen, um zu sehen, wie dort Weihnachten gefeiert wird. Er wurde aufgenommen; aus einer Nacht wurde ein Jahr. Er wurde mit den Praktiken des Judentums vertraut.

1923 war der Hitlerputsch in München. Es war die Ouvertüre zum »Dritten Reich«. 15 Jahre später – im November – brannten die Synagogen in Deutschland. Dieser 9. November blieb ihm im Gedächtnis.

Im Juni 1938 wurde die Synagoge in der Herzog-Max-Straße – noch bevor die Synagogen Deutschlands in Flammen aufgingen – im Auftrag der Nationalsozialisten abgebrochen. In dieser Synagoge hatte Ben-Chorin 1926 seine *Bar Mizwa* gefeiert. Er war von Dr. Baerwald eingesegnet worden, war damit religiös mündig geworden und ein vollwertiges Mitglied der Gemeinde.

1924 verstarb viel zu früh sein Vater; er hatte nur noch seine Mutter und Schwester. Sein Vater war Handlungsreisender gewesen. Nach dessen Tod traf er nun selbständig seine Entscheidungen.

Er wollte Filmschauspieler werden und wirkte in einem Stummfilm mit. Aber es war nicht das Richtige, und so begann er eine Buchhändlerlehre. Gleichzeitig war er Student der Germanistik, Theaterwissenschaft und Theologie.

Am Abend des 27. Februar 1933 war er gerade auf einem Faschingsfest, als er vom Reichstagsbrand erfuhr. Auf dem Weg zu einem Freund wurde er in der Kaufinger/Neuhauser Straße verhaftet und in Handschellen abgeführt. Dabei wurde er von einem SA-Mann mit der Faust ins Gesicht geschlagen und geprügelt, bis ihm ein Kamerad Einhalt gebot. Nach drei Tagen wurde er entlassen; jemand hatte für ihn ein gutes Wort eingelegt. Er mußte unterschreiben, daß er gut behandelt wurde.

1935 heiratete er in der orthodoxen Ohel-Jakob-Synagoge. Er wurde von Rabbiner Ernst Ehrentreu getraut.

1935 verließ er München und trat den Weg in die Freiheit an – zuerst nach Elba, dann in die Schweiz, von dort nach Jerusalem.

Seine Heimatstadt München hat er die ganze Zeit nicht vergessen. 1937 schrieb er ein Gedicht über München; die erste Strophe zeigt, wie er fühlte:

> *»Immer ragst du mir in meine Träume*
> *Meiner Jugend – zart-geliebte Stadt,*
> *Die so rauschende Kastanienbäume*
> *Und das Licht des nahen Südens hat.«*

Er hat über 30 Bücher geschrieben, alle auf deutsch, manche wurden sogar ins Japanische übersetzt, nur zwei ins Hebräische. Die ersten veröffentlichte er noch unter seinem ursprünglichen Namen Fritz Rosenthal. Später nannte er sich Schalom Ben-Chorin, »Sohn der Freiheit«. Dieser Name ist gleichzeitig Programm.

---

Conny Heuberger
Vor dem Krieg in München geboren, Kindheit und Jugend in Ramersdorf, Schulbesuch bei den »Englischen Fräulein«. Langjährige Berufstätigkeit bei einer Bank. Verheiratet, drei Kinder. Lebt in München.

*Der gebürtige Münchner Schalom Ben-Chorin, heute in Jerusalem zu Hause, signiert seine Bücher nach einem Vortrag im Jugend- und Kulturzentrum der Israelitischen Kultusgemeinde am 1. 3. 1989*

*Ben-Chorin mit seinem Sohn im privaten Kreis bei einem Besuch in München, 1991*

1958 gründete er in seiner Wahlheimat Jerusalem eine erste reformierte Gemeinde, die aber in Israel nicht anerkannt ist. Er wurde ihr Rabbiner. Jeden Freitag versammelt der nunmehr über 80jährige im Café Atara in Jerusalem Freunde und Anhänger um sich, der kleine Mann mit der mächtigen Stimme und dem klaren Geist.

Vor zwei Jahren war ich mit einer Gruppe in Israel. Unser Reiseleiter war ein Freund von Ben-Chorin. Er nahm uns mit in dessen Synagoge und organisierte einen Vortrag mit ihm in unserem Hotel in Jerusalem. Er zeigte uns auch seine Bücher.

1993 wurde er zum Evangelischen Kirchentag als Redner eingeladen. Wir baten ihn, doch auch zu unserer Gruppe zu kommen, wir würden alle da sein. Er kam mit seinem Sohn, der auch Rabbiner ist und ihn auf seiner Reise begleitete. Sie aßen mit uns und Ben-Chorin erzählte.

Ben-Chorin hat sehr viel für die israelisch-deutschen Dialoge getan. Er steht als Person für Verständigung und Vermittlung zwischen beiden Staaten. Dafür ist er mit zahlreichen Auszeich-

*Ben-Chorin beim Signieren seines Buches »Jugend an der Isar«, 1991*

*Ben-Chorin erzählt ..., 1991*

nungen wie der Buber-Rosenzweig-Medaille, einem Ehrendoktorat der Münchner evangelisch-theologischen Fakultät und dem Großen Verdienstkreuz, das er zum achtzigsten Geburtstag erhielt, geehrt worden.

Schließen möchte ich mit den drei letzten Strophen seines Gedichts »Traumgeographie«, das Schalom Ben-Chorin 1938 geschrieben hat. Sie zeigen seine Verbundenheit mit München:

*»Es geschieht nun, daß ich ungehindert*
*Von Jerusalem nach Schwabing geh...*
*Tausend Meilen sind zum Sprung vermindert:*
*Tel-Aviv liegt nah am Tegernsee.*
*Sprachen fließen seltsam bunt zusammen,*
*Fremde Völker, Länder trennt kein Meer.*
*Schnadehüpfel und Makamen*
*Sag und sing ich durcheinander her.*
*Meiner Träume Internationale*
*Hat die Grenzen aus der Welt gefegt:*
*Überglobus wird mir meine schmale*
*Bettstatt kaum hab ich mich hingelegt.«*

Maria Werner de Yupanqui

# Siegfried Offenbacher

*Siegfried Offenbacher*

»Mutti, warum haben wir keine Blumen mitgebracht?«, fragt meine kleine Tochter Elisabeth, als wir endlich in der uns fremden Stadt Fürth den jüdischen Friedhof gefunden haben und nun vor dem Grab der Offenbachers stehen. Aus den Jahreszahlen geht hervor, wie lange hier schon Mitglieder dieser Familie beigesetzt werden. Wir, meine drei Kinder und ich, haben einige Kieselsteine in der Hand, die wir behutsam zu den vielen anderen auf das Grab legen. Ich kann und will mir nicht vorstellen, daß hier einer meiner ehrlichsten, echtesten, edelsten Freunde begraben liegt, der bei dem Attentat auf das Münchener jüdische Altersheim im Februar 1970 ums Leben gekommen ist.

Als ich Siegfried Offenbacher kennenlernte, war er etwa 57 Jahre und ich war 23. Er war großgewachsen, ein vornehmer älterer Herr. In vielen Vorlesungen, die auch ich besuchte, saß er, sein Hörgerät in der Hand, in der ersten Reihe, denn er war schon in frühester Jugend schwerhörig geworden.

Er hatte aber noch am Ersten Weltkrieg teilgenommen und sogar verschiedene Auszeichnungen erhalten. Studieren konnte er wegen seiner Behinderung damals nicht. So gaben ihn seine Eltern in eine Schneiderlehre.

1934 wurde er ins KZ Dachau verschleppt, bald jedoch wieder entlassen. Er ging dann nach Palästina ins Exil, kam aber unmittelbar nach dem Krieg krank vor Heimweh zurück. Er war ohne Groll, klagte niemanden an.

Ich versuchte, mit ihm in Kontakt zu kommen. Das war bei ihm sehr leicht. Trotz aller schrecklichen Erfahrungen hatte er sich ein freundliches und den Menschen zugewandtes, fast argloses Wesen bewahrt. Es wurde eine wundervolle Freundschaft. In einer stillen Stunde erzählte er mir einmal, wie sehr ich ihn an seine große Liebe erinnerte mit meinen schwarzen Zöpfen, die ich damals in einer Gretelfrisur um den Kopf trug. Die junge Frau war nach einer Massenhinrichtung an Ort und Stelle in einer Grube verscharrt worden, irgendwo, wahrscheinlich in Polen. Er wußte es nicht.

Siegfried und ich hörten viele Vorlesungen zusammen. Er kam ins Seminar, wenn ich ein Referat zu halten hatte. Wir trafen uns auch auf Studentenbällen. Er tanzte gut und gerne. Wenn der Boden vibrierte, spürte er die Musik durch seine dünnen Schuhsohlen.

Maria Werner de Yupanqui
Geboren 1933 in München, Schulzeit in München und Garmisch. Ausbildung zur Volksschullehrerin in München-Pasing. Studium der Pädagogik, Psychologie, Volkskunde und Pastoraltheologie in München, Lehrerin von 1955 bis 1968 in München. Seit 1968 wohnhaft in Gengenbach/Schwarzwald. Derzeit als Religionslehrerin tätig.

Natürlich war ich oft zu Gast bei ihm im jüdischen Altersheim in der Reichenbachstraße. Wir saßen zusammen im Speisesaal oder ich besuchte ihn auf seinem Zimmer, das im dritten Stock direkt neben dem Aufzug war, – eine Todesfalle – wie sich später herausstellte; aber das wußten wir damals noch nicht.

Das jüdische Altersheim übte auf mich immer eine große Anziehungskraft aus. Man traf dort die nettesten Leute, hörte die schrecklichsten und zugleich rührendsten Schicksale. Siegfried und ich erlebten dort den berühmten Viktor Frankl, der damals noch jung und dunkelhaarig war. Seine gütige und positive Ausstrahlung berührte uns sehr.

Am *Schabbat* gingen wir oft gemeinsam in die Synagoge, die sich im gleichen Haus befindet. Siegfried war unten im Betsaal, ich oben bei den Frauen auf der Empore.

Wie stolz und glücklich war er, als er in die jüdische Freimaurerloge aufgenommen wurde! Seine ganze Schaffenskraft aber gehörte der Bibliothek des Kulturzentrums im Altersheim. Er hatte sie als einen dunklen Raum, der mit unzähligen Kisten voller gespendeter Bücher angefüllt war, übernommen. Er hatte vor, sie nach und nach zu einem Lese- und Ausleihzentrum auszubauen. Dazu besichtigte er eine Vielzahl unterschiedlichster Bibliotheken, holte sich Rat und war doch nie mit sich und dem Erreichten zufrieden.

Manches allerdings war für mich schwer zu verstehen oder nachzuvollziehen. Da war zuerst seine Vaterlandsliebe. »Siegfried, Du bist ja so teutsch«, neckte ich ihn oft. Ich fragte mich immer wieder, wie er es fertigbrachte, ein Land zu lieben, in dem seine Glaubensbrüder so hatten leiden müssen! Damals teilte ich meine Mitmenschen nämlich ausschließlich in Ex-Nazis bzw. Nazi-Gegner ein, weil man meinem Vater so mitgespielt hatte. Siegfried Offenbacher dagegen war einfach glücklich, wieder in Deutschland zu sein. Er hatte die Sprache, den Wald und einiges mehr sehr vermißt! Nicht so seine Cousine, die nur noch besuchsweise nach Deutschland kam und nicht mehr Berta hieß, sondern sich Bilha nannte. Fremdartig waren für mich auch Art und Intensität seiner Frömmigkeit. Wir beteten gern die Psalmen miteinander, aber Gebetsschal und Gebetsriemen waren doch sehr ungewohnt. Daß er am *Schabbat* seine Schaltuhr einstellte, damit er den Lichtschalter nicht betätigen mußte, daß er am Freitag seine Hosentaschen leerte und sich sein Taschentuch um das Handgelenk band, empfand ich damals als eigenartig.

Als er mich nach meiner Hochzeit das erste Mal besuchte, fuhr ich mit dem Fahrrad quer durch die ganze Stadt, um in der zu dieser Zeit wahrscheinlich einzigen jüdischen Metzgerei *koschere* Wurst zu kaufen. Wie wir es damals mit dem Geschirr hielten, weiß ich nicht mehr. Auf seinen Reisen richtete sich Siegfried danach, ob man in den Hotels *koscher* essen konnte oder nicht. Ein Höhepunkt, kurz vor meinem Wegzug aus München war der erste *Pessach*- oder *Seder*abend, zu dem ich eingeladen war. Wir feierten nur zu dritt: Siegfried als Familienoberhaupt, ich als Jüngste, die fragen durfte: »Warum feiern wir heute diese Nacht?« und eine taubstumme Freundin von Siegfried, die für uns das Fest in ihrer Wohnung vorbereitet hatte. An diesem Abend waren wir Teil der weltweiten Judenheit, die die Erinnerung an den Auszug aus Ägypten dankbar feierte.

Unmittelbar vor meinem Umzug in den Schwarzwald, kam Siegfried. Ich plante in die Zukunft, während er irgendwie einsam und ein bißchen verloren in München blieb. Ich sehe ihn immer noch mit seinem Hörgerät in der Hand hinter mir her durch die Zimmer gehen, als wollte er mir noch so vieles sagen!

Wir sahen uns nie wieder. Kurz nach seinem 70. Geburtstag, am Freitag, den 13. Februar 1970, verbrannte er beim Attentat auf das jüdische Altersheim in München – in der Stadt und in dem Land, die er allen Erinnerungen zum Trotz so sehr geliebt hatte. Eines seiner Lieblingsgedichte wäre ein passender Nachruf gewesen:

*»Vor allem eins, mein Kind, sei treu und wahr!*
*Laß nie die Lüge deinen Mund entweihn!*
*Von alters her im deutschen Volke war*
*der größte Ruhm, getreu und wahr zu sein!«*

*Brand des jüdischen Altenheims in der Reichenbachstraße am 13. 2. 1970*

# Glossar

**Bar Kochba-Vereine** Jüdische Turn- und Sportvereine, die nach **Simon bar Kochba,** dem heldenhaften Führer des letzten jüdischen Aufstands (132–135) gegen die Römer, benannt wurden. Die Vereine wurden auf dem 2. Zionistenkongress 1898 zur »Pflege der national-jüdischen Gesinnung« gegründet. Nach 1945 haben sich alle jüdischen Sportvereine Deutschlands zum Makkabi-Sportverband zusammengeschlossen.

**Bar Mizwa** (hebr.) Sohn der Pflicht. Mit dem 13. Geburtstag wird der jüdische Junge mit allen Rechten und Pflichten eines Mannes in die Religionsgemeinschaft aufgenommen. Er ist nach einer feierlichen und lange vorbereiteten Zeremonie in der Synagoge (Aufruf zur öffentlichen Torah-Lesung) zur Einhaltung aller Ge- und Verbote der Torah verpflichtet.

**Bikkur Cholim** (hebr.) Krankenbesuch, auch Krankenpflege. Zu dieser herausragenden religiösen Pflicht gehört auch, sich um den Kranken zu bemühen, ihm beizustehen, ihn zu trösten und, wenn notwendig, ihn auch selber zu pflegen. Rabbi Akiba sagte: »Wer den Besuch eines Kranken unterläßt, ist gleichsam, als ob er eine Menschenseele getötet hätte.«

**Chanukka** (hebr.) Einweihung. Achttägiges, besonders bei den Kindern sehr beliebtes, Lichter-Fest (im November oder Dezember) zur Erinnerung an die Wiedereinweihung (165 v. u. Z.) des von den seleukidischen Griechen geschändeten Tempels im Jerusalem. Die Makkabäer hatten nach einem blutigen Aufstand die Fremdherrschaft abgeschüttelt und die vorgeschriebenen Riten wieder in Kraft gesetzt.

**Chewra Kaddischa** (hebr.) heilige Vereinigung. Die organisierte »Beerdigungsbrüderschaft« erfüllt seit vielen Jahrhunderten in allen jüdischen Gemeinden die von der Religion verbindlich vorgeschriebenen Pflichten und Liebesdienste, die mit Krankheit, Ableben und dem Bestatten eines Menschen zusammenhängen. Ihr anzugehören, hat schon in frühesten Zeiten zu den am höchsten angesehensten Aufgaben eines Juden oder einer Jüdin gehört.

**Esra** (hebr.) Hilfe. In diesem Fall ist nicht der biblische Schriftgelehrte sondern ein »Verein zur Unterstützung ackerbautreibender Juden in Palästina und Syrien« gemeint. 1883 mit Sitz in Berlin gegründet, gehörte er zur weitverbreiteten **Chowewe-Zion-Bewegung,** die in der Vorgeschichte des Zionismus eine bedeutende Rolle spielte.

**Habonim** Jugendbewegung. Eine von mehreren zionistischen Jugendorganisationen (nicht religiös), die ca. 1938 von den Nationalsozialisten verboten wurden und sich nach dem Krieg nicht mehr gründeten.

**Jom Kippur** eigtl. **Jom Hakippurim** (hebr.) Versöhnungstag. Der heiligste Tag des jüdisch-religiösen Jahres wird am 10. Tischri (Mitte September – Anfang Oktober) gefeiert. Zu den vorgeschriebenen Handlungen gehört eine absolute Ruhe wie am Schabbat, ein strenges 24-stündiges Fasten und das Beten in weißen Sterbekleidern. Dies alles soll den Einzelnen zur Um- und Rückkehr in aufrichtiger Reue und Besserung führen. Für das gegen den Mitmenschen begangene Unrecht erhält man die himmlische Verzeihung erst nach erfolgter Wiedergutmachung, also durch Versöhnung des Beleidigten oder durch Ersatz des angerichteten Schadens.

**Kibbuz** von **Kewuza** (hebr.) Gruppe. In der zionistischen Bewegung wird damit eine nach dem genossenschaftlichen Prinzip organisierte Gruppe von Menschen bezeichnet, die das Land besiedeln und damit gleichzeitig die Siedelnden innerlich verändern, ja verbessern sollte. Insbesondere die jüdische Arbeiterbewegung sah darin die Verkörperung ihrer ethischen und sozialistischen Gemeinschaftsideale. Ohne die **Kibbuzim** hätte es wohl nie einen freien, demokratischen Staat Israel gegeben.

**Koscher** (jidd.) von (hebr.) **kascher:** brauchbar, zur Verwendung geeignet, zum Genusse erlaubt. Summe der verschiedenen rituellen Speisegesetze **(Kaschrut)** und der deraus abgeleiteten Konsequenzen für das tägliche Leben. Zentrales göttliches Gebot, das zwar u. a. hygienisch-medizinische Folgen, aber keine ebensolchen Ursachen hat.

**Mikwe** (jiddisch) von (hebr.) **Mikwa:** Ansammlung, im Sinne von: Tauch- und Ritualbad. Zur Wiedererlangung der spirituell-kultischen Reinheit in ganz bestimmten Fällen von der Torah verbindlich vorgeschrieben. Die Mikwa muß direkt aus »lebendigem« Wasser (Quelle, Bach, Fluß) oder gesammeltem Regenwasser gespeist werden. Die christliche Taufe leitet sich von diesem Gebot her.

**Mischpoche** Das jidd. Wort leitet sich vom (hebr.) **Mischpacha,** Familie, Stamm, Genossenschaft, ab und bezeichnet auch »die Verwandtschaft«. Über die Gaunersprache, wo er auch eine Diebesbande samt Anhang, Zuchthausgenossen oder gar die Geheimpolizei meint, ist dieser abfällige Ausdruck auf Dauer in die deutsche Umgangssprache eingedrungen.

**Misrachi** Bezeichnung der Vereinigung der torahtreuen Zionisten, abgeleitet von **Merkas ruchani** (hebr.) geistiges Zentrum. Die Anhänger dieser Bewegung wollten von Anfang an bis heute die Verwirklichung der zionistischen Idee auf der Grundlage der Torah und im Sinne des traditionellen Judentums. Der **Zionismus** war und ist als die Ideologie der jüdischen nationalen Befreiungs- und Wiedererweckungsbewegung entstanden, maßgeblich beeinflußt von Theodor Herzl, gegen Ende des 19. Jahrhunderts. Ans Hauptziel gelangt ist er 1948 durch die Gründung des Staates Israel.

**Pessach** (hebr.) Überschreitungsfest. Dieses achttägige Fest erinnert für alle Zeiten an die Erlösung des jüdischen Volkes aus ägyptischer Sklaverei. Es stellt somit nicht nur den Beweis für die besondere Verbindung zwischen den Juden und dem Schöpfer dar, sondern belegt das Eingreifen Gottes in die Geschichte seines Volkes. Für Pessach gelten ganz spezielle Speisegebote (Mazza), das Fest beginnt mit zwei Festmahlen (Seder-Abende), die einen Höhepunkt im jüdischen Jahr bilden.

**Rosch Haschana** (hebr.) Haupt des Jahres, Jahresanfang. Name des jüdischen Neujahrsfestes, das am 1. und 2. Tischri (Herbstbeginn) gefeiert wird und das die zehn Bußtage bis zum **Jom Kippur** einleitet. Auch andere Namen charakterisieren dieses Fest: Tag des Gerichts, Tag des Gedenkens, Tag des Posaunenschalls. Es ist Brauch, die Mitmenschen zum neuen Jahr zu beglückwünschen und süße Speisen zu verzehren, damit das kommende Jahr ein süßes sein möge.

**Schabbat** (hebr.) Ruhe. Der heilige siebente Tag der Woche, höchster jüdischer Feiertag, an dem der Mensch sich vom Alltag mit seinen Lasten und Mühen abwenden und seinem Schöpfer – der ebenfalls an diesem Tag von seiner Schöpfungsarbeit ruhte – zuwenden soll. Am Schabbat kann man sich dank der Unterlassung sämtlicher Werktätigkeit der Fortbildung des Geistes, der Regeneration der Psyche und der Pflege des Familienlebens widmen. Aus all diesen Gründen wird der Schabbat als wunderbarstes Geschenk Gottes an die Menschheit angesehen.

**Scherit Hapleita** (hebr.) Rest der Geretteten. Mit diesem Zitat aus dem biblischen Buch Esra (Kap. 9, Vers 13–15) bezeichneten sich die wenigen Überlebenden der nationalsozialistischen Judenvernichtung. Sie lebten nach 1945 in zahlreichen Displaced Persons-Camps auf deutschem Boden und bereiteten sich auf ihre Auswanderung, vor allem nach Israel, vor, Sie verstanden sich als zarte Triebe aus dem Wurzelstock eines mächtigen, gefällten Baumes, der im Heiligen Land zu neuer Größe heranwachsen würde.

**Schoa** Das hebräische Wort in der Bedeutung von Vernichtung und Zerstörung ist der in der jüdischen Welt gebräuchliche Begriff für den Holocaust.

**Sukkot** (hebr.) Hütten. Das neuntägige Laubhüttenfest wird im Herbst zur Erinnerung an den vierzigjährigen Zug der Israeliten durch die Wüste, aber auch als Erntedankfest, gefeiert. Während Sukkot sollen die Juden in einfachen, von den Kindern jedoch schön geschmückten Hütten essen und wohnen.

**Talmud** (hebr.) Belehrung. Neben der Bibel zweites schriftliches Hauptwerk des Judentums, in dem einerseits die Schrift gedeutet und andererseits die ebenfalls göttliche mündliche Offenbarung tradiert und diskutiert wird. Das komplizierte und umfangreiche Werk erschließt sich erst nach jahrelangem Studium und war immer wieder Ziel antisemitischer Vorwürfe und falscher Beschuldigungen.

**Torah** (hebr.) Lehre, Grundlage der jüdischen Religion, göttliche Offenbarung, die von Moses in fünf Büchern niedergeschrieben wurde und die als handgeschriebene heilige Pergamentrolle **(Sefer Torah)** im Mittelpunkt des Gottesdienstes und des Lebens steht. Diese Rolle versinnbildlicht die Gegenwart Gottes und genießt höchste Ehrerbietung.

*Das Glossar wurde erstellt von Leibl Rosenberg, Nürnberg.*

In der Reihe
»Lesebuch zur Geschichte des Münchner Alltags«
sind bisher erschienen:

*Geschichtswettbewerb 1985/86*
*Die nationalsozialistische Gewaltherrschaft,*
*ihr Ende und ihre Folgen*

## *Verdunkeltes München*

*244 Seiten, Broschur mit 44 Beiträgen*
*und vielen Abbildungen*

Münchner Bürgerinnen und Bürger
schreiben ihre Geschichte:
Sie berichten von Demütigung
und Verfemung der Juden,
von vorsichtigem Widerstand
und trotziger Verweigerung,
von Zwangsarbeit und Lagerleben.
Sie erzählen von ihrem national-
sozialistischen Schulalltag und ihrer
»organisierten« Jugend, vom Alltag des
Bombenkriegs und der Evakuierung,
von Kriegsende und Besatzungszeit.

*Geschichtswettbewerb 1987*
*Kindheit und Jugend*
*in München*

## *Jugendbilder*

*192 Seiten, Broschur mit 35 Beiträgen*
*und vielen Abbildungen*

Dieses zweite »Lesebuch zur Münchner
Alltagsgeschichte« ist ein buntes
Kaleidoskop der Kindheit und Jugend
von der Jahrhundertwende bis hin
zu den fünfziger Jahren.
Menschen ganz unterschiedlicher Herkunft –
der sich selbst überlassene Vorstadtbub
und die wohlbehütete Beamtentochter,
der Sohn aus guter Familie
und das Mädchen aus dem Hinterhaus –
beschrieben und erzählen ihre Erinnerungen
an ihre Kindheit- und Jugendzeit.

*Geschichtswettbewerb 1988*
*Vom Glasscherbenviertel zur Schlafstadt*
*Geschichte der Münchner Stadtteile*

## *Stadtteilgeschichte Lebensgeschichten*

*144 Seiten, Broschur mit 28 Beiträgen*
*und vielen Abbildungen*

Im dritten »Lesebuch zur Geschichte des Münchner Alltags« erzählen Münchner Bürgerinnen und Bürger die Geschichte ihres Stadtteils. Sie schildern anschaulich, wie ihr Leben und Wohnen untrennbar mit dem jeweiligen Viertel verwoben war oder immer noch ist.

Viele erinnern sich an vergangenes Stadtteilleben, das nicht mehr rückholbar ist. Andere betrachten die aktuellen Entwicklungen im eigenen Stadtviertel mit kritischen, aber dennoch liebevollen Blicken.

*Geschichtswettbewerb 1989/90*
*In München geboren · Von München*
*angezogen · Nach München verschlagen*

## *In München geboren Von München angezogen Nach München verschlagen*

*320 Seiten, Broschur mit 64 Beiträgen*
*und vielen Abbildungen*

Der vierte Band des Lesebuchs hat die verschiedenartigen Formen der Annäherung an diese Stadt zum Thema. Ob es Fremde waren, die ein Heimisch werden versuchten, oder geborene Münchner und Münchnerinnen, die sich ihre Heimatstadt auf unterschiedliche Weise erschlossen, sie alle kommen in diesem Band zu Wort.

*Geschichtswettbewerb 1991*
*Münchner Arbeitswelten*
*damals und heute*

## *Arbeit ist das halbe Leben …*

*192 Seiten, Broschur mit 41 Beiträgen und vielen Abbildungen*

In diesem 5. Band zur Geschichte des Münchner Alltags leben Berufs- und Arbeitswelten vergangener Jahrzehnte wieder auf, die angesichts der raschen technischen Entwicklung in fast allen Sparten unseres heutigen Berufs- und Arbeitslebens oftmals bereits vergessen sind. Alle Beiträge vermitteln uns, daß der Arbeitsplatz selbst »immer auch ein Stück vom Lebenstraum eines jeden Menschen ist«.

*Geschichtswettbewerb 1992*
*Frauenleben*
*in München*

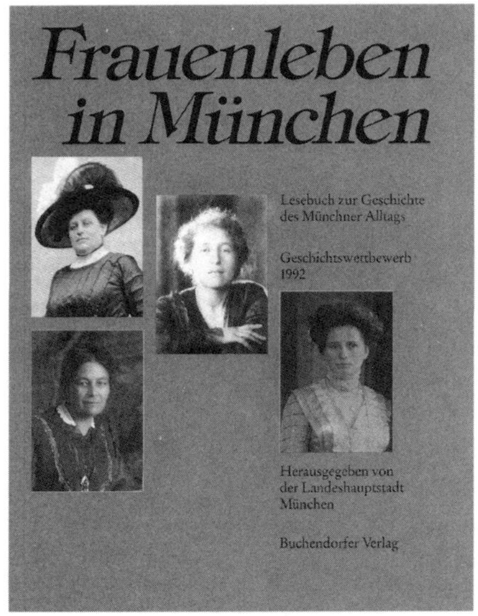


## *Frauenleben in München*

*248 Seiten, Broschüre mit 42 Beiträgen und vielen Abbildungen*

Die Beiträge dieses Buches sind hervorgegangen aus dem sechsten Geschichtswettbewerb der Landeshauptstadt München. Die einzelnen Berichte gehen auf die verschiedensten Formen weiblichen Lebens in Geschichte und Gegenwart ein. Die Autorinnen und Autoren gingen auf Spurensuche in Archiven und Bibliotheken, sie sichteten Nachlässe, um auf diesen Wegen Biographien bekannter und unbekannter Frauen kennenzulernen und darzustellen. Andere führten Gespräche mit Zeitzeugen und machten sie zur Grundlage ihrer Aufzeichnungen.